最后一战

决胜柏林，1945年4月16日—5月9日

THE
LAST
BATTLE

Cornelius Ryan

［美］科尼利厄斯·瑞恩　著

小小冰人　译

民主与建设出版社

·北京·

图书在版编目（CIP）数据

最后一战：决胜柏林，1945年4月16日—5月9日 /（美）科尼利厄斯·瑞恩著；小小冰人译 . -- 北京：民主与建设出版社，2025. 1. -- ISBN 978-7-5139-4798-5

I. E195.2

中国国家版本馆 CIP 数据核字第2024XS6098号

最后一战：决胜柏林，1945年4月16日—5月9日

ZUIHOU YIZHAN JUESHENG BOLIN 1945 NIAN 4 YUE 16 RI -5 YUE 9 RI

著　　者	［美］科尼利厄斯·瑞恩
译　　者	小小冰人
责任编辑	宁莲佳
封面设计	杨静思
出版发行	民主与建设出版社有限责任公司
电　　话	（010）59417749　59419778
社　　址	北京市朝阳区宏泰东街远洋万和南区伍号公馆4层
邮　　编	100102
印　　刷	重庆长虹印务有限公司
版　　次	2025年1月第1版
印　　次	2025年1月第1次印刷
开　　本	787毫米×1092毫米　　1/16
印　　张	29
字　　数	420千字
书　　号	ISBN 978-7-5139-4798-5
定　　价	129.80元

注：如有印、装质量问题，请与出版社联系。

战争中发生的事件，我不是偶然听到什么就认为值得记下来，也不以我个人的看法为准；我记述的事件，要么是我亲身经历过的，要么是从别的亲历者那里听来的，还要尽力探究其中每一个细节，以求符合事实。即便如此，探寻起来仍历尽艰辛，因为不同的目击者对同一件事往往有不同的讲述，有的偏袒这一方，有的偏袒那一方，还有的仅凭记忆。我的记述没有故事传奇，对听众而言，可能难以引人入胜。但对那些想了解过去事件真相的人来说……如果他们认为我的著作还有益处，那我就心满意足了。

——修昔底德，《伯罗奔尼撒战争史》卷一，公元前400年

前　言

1945 年 4 月 16 日，周一，Ａ 日

柏林战役是苏联红军对希特勒第三帝国实施的最后一场进攻战役，始于 1945 年 4 月 16 日——西方盟国把当天称为 Ａ 日——周一清晨 4 点整。这一刻，德国首都东面不到 38 英里处，一发发红色信号弹在暴涨的奥得河上方划破夜空，一场惊人的炮火准备随之而来，苏联红军就此发起对德国首都的突击。

大致在同一时刻，美国第 9 集团军辖内兵团离开柏林方向，转身返回西面，打算沿坦哲蒙与巴尔比之间的易北河占据新阵地。艾森豪威尔将军 4 月 14 日就决定让英美军队停止穿越德国，还说"柏林不再是军事目标"。美军接到指令时，部分部队离柏林只剩 45 英里。

红军进攻之际，柏林人待在城内的废墟瓦砾里，麻木而又恐惧，秉承眼下唯一重要的理念：生存政治。吃饭比爱更重要，挖洞比战斗更有尊严，忍受比获胜更具军事正确性。

接下来就是红军以最后一战攻克柏林的故事。虽然本书也描述战斗场面，但不是军事报道。更确切地说，书中讲述了普通人的经历，既有军人也有平民，他们卷入了随失败或胜利而来的绝望、沮丧、恐惧和强暴。

英制单位换算表

长度和距离

1英里 ≈ 1.609 千米

1英尺 = 0.3048 米

1英寸 = 2.54 厘米

1码 = 0.9144 米

1海里 = 1.852 千米

1英寻 = 1.8288 米

面积

1平方英里 ≈ 2.590 平方千米

1平方英尺 ≈ 0.093 平方米

1平方英寸 ≈ 6.452 平方厘米

1英亩 ≈ 4046.856 平方米

体积

1立方英里 ≈ 4.168 立方千米

1立方英尺 ≈ 0.028 立方米

1立方英寸 ≈ 16.387 立方厘米

重量

1英磅 ≈ 0.454 千克

1英担 ≈ 50.802 千克

1盎司 ≈ 28.350 克

目录
Contents

第一部

城市

— *1* —

　　北纬地区的黎明来得早。轰炸机群刚刚飞离城市，第一道曙光就在东面出现了。宁静的清晨，一股股巨大的黑色烟柱高高地耸立在潘科区、韦森塞区、利希滕贝格区上空。遭受空袭的柏林熊熊燃烧，火焰的倒影投射到低矮的云层，与柔和的日光混杂在一起，让人难以区分。

　　硝烟缓缓飘过废墟，这座遭到最猛烈轰炸的德国城市荒凉而又可怕，显得极为突兀。烟灰熏黑了她，城内坑坑洼洼地布满成千上万个弹坑，损毁的建筑扭曲的桁架点缀其间。一栋栋公寓楼不见了，首都中心地带的几个街区彻底消失。这片荒芜之地，昔日宽阔的道路和大街现在沦为满目疮痍的小径，蜿蜒穿过堆积如山的碎石瓦砾。一英亩接一英亩，到处都能见到既没有窗户也没有屋顶、内部彻底损毁的建筑，它们就这样仰望天空。

　　空袭过后，余烬犹如雨点般落下，给废墟蒙上一层灰尘，破碎的砖块、扭曲的钢筋形成巨大的峡谷，除了翻滚的尘埃，没有任何动静。宽阔的菩提树下大街也是这般光景，当初闻名遐迩的树木现在光秃秃的，树枝上的叶芽都烤焦了。这条著名的林荫大道两侧，完好无损的银行、图书馆、格调高雅的商店所剩无几。不过，大道西端，柏林最著名的地标、八层楼高的勃兰登堡门，尽管弹痕累累，但12根巨大的多立克石柱依然伫立在凯旋大道上。

　　附近的威廉大街，政府大楼和昔日的宫殿排列两旁，数千扇窗户落下的碎玻璃在一堆堆瓦砾中熠熠生辉。威廉大街73号那座美丽的小宫殿，是魏玛共和国时期几任总统的府邸，内部被烈火烧得精光。这座建筑昔日的别称是"小凡尔赛宫",可现在,前院华丽的喷泉池里,海上仙女的塑像被炸碎,倒在饰有柱廊的正门上。沿屋檐线飞溅的弹片把两尊莱茵河少女塑像炸得弹痕累累,塑像的头不见了,就这样歪向满目疮痍的庭院。

相隔一个街区的77号也布满弹痕,但依然完好。一堆堆碎石瓦砾围着三层楼高的L形建筑。这座建筑的黄褐色外墙看上去很粗糙,每个入口上方都挂着花哨的金色鹰徽,鹰爪抓着饰有花环的卐字符,这些鹰徽也满是弹痕。一座壮观的阳台从建筑上方凸出,全世界多次听过的疯狂演讲就出自这里。阿道夫·希特勒的帝国总理府依然存在。

遍地狼藉的选帝侯大街的尽头是柏林第五大道,以及昔日辉煌的威廉皇帝纪念教堂扭曲的框架。烧焦的钟面上,指针停在7点30分整,自1943年11月某个夜晚,炸弹夷平城内1000英亩区域起,大钟就彻底停摆了。

100码外举世闻名的柏林动物园早已沦为废墟。水族馆被彻底炸毁,爬行动物馆、河马馆、袋鼠馆、老虎馆、大象馆和另外数十座建筑严重损坏。周围占地630英亩的蒂尔加滕公园也很有名,可现在成了无人区,布满房子那么大的弹坑,几座湖泊堆满碎石瓦砾,附近的使馆建筑也遭到部分破坏。昔日的蒂尔加滕公园是个天然森林,树木郁郁葱葱,而现在,大多数树木被烧毁,只剩下难看的树桩。

蒂尔加滕公园东北角伫立着柏林最壮观的废墟,不是毁于盟军的炸弹,而是德国国内政治斗争造成的。纳粹1933年蓄意纵火,烧毁了巨大的国会大厦,然后栽赃给共产党,为希特勒彻底攫夺独裁权提供了借口。国会大厦门前的6根柱子上方,摇摇欲坠的门廊俯瞰着几乎包围整座建筑的废墟堆,上面刻着几个黑色大字——"*DEM DEUTSCHEN VOLKE*"(为德意志人民服务)。

国会大厦前方原本有一群雕塑,现在都毁于轰炸,只剩一根200英尺高、深红色花岗岩和青铜制成的柱子,伫立在巨大的柱廊底座上。1933年国会纵火案发生后,希特勒下令把这根柱子移走,它现在伫立在1英里外的夏洛滕堡大道上，靠近东西轴线中心，东西轴线由一连串穿过市区、相互连接的道路构成，大致从西面的哈弗尔河延伸到东面的菩提树下大街尽头。3月份这个清晨，太阳冉冉升起，照亮了柱顶的金色塑像：身插双翼的胜利女神一手拿着月桂花环，另一只手握着饰有铁十字徽标的旗帜。这根细长、优美的胜利纪念柱仁立在废墟里，没有毁于轰炸。

　　这座饱受磨难的城市响起尖锐的汽笛声，宣布空袭警报解除。盟军对柏林的第314次空袭结束了。战争头几年，盟军的空袭零零星星，而现在他们对德国首都的轰炸几乎昼夜不停，美国陆航队昼间发动空袭，英国皇家空军夜间出击。遭受破坏的统计数几乎每个钟头都在增加，累积到现在已经相当惊人。炸弹摧毁的建筑区超过10平方英里，面积上是德国空军炸毁的伦敦城区的10倍。30亿立方英尺的碎石瓦砾散布在各条街道，足以堆成1000多英尺的高山。柏林1562000栋住宅，近半数遭到不同程度的破坏，三分之一的房屋要么彻底损毁，要么已不适合居住。城内人员的伤亡高得无从统计，至少52000人丧生，重伤者两倍于此，是伦敦遭轰炸期间死伤者的5倍。柏林沦为第二个迦太基，而最后的浩劫还没到来呢。

　　出人意料的是，这片满目疮痍的荒野里居然有人能活下来，他们在废墟中过的日子甚至保持着某种疯狂的常态。12000名警察仍在执勤，邮差投递信件，报纸正常出版，电话和电报业务照旧，垃圾也有人清理。某些电影院、剧场、受损动物园的部分场馆照常开放。柏林爱乐乐团的演出季即将结束。各百货公司推出特价促销。食品店和面包铺每天早上营业，洗衣店、干洗店、美容美发店生意火爆。地铁和高铁正常运作，寥寥几个依然完好的时尚酒吧和餐厅引来大批顾客。柏林的鲜花小贩很有名，几乎每条街道都回荡着他们刺耳的叫卖声，简直和太平岁月没什么两样。

　　更出人意料的是，柏林超过65%的大工厂仍在开工。近60万人要上班，但如何去上班现在成了大问题。交通堵塞、绕道而行、减速缓行、车辆抛锚成了家常便饭，他们在上班途中通常要耗时几个钟头。柏林人不得不早早起床，每个人都想准点上班，因为美国人来得很早，通常9点前就飞抵柏林上空。

这个明媚的清晨，城市辐射开来的20个行政区内，柏林人像新石器时代的穴居人那样出现了。他们从地铁深处、从公共建筑下的防空洞、从受损家园的地窖和地下室里冒了出来。无论他们抱有怎样的希望或恐惧，也无论他们的忠诚度或政治信仰如何，大多数柏林人都有个共同的想法：既然昨晚大难不死，那就设法再活一天。

整个国家都是如此。第二次世界大战的第六个年头，希特勒德国为生存展开殊死战斗。本打算延续千年的帝国遭到东西两面的进攻。英美军队攻往宽阔的莱茵河，在雷马根达成突破，正奔向柏林，此时位于西面300英里处。奥得河东岸的威胁更紧迫、更可怕，集中在那里的苏联红军离柏林不到50英里。

1945年3月21日，周三，春季第一天。柏林人早上从收音机里听到了最新的热门金曲——《这是个无尽的春天》。

2

面对构成威胁的种种危险，每个柏林人都以自己的方式做出应对。有人固执地无视危险，期盼它自行消失，有人迎难而上，也有人表现出愤怒或恐惧，还有些人抱着走投无路的残酷逻辑，勇敢地准备直面必然到来的厄运。

柏林西南部的策伦多夫区，送奶工里夏德·波加诺夫斯卡和往常一样，天蒙蒙亮就起床了。前几年，这份例行工作似乎有点单调乏味，现在他却为此心存感激。波加诺夫斯卡替达勒姆庄园农场干活，这座农场有 300 年历史，位于策伦多夫的达勒姆郊区，离庞大的首都市中心只有几英里，住在那里的都是有钱人。换作其他城市，奶牛场设在市内不免有些怪异，可柏林不是这样。这座城市的总面积，五分之一是公园和林地，还有若干湖泊、运河、小河。尽管如此，波加诺夫斯卡还是和许多员工一样，巴不得农场设在别处，最好远离城市，远离危险和持续不断的轰炸。

波加诺夫斯卡、他妻子莉丝贝特和他们的三个孩子，又一次在路易丝王后大街主楼的地下室里过夜。高射炮的轰鸣和炸弹的爆炸声持续不停，根本无法安然入睡。和其他柏林人一样，这名 39 岁的大个子送奶工这些日子经常感到疲倦。

他不知道夜间的炸弹落在何处，但他知道农场一个个巨大的牛棚附近没落下一颗炸弹，宝贵的奶牛群安然无恙。200 头牛似乎一点没受打扰，伴随炸弹的爆炸和高射炮火的轰鸣，它们耐心地站立着，平静地反刍，还以某种神奇的方式继续产奶。波加诺夫斯卡一直对此惊讶不已。

波加诺夫斯卡睡眼惺忪，可还是把牛奶装上陈旧的棕色牛奶运输车和拖车，再套上两匹马，狐狸色的丽莎和汉斯，又让他那只灰色的斯皮茨犬坐在自己身旁，这才出发。马车嘎嘎作响地穿过铺满鹅卵石的院落，向右拐上帕切利林荫大道，朝北面的施马根多夫方向而去。此时是清晨6点，等他完成工作要到晚上9点了。

波加诺夫斯卡疲惫不堪，很想好好睡上一觉，但他的工作态度依旧，还是那么神采奕奕、大大咧咧。这让他成为1200名订户的士气鼓舞者。他的送奶路线位于策伦多夫、舍讷贝格、维尔默斯多夫三个大区的边缘。三个区都遭到猛烈轰炸，最靠近市中心的舍讷贝格区和维尔默斯多夫区几乎被夷为平地。仅维尔默斯多夫区就有36000多栋住宅毁于空袭，两个区的34万居民近半数无家可归。这种情况下，开朗的面孔无疑是罕见、令人欣慰的景象。

即便这么早，波加诺夫斯卡还是看见每个十字路口都有人在等他。这些日子，到处都能见到排队的人：等候肉贩，等候面包师，自来水管被炸断还得排队等水。尽管订户排成长龙，但波加诺夫斯卡还是敲响硕大的铃铛，宣布自己的到来。他从年初起就这样做了，因为昼间空袭越来越频繁，他没办法挨家挨户送奶上门。在他的订户看来，铃铛和波加诺夫斯卡一样，都成为某种象征。

这个清晨与以往没什么不同。波加诺夫斯卡同订户打了招呼，开始分发定量配给的牛奶和乳制品。有些订户跟他相识了快十年，他们知道，有时候他会多给他们一些。遇到洗礼或婚礼这些特殊情况，波加诺夫斯卡通常会在配给卡上做点手脚，多给订户些牛奶或奶油。这么做当然不合法，肯定有风险，可如今的柏林人，谁不冒点风险呢？

波加诺夫斯卡的订户似乎越来越疲惫，越来越紧张，越来越忧心忡忡。几乎没什么人讨论战事了。没人知道究竟发生了什么，反正他们对此无能为力。另外，纸上谈兵的人已经够多的了。波加诺夫斯卡也没心思跟众人探讨时事,他每天要干15个钟头,忙得不可开交,哪里还有时间考虑战事呢,和成千上万的柏林人一样,他对眼下的战况几乎有点无动于衷了。

波加诺夫斯卡每天也在留意某些能让他保持信心的迹象。例如各条道路依然畅通,大街上没有布设路障,也没设置防坦克障碍物,没见到火炮或半埋的坦克,重要地点也没有军人站岗执勤。总之,没有任何迹象表明当局担心俄国人发动进攻,或柏林有遭受围攻的危险。

还有个细微但很重要的线索。波加诺夫斯卡有几个地位显赫的订户住在弗里德瑙分区,每天早上驾车经过时,他会朝某个有名的纳粹党员家里瞟上一眼,对方是柏林邮政部的重要官员。透过客厅敞开的窗户,他能看见大幅相框镶嵌的画像,阿道夫·希特勒神情傲慢、格外显眼的花哨画像仍挂在墙上。波加诺夫斯卡了解第三帝国官员的作风,倘若形势真的很危急,他们肯定不会再悬挂元首的肖像。

波加诺夫斯卡轻声吆喝马匹,继续驱车前行,他看不出有什么理由要过度惊慌。

柏林没有哪个地方能彻底免遭轰炸,但最西面的第二大区施潘道,躲过了所有人最害怕的攻击样式:饱和轰炸。当地居民每晚都预料会遭受空袭,可这种打击没有降临,他们对此深感惊异,要知道,施潘道区可是柏林庞大的军火工业中心。

与市中心遭到 50%~75% 破坏的几个区相比,施潘道区的房屋只损毁了 10%。虽说这意味着 1000 多栋房屋被炸毁或无法再住人,但柏林人饱受空袭后日益顽强,以他们的标准看,这不过是被跳蚤叮了一口。被炸成焦土的几个中心区流传着一句刻薄的话: *Die Spandauer Zwerge kommen zuletzt in die Särge* (施潘道区的小矮子最后一个进棺材)。

施潘道区最西面的边缘地带,宁静、田园诗般的施塔肯分区,罗伯特·科尔布和英格博格·科尔布夫妇为自己住在偏僻之地深感庆幸。落在附近的炸弹寥寥无几，还是盟军轰炸附近机场投偏造成的，破坏效果微不足道。他们那座抹着橙色和棕色灰泥的两层小楼、用玻璃封闭的阳台、周围的草坪和花园安然无恙。他们过的日子几乎和过去没什么区别，唯一的麻烦是，现年54岁的罗伯特是印刷厂技术主管，每天去市中心上班越来越困难，整个行程都在昼间空袭范围内，英格博格一直为此担心不已。

一如既往，科尔布夫妇没理会当局早就下达的禁令，今晚打算听听BBC电台的德语广播。他们一直关注盟军从东西两面取得的进展。苏联红军此时到达柏林东郊，剩下的路程乘公交车就能走完。但身边的乡村氛围让科尔布夫妇镇定下来，他们无法想象柏林遭受的威胁已迫在眉睫，觉得战争遥远而又虚幻。罗伯特坚信待在这里非常安全，而英格博格总是深信丈夫的看法，毕竟他是参加过第一次世界大战的老兵。罗伯特向她保证过："战火不会落到我们头上。"

无论发生什么，他们都不会卷入其中，科尔布夫妇对此深信不疑，因而对后续局势的看法很平静。春季到来，罗伯特考虑的是该把吊床挂在花园何处。英格博格也有自己的活儿，她打算种点菠菜、欧芹、生菜、早熟马铃薯。有个问题挺重要：早熟马铃薯该在4月初种下呢，还是等到5月份春季的天气再稳定些？

距离奥得河25英里的兰茨贝格郊外，格奥尔吉·K.朱可夫的司令部设在一栋灰色的三层楼房里，这位苏联元帅此刻坐在办公桌后，思忖着他的作战计划。墙上的大幅柏林市区图清楚地标出了他为攻克这座城市拟订的进攻方案。办公桌上摆着三部野战电话，一部供日常使用，另一部用于联系他的同事，也就是分别在他南北翼侧指挥庞大方面军的康斯坦丁·罗科索夫斯基元帅、伊万·斯捷潘诺维奇·科涅夫元帅，第三部是联系莫斯科和最高统帅约瑟夫·斯大林的专线电话。现年49岁、胸部厚实发达的白俄罗斯第1方面军司令员，每晚11点与斯大林通话，向他汇报当日进展。

朱可夫现在想知道，斯大林多久才会下达攻克柏林的指令，但愿能多点准备时间。朱可夫觉得，必要情况下他可以立即攻克这座城市，但总的来说，部队还没有彻底做好准备。他暂时把进攻日期定于4月底前后，运气好的话，攻入柏林不成问题，10~12天就能粉碎一切抵抗。他估计德国人会寸土必争，最激烈的战斗也许会发生在城市西部边缘。据他所知，德国守军唯一的逃生路线就在那里。但他打算趁敌人突围之际，从两翼施以打击。他估计到5月份第一周，施潘道区就会爆发大规模激战。

★ ★ ★

维尔默斯多夫区某栋公寓二楼的房间里，卡尔·约翰·维贝里推开客厅关闭的落地窗，走上小小的阳台，估测天气情况。两只步履蹒跚、红褐色的腊肠犬陪在一旁，它们是他忠实的伙伴，名字分别是奥托叔叔和埃菲婶婶。两只腊肠犬满怀期待地抬头看着他，等着主人带它们出去遛一圈。

这段日子，散步成了维贝里打发时间的唯一做法。附近的居民都很喜欢这位49岁的瑞典商人，觉得他首先是个"好柏林人"，其次才是瑞典人，因为空袭开始后，他没有像许多外国人那样逃离这座城市。另外，虽然维贝里从不抱怨自己的烦心事，但邻居都知道他几乎失去了一切。他妻子1939年过世，名下几个胶水厂因遭受轰炸不得不停工。他在柏林当了30年小商人，如今却一无所有，只剩两只腊肠犬和那间公寓。邻居觉得维贝里是个好人，甚至有人认为他比许多真正的德国人好得多。

维贝里低头看看奥托叔叔和埃菲婶婶，说道："该出门了。"他关上落地窗，穿过客厅，朝小小的门廊走去。他穿上精心裁剪的大衣，戴好细心掸过的小礼帽，又拉开抛过光的红木门厅桌的抽屉，取出麂皮手套。他站了片刻，盯着抽屉里摆放的镶框印刷画。

这幅画以艳丽的色彩勾勒出一名全身披挂的骑士骑在白马上驰骋，他手执长矛，长矛上挂着飘扬的旗帜。透过头盔敞开的面甲，骑士恶狠狠地盯着外面。一缕头发挂在他前额，他的眼神很锐利，还留着一小撮黑胡髭，飘扬的旗帜上写着"*Der Bannerträger*"（旗手）。

维贝里慢慢推上抽屉。他把印刷画藏起来是因为整个德国禁止讥讽嘲笑希特勒。可这幅漫画太有意思了，维贝里不舍得扔掉。

他给爱犬扣好皮带，谨慎地锁好前门，走下两段楼梯，来到堆满碎石瓦砾的街头。在公寓楼附近，他向几位邻居脱帽致敬，随后在爱犬带领下沿街道而行，还小心翼翼地避开路上的坑洞。德国的末日似乎即将到来，他想知道那位旗手此刻在何处，在慕尼黑，还是在贝希特斯加登山上的鹰巢？又或者就在此地，柏林？似乎没人知道，这一点不足为奇，因为希特勒的行踪向来保密。

今天早上，维贝里打算去内斯托尔大街 7 号的哈里·罗塞酒吧喝上一杯，那是他最喜欢的酒吧，也是维尔默斯多夫区寥寥几个照常营业的酒吧之一。光顾那里的人形形色色，有纳粹要员，有德国军官，也有少数商人。酒吧是闲聊的好去处，总能听到些最新消息，例如昨晚的炸弹落在何处，哪些工厂遭到破坏，面对这一切柏林如何能撑下去等等。维贝里喜欢在推杯换盏的气氛下同老朋友聊天，他对战争的方方面面都感兴趣，特别是空袭造成的影响，以及德国民众的士气。另外，他也想知道希特勒究竟在何处。过街时，他再次朝某个老熟人脱帽致敬。尽管满腹疑问，但维贝里确实了解些情况，说出来的话，肯定会让他的邻居大吃一惊。因为这个比德国人更像德国人的瑞典人，其实是美国高度保密的战略情报局成员，换句话说，他是盟军间谍。

克罗伊茨贝格区一间底层公寓房里，梅兰希通教堂的福音派牧师阿图尔·莱克沙伊特博士陷入悲伤和绝望的境地。他那座有两个尖塔的哥特式教堂毁于空袭，教徒也不来了。透过窗户，他能看见教堂的残迹。几周前，炸弹直接命中教堂，几分钟后落下的燃烧弹引发了熊熊烈焰。时至今日，他每次凝望教堂残骸，悲伤都丝毫没有减弱。空袭最猛烈的时刻，莱克沙伊特牧师不顾自身安危，冲入熊熊燃烧的教堂。教堂背面和华美的管风琴依然完好，他踏着窄窄的台阶冲进管风琴楼厢，只有一个念头，他得向自己钟爱的管风琴和教堂道别。莱克沙伊特博士弹着告别曲，轻声低吟，眼中噙满泪水。一颗颗炸弹在克罗伊茨贝格区各处爆炸时，附近乌尔班医院的病人和躲在毗邻地下室里的居民似乎听见梅兰希通教堂的管风琴奏起古老的赞美诗："我从深处向你求告。"

此刻他又做出另一番告别。桌上放着一封联名信的草稿，他打算把这封信寄给离开柏林或加入军队的众多教徒。他在信里写道："尽管东西两面的战事令我们紧张不安，但德国首都一直是空袭的中心……亲爱的朋友，你们能想象到，死神收获颇丰。棺材成了稀缺品。有个妇人告诉我，她用20磅蜂蜜换了副棺材，好安葬她死去的丈夫。"

莱克沙伊特博士气愤地写道："空袭遇难者的葬礼，并不总是邀请我们这些牧师出席……党通常在没有牧师到场的情况下包办葬礼……甚至没有上帝的圣言。"他在信里一再提到城市遭受的破坏："你们无法想象柏林现在成了什么样子，那些最美丽的建筑沦为废墟……断气、断电、断水成了家常便饭。上帝庇佑我们免于饥馑！黑市商品的要价高得离谱。"他在信件结尾处流露出一丝苦涩的悲观情绪："这可能是很长一段时间里的最后一封信了。我们的各种通信方式也许很快会中断。我们还能再见吗？一切听凭上帝的旨意。"

另一位神职人员伯恩哈德·哈皮希神父特意骑自行车穿过达勒姆各条杂乱的街道，决心把命运掌握在自己手里。有个棘手的问题让他牵肠挂肚了好几周，他夜复一夜地祈求上帝指导，还反复思忖该何去何从，现在他终于定下决心。

民众迫切需要宗教服务，所有神职人员的活儿排得满满当当，哈皮希神父更是如此。现年55岁的哈皮希神父还是个技艺高超的医学博士，但他的身份证上盖了个印戳，写着"牧师：不适合服兵役"（纳粹这种印戳，与犹太人和其他危险的不良分子的专用印戳如出一辙）。他身兼数职，其中一项是达勒姆之家的教省神父，达勒姆之家包括圣心修女会开办的孤儿院、妇产院、弃儿养育院。哈皮希神父面临的问题，恰恰是修女院院长库内贡德斯和她那些修女带来的，迫使他不得不做出决定。

哈皮希神父对纳粹，对战争必然的结局不抱任何幻想。他早就知道希特勒和他残酷的新秩序注定会带来灾难。重重危机此时迅速逼近，柏林陷入困境，沦为征服者眼中失去光泽的圣杯。届时，达勒姆之家和那些心地善良但不谙世事的修女会遭遇什么呢？

神情严肃的哈皮希神父把自行车停在屋外。这栋房屋只是外墙受损，那些修女坚信上帝听到了她们的祈祷。哈皮希神父不这么看，他很务实，觉得房屋轻微受损可能和运气、拙劣的瞄准技术有关。

他穿过门厅，抬头看了看巨大的圣米迦勒塑像，圣米迦勒身披金蓝相间的战袍，手里高擎宝剑，是"上帝对付一切恶魔的斗士"。修女对圣米迦勒抱有信心不无道理，但哈皮希神父也为自己做出的决定感到高兴。和其他人一样，他也从逃离红军的难民那里听说了德国东部地区发生的恐怖事件。他觉得许多说辞不免有些夸大，但知道某些事情是真的。哈皮希神父决定提醒这些修女。他现在得找个恰当的时机把实情告诉她们，最重要的是，他得找到合适的措辞。哈皮希神父担心的正是这一点，该如何对60名修女和庶务修女开口，告诉她们面临遭强奸的危险呢？

3

对性侵的恐惧，犹如一袭柩衣笼罩着整座城市，经历了近 6 年的战争，柏林城内的居民现在主要是女性。

1939 年战争爆发时，德国首都有 432.1 万居民。但巨大的战争伤亡，再加上应征入伍的男女，以及 1943—1944 年间自愿疏散到农村安全地区的 100 万平民，城内人口减少了超过三分之一。目前柏林城内的男性，大多是 18 岁以下的孩子和 60 岁以上的老人。18~30 岁的男性总共只有 10 万人，主要是免服兵役者或伤残人士。1945 年 1 月，城内人口估计有 290 万，可现在是 3 月中旬，这个数字无疑有点过高了。不到 11 个星期，柏林遭到 85 次空袭，再加上陷入围攻的危险笼罩这座城市，导致成千上万的居民匆匆逃离。军事当局估计，柏林城内目前约有 270 万平民，女性超过 200 万，但这只是个合理的估计而已。

很难说城内到底有多少人，大批难民逃离苏联人占领的东部省份，导致统计工作更趋复杂。有人认为难民多达 50 万。一连几个月，背井离乡的难民肩扛手提，或用马车和手推车载运寥寥无几的财物，往往还赶着农场的牲畜，挤满了通往柏林的几条道路。大多数人没有滞留城内，而是继续向西跋涉，可他们留下一大堆噩梦般的叙述。难民的亲身经历犹如一场流行病，很快蔓延了整座城市，受感染的大批居民惊恐不安。

难民讲述的是心存报复、野蛮凶残、贪婪无度的征服者。而从遥远的波兰，或从东普鲁士、波美拉尼亚、西里西亚沦陷地区跋涉而来的人，言辞凿凿地指出敌人毫不留情。这些难民还说，苏联人的宣传实际上敦促红军官兵不要饶恕任何一个德国人。他们谈到一份宣言，据说是苏联头号宣传员伊利亚·爱伦堡写的，不仅在广播里播出，还以传单的形式分发给红军将士。宣言里写道："杀！杀！德国人没一个好东西，都是恶棍！……听从斯大林同志的训令，把法西斯野兽彻底消灭在巢穴里！用武力粉碎日耳曼女人的种族自豪感。把她们看作你们的合法战利品。你们迅猛前进时，杀！英勇的红军战士，杀！"[①]

据难民说，挺进中的红军前线官兵军纪严明，行为端正，但跟在他们身后的二线部队简直就是缺乏组织的乌合之众。那些士兵粗野不堪，酗酒无度，肆意妄为，犯下凶杀、劫掠、强奸的罪恶暴行。难民称，许多指挥员似乎对部下的行径视而不见，最起码没有阻止。从农民到士绅，所有人的说法如出一辙，难民大潮中，到处都能听到妇女讲述的令人不寒而栗的故事：她们惨遭兽性凌辱，在枪口逼迫下脱光衣服，随后被多次强奸。

柏林人不清楚这些说辞有多少是真实的，又有多少是想象的。不少人知道党卫队在苏联境内干出的暴行和大屠杀，不免担心难民说的都是真的。还有些人知道集中营里的犹太人遭遇了什么（纳粹主义新的、可怕的一面尚不为自由世界所知），他们也对难民的说法深信不疑。而那些更有见识的柏林人认为，压迫者沦为被压迫者，完全是因果报应，天道轮回。还有不少人深知第三帝国犯下的罪行是多么深重，因而不敢心存侥幸。位高权

---

① 我没见过爱伦堡的传单，但我采访的许多人亲眼见过。另外，德国官方文件、战时日志、诸多历史著作也多次提到过，这份传单最完整的版本可参阅《邓尼茨元帅回忆录》第179页。我倒不怀疑这份传单是否存在，但对上述文字存有疑问，因为从俄文翻译过来的德文出了名地不准确。1945年4月14日，苏联军方报纸《红星报》刊登了一篇前所未见的社论，爱伦堡受到苏联宣传人民委员亚历山德罗夫的批判，亚历山德罗夫在社论里写道："爱伦堡同志言过其实了……我们不是要消灭德国人民，而是反对世界上形形色色的希特勒。"莫斯科1963年出版的爱伦堡的回忆录《人·岁月·生活》第五册，他在书中轻而易举地忘了自己在战争期间写过些什么。他在第126页写道："我写过几十篇文章，反复强调我们决不能戕害民众，实际上我们也无法做到，毕竟我们是苏联人，不是法西斯。"但同样要指出的是，无论爱伦堡写过什么，也不会比纳粹宣传部部长戈培尔发表的言论更恶劣，许多德国人也轻而易举地忘掉了这个事实。——若无特别说明，本书所有注释均为作者注。

重的官员和党内大人物已经把家人悄悄送出柏林，要不就是正在送离。

狂热分子仍在城内，而普普通通的柏林人缺乏信息来源，对真实情况一无所知，所以也留在城内。他们无法离开，也不愿背井离乡。现年65岁的家庭主妇埃尔娜·森格尔有6个孩子，她在日记里写道："哦，德意志，德意志，我的祖国！信任带来的是失望，忠诚笃信意味着愚昧、盲目……可是……我们会留在柏林。如果每个人都像邻居那样逃离，敌人就会得到他们想要的。不，我们可不想遭受这种失败。"

没多少柏林人敢说自己不知道即将到来的危险，几乎每个人都听说过难民讲述的那些遭遇。住在克罗伊茨贝格区的一对夫妻，胡戈·诺依曼和埃迪特·诺依曼，实际上是通过电话得知的。所有通信联络中断前不久，住在苏联占领区的几名亲属冒着风险打来电话，提醒诺依曼夫妇，征服者肆无忌惮地强奸、杀戮、劫掠。可诺依曼夫妻俩还是留了下来。胡戈经营的电器店先前遭到轰炸，可他现在接受不了丢下店铺的念头。

也有些人对这些故事充耳不闻，无论是难民传播的，还是政府鼓动的，此类宣传对他们再也起不到任何作用了。自希特勒1941年无缘无故地下令入侵苏联那一刻起，所有德国人就受到仇恨宣传的狂轰滥炸。官方把苏联人描述成未开化的劣等种族。随着战事逆转，德国军队在苏联境内各条战线被迫退却，先天患有腿疾的帝国宣传部部长约瑟夫·戈培尔博士加强了鼓动工作，特别是在柏林。

戈培尔的副手维尔纳·瑙曼私下承认："俄国人的可怕形象，以及他们进入柏林后民众会遭遇些什么，我们在这些方面的宣传工作很有成效，柏林人陷入极度恐慌的状态。"到1944年年底，瑙曼又觉得"我们干得过火了，宣传工作起了反弹作用"。

眼下的宣传调子变了。希特勒的帝国土崩瓦解，柏林一个个街区沦为废墟之际，戈培尔不再散布恐怖消息，改为安抚民众，他告诉国人，胜利就在眼前。但见多识广的柏林人觉得，戈培尔所做的一切纯属荒诞而又可怕的幽默。大批玩世不恭的民众对他们自己、他们的领导人、整个世界冷嘲热讽。戈培尔有句格言是"元首下令，我们跟随"，柏林人很快把这句话改成"元首下令，我们承受后果"。至于宣传部部长许诺的最终胜利，也被某些大不敬的人改得面目全非，他们郑重其事地敦促众人"享受战争吧，和平太可怕了"。

难民的种种说辞引发了恐慌，在这种气氛下，传言占据上风，事实和理智严重扭曲。各种暴行传闻在城内传播开来。有人说苏联红军看见妇女和儿童就痛下杀手；也有人说俄国人用火焰喷射器把神职人员活活烧死；还有人说修女遭强奸，被迫光着身子在街上行走，妇女沦为军妓，所有男性被送到西伯利亚服苦役。某家电台甚至宣称，俄国人把受害者的舌头钉在桌上。不太容易受影响的人觉得这些传言过于离奇，很难让人相信。

也有些人清醒地意识到即将发生些什么。在舍讷贝格区开设私人诊所的安妮-玛丽·杜兰德-韦弗医生就是个心知肚明者，她毕业于芝加哥大学，是欧洲最著名的妇科医生。现年55岁、素以反纳粹观点而著称的杜兰德-韦弗医生撰写过多部倡导妇女权利、男女平等、节育的著作，都遭到纳粹查禁，她敦促病人尽快离开柏林。她给许多女难民做过检查，据此得出结论，关于性侵的种种传闻不仅没有夸大，反而有点轻描淡写了。

杜兰德-韦弗医生打算留在柏林，但她现在随身携带小小的速效氰化物胶囊。以她多年行医的经验看，她无法确定自己能否顺利自杀，可她还是把氰化物胶囊放在包里，因为她知道，一旦俄国人攻占柏林，从8岁到80岁的女性都有可能遭到强奸。

玛戈·绍尔布鲁赫医生也预料到最坏的情况。她丈夫费迪南德·绍尔布鲁赫教授是德国最有名的外科医生，夫妻俩都在米特区的沙里泰医院工作，那是柏林最大、历史最悠久的医院。医院的规模很大，再加上靠近火车总站，因而收治了伤情最严重的难民。为受害者做完检查，绍尔布鲁赫医生对红军官兵失控后犯下的暴行不再抱有幻想，她非常确定，关于强奸的种种传闻都是真的，绝非宣传。

许多难民企图自杀，人数之多令玛戈·绍尔布鲁赫深感震惊，其中甚至包括几十个根本没遭受猥亵或性侵的女性，她们只是被目睹或听说的事情吓坏了，不少人割破了手腕，还有些人甚至想把自己的孩子弄死。绍尔布鲁赫医生见到的只是自杀未遂者，没人知道究竟有多少人自杀身亡，但很显然，一旦俄国人攻入柏林，城内肯定会掀起一波自杀潮。

许多医生无疑赞同这种看法。维尔默斯多夫区的外科医生京特·兰普雷希特在日记里写道："自杀技巧成了主要话题，就连医生也参与其中，此类交谈让人越来越难以忍受。"

实际情况远不止纯粹的讨论，不少人已着手制订死亡计划。每个区都有病人和朋友围着医生，打听快速自杀的办法，或请求他开个毒药处方。医生不肯帮忙的话，他们就求助于药剂师。惶惶不安的柏林人陷入恐惧的浪潮，成千上万人决心不择手段地自杀，决不屈从于红军。

20 岁的克丽斯塔·莫伊尼尔告诉好友尤利亚妮·博赫尼克："看见第一双俄国军靴我就自行了断。"克丽斯塔弄到了毒药，尤利亚妮的朋友罗茜·霍夫曼和她父母也搞到了。霍夫曼夫妇彻底绝望了，根本不指望俄国人大发慈悲。尤利亚妮当时不知道，霍夫曼夫妇是海因里希·希姆莱的亲戚，而希姆莱是盖世太保和党卫队头子，对集中营里涉及几百万人的大屠杀负有责任。

自杀的首选方式是毒药，特别是氰化物。有种名为 KCB 的胶囊一时间供不应求。这种浓缩氢氰酸化合物毒性很强，瞬间就能致死，就连它挥发的烟雾也能让人送命。某些政府机构颇具日耳曼人的先见之明，已经在柏林贮存了大批 KCB。

党内大人物、高级官员、政府部门负责人，甚至下级官员，都能轻而易举地给自己、家人、朋友弄到毒药。医生、药剂师、牙医、实验室工作人员也搞到了药片或胶囊。有些人甚至加强了毒药的效力。鲁道夫·许克尔博士是柏林大学病理学教授，也是柏林最著名的癌症病理学家，他不仅给自己和妻子弄到毒药，还往氰化物胶囊里加入乙酸。他向妻子保证，一旦吞下胶囊，乙酸就会让毒药更快地发挥效力。

有些柏林人搞不到速效氰化物，只好囤积巴比妥类药物或氰化物衍生品。经常被人称为"德国的丹尼·凯"的喜剧演员海因茨·吕曼，他妻子是漂亮的女明星赫塔·法伊勒，他对她和他们年幼的儿子日后会遭遇什么忧心忡忡，为防万一，他把一罐老鼠药藏在花盆里。纳粹德国驻西班牙前大使、退役中将威廉·福佩尔打算以过量服药的方式和妻子一同自杀。福佩尔将军心力衰竭，病情发作时服用含洋地黄的兴奋剂。他知道过量服药会让心脏骤停，很快就会致死。他甚至给几个朋友也准备了足够的剂量。

还有些人觉得饮弹自尽是最好、最勇敢的做法。但许多女性选择了最血腥的方式——用剃刀割腕，数量多得惊人，大多是中年妇女。夏洛滕堡区的克茨勒一家，42岁的格特鲁德平日是个开朗的女人，眼下却在钱包里藏了把剃须刀片，她妹妹和婆婆也是如此。格特鲁德的好友英格·吕林也带着刀片，她俩焦虑地讨论着哪种方式能最有效地确保死亡：是在手腕上斜割一刀呢，还是纵向切开动脉？

机会总是有的，这些极端措施也许用不着付诸实施。许多柏林人仍抱有最后一线希望。出于对红军的恐惧，大多数柏林居民，特别是女性，迫切希望英美军队率先攻占柏林。

★ ★ ★

此时快到中午了。红军战线后方的布龙贝格城内，谢尔盖·伊万诺维奇·戈尔博夫上尉醉眼惺忪，盯着他和另外两个红军战地记者刚刚"解放"的三层豪华公寓里宽敞的客厅。戈尔博夫和他的朋友兴高采烈，喝得酩酊大醉。他们每天从布龙贝格城内的指挥部驱车赶往90英里外的前线了解情况，但目前一切都很平静，柏林进攻战役开始前，没太多可供报道的新闻。经历了几个月的前线报道工作，现年25岁、相貌英俊的戈尔博夫这段日子玩得很开心。

戈尔博夫攥着酒瓶，站在那里打量客厅里华贵的家具。他从没见过此类陈设。墙上饰有几幅油画，镶在厚重、华丽的金色相框内。几扇窗户挂着缎面衬里的窗帘。家具上盖着昂贵的织锦面料。地上铺了厚厚的土耳其地毯，客厅和隔壁的餐厅悬挂着巨大的枝形吊灯。戈尔博夫非常确定，公寓的主人肯定是个位高权重的纳粹分子。

客厅一端有扇小门半开着，戈尔博夫推开门，发现里面是间浴室。墙上的钩子挂着根绳索，绳子末端吊着具身着全套制服的纳粹官员的尸体。戈尔博夫看看尸体，他见过几千个死掉的德国人，但这具吊尸看上去有点蠢。戈尔博夫喊着他的朋友，可他们在餐厅里玩得不亦乐乎，没有回应。那两个家伙把德国和威尼斯水晶制品投向吊灯，然后又相互投掷。

戈尔博夫走回客厅，打算在他先前看见的长沙发上坐一会儿，现在却发现沙发上有人。此人直挺挺地躺在沙发上，穿着件古希腊风格的长袍，腰间系着饰有流苏的带子，是个死去的女人。她很年轻，而且为死亡做了精心准备，头发编成辫子垂在双肩，双手交叉置于胸前。戈尔博夫拎着酒瓶，坐在扶手椅上看着她。身后的餐厅不断传来笑声和玻璃器皿的破碎声。死去的姑娘可能二十出头，从她嘴唇上的青色痕迹判断，戈尔博夫认为她大概是服毒自尽的。

沙发后面的桌子上，摆着张镶在银色相框里的相片，照片上是几个笑容满面的孩子和一对年轻夫妻，可能是他们的父母，还有一对上了年纪的夫妇。戈尔博夫不由得想起自己的家人。列宁格勒遭受围困期间，他父母饿得要死，用工业油熬了一锅汤，结果双双毙命。他一个哥哥在战争初期阵亡，另一个哥哥，34岁的米哈伊尔，是游击队领导人，被党卫队逮住后绑在柱子上活活烧死了。戈尔博夫不禁想到，躺在沙发上的姑娘倒是死得很平静。他猛灌了一大口烈酒，走到沙发旁，抱起死去的姑娘，走到关闭的窗户前。身后伴随着欢笑声和叫喊声，餐厅里的枝形吊灯砰然落地，发出巨大的声响。戈尔博夫把姑娘的尸体抛出窗外，撞碎了许多玻璃。

$$— \quad 4 \quad —$$

柏林人几乎每天都朝空中的轰炸机挥舞拳头，经常为死于空袭或在前线阵亡的家人、亲属、朋友悲伤不已，现在却热烈地谈论起英国人和美国人，称他们为"解放者"，而不是征服者。柏林人的态度转变有些异乎寻常，这种心态带来奇特的结果。

夏洛滕堡区的玛丽亚·科克勒怎么也不相信美国人和英国人会听凭柏林落入俄国人手里。她甚至打定主意要帮助西方盟军。这位 45 岁、头发花白的家庭主妇告诉她那些朋友，她打算"投身战斗，挡住红军，直到美国人开入柏林"。

为消除内心的恐惧，许多柏林人收听 BBC 广播电台，密切留意摇摇欲坠的西线，关心每个阶段的战斗，就好像在研究获胜的德国军队取得的进展，期盼他们赶来解救柏林。玛格丽特·施瓦茨是个会计，夜复一夜，她和邻居趁空袭间歇，一丝不苟地在地图上绘出英美军队穿越德国西部的进展。她觉得对方每前进一英里，就好像又朝解放迈进了一步。莉泽 - 洛特·拉文内似乎也这么看。她每天待在滕佩尔霍夫区摆满书籍的公寓里，小心翼翼地用铅笔在大幅地图上标出美军的最新进展，热切地期盼美国人继续前进。拉文内夫人半身不遂，臀部围着钢制矫架，一直延伸到右腿，她不愿去想俄国人抢先到达的话会发生什么情况。

成千上万的柏林人坚信美军会率先到达，这种信念含糊不清，几乎有点幼稚。安娜玛丽·许克尔夫人的丈夫是个医生，她撕碎了几面旧纳粹旗帜，因为她觉得美国人到达那天肯定会爆发激烈的战斗，届时她好用这些碎布当绷带。20 岁的布丽吉特·韦伯住在夏洛滕堡区，是个结婚才 3 个月的新娘子，她也坚信美国人正在赶来，认为自己知道他们想住在何处。布丽吉特听说美国人的生活水准很高，讲求舒适，一切都要最好的。她敢打赌，他们早就精心挑选了尼古拉湖的富人区，所以那里几乎没落下过一颗炸弹。

另一些人虽说也期待最好的结果，但也为最坏的情况做好了准备。皮娅·范霍芬头脑清醒，她和好友鲁比·博格曼、埃伯哈德·博格曼夫妇沮丧地得出结论，除非发生奇迹，否则谁都无法阻止红军抢先攻入柏林。因此，他们欣然接受了好友海因里希·舍勒的邀请，一旦攻城战打响，就跟他和他的家人待在一起。舍勒性格开朗，脸上胖乎乎的，他经营的格鲁班 - 苏谢是柏林最出名的酒店和餐厅之一，就在博格曼夫妇家底楼。舍勒把地下室改造成华丽的避难所，里面铺了东方地毯，挂着窗帘，还存了些给养，好应对城市遭受的围攻。食物不多，只有马铃薯和金枪鱼罐头，但隔壁的酒窖里存放着大量最珍贵、最美味的德国和法国葡萄酒，还有轩尼诗白兰地和一箱箱香槟。舍勒告诉他们："谁知道会发生什么状况呢，我们倒不如过得舒服点。"他又补了一句："万一停水的话，我们好歹还有香槟。"

41 岁的比迪·容米塔格带着两个年幼的女儿，觉得英美军队到来的话题"纯属胡诌"。她是英国人，丈夫是德国人，她太了解纳粹了。盖世太保怀疑她丈夫是德国抵抗组织成员，5 个月前处决了他。比迪认为，无论是面对西方盟军还是俄国人，纳粹都会殊死抵抗，看看地图就知道，英美军队抢先进入柏林的胜算不大。但比迪不太害怕即将到来的红军，她已拿定主意，遇到首批俄国人就出示自己的旧英国护照，他们不敢把她怎么样，她觉得英国人的做事方式向来很明智。

也有人觉得没必要用证件当护身符。他们不仅料到红军会抢先到达，还期盼迎接他们。那是他们梦寐以求的时刻，虽说这些德国人为数不多，可他们为此谋划了大半辈子。盖世太保和刑警无时无刻不在搜捕他们，可还是有几个顽强的小组设法保存了下来。德国共产党员和他们的支持者急切期盼东面的救星。

柏林的共产党人全身心投入推翻希特勒主义的事业，但他们的力量过于分散，没取得什么成果，至少在西方盟国看来是这样。共产党人确实有个松散的地下组织，可他们只接受莫斯科的指令，纯粹是苏联人的间谍网。

希尔德加德·拉杜施1927—1932年当过柏林州议会的共产党议员，近几年全凭信仰才活了下来。她饥寒交迫，和另外几个共产党员躲在柏林东南郊的普里罗斯村附近。她和绰号"埃迪"的朋友埃尔泽·克洛普奇住在巨大的木箱里，这个用来装机器的木箱，10 英尺 ×8 英尺见方，以水泥固定。这里没有煤气，没有电，没有自来水，也没有盥洗设施，但现年42 岁、身强体健的希尔德加德自诩为"家里的男子汉"，她觉得这是个完美的藏身地。

希尔德加德和埃迪自 1939 年起就住在一起。她俩在普里罗斯村躲了近 10 个月。希尔德加德上了纳粹的通缉令，可她一次次逃过盖世太保的追捕。和该地区其他共产党员一样，她面临的最大问题是食物匮乏。申请配给卡的话会立即暴露并被捕。幸运的是，虽说埃迪支持共产党，但她不是共产党员，也没被通缉，所以每周都能获得口粮配给。不过，食物定量少得可怜，养活一个人都不够。纳粹官方的《人民观察家报》刊登过成年人每周的食物配给量：4.25 磅面包、2 磅肉和香肠、5 盎司食用油、5 盎司糖，每三周 2.25 盎司奶酪、3.5 盎司代用咖啡。两人偶尔从黑市偷偷买点东西补充营养，可价格太高了，单是咖啡就要 100~200 美元一磅。

希尔德加德满脑子都想着两件事：食物，红军的解放。但苦苦等待太艰难了，别的不说，光是生存下去就越来越不容易，她在日记里条理分明地做了记录。

她1945 年 2 月 13 日写道："俄国人快来了……那些走狗还没逮住我。"

2 月 18 日："自 2 月 7 日得知朱可夫谈论柏林战线的报道后，就再没听到任何消息，我们焦急地等待他们到来。同志们，快来吧！你们到得越快，战争结束得越早。"

2月24日："今天去了柏林。保温杯里装着咖啡，还带了片干面包。途中三个家伙满腹狐疑地盯着我。令人欣慰的是，埃迪在我身边。哪里都弄不到吃的。此次出行，埃迪其实是想用她在黑市买的配给卡买点香烟，卡上允许买10根香烟。可店里没有香烟，她只好买了5支雪茄。她本想用丝绸连衣裙和两双长筒袜换点吃的，却一无所获，就连黑市也没有面包。"

2月25日："抽完了三支雪茄。朱可夫仍未发表公报，科涅夫也没有。"

2月27日："无尽的等待让我变得有点神经质，对急于投身工作的人来说，困在这里无所事事简直就是灾难。"

3月19日："中午的美餐是土豆加盐，晚上吃的是鱼肝油煎土豆饼，味道不太辣。"

立春首日，希尔德加德仍在等待，她在日记里写道："弄点吃的东西太难，简直要把我逼疯了。"还是没有红军战线的消息，她能写的仅仅是："春风吹走了田野和草地上的冬意，雪莲花绽放，阳光明媚，天气温暖。空袭照旧……从爆炸声判断，飞机与我们离得更近了。"她后来注意到西方盟军开抵莱茵河畔，估计他们"20天内就能到达柏林"，因而愤怒地写道，柏林人"宁愿接受来自资本主义国家的人"。她希望红军快点到来，期盼朱可夫复活节前发动进攻。

普里罗斯村正北方25英里左右，柏林东部边缘的诺伊恩哈根，另一个共产党小组也在严阵以待。多年来，小组成员同样活在被捕和死亡的恐惧下，但与普里罗斯村的同志相比，他们更具战斗力，组织得更严密，运气也更好：诺伊恩哈根离奥得河仅隔35英里，很可能成为首批获得解放的地区之一。

在盖世太保眼皮下，小组成员夜复一夜地忙碌着，为解放日的到来制订了总体计划。他们知道当地每个纳粹、党卫队、盖世太保官员的姓名和行踪，也知道哪些人会合作，哪些人不会。有些官员被列入立即逮捕的名单，还有些家伙是要清算的。这个组织完善的小组甚至为日后管理镇区制订了详尽的方案。

小组成员焦急地等待红军到来，相信俄国人会采纳他们的建议。但最急迫的人莫过于布鲁诺·扎日茨基，他患了胃溃疡，病情重得几乎无法进食，可他一再说，待红军到来他的病就会痊愈，他对此深信不疑。

令人难以置信的是，整个柏林，逼仄的隔间和储藏室里，潮湿的地下室内和憋闷的阁楼上，遭纳粹迫害最深重的一批幸存者仍在苦苦求生，等待从藏身处出来的那一天。他们不在乎哪支军队先攻入柏林，只要尽快到来就好。这些幸存者有的三三两两住在一起，有的一家人抱团求生，也有的和其他人聚居。他们的朋友大多以为他们已不在人间，从某种意义上说的确如此。有些人好几年没见过阳光，也没踏上过柏林任何一条街道。他们不敢生病，因为生病就得看医生，会受到盘问，很可能暴露身份。就连空袭最猛烈的时候，他们也待在藏身处，因为躲入防空洞的话，马上会被旁人识别出来。他们保持着钢铁般的镇定，因为他们很早前就学会了决不能惊慌失措。他们活到今天，归功于他们控制各种情绪的能力。他们足智多谋，坚忍不拔，在希特勒的帝国首都经历了6年战争和近13年的恐惧及骚扰，仍有3000来人活着。他们的存在，是城内很大一批基督教徒勇气的证明，没有哪个教徒得到过充分的赞扬，他们保护的是新秩序下最受人敌视的替罪羊——犹太人。①

---

① 犹太幸存者的估计数来自柏林参议院的统计数据，是柏林自由大学沃尔夫冈·舍夫勒博士统计的。有些犹太专家提出质疑，在战后政府担任犹太事务主席的西格蒙德·韦尔特林格尔就是其中的一个，他认为只有1400名犹太人活了下来。舍夫勒博士指出，除了躲藏起来的，还有5100名犹太人与基督徒完婚，在所谓的法定条件下住在柏林城内。但这种情况充其量是个噩梦般的不定状态，因为这些犹太人永远不知道自己何时会被捕。今天有6000名犹太人居住在柏林，与希特勒1933年掌权时的160564人相比少得可怜。而160564名犹太人中，没人知道究竟有多少犹太裔柏林人离开这座城市、迁居国外、被驱逐出境、死于集中营。

西格蒙德·韦尔特林格尔和玛格丽特·韦尔特林格尔夫妇都已50来岁，躲在潘科区一间小小的底楼公寓里。基督教科学派信徒默林一家冒着生命危险收留了他们。住处很拥挤，默林夫妇、他们的两个女儿、韦尔特林格尔夫妇挤在这套两居室公寓里。但默林夫妇把口粮和其他一切拿出来跟韦尔特林格尔夫妇分享，没有丝毫怨言。这么长时间以来，韦尔特林格尔夫妇只外出过一次：剧烈的牙疼迫使他们不得不冒点风险。玛格丽特说自己是"来探亲的表姐"，牙医信以为真。

1943年前，韦尔特林格尔夫妇的运气一直挺好的。虽说西格蒙德1938年被逐出证券交易所，但很快应邀接受了柏林犹太社区事务局的特殊任务。那些日子，海因里希·施塔尔领导的这个部门负责登记犹太人的财物和不动产，他们后来同纳粹交涉，想缓解集中营里犹太人遭受的苦难。施塔尔和西格蒙德都知道，关闭犹太社区事务局只是时间问题，可他们还是勇敢地继续工作。1943年2月28日，盖世太保关闭了犹太社区事务局，施塔尔消失在特莱西恩施塔特集中营，韦尔特林格尔夫妇奉命搬到赖尼肯多夫区60户居民组成的"犹太之家"。夫妻俩在犹太之家待到天黑，随后摘掉外套上的大卫星，溜出门消失在黑夜中。自那时起，他们就跟默林一家住在一起。

两年来，外部世界对他们来说就是建筑物围住的一小片天空，外加昏暗的院子里孤零零的一棵树，刚好面对公寓厨房的窗户。这棵树成了他们囚禁岁月的某种日历，玛格丽特告诉丈夫："我们两次见到栗子树披上银装，树叶两次变黄，现在又一次开花了。"她绝望至极，会不会还要再躲一年呢？玛格丽特对丈夫说道："也许上帝真把我们抛弃了。"

西格蒙德连声安慰她，值得活下去的事情太多了，他告诉妻子，他们17岁的女儿和15岁的儿子都在英国。自西格蒙德1938年安排子女离开德国后，夫妻俩就没再见过他们。他取出《圣经》，翻到诗篇第91篇，慢慢读道："虽有千人仆倒在你旁边，万人仆倒在你右边，这灾祸却不得临近你。"他们能做的就是等待。他告诉妻子: "上帝与我们同在, 相信我, 解放的日子就要到来。"

盖世太保去年在柏林各条街道上抓获了 4000 多名犹太人。许多犹太人冒险外出, 是因为他们再也忍受不了幽禁的日子。

20 岁的汉斯·罗森塔尔仍躲在利希滕贝格区, 决心坚持下去。他在长不到 6 英尺、宽不到 5 英尺的小隔间里藏了 26 个月。其实这是个小小的工具棚, 搭在汉斯母亲一位老朋友的房子后面。罗森塔尔迄今为止一直活得很艰难。父母已不在人世, 他 16 岁那年被投入劳改营。1943 年 3 月他逃离劳改营, 在没有证件的情况下乘火车来到柏林, 躲入母亲朋友的家里。牢房般的藏身处没有水, 没有电灯, 唯一可用的厕所设施是个老式夜壶。夜里空袭期间, 他出门倒夜壶, 这时候才敢离开藏身处。工具棚里空空如也, 只有一张窄窄的沙发, 但汉斯还有本《圣经》和一部小收音机, 墙上挂着一幅仔细标注过的地图。尽管他期盼西方盟军早日到来, 但他觉得红军很可能抢先占领柏林。虽说也能获得解放, 可这种前景还是令他忧心忡忡。他只好一次次自我安慰: "我是个犹太人, 既然能逃脱纳粹的魔爪, 也能在斯大林手里活下来。"

同一个区, 卡尔斯霍斯特某间地下室里, 约阿希姆·利普席茨获得奥托·克吕格尔保护。总的来说, 克吕格尔的地下室很安静, 但约阿希姆有时候觉得自己听到了远处红军火炮的轰鸣, 炮声轻柔低沉, 就像无聊的观众戴着手套发出的鼓掌声。他把炮声归于自己的想象, 因为俄国人还在很远的地方。不过, 他很熟悉红军火炮的射击声。约阿希姆的父亲是个犹太医生, 母亲不是犹太人, 所以他被召入德国国防军。约阿希姆 1941 年在东线丢了条胳膊, 他有一半犹太血统, 为德国服役的经历没能让他免遭迫害。1944 年 4 月, 纳粹当局在他的名字上打了钩, 打算把他关入集中营, 从那一刻起, 他就躲了起来。

27 岁的约阿希姆很想知道, 第三帝国的末日来临时会发生些什么。克吕格尔的长女埃莉诺每晚来地下室跟他讨论前景。他俩自1942年起就建立了恋爱关系，埃莉诺没有遮遮掩掩，结果被取消了上大学的资格，因为她与"不相配的人"交往。两人都期盼有朝一日能完婚。埃莉诺坚信纳粹在军事上已彻底失败，政权很快会瓦解。约阿希姆的看法不太一样，他认为德国人会死战到底，柏林肯定会沦为战场，也许会成为另一个凡尔登。两人对谁会占领柏林的看法也不一致，约阿希姆认为是红军，埃莉诺觉得英美军队的可能性更大。但约阿希姆认为他们应该为两种可能做好准备，所以埃莉诺苦学英语，而约阿希姆努力掌握俄语。

等待柏林陷落的人，没有谁比莱奥·施特恩费尔德、他妻子阿格内斯、他们23岁的女儿安娜玛丽更痛苦。施特恩费尔德一家没有躲藏，因为他们是新教教徒，但莱奥的母亲是犹太人，所以纳粹也把他列为半个犹太人。结果，莱奥和家人整个战争期间惶恐不安，备受折磨，盖世太保像猫捉老鼠那样耍弄他们。一家人获准住在他们想住的地方，但被捕的威胁始终挥之不去。

战火逼近柏林，危险随之加剧，莱奥想方设法给妻女打气加油。一颗炸弹昨晚炸毁了附近的邮局，莱奥拿这件事开起玩笑。他跟妻子说："你取信再也不用跑那么远了，邮局就倒在台阶上。"

莱奥以前是商人，盖世太保现在派他干清洁工，负责收拾垃圾。3月份这个清晨，他离开滕佩尔霍夫区的住处时，知道自己把计划推得太晚，一家人已无法离开柏林，也来不及躲起来了。要是接下来几周柏林还不陷落，全家就会遭遇没顶之灾。莱奥得到消息，盖世太保打算5月19日抓捕所有犹太人，哪怕只有一丝犹太血统的人也在劫难逃。

★　★　★

遥远的西面，荷兰边境附近的瓦尔贝克，英国第2集团军司令部里，高级军医休·格林·休斯准将思忖着接下来几周可能遇到的卫生问题, 尤其是军队到达柏林时。他暗自担心斑疹伤寒说不定会暴发。

眼下已有少数难民通过英军战线, 几名助手报告, 那些难民带有各种传染性疾病。和盟军战线上任何一位军医一样, 休斯准将密切留意病情的发展, 万一严重的流行病暴发开来, 可能会造成一场灾难。他捋着自己的胡须, 不知道涓涓细流发展成洪潮时, 自己该如何应对那些难民, 更何况还有数千名盟军战俘。待军队到达柏林, 天知道会遇到什么情况。

另一个相关问题也让休斯准将牵肠挂肚: 集中营和劳改营。这方面的消息是中立国传来的, 但没人知道那些营地是如何运作的, 里面关了多少人, 眼下的状况如何。现在看来, 英国第2集团军有可能是盟军首个占领集中营的军团。他的办公桌上有份报告, 说汉诺威北部有座集中营, 就在第2集团军前进路线上, 除此之外就没有更多消息了。休斯准将很想知道集中营里都有些什么。他只希望德国人在医疗方面展现出他们一贯的一丝不苟。他以前从没听说过那个地方, 叫什么贝尔森。

— 5 —

　　25 岁的赫尔穆特·科茨上尉是个东线老兵，因作战英勇获得过铁十字勋章。但他此刻在柏林坐牢，可能无法活着见到战争结束了。8 个月前的 1944 年 7 月 20 日，发生了刺杀希特勒的未遂事件，涉及这起事件的 7000 名德国人锒铛入狱，活下来的寥寥无几，科茨上尉就是其中的一个。

　　希特勒以残酷的手段大肆报复，近 5000 名涉嫌参与者遭处决，无论是有罪还是无罪都没能幸免。他们的家人受到牵连，就连没太多关联的人也被逮捕，大多被立即处决。希特勒亲自规定了处决方式，他下达指令："必须把他们像牲畜那样吊死。"密谋集团的主要成员不折不扣地死于这种行刑方式，刽子手没用绳索，而是用钢琴弦把他们绞死在肉钩下。

　　莱尔特街星形监狱的 B 监区，最后一批涉嫌"7·20 事件"的人等待着大限到来。他们当中有保守派人士，也有共产主义者；有军官、医生、神职人员、大学教授、作家、昔日的政客，也有普普通通的工人和农民。有些人根本不知道自己为何身陷囹圄，因为没人正式起诉他们。有些人的案子已经审理过，正等待复审。也有些人证明了自己的清白，可依然被关在牢里。还有些人受到虚假的审判，法庭匆匆判决后，正等待执行。没人知道 B 监区究竟关了多少犯人，有人说有 200 人，也有人说不到 100 人，确切的数字无从得知。每天都有犯人被带出牢房，就此下落不明。一切取决于某人的心血来潮，此人就是盖世太保头子、党卫队地区总队长海因里希·米勒。牢里的犯人根本不指望他大发慈悲，他们觉得就算盟军冲到监狱门前，米勒也不会停止杀戮。

科茨是"7·20 事件"的无辜受害者之一。1944 年 7 月, 他这个下级军官待在本德勒街的后备军司令部, 而后备军参谋长是克劳斯·冯·施陶芬贝格伯爵上校。事实证明, 科茨倒霉的原因只有一个: 现年 37 岁、相貌堂堂的施陶芬贝格是"7·20 事件"的关键人物, 他只有一条胳膊, 左眼戴着黑色眼罩, 可他却自告奋勇地跑去刺杀希特勒。

东普鲁士拉斯滕堡的元首大本营里, 希特勒召开冗长的军事会议期间, 冯·施陶芬贝格把装有定时炸弹的公文包放在长长的地图桌下面, 希特勒就站在一旁。冯·施陶芬贝格溜出会议室设法返回德国, 没过几分钟炸弹就爆炸了。可希特勒奇迹般地活了下来。几个钟头后的柏林, 未经正式审判, 冯·施陶芬贝格在本德勒街后备军司令部的院子里被枪决, 另外三名积极参与暗杀事件的军官也没能幸免。与他们有牵连, 甚至关系不太密切的人都被逮捕, 赫尔穆特·科茨也在其中。

科茨的未婚妻尤塔·佐尔格也被捕入狱, 她是德国前总理、外交部部长古斯塔夫·施特雷泽曼的孙女。尤塔的父母也没能幸免。包括赫尔穆特·科茨在内的所有人, 被捕后就没受过审讯, 一直关在牢里。

赫伯特·科斯奈下士也关在同一座监狱, 他对"7·20 事件"的了解还不如科茨, 是无意中牵连进去的。赫伯特是共产党抵抗组织成员, 卷入刺杀事件仅仅是因为把某个陌生人从里希特费尔德送到万湖。

虽说赫伯特不是共产党员, 但从 1940 年起, 他就成为几个红色地下抵抗组织的外围成员。1942 年 11 月, 参军入伍的赫伯特回柏林休假, 早在 1931 年就加入共产党的哥哥库尔特坚决不让他重返前线。库尔特用步枪射断了赫伯特的胳膊, 把他送入军医院, 还说自己发现这名伤兵倒在沟里。

这套把戏奏效了。赫伯特再也没有返回前线, 而是跟随某后备营驻扎在柏林, 每隔 3 个月从阿尔贝特·奥尔贝茨医生那里得到一份新的医疗证明, 说他只能从事"轻勤务"。巧的是, 奥尔贝茨医生也是共产党抵抗组织成员。

赫伯特入狱恰恰是奥尔贝茨造成的。刺杀希特勒的事件过后没几天,奥尔贝茨叫上赫伯特，一同去执行紧急转移工作。他们开着军用救护车，接了个赫伯特不认识的人，此人是盖世太保高级官员、刑事警察总监阿图尔·内贝将军，目前正遭受通缉。过了段时间，内贝被捕，奥尔贝茨和赫伯特也没能逃脱。奥尔贝茨自杀身亡，内贝遭处决，民事法庭判处赫伯特死刑。由于赫伯特是军人，还得由军事法庭复审。赫伯特知道这仅仅是个形式，盖世太保头子米勒根本不把这套例行公事放在眼里。赫伯特·科斯奈从牢房的窗户朝外张望，想知道自己何时会被处决。

另一个人坐在不远处的牢房里，也想知道等待自己的命运是什么，他就是赫伯特的哥哥库尔特·科斯奈。盖世太保一次次提审他，但库尔特始终没透露自己是共产党员，当然，他也没交代可能会牵连弟弟的任何情况。他很挂念弟弟，赫伯特的情况怎样？他被带到哪里去了？其实兄弟俩只隔几间牢房，可他们都不知道自己的兄弟也关在同一座监狱。

另一群囚犯倒不在监狱里，但也无法离开柏林。他们背井离乡，远离家人，和许多人一样，他们只有一个愿望，就是尽快获救，无论来的是谁。这些男男女女都是奴工，几乎来自纳粹占领的每一个国家，有波兰人、捷克人、挪威人、丹麦人、荷兰人、比利时人、卢森堡人、法国人，也有南斯拉夫人和苏联人。

总之，纳粹强征了近 700 万劳工，让他们在德国的家庭和工厂里干活，这个数字几乎与纽约市总人口相当。有些国家的人口几乎被榨干，例如德国从总人口 1095.6 万的小国荷兰强征了 50 万人，从总人口 29.6 万的微型国卢森堡强征了 6000 人。仅柏林的外籍劳工人数就超过 10 万，大多是法国人和苏联人。

外籍劳工干着各种能想象到的活儿：不少纳粹高官家里用苏联姑娘当女佣；包揽军事工程的建筑师的办公室里配备了年轻的外国绘图员；重工业方面，强征来的劳动力干起了电工、炼钢工、制模工、机械工和另一些不需要专业技能的工种；煤气、自来水、运输等公共事业部门"雇用"了数千人，几乎不给他们发工资；就连本德勒街的军事部门也能见到外国劳工的身影，法国人雷蒙德·勒加蒂热就在那里全天上班，炸弹刚把窗玻璃震碎，他就立马换上新的。

柏林的人力资源日益短缺，迫使纳粹公然无视《日内瓦公约》，不仅使用外籍劳工，还强迫战俘从事与战争相关的重要工作。由于苏联没签署《日内瓦公约》，德国人认为随意使用红军战俘再合适不过。实际上，战俘现在和外籍劳工几乎没什么区别。随着局势日趋恶化，德国人派战俘修筑防空掩体，帮着重建被炸毁的兵营，甚至在工业发电厂铲煤。两股劳动力眼下唯一的区别，是外籍劳工的自由度稍大些，但这也要看他们的工作地和工作性质。

外籍劳工住在兵营式的木房里，这些木制建筑就在工厂内或附近；他们在社区食堂吃饭，还得佩戴标明身份的袖章。有些工厂对相关规定视而不见，允许外籍劳工住在厂外，只要不离开柏林就行。许多劳工甚至可以自由自在地在城内活动，去看电影或去其他娱乐场所，前提条件是严格遵守宵禁令。①

有些警卫人员觉察到前景不妙，看管劳工的态度有所转变。许多外籍劳工，有时候甚至包括战俘，发现可以偷懒一天。有个警卫每天押送25个法国人乘地铁去市内干活，现在变得通情达理，不再费心清点下地铁的劳工人数。他根本不在乎有多少劳工途中"迷了路"，只要所有劳工傍晚6点前赶到波茨坦广场地铁站，一同返回住宿地就行。

并非所有外籍劳工都这么幸运。数千名劳工受到严格限制，几乎没有

---

① 另一类劳工是自愿来德国干活的外国工人。德国报纸刊登广告，以高薪招募劳工，数千名欧洲人积极响应，他们当中有些是狂热的纳粹支持者，也有人觉得自己在帮助德国人对付布尔什维克，但大多数人是见利忘义的机会主义者。这些工人获准住在工作地点附近，自由度很大。

任何自由，特别是在市政公司或政府工厂干活的人。柏林南部的马林费尔德，替燃气公共事业公司干活的法国人就没得到任何优待，与私营工厂的雇工相比，他们的伙食相当恶劣。不过，他们的境况还是比俄国人好得多。法国劳工安德烈·布尔多在日记里写道，警卫队队长费斯勒"从来没把任何人送往集中营"，为补充口粮，周日"还允许我们去地里捡几个土豆"。布尔多庆幸自己不是东方劳工，他写道，苏联人的住处"拥挤不堪，男人、女人、孩子挤在一起……他们的食物，大多数时候根本不能吃"。但其他地方，例如某些私营工厂，苏联劳工的待遇与西方工人一样。

奇怪的是，遍布柏林的西方工人注意到，苏联劳工几乎每天都有变化。夏洛滕堡区的先灵化工厂，众人本以为苏联劳工会对战事发展兴高采烈，可出乎意料，他们一个个显得极为沮丧，特别是乌克兰和白俄罗斯妇女，似乎对同胞抢先占领柏林的可能性深感不安。

两三年前她们来到柏林时，穿的是朴素的农民装束。可她渐渐变了，变得越来越讲究衣着和举止。不少人平生第一次使用化妆品，发型和服装款式也发生了显著变化，苏联姑娘不断效仿身边的法国、德国女人。可现在，众人发觉这些苏联姑娘几乎一夜之间又换上农民的装束。许多劳工认为，她们担心红军会采取某些报复措施，而且没人理会她们是被德国人强征来的。这些女工显然料到自己会因为过于西化而受到惩处。

柏林城内西方劳工的士气倒很高。鲁勒本的阿尔克特厂里，2500名法国、比利时、波兰、荷兰劳工忙着制造坦克，除了德国警卫，每个人都在筹划自己的未来。法国劳工尤为兴奋，每晚都讨论日后返回法国要享用哪些美食大餐，还唱起热门流行歌曲，他们最爱唱莫里斯·舍瓦利耶的《我的苹果》和《繁荣昌盛》。

20岁的机械工让·布坦来自巴黎，他知道自己为德国的失败出了把力，为此兴奋不已。几年来，布坦和几个荷兰劳工一直在破坏坦克零部件。德国工头多次威胁要把破坏分子送入集中营，可他从没付诸实施，原因很简单: 劳动力短缺的情况过于严重, 整个工厂几乎全靠外籍劳工。布坦觉得眼下的情况太滑稽了。每个滚珠轴承件本该在 54 分钟内完成, 可他加工好的零件从没在 24 小时内上交过, 交上去的往往还是残次品。阿尔克特厂强征来的劳工只有一个想法: 他们瞒着工头做出来的每个残次零件, 都让胜利和柏林的陷落更近了一步。到目前为止, 还没人被逮住过。

尽管轰炸持续不断，尽管可怕的红军到达奥得河畔，尽管盟军从东西两面而来，导致德国国土不断沦陷，但不可避免的是，仍有许多冥顽不化者对即将到来的灾难视而不见。他们是狂热的纳粹，大多数人似乎把他们经受的苦难视为某种炼狱般的洗礼，是为纳粹主义及其事业献身的淬火和精炼。一旦他们证明了自己的忠诚，一切肯定会好起来的；他们不仅坚信柏林绝不会陷落，还觉得第三帝国肯定会赢得胜利。

纳粹分子在城内生活中占有特殊地位。柏林人从来没有完全接受希特勒和他的蛊惑宣传。他们见多识广，眼界开阔，实际上，柏林人对元首和他倡导的新秩序几乎毫无热情，再加上他们刻薄的幽默和政治犬儒主义，长期以来一直让纳粹党头痛不已。纳粹每次在柏林举行世人瞩目的火炬游行或其他示威活动，都得从慕尼黑调来数千名冲锋队员，以此壮大游行队伍，柏林人说起了风凉话："从新闻简报里看，他们比我们干得更好，他们的脚也更大！"

希特勒尽了最大努力，却始终没能获得柏林人全身心支持。早在盟军的炸弹把这座城市炸成废墟前，失望而又愤怒的希特勒就打算重建柏林，把它打造得符合纳粹的形象。他甚至考虑把柏林的名称改为日耳曼尼亚，因为他从未忘记 30 年代的每一次自由选举，柏林人都没投票给他。1932年那场至关重要的投票，希特勒本来很有把握让兴登堡下台，可他在柏林的得票数最低，只有23%。尽管柏林是德国境内纳粹分子最少的城市，但市民中的狂热之徒现在决心把它打造成纳粹主义最后的堡垒。虽说他们的人数不占优势, 可还是控制着整座城市。

数千名狂热分子是青少年, 和大多数同代人一样, 他们只知道一个真神, 就是希特勒。他们从小就被灌输了纳粹主义的目标和意识形态。为捍卫纳粹主义事业, 让它得以永存, 许多人接受训练, 学习使用从步枪到类似巴祖卡的"铁拳"反坦克火箭筒等各种武器。克劳斯·屈斯特就是这群青少年中的典型。柏林城内有 1000 多个希特勒青年团团员, 克劳斯是其中之一, 他擅长在不到 60 码的距离内击毁敌坦克, 而他还不到 16 岁。

党卫队队员最具"献身精神", 执行命令不折不扣, 简直就是军队里的机器人。他们对最终胜利深信不疑, 对希特勒无比忠诚, 其他德国人实在难以理解他们的心态。这些党卫队队员极度狂热, 这种狂热有时候似乎已渗入他们的潜意识。沙里泰医院的费迪南德·绍尔布鲁赫医生给刚刚从奥得河前线送来的身负重伤处于麻醉状态的党卫队队员动手术时, 突然怔住了。寂静的手术室里, 深度麻醉的党卫队队员说起话来, 声音很低, 但每个字都很清晰, 他一遍遍重复道: "希特勒万岁! ……希特勒万岁! ……希特勒万岁!"

尽管这些人才是真正的极端分子, 可还有成千上万的平民几乎和他们一样坏。有些人与自由世界眼中的纳粹狂热分子没什么两样, 47 岁的戈特哈德·卡尔就是这群小丑中的一个。戈特哈德不过是个小公务员, 临时调到德国空军当会计, 可他穿着空军漂亮的蓝色军装, 浑身上下充满战斗机王牌飞行员的傲慢自大。每天傍晚走入自己的公寓, 他总是咔的一声碰响鞋跟, 伸出右臂喊道: "希特勒万岁!"这番表演已经持续了好几年。

他妻子格尔达对丈夫的狂热劲儿厌烦透了, 可她忧心忡忡, 急于跟丈夫商讨日后如何生存的问题。她刚指出红军离柏林近在咫尺, 就被丈夫打断了, 戈特哈德愤怒地吼道: "谣言! 谣言! 都是敌人故意散布的谣言!"在戈特哈德迷失了方向的纳粹世界里, 一切进行得有条不紊, 希特勒必然赢得胜利, 俄国人也没兵临柏林城下。

还有些人满腔热情，容易受影响，从没想过失败的可能性，在德国海军总司令部工作的埃尔娜·舒尔策就是个典型。41 岁的她刚刚实现了毕生的抱负——当上海军上将的女秘书，这是她上任的第一天。

设在壳牌公司大楼内的德国海军总司令部，一连两天遭到猛烈轰炸。不过，尘埃和碎石瓦砾没让埃尔娜心生烦恼，她也没对刚刚送到桌上的命令感到不安。这道命令要求立即焚毁所有绝密文件。可快到下班时，上级通知她和其他工作人员"无限期休假"，工资会通过其他方式转交，这让刚刚履新的埃尔娜伤心不已。

但埃尔娜毫不气馁，她的信念非常坚定，甚至不信官方公报说的战事失利。她认为整个柏林士气高昂，帝国赢得胜利只是时间问题。即便此刻，她离开办公楼时仍坚信，海军总司令部过几天就会叫她回去上班。

另一些人对纳粹统治集团高层信赖有加，同他们有千丝万缕的关系，因而很少考虑战争及其结果。他们沉醉于特权地位令人陶醉的氛围和诱惑里，不仅觉得安全无虞，还盲目地忠于希特勒，认为自己受到他的彻底保护。性感妖媚、长着双蓝眼睛的克特·赖斯·霍伊泽尔曼就是其中的一个。

35 岁的克特金发碧眼，性格活泼，此时在选帝侯大街 213 号忙碌着，她是纳粹领导人首席牙医胡戈·J. 布拉施克教授的助手。布拉施克自1934 年起就为希特勒和他的亲信工作，不仅获得党卫队旅队长军衔，还负责柏林党卫队医疗中心的牙科。布拉施克是个狂热的纳粹，充分利用自己与希特勒的关系，开设了柏林规模最大、利润最高的私人诊所，现在准备连本带利再赌上一把。与克特不同，布拉施克很清楚大厦将倾，所以打算一有机会就逃离柏林。留下来的话，他的党卫队军衔和职务可能会带来麻烦，万一落入俄国人手里，今天的显赫很可能造成明天的灾祸。

克特对眼前的形势几乎一无所知，她实在太忙了。她是布拉施克教授的助手，每天从清晨到深夜，不是奔波于各个诊所和指挥部，就是在布拉施克设在选帝侯大街的私人诊所里忙碌。克特能力出众，讨人喜欢，深受纳粹大人物信赖，她照料过希特勒身边几乎所有亲信，有一次还照料了元首本人。

那是她职业生涯的巅峰。1944年11月，她和布拉施克被紧急召到东普鲁士拉斯滕堡的元首大本营。待他们到达那里，发现希特勒饱受牙痛之苦。她后来回忆道："他的脸，特别是右脸颊肿得厉害。他的牙齿很糟糕，装了三颗假牙。他只有八颗上齿，就连这几颗也靠黄金填充物支撑。他的上齿装了颗假牙，以现有的牙齿固定。其中一颗，也就是右侧的智齿，感染得很严重。"

布拉施克给希特勒做了检查，告诉他必须拔掉智齿，没办法保留了。他解释了治疗方案，他得拔掉两颗牙齿，也就是齿桥后面的假牙和旁边感染的那颗。这就意味着要在假牙前面某处切开瓷质和金质齿桥，整个过程要做大量钻孔和锯切工作。拔掉坏牙后，他需要几天时间做个全新的齿桥，或者重新固定旧齿桥。

布拉施克有点惶恐，这台手术比较复杂，他不知道希特勒会做出什么反应。更麻烦的是，元首不喜欢麻药。克特记得，希特勒告诉布拉施克，他只接受"最低剂量的麻药"。布拉施克和克特都知道，这样一来他就得忍受剧烈的疼痛，另外，手术时间可能会长达30~45分钟。但除此之外他们没有其他办法。

布拉施克给希特勒的上颚打了麻药，随即开始手术。克特站在希特勒身旁，一只手把他的脸颊往后拽，另一只手举着镜子。布拉施克手里的钻头迅速钻入齿桥，发出刺耳的声音。他随后换下钻头，在齿桥上锯了起来。克特回忆，希特勒一动不动地坐在那里，"就像冻僵了"。布拉施克最后清理了牙齿，很快把它拔掉了。克特后来说道："希特勒自始至终一动不动，没说一个字。这种表现非同寻常。我们都想知道他怎么能受得了那么剧烈的疼痛。"

那是五个月前的事了，元首摇摇晃晃的齿桥到现在还没接受后续治疗。

除了希特勒的核心圈，几乎没人知道手术的详情。替元首工作的人都牢牢秉承一项基本原则：关于他的一切，特别是他的病情，都是绝密。

克特是个守口如瓶的人。例如，她知道一副特制的假牙是为帝国众所周知但尚未完婚的第一夫人打造的。布拉施克打算待希特勒的情妇埃娃·布劳恩下次来柏林时就给她装上金齿桥，她肯定很需要。

克特还知道一个保守得最严密的机密。无论元首去何处，她都得把一整套牙科工具和相应的医疗用品送过去。另外，她还给希特勒四名女秘书里身材矮小结实、现年45岁的约翰娜·沃尔夫做了个带金质齿冠的新齿桥。她很快会在帝国总理府的手术室里替沃尔夫装上新齿桥。最近九周，她几乎每天都在布拉施克的诊所与帝国总理府之间来回奔波。自1月16日起，希特勒一直待在总理府。

随着春天的夜幕降临，这座城市呈现出荒芜的景象。庞大的柏林满目疮痍，形似鬼魅，极度脆弱，在惨白的月光下暴露无遗，为夜间的敌人提供了清晰可辨的目标。柏林人躲入地下，等待轰炸机到来，很想知道他们当中有谁能活到明天早上。

当晚9点，皇家空军的轰炸机到了。24小时内，城里第四次响起空袭警报，柏林遭受的第317次空袭开始了。霍亨索伦路的柏林卫戍司令部里，赫尔穆特·雷曼中将坐在办公桌后，沉着地埋首工作，没太留意高射炮火的轰鸣和炸弹的爆炸声。他竭力争取时间，可时间所剩无几了。

雷曼16天前还在德累斯顿，当时家里的电话响了，是希特勒的副官长威廉·布格多夫将军打来的。他告诉雷曼："元首任命您为德累斯顿城防司令。"雷曼起初不知道该如何答复。这座建于16世纪的萨克森州首府，有着童话般的尖塔、城堡、鹅卵石街道，可现在，一连三场大规模空袭几乎把它彻底夷为平地。雷曼为这座可爱的古城遭受的破坏心痛不已，怒火油然而起："告诉他，这里只剩废墟瓦砾，没什么可以保卫的！"说罢挂了电话。这句怒气冲冲的话纯属鲁莽的放纵。但布格多夫一个钟头后又打来电话："元首改任您为柏林卫戍司令。"

雷曼 3 月 6 日走马上任。没用几个钟头，他就有了惊人的发现。尽管希特勒宣布柏林为要塞，可防御工事只存在于元首的想象中。这座城市根本没做好抵御敌人进攻的准备。没有计划，没有防御，甚至没有兵力。更要命的是，没人为城内居民提供给养，就连疏散妇女、儿童、老人的计划都没制订。

雷曼忙得没日没夜，想方设法捋顺眼下的混乱局面。他面临的一连串问题相当棘手：从哪里能弄到守卫城市的兵力、火炮、弹药、装备呢？修筑防御工事需要的工兵、机械设备、材料又能从何处搞到呢？上面允许他疏散妇女、儿童、老人吗？不允许的话，一旦柏林遭受围攻，他该如何供养、保护他们呢？他的思绪一次次回到最重要的问题上：时间！他还剩多少时间呢？

眼下就连找个高级指挥官都很难。直到今天，上级才姗姗来迟地把汉斯·雷菲奥尔上校派给雷曼当参谋长。雷菲奥尔几个钟头前刚刚到达，见到柏林的混乱局面，他比雷曼更震惊。雷菲奥尔几天前在《帝国》画报里读到一篇文章，声称柏林几乎坚不可摧。文章里有句话给他留下的印象特别深："柏林的环形阵地上，简直可以说布满了各种防御。"如果真是这样，那些防御肯定做了巧妙的伪装，因为雷菲奥尔根本没见到几处防御工事。

现年 53 岁、头发花白的雷曼是个职业军人，整个戎马生涯，他从没想过自己会面对眼下这种任务。但他必须解决每个问题，还得尽快。他能挽救柏林吗？雷曼决心尽己所能。失败似乎已成定局，而最后却转败为胜，军事史上有很多此类战例。他想起维也纳 1683 年成功抵御土耳其人的围攻，也想起布吕歇尔元帅的参谋长冯·格奈森瑙伯爵将军 1806 年坚守科尔贝格的例子。诚然，这种对比没什么意义，可也许能带来些希望。雷曼深知，一切取决于据守奥得河战线的德国军队，以及指挥军队的德国将领。

　　隆美尔、冯·伦德施泰特、冯·克鲁格、冯·曼施泰因……那些赢得过辉煌胜利、名字家喻户晓的伟大将领都不在了，一个个不是死于非命、名誉扫地，就是被迫退役。此刻，德国和德国军队比以往任何时候都更需要一位伟大的军人，另一个英勇善战的隆美尔，另一个谨慎细致的冯·伦德施泰特。柏林的安危，乃至德国能否作为一个国家继续存在下去都取决于此。可那个人在哪里呢？

第二部

将领

3月22日拂晓雾蒙蒙的，很冷。柏林南面的96号帝国公路，穿过湿漉漉的松林向前延伸，一片片白霜在宽阔的柏油路上微微泛着光。立春次日寒冷的清晨，路上的车辆挤得满满当当，即便是战争期间的德国，这种交通状况也有点不太真实。

沿公路驶来的一些重型卡车，载满笨重的文件柜、公文箱、办公设备、纸箱。另一些车上堆满艺术品：精美的家具，装在板条箱里的油画、铜管乐器、瓷器、雕像。一辆敞篷卡车上，一尊没有眼珠的尤利乌斯·恺撒半身像轻轻地来回晃动。

一辆辆卡车间夹杂着各种满载乘客的轿车，都是霍希、漫游者、梅赛德斯豪华轿车。这些车上带有银色反卐字徽标，表明是纳粹党公务用车。所有车辆都沿96号帝国公路驶往一个方向——南面。坐在轿车里的是第三帝国党内官员，这些有权佩戴金质党徽的纳粹中坚分子绰号"锦鸡"，他们带着妻子、孩子、财产溜之大吉。一只只穿着棕色制服的"锦鸡"神情严肃、目光阴郁地凝视前方，似乎为某种可能性担心不已：说不定有人会堵住去路，把他们送回他们不想去的地方——柏林。

公路另一侧，德国国防军一辆指挥车向北疾驶，这辆大型梅赛德斯轿车的左挡泥板上插着集团军群司令的黑、红、白三色方格图案金属旗。戈特哈德·海因里齐大将裹着旧羊皮外套，脖子上戴着围巾，坐在司机身旁，忧心忡忡地看着前方的道路。和帝国所有将领一样，他知道这条公路。海因里齐的表兄格尔德·冯·伦德施泰特元帅刻薄地称它为"通往永恒之路"，因为它把许多高级军官送往一场场军事灾难，96 号帝国公路是通往距离柏林 18 英里的德国陆军总参谋部的直达路线。除了军方高级将领，德国人几乎都不清楚陆军总参谋部所在地。就连当地居民也不知道，重重伪装、隐蔽在森林深处的帝国军事神经中枢，就在他们居住的措森镇外。建于 15 世纪的措森镇，正是海因里齐此行的目的地。

迎面而来的车流表明政府各部门正在疏散，无论海因里齐大将如何看待这些令人不安的迹象，都没有对身边人流露自己的真实想法，36 岁的副官海因里希·冯·比拉上尉和大将的勤务兵巴尔岑坐在后排。在这场 500 英里的漫长旅途期间，他们几乎没怎么交谈。一行人拂晓前离开匈牙利北部，海因里齐在那里指挥第 1 装甲集团军和匈牙利第 1 集团军。他们先飞到捷克—德国边界附近的包岑，再改乘汽车继续赶路。随着时间流逝，现年 58 岁、堪称德国国防军防御大师的海因里齐大将，越来越接近他 40 年戎马生涯中最艰巨的考验。

待海因里齐到达措森，就会得知新职务的详情，不过他已获悉，自己要对付的不是西线盟军，而是他的老对手俄国人。海因里齐觉得这项任务不容易，但很适合他。他即将出任维斯瓦集团军群司令，奉命在奥得河畔挡住红军，拯救柏林。

空袭警报突然响起，海因里齐吓了一跳，不由得扭头望向他们刚刚经过的一排半木结构房屋。他没见到轰炸或敌机的迹象，可警报声仍在继续，轿车没有减速，渐渐把刺耳的空袭警报甩在后面。海因里齐对空袭并不陌生，他吃惊的不是警报，而是没想到德国腹地的小村庄居然也会响起空袭警报。海因里齐慢慢转过身子。虽说他打 1939 年战争爆发伊始就一直指挥作战部队——先是在西线，1941 年调到东线——但他已经有两年多没在德国待过，对总体战给大后方造成的影响一无所知。海因里齐忽然觉得，他在自己的国家简直就是个异乡客。这个念头让他有点意兴阑珊，没想到情况居然会是这样。

不过，就战争经历而言，能与他相提并论的德军将领寥寥无几；换个角度看，像他这种位高权重却声名不显的高级将领也不多。他不是英勇善战的隆美尔，隆美尔一次次赢得辉煌的胜利，德国民众视他为英雄，希特勒为他颁发元帅权杖，隆美尔顺理成章地成为宣传部门青睐的宠儿。除了作战指令，海因里齐的名字很少出现在报刊上。所有军人孜孜以求的名声和荣誉与他无缘，因为他数年来一直在东线担任战地指挥官，专心致志地对付俄国人，这项任务的性质让他屈尊于默默无闻的境地。他指挥的一场场作战行动，带来的不是闪电战迅猛推进的荣耀，而是艰难后撤的绝望。他擅长防御，在这方面能与他媲美的同辈不多。海因里齐是个心思缜密、一丝不苟的战略家，也是个看似温和实际上很严厉的指挥官，受过传统的贵族教育，很久前就学会如何以最少的兵力、尽可能小的代价守住防线。他手下一名参谋评论道："只有在形势极为不利的情况下，海因里齐经过深思熟虑后才会后撤。"

海因里齐觉得，这场战争就是从莫斯科郊外一路退却，缓慢而又艰难地撤往喀尔巴阡山脉，在此期间，他一次次坚守看似毫无希望的阵地。海因里齐个性倔强，敢于违抗上级指令，对部下要求很严，他会抓住每一个机会，哪怕仅仅是为多坚守一英里，多坚持一个钟头。他打得极为勇猛，深感自豪的部下给他起了个绰号——"我们凶狠的小矮子"[1]。首次见到海因里齐的人，大多对"凶狠"一词困惑不解。海因里齐身材矮小，一头金发，留着整齐的胡髭，一双温和的蓝眼睛，乍看上去不像将军，倒像个中小学教师，而且是衣着寒酸的教师。

这恰恰是副官冯·比拉最关心的问题，他的长官看上去一点不像大将。冯·比拉为海因里齐的衣着操碎了心，特别是他的靴子和大衣。德国军官

---

[1] Unser Giftzwerg，字面意思是"我们恶毒的侏儒"，不喜欢海因里齐的人经常以字面意思的 Unser Giftzwerg 称呼他。

普遍青睐擦得锃亮、齐膝高的长筒军靴，海因里齐却很厌恶，他更喜欢普普通通的低帮军靴，再扎上一战时期侧面有扣子的老式皮革绑腿。至于大衣，他倒是有好几件，可他最喜欢那件有点破旧的羊皮外套，冯·比拉多次劝说，可他一直不肯扔掉它。同样，海因里齐的军装一直穿到磨破为止。他喜欢轻装出行，所以除了身上那套，很少再多带一套军装。

海因里齐确实需要新军装时，冯·比拉不得不采取主动，他不想提这个话题，因为海因里齐总是否决他的建议。冯·比拉上次壮着胆子提起这件事，态度相当谨慎。他小心翼翼地问海因里齐："大将先生，我们是不是该抽个时间，请裁缝量量，给您做套新军装？"海因里齐透过老花镜上端看着冯·比拉，语气温和地问道："比拉，您真这么认为吗？"冯·比拉以为自己大功告成了，没料到"凶狠的小矮子"又冷冰冰地问道："为什么呢？"自那之后，冯·比拉再没提过这个话题。

尽管海因里齐的模样不像将军，可他的行为举止很像。他是个不折不扣的军人，在部下看来，尤其是经历了莫斯科郊外的防御作战，他简直就是传奇人物。

1941年12月，希特勒对苏联发动的大规模闪电战攻势，终于在莫斯科门前陷入停顿。德军整条战线上，超过125万衣着单薄的德军官兵陷入提早到来的严酷寒冬。德国人穿过冰雪艰难跋涉之际，被希特勒和他那些军事顾问一笔勾销的红军兵团犹如凭空出现般地冒了出来。苏联人投入100个师发动全面反攻，极富冬季作战经验的红军将士冲向侵略者。德军损失惨重，仓促退却，当时，拿破仑大军1812年那场可怕的后撤似乎会以更大、更惨烈的规模重演。

必须稳住战线。海因里齐负责据守的防御地段最棘手。1942年1月26日，他奉命接掌第4集团军残部，该军团守卫的地段就在莫斯科对面，是德军防线的核心。在这里实施任何大规模后撤，都会危及两翼集团军，有可能引发一场溃败。

海因里齐冒着严寒走马上任，当时的温度降到零下42度，火车头锅炉里的水冻成冰，机枪无法击发，地面硬如钢铁，没办法挖掘堑壕和散兵坑。海因里齐装备欠佳的部下在齐腰深的雪地里苦战，鼻孔和睫毛上挂着冰凌。他后来回忆道："上级告诉我，务必坚守到我军重新发动大规模进攻，这次肯定能拿下莫斯科。可我身边的部下死伤惨重，不仅死于俄国人的子弹，还有好多人是冻死的。"

他们坚守了近10周，海因里齐采用了各种正统或非正统的防御手段。他反复告诫部下，不断激励他们，擢升指挥官或把某些人撤职，一次次违抗希特勒长期奉行、死板僵化的"原地坚守令"。第4集团军司令部当年春季估计，漫长的严冬期间，"凶狠的小矮子"的兵力劣势有时候至少达到1比12。

海因里齐在莫斯科郊外发明了一种让他扬名立万的战术。他一旦获悉红军即将在某个地段发动进攻，就命令己方部队趁夜间撤到后方1~2英里的新阵地。红军的炮火准备落在废弃的防线上。正如海因里齐指出的那样："就像挥拳击中了个空袋子。俄国人的冲击必然丧失速度，因为我的部下毫发无损，会做好准备。部署在未遭受攻击地段的我方部队随后实施包围，重新夺回原先的防御地段。"这种战术的诀窍是预先得知敌人打算何时发动进攻。根据情报部门的报告、侦察巡逻、审问战俘，外加敏锐的第六感，海因里齐总是能准确判断敌人的进攻时间和地点，就像数学演算那般精准。

这种战术不能反复使用，海因里齐每次都很谨慎，因为希特勒下过不得后撤的指令，违抗命令的将领，有的身陷囹圄，还有的甚至被枪毙了。海因里齐后来写道："没得到希特勒批准，我们甚至不能把站在窗前的哨兵调到门口，尽管如此，我们中的一些人还是在力所能及的范围内，想方设法规避他近乎自杀的指令。"

海因里齐从来不受希特勒或纳粹高层青睐，原因显而易见。海因里齐的贵族出身和保守的军事背景，要求他忠实地遵守效忠希特勒的誓言，可他总是把更高层面的召唤置于首位。早在战争初期，海因里齐就因为自己的宗教观与希特勒发生了冲突。

海因里齐是新教牧师的儿子，每天都阅读一段《圣经》，不仅亲自参加周日礼拜，还要求部下列队去教堂。希特勒对这些做法很不满。海因里齐几次得到明确的暗示，说希特勒认为一名将军在众目睽睽下公然去教堂很不明智。海因里齐上次返回德国，是回威斯特法伦州明斯特镇休假，纳粹党某个高级官员特地从柏林赶来拜访，同他商谈了一番。这名党员告诉从未加入纳粹党的海因里齐："元首认为您的宗教活动与纳粹主义的目标不符。"海因里齐面无表情地听取了劝告，周日到来，他又带着妻子、儿子、女儿去教堂了，就好像什么都没发生过。

打那以后，海因里齐的擢升变得缓慢而又艰难。要不是他无可否认的杰出指挥才干，以及几位上司，尤其是京特·冯·克鲁格元帅一再要求提拔他，海因里齐的军旅生涯很可能早就止步不前了。

1943 年年末，海因里齐招致帝国元帅赫尔曼·戈林的敌意，原因还是宗教。戈林跑到希特勒面前大加抱怨，说第 4 集团军在苏联境内后撤期间，海因里齐没执行元首的焦土政策。他还特意指控海因里齐故意违抗"焚毁斯摩棱斯克城内所有可住人房屋"的指令，城内完好无损的大教堂就是明证。海因里齐一本正经地辩解道："烧毁斯摩棱斯克的话，我就没办法率领部队穿过该城后撤了。"这番说辞无法让希特勒和戈林满意，但军事逻辑倒很充分，海因里齐借此逃脱了上军事法庭的厄运。

可希特勒对此耿耿于怀。海因里齐在第一次世界大战期间中过毒气，自那之后就患上各种胃病。戈林进谗言后没过几个月，希特勒以这些疾病为由，说海因里齐"健康状况欠佳"，把他转入将领预备役。退役的海因里齐奉命去捷克斯洛伐克的卡尔斯巴德疗养院休养，用他自己的话说："他们就这样让我赋闲在那里。"海因里齐被解职后没几周，红军首次突破了他昔日指挥的第 4 集团军防线。

1944 年头几个月, 海因里齐一直待在卡尔斯巴德, 远远地看着一连串灾难性事件逐渐摧毁希特勒的千年帝国: 西方盟军 6 月份登陆诺曼底; 英美军队沿意大利这只"靴子"向上挺进, 解放了罗马; 7 月 20 日发生了暗杀希特勒未遂的事件; 红军穿过东欧, 发起势不可挡的攻势。局势越来越危急, 无所事事的海因里齐再也坐不住了。向元首服软的话, 他也许能官复原职, 可他不愿这么做。

海因里齐被迫转入预备役八个月后, 1944 年夏末终于接到重返现役的命令, 这次是去匈牙利指挥备受重压的第 1 装甲集团军和匈牙利第 1 集团军。

海因里齐在匈牙利不改初衷。那里的交战进行得如火如荼之际, 希特勒的忠实信徒、海因里齐在匈牙利的顶头上司费迪南德·舍尔纳大将下达了指令, 任何未接到命令擅自撤到后方的官兵, 都要"立即处决, 曝尸示众, 以儆效尤"。海因里齐对这道指令反感至极, 愤怒地驳斥道: "在我指挥下, 过去不会、现在不会、日后也不会这么做。"

虽说海因里齐被迫从匈牙利北部撤入捷克斯洛伐克, 可他为争夺每一寸土地打得极为顽强。1945 年 3 月 3 日, 海因里齐荣膺橡叶骑士铁十字勋章的双剑饰, 对他这个很不受宠的将领来说, 这是个了不起的成就。两周后的此刻, 他正赶往措森, 兜里揣着接掌维斯瓦集团军群的命令。

梅赛德斯向前疾驶, 海因里齐盯着车轮下向后退去的 96 号帝国公路, 想知道这条公路最终会把自己带往何处。他想起先前在匈牙利, 他接到新任命, 奉命向陆军总参谋长海因茨·古德里安报到, 司令部人员得知此事时的反应。众人都很震惊, 他的参谋长问道: "您真想接这个活儿吗?"

他那些忧心忡忡的部下觉得, 素来直言不讳的海因里齐肯定会摊上麻烦事。奥得河是横在红军与柏林之间的最后一道防线, 一旦接任维斯瓦集团军群司令, 海因里齐势必会受到希特勒和他那些亲信的束缚, 海因里齐一名部下把那帮家伙称为"宫廷小丑"。海因里齐从来不是阿谀奉承的人,也不会粉饰现实，如何能避免与元首身边的亲信发生冲突呢？所有人都知道违背希特勒意愿的人会有什么下场。

同海因里齐关系密切的几名军官委婉地建议，能不能找个理由推掉这项任命，例如"健康原因"。出乎他们意料，海因里齐直截了当地答道，他会"像二等兵舒尔茨或施密特那样"服从命令。

梅赛德斯驶近措森郊外，海因里齐不由得想起，动身时，司令部人员看着他，"仿佛我就是被送去屠宰的羔羊"。

— 2 —

营地门口，哨兵迅速放行，门内红黑相间的护栏抬起，伴随哨兵的敬礼，海因里齐的座车驶入措森指挥中心。他们仿佛进入了另一个世界。从某种程度上说的确如此，这是个隐藏在深处、精心伪装、井然有序的军事世界，知道的人寥寥无几。它还被冠以"迈巴赫Ⅰ号""迈巴赫Ⅱ号"的代号。

海因里齐一行驱车穿过的建筑群是"迈巴赫Ⅰ号"，是古德里安将军领导的 OKH 所在地，也就是陆军总司令部。他从此处指挥东线各集团军。再往前 1 英里是一片完全隔绝的营地，OKW（国防军统帅部）就设在那里。尽管名列第二，但"迈巴赫Ⅱ号"的权力更大，因为它是最高统帅希特勒的大本营。

与置身 OKH 亲力亲为的古德里安将军不同，负责 OKW 事务的参谋长威廉·凯特尔元帅和指挥参谋部的参谋长阿尔弗雷德·约德尔大将总是伴随希特勒左右。留在措森的只是 OKW 的运作机构，凯特尔和约德尔通过这个机构指挥西线各集团军，除此之外，该机构也是个交换中心，负责把希特勒的一道道指令传达给整个德国武力力量。

因此，"迈巴赫Ⅱ号"成了"圣地"，与 OKH 完全隔绝，就连古德里安的部下也没有几个获准进入。高高的铁丝网和不停巡逻的哨兵把"迈巴赫Ⅱ号"封闭得非常彻底，OKW 和 OKH 形成物理隔离。希特勒早在 1941 年就有过指示，除了履行职责所需要掌握的情况，任何人不得探听与自己无关的事务。古德里安的陆军总参谋部里，有人讽刺道："就算敌人占领了OKW，我们还是会照常工作，因为那时我们对此一无所知。"

密林的树冠构成出色的隐蔽，营地内几条狭窄的土路纵横交错，海因里齐的汽车在树荫下沿土路向前行驶，他看见一排排低矮的混凝土建筑不规则地排列在树丛间。为最大限度地利用树木作掩护，这些建筑的间隔很大，还涂成单调的绿色、棕色、黑色，以此为伪装。道路外，一部部车辆停在覆盖着伪装网的兵营式建筑旁。哨兵伫立在各处，营地周围的重要地点隆起一座座低矮的地堡，地堡内有人据守。

这些仅仅是地下设施的组成部分，"迈巴赫Ⅰ号"和"迈巴赫Ⅱ号"的地下设施比地面建筑多得多，在整个营地下方延伸。每座建筑都有地下三层，用通道与旁边的建筑相连。最大的地下设施是500型交换站，德国最大的这套电话、电传、军用无线电通信交换站自成体系，完全独立，有自己的空调设备（包括专用过滤系统，可抵御敌人的毒气攻击）、供水、厨房、生活区，位于地下近70英尺处，相当于一座7层楼高的地下建筑。

500型交换站是OKH和OKW唯一共用的设施，不仅确保了陆海空三军高级指挥部与OKH、OKW、柏林的通信联络，也是帝国政府和各行政机构的主要通信交换站。这套系统1939年建成，旨在用于幅员辽阔的帝国。主干线或长途电话室内，几十个接线员坐在灯光闪烁的操作面板前，每个灯泡上方都有张小卡片，标出各座城市的名称：柏林、布拉格、维也纳、哥本哈根、奥斯陆等等。某些操作面板上的灯泡已熄灭，写有雅典、华沙、布达佩斯、罗马、巴黎的小卡片倒还在。

尽管采取了各种伪装措施，但措森的建筑群还是遭到了轰炸，海因里齐的座车慢慢停在古德里安的指挥部外，亲眼见到了此处遭受空袭的明确证据。这里遍布弹坑，树木被连根拔起，部分建筑严重受损。不过，建筑物厚重的结构降低了轰炸的破坏程度，因为某些房屋的墙壁厚达 3 英尺。①

  遭受空袭的更多证据出现在主楼内。海因里齐和冯·比拉首先见到古德里安的副手汉斯·克雷布斯将军, 他在空袭期间负了伤。克雷布斯右眼戴着单片眼镜, 坐在古德里安旁边一间办公室的办公桌后, 头上的绷带像包裹着白色的头巾。海因里齐不太喜欢克雷布斯, 尽管古德里安这位副手很聪明, 可海因里齐觉得他是个"罔顾事实、颠倒黑白的小人, 从来不敢把真实情况汇报给希特勒"。

  海因里齐看看裹着绷带的克雷布斯, 突然问道: "您怎么了?"

  克雷布斯耸耸肩答道: "哦, 没什么, 问题不大。"克雷布斯总是泰然自若。苏德战争爆发前, 他在莫斯科的德国大使馆任武官, 俄语说得很流利。《苏日中立条约》1941 年签署后, 斯大林拥抱了克雷布斯, 还说"我们永远是朋友"。眼下同海因里齐闲聊时, 克雷布斯说自己仍在学习俄语: "每天早上我把俄语词典放在镜子下方的架子上, 刮胡子的时候再学几个单词。"海因里齐点点头。克雷布斯很快会发现他的俄语派上了用场。

  古德里安的副官弗赖塔格·冯·洛林霍芬少校走了过来, 一同到来的还有格哈德·博尔特上尉, 他也是古德里安身边的工作人员。两人正式欢迎海因里齐和冯·贝拉的到来, 随后陪他们去古德里安将军的办公室。冯·比

---

① 就在七天前的3月15日, 美国人应红军的要求, 猛烈轰炸了措森。红空军副司令员兼参谋长谢尔盖·V. 胡佳科夫空军元帅给美国驻莫斯科军事代表团团长约翰·R. 迪恩将军发了封电报, 这封电报目前存档在华盛顿和莫斯科, 本书首次予以披露, 这份惊人的文件能让读者洞悉苏联人在德国境内从事的情报工作深入到何种程度。电报里写道: "亲爱的迪恩将军: 根据我方掌握的情报, 德国陆军总参谋部位于柏林以南38公里处, 设在一座特别加固的地下掩体内, 德国人称之为'堡垒'。它就在……措森东南偏南5.5~6公里、宽阔的 [96号帝国] 公路东面1~1.5公里处, 这条公路与柏林通往德累斯顿的铁路线平行。这片地带布满地下防御工事……占地5~6平方公里。数层铁丝网环绕整个地带, 还驻有一个党卫队团严加守卫。同一情报来源称, 地下防御工事的修建工作始于1936年。1938年和1939年, 德国人测试了这些工事抵御空袭和炮火的强度。亲爱的将军, 我请您不要拒绝我的好意, 尽快指示盟国空军以重型炸弹轰炸'堡垒'。要是德国陆军总参谋部仍在那里的话, 我敢肯定, 这场空袭会给他们造成破坏和损失, 让他们无法正常运作……也许会被迫转移到其他地方。这样一来, 德国人就会丧失了组织完善的通信中心和指挥部。随函附上地图, 图上标明了德国陆军总参谋部的确切位置。"

拉觉得，这里的人个个衣冠楚楚，穿着锃亮的高筒军靴，身上是裁剪得体、熨得平整挺括的原野灰军装，衣领佩戴着总参军官的红领章。海因里齐和冯·洛林霍芬走在前面，一如既往，他的着装似乎很不得体，从后面看更是如此。他那件毛领羊皮外套让冯·比拉大皱眉头。

冯·洛林霍芬走入古德里安的办公室，片刻后返回，拉开房门请海因里齐进去，还喊了声："海因里齐大将先生到了！"他随后关上房门，和博尔特、冯·比拉守在接待室。

古德里安坐在堆满文件的办公桌后，见海因里齐走入办公室，赶紧起身，热情迎接到访者，还给他搬了把椅子，关心地聊了几句海因里齐的行程。海因里齐发觉古德里安焦躁不安，这位肩膀宽阔、中等身材的陆军总参谋长灰发稀疏，胡子有点杂乱，看上去比他56岁的实际年龄老得多。许多人不知道，古德里安其实是个病人，患有高血压和心衰，持续的沮丧心情显然无助于缓解病情。这位装甲兵将领当初凭借自己的装甲战术，仅用39天就打垮了法国，在苏联境内也赢得了辉煌的战绩，可希特勒庞大装甲力量的缔造者，这段日子却发现自己对眼下的局面束手无策。虽说他是陆军总参谋长，可在希特勒面前几乎说不上话。即便战事最顺利的时期，古德里安的脾气也很暴躁，海因里齐得知，他近日的情绪极为沮丧，根本无法控制自己的怒火。

交谈时，海因里齐环顾四周。办公室的陈设很简朴：一张宽大的地图桌，几把直背椅，两部电话，办公桌上放着盏绿色灯罩的台灯，米黄色的墙上空空如也，仅在地图桌上方挂了幅常见的希特勒画像。这位陆军总参谋长甚至没摆放安乐椅。

古德里安和海因里齐算不上密友，但两人相识多年，彼此尊重对方的专业技能，关系比较密切，完全可以畅所欲言。刚刚转入正题，海因里齐直率地问道："将军，我先前一直在偏远的匈牙利战场，不太了解维斯瓦集团军群，他们的编成如何？奥得河畔的情况怎样？"

古德里安也直言不讳, 坦率地说道: "海因里齐, 我得告诉您, 希特勒没想任命您, 他属意的是其他人选。"

海因里齐没吱声。

古德里安继续说道: "我负责此事。我告诉希特勒, 您才是我们需要的人选。他起初根本没考虑您, 我最后说服他同意了。"

古德里安介绍情况时, 摆出公事公办、实事求是的样子, 可谈到这个话题, 他的情绪激动起来, 语调也变了。直到20年后, 海因里齐仍清清楚楚地记得他接下来的长篇大论。

古德里安气冲冲地说道: "最大的问题是希姆莱。您马上要接替希姆莱, 必须把他赶走!"

他突然从椅子上站起来, 绕过办公桌, 在室内踱来踱去。海因里齐近期才得知, 维斯瓦集团军群司令居然是党卫队全国领袖希姆莱。这个消息令他震惊不已, 起初简直不敢相信。他知道希姆莱是希特勒核心内阁成员, 可能是德国权力最大的人物, 仅次于元首, 但他没听说希姆莱有指挥军队的实战经验, 更别说指挥集团军群的作战行动了。

古德里安恨恨地说道, 今年1月, 红军大潮袭来, 波兰战线土崩瓦解之际, 他不顾一切地敦促赶紧组建维斯瓦集团军群。当时的设想是, 维斯瓦集团军群部署在北面, 编有几个集团军, 在奥得河与维斯瓦河之间据守主防线, 这条防线大致从东普鲁士起, 一路延伸到南面某处, 与另一个集团军群相连。只要守住这条防线, 就能阻止红军雪崩般地攻入德国心脏地带, 穿过下波美拉尼亚和上西里西亚, 径直攻入勃兰登堡, 最终冲进柏林。

古德里安建议派冯·魏克斯男爵元帅指挥该集团军群: "他是应对眼下这种状况的适当人选, 可结果如何呢? 希特勒说冯·魏克斯年龄太大, 约德尔当时也在场, 我本指望他支持我的建议, 可他谈起冯·魏克斯的宗教信仰, 这件事就这么告吹了。"

古德里安吼道: "最后让谁来担任集团军群司令呢? 希特勒任命了希

姆莱！那么多将领，他偏偏选中希姆莱！"

用古德里安自己的话来说，他"对希特勒胡乱做出的决定震惊不已，不得不费尽口舌，竭力避免灾难重重的东线出现这种荒唐的任命"，因为希姆莱根本不懂军事，可希特勒固执己见。果不其然，希姆莱指挥的防线几乎彻底瓦解。红军采取的行动与古德里安预料的一模一样。待他们渡过维斯瓦河，就以部分兵力转身向北，在但泽到达波罗的海，仅在东普鲁士就隔断、包围了20~25个德国师。其他集团军穿过波美拉尼亚和上西里西亚，一路前出到奥得河和尼斯河。东线各处的德军防线都被敌人打垮，可没有哪个地段像希姆莱负责的防线垮得那么快。他的无能，为红军穿过德国，与西线盟军会师的主要突击敞开大门，最要命的是，他把柏林置于危险下。

古德里安告诉海因里齐，就在48小时前，他驱车前往柏林以北大约50英里，维斯瓦集团军群设在比尔肯海恩的司令部，想劝说希姆莱放弃指挥权。他在那里得知希姆莱病了，最后在20英里外的利兴附近找到党卫队全国领袖。"他躲在疗养院里，不过是感冒而已。"

古德里安马上反应过来，也许可以利用希姆莱的"病"。他先对党卫队全国领袖身体欠佳深表同情，随后又说他过度劳累，因为兼职太多，"换作谁都会心力交瘁"。除了维斯瓦集团军群司令，野心勃勃的希姆莱还是内政部长、盖世太保头子、德国警察总监、党卫队全国领袖、后备军总司令。古德里安建议：干吗不放弃某项职务呢，例如维斯瓦集团军群司令？

希姆莱心领神会，他告诉古德里安，的确如此，这么多兼职确实让他不堪重负。希姆莱问道："可我怎么跟元首说不再担任维斯瓦集团军群司令这一职务呢？"古德里安立即告诉希姆莱，要是他不反对的话，他（古德里安）去跟元首说。希姆莱立马同意了。古德里安告诉海因里齐："希特勒当晚解除了工作太多、过于劳累的党卫队全国领袖集团军群司令的职务，但发了通牢骚，显然很不情愿。"

　　古德里安停了停, 但时间很短。他不时爆发出阵阵怒火, 打断自己对灾难性局面的尖刻评述。此时他又发作了, 声音因愤怒而哽咽: "我们陷入的境地混乱不堪, 从事战争的方式简直令人难以置信, 难以置信!"

　　古德里安回忆, 前几个月, 他想尽办法让希特勒明白"真正的危险在东线", 因而"有必要采取最果断的措施"。他敦促希特勒从波罗的海诸国 (特别是拉脱维亚的库尔兰半岛)、从巴尔干地区实施一连串战略后撤, 甚至建议弃守挪威和意大利。各处战线都得缩短, 必须把腾出的每个师调往东线。相关情报称, 红军师的数量两倍于西线盟军, 而在东线苦战的德国师, 数量还不及西线德军。另外, 最精锐的德国师都在对付艾森豪威尔。可希特勒不愿转入防御, 全然不信摆在他面前的事实和数字。

　　古德里安继续说道: "希特勒接下来可能犯了他这辈子最大的错误。"1944年12月, 他孤注一掷地发动最后一场大规模攻势, 命令德军在比利时和卢森堡北部, 穿过阿登山区起伏的林地, 打击西线盟军。希特勒吹嘘, 这场攻势会切断西线盟军, 一举扭转战争进程。他投入三个齐装满员的集团军打击盟军防线中央地段, 共计20个师, 包括12个装甲师。这股作战力量的目标是达成突破, 前出到默兹河, 而后转身向北, 夺取至关重要的补给港安特卫普。面对突如其来的打击, 猝不及防的盟军损失惨重, 仓促退却。但德军很快丧失了突击势头, 盟军迅速恢复过来, 短短5周就把希特勒遭受重创的几个集团军驱赶到德国边界后方。

　　古德里安说道: "阿登攻势显然失败了, 我恳请希特勒把部队撤离阿登调往东线, 因为我们估计俄国人随时会发动进攻。可希特勒不听, 怎么也不相信我们对敌军实力的评估。"

　　古德里安1月9日告诉希特勒, 预计俄国人会沿波罗的海到巴尔干地区的整条战线发动进攻, 估计对方会投入庞大的兵力, 共计225个师和22个坦克军。这份态势评估是古德里安手下的东线外军处处长赖因哈德·格伦将军提交的。他在报告里指出, 俄国人占有压倒性优势, 步兵高达11

比 1，坦克达到 7 比 1，火炮和战机至少是 20 比 1。希特勒捶着桌子，厉声斥责拟制报告者，怒不可遏地吼道："谁弄的这些垃圾？不管他是谁，都该关入疯人院！"红军三天后发动进攻，证明格伦的报告真实无误。

古德里安告诉海因里齐："前线几近土崩瓦解，完全是因为我方装甲力量都被牵制在西面。希特勒最终同意把部分装甲力量调往东线，可他没批准我用坦克打击柏林东面的红军先遣部队。您猜他把装甲力量派往了何处？匈牙利！他把他们投入毫无用处的进攻，说是要夺回那里的油田。"

古德里安怒气冲冲地说道："唉，直到现在还有 18 个师无所事事地待在库尔兰。这里需要他们，而不是波罗的海诸国！我们要想生存下去，就得把一切力量投入奥得河战线。"

古德里安停了停，竭力让自己平静下来，随后说道："俄国人盯着我们的要害，他们暂时停止了进攻，目的是重组军队。我们估计洪水消退前，您有 3~4 周的准备时间。届时俄国人会设法在西岸建立新登陆场，同时拓展原有的登陆场。必须把他们赶回去。无论其他地方发生什么情况，都得把俄国人挡在奥得河，这是我们唯一的希望。"

　　古德里安随后让人把地图送来。外面的接待室里，副官从准备好的一摞地图里抽了几张，送入办公室，摊在两位将军面前的地图桌上。

　　海因里齐首次见到总体局势。盟军从东西两面不断挺进，吞没了超过三分之一的德国领土。剩余的国土夹在两道巨大的河流障碍之间：西面是莱茵河，东面是奥得河及其支流尼斯河。海因里齐知道，帝国尚未沦陷的大工业区眼下遭到夜以继日的轰炸。

　　正如海因里齐听说的那样，西面艾森豪威尔的大军确实已前出到莱茵河，那是德国最大的天然防线。英美军队沿莱茵河西岸排列，绵延近 500 英里，几乎从北海一路递延到瑞士边界。他们甚至在莱茵河某处达成突破。3 月 7 日，美军夺得波恩南面的雷马根大桥，守桥部队根本来不及炸毁桥梁。东岸出现了一座 20 英里宽、5 英里深的登陆场，估计西线盟军很快会控制另一些渡场。

　　东面，苏联红军拥过东欧，从波罗的海到亚得里亚海，他们控制的战线超过 800 英里。而在德国境内，他们沿奥得河—尼斯河一线排列，一路延伸到捷克斯洛伐克边界。古德里安告诉海因里齐，俄国人积极从事准备工作，打算恢复进攻。侦察机发现对方正往前线调运援兵。大批火炮和技术装备在各铁路终点站卸载。坦克、汽车、马车车队、行军队列把各条道路堵得水泄不通。红军究竟会投入多少兵力发动进攻，没人能估计，但德国人在本国境内已识别出对方三个方面军，主力集中在维斯瓦集团军群防御阵地对面。

海因里齐看看自己接掌的战线，首次见到他后来说的"令人震惊的整个真相"。

地图上蜿蜒的细红线标出维斯瓦集团军群的防御阵地，绵延175英里，从波罗的海沿岸递延到西里西亚地区奥得河与尼斯河交汇部，在那里与舍尔纳大将的军队相连。防线大部分地段都在奥得河西岸，但东岸仍留有三座主要登陆场：北面的斯德丁，那座建于13世纪的城市是波美拉尼亚首府；南面的屈斯特林镇和历史悠久的大学城奥得河畔法兰克福，两个城镇都位于柏林正对面的重要地段。

海因里齐的任务是阻止红军占领柏林、攻入德国心脏地带，可他手上只有两个集团军。身材矮小的哈索·冯·曼陀菲尔将军指挥的第3装甲集团军据守防线北翼，他可能是继古德里安和隆美尔后德国国防军最杰出的装甲战术家。曼陀菲尔负责的防线绵延95英里左右，从斯德丁北面延伸到霍亨索伦运河与奥得河交汇部，这处交汇部就在柏林东北方28英里左右。沿奥得河往南，直到80英里外的尼斯河交汇部，由现年47岁、戴着眼镜的特奥多尔·布塞将军指挥的第9集团军据守。

尽管海因里齐对总体局势深感不安，但当面之敌的庞大兵力并没有让他过于吃惊。他长期在东线鏖战，没有空中掩护，坦克寥寥无几，兵力劣势达到1比9或1比10，这种情况是家常便饭。海因里齐深知，一切取决于部队的战斗力，眼下真正令他震惊的是两个集团军的编成。

经验丰富的海因里齐认为，一个师的番号和师长的名字，往往能说明该师的历史和战斗力。可现在仔细看看地图，他发觉东线就没几个他能认出的正规师。大多数兵团没使用常见的数字番号，而是冠以各种稀奇古怪的名称，例如"卡森集群""德贝里茨""尼德兰""库尔马克""柏林""明谢贝格"等等。海因里齐很想知道这些兵团的编成，他们是以各个师的残部拼凑而成的吗？从古德里安的地图上看不出端倪，他得自己去了解，但海因里齐突然产生怀疑，这些师恐怕只有个名称吧。海因里齐没就自己的疑虑发表意见, 因为古德里安还有更紧要的问题跟他商讨, 特别是屈斯特林。

海因里齐手头实力最强的军团是布塞指挥的第9集团军, 它构成了柏林的防御正面。从地图上的大量红色箭头能清楚地看出, 布塞面临的问题相当紧迫。古德里安指出, 俄国人在第9集团军当面集中了重兵。他们竭尽全力, 企图消灭德军在屈斯特林和法兰克福地域控制的两座东岸登陆场。屈斯特林的处境尤为危急。

前几周, 红军在该地段几次渡过奥得河, 还在西岸获得几处立足地。这些进攻大多被击退, 可尽管德军拼死抵御, 红军仍控制着屈斯特林周边地域。他们在镇子两侧占据了相当大的登陆场, 这些铁钳般的屯兵场之间只剩一条走廊, 把屈斯特林守军与第9集团军连接起来。一旦铁钳合拢, 屈斯特林必然陷落, 待两座登陆场合并, 就在西岸为红军提供了直扑柏林的大型跳板。

说着, 古德里安又向海因里齐透露了惊人的消息: "希特勒决定发动进攻, 消灭屈斯特林南面那座登陆场, 布塞将军一直在做准备, 我觉得这场突击会在 48 小时内付诸实施。"

古德里安称, 作战计划要求德军从屈斯特林南面 13 英里的法兰克福发动进攻。5 个装甲掷弹兵师奉命渡过奥得河, 进入德军据守的登陆场, 沿东岸遂行攻击, 从后方打击屈斯特林南面的红军登陆场。

海因里齐仔细查看地图。奥得河畔法兰克福横跨河流, 城市主体位于西岸, 两片市区只有一座桥梁连接。在维斯瓦集团军群新司令看来, 两个情况显而易见: 东岸的丘陵地带为红军炮兵提供了理想的条件, 他们可以从一处处高地阻止德军的机动。更要命的是, 对岸的德军登陆场太小, 无法集中 5 个摩托化师。

海因里齐盯着地图研究了好一阵。他觉得俄国人会立即发现德军的企图, 毫无疑问, 对方会先施以炮火, 再投入战机, 一举粉碎德军的集中。

他看看古德里安，直言不讳地说道："这场进攻根本无法实现。"

古德里安同意他的看法。他气愤地告诉海因里齐，要想集中这些师，唯一的办法是"一个师接一个师过桥，人员和坦克纵队会长达 15 英里"。可希特勒执意发动进攻，还告诉古德里安："肯定能成功，因为俄国人绝想不到我们会实施这种大胆、不合传统的行动。"

海因里齐继续查看地图，发现屈斯特林与法兰克福之间布满红军部队。就算德军能从对岸登陆场发起攻击，面对实力强大的红军，寥寥几个德国师也无法到达屈斯特林。海因里齐郑重其事地提醒古德里安："我方部队会被敌人压制，背靠奥得河，必然招致灾难。"

古德里安未置一词，实在没什么可说的。他突然瞟了眼手表，气冲冲地说道："哎呀，我得去柏林参加元首下午 3 点召开的态势研讨会了。"提到这件事，他又一次发作了。古德里安气急败坏地吼道："简直没时间工作！态势研讨会每天两次，我在会议室里一站几个钟头，听希特勒身边那帮人胡扯，没讨论任何实际问题！我什么都做不了！我的时间不是耽误在路上，就是在柏林听他们胡说八道！"

古德里安爆发的怒火把海因里齐吓到了。陆军总参谋长的脸涨得通红，简直就像甜菜，有那么一刻，海因里齐甚至担心古德里安心脏病发作当场身亡。古德里安竭力控制情绪，办公室里陷入令人不安的沉默。他过了会儿说道："希特勒想讨论进攻屈斯特林的问题，要不您跟我一起去吧。"

海因里齐婉言谢绝，他告诉古德里安："要是让我后天发动这场愚蠢的进攻，我最好尽快返回自己的司令部。"他想了想，态度坚定地补了一句："希特勒可以过几天再见我。"

接待室里，随着一份份地图和图表送入古德里安的办公室，海因里希·冯·比拉盘算着会晤时间。只剩一两份地图了，他觉得形势简报很快会结束。冯·比拉无所事事地走到桌子旁，漫不经心地扫了眼最上方的地图。那是幅德国全境图，但图上的线条似乎有些不同。冯·比拉刚要走开，地图上的某些东西吸引了他的目光。他凑过去仔细看了看。这幅地图的确有不同之处，图上的字母引起了他的注意，居然是英文的。他弯下腰认真研究起来。

— 4 —

快到傍晚 6 点，疲惫的海因里齐才到达普伦茨劳附近比尔肯海恩的集团军群司令部。从措森到这里的两个半钟头行程中，他一直沉默不语。冯·比拉一度想跟将军聊聊，问他是否看见了那幅地图。他觉得古德里安肯定给海因里齐看了同一份地图的副本，也解释了图上的内容。海因里齐其实对此一无所知，所以没有答复冯·比拉。他只是紧闭双唇，忧心忡忡地坐在车上，冯·比拉从来没见过他的情绪这般低落。

乍见自己的新司令部，海因里齐的情绪更加低落了。维斯瓦集团军群司令部设在一座庞大、宏伟的宅邸内，两侧排列着木制营房。宅邸主楼宏伟而又华丽，前方伫立着一排超大号圆形石柱，简直是建筑学上的怪物。希姆莱几年前修建了这座宅邸，作为他的避难所。附近的铁路侧线，停着他豪华的私人专列"施泰尔马克"号。

和措森一样，这处司令部也隐藏在树林里，但相似之处仅限于此。海因里齐本以为会在忙碌的集团军群司令部见到喧嚣的军事场面，可没有。除了主楼门厅的一名党卫队下士，此处似乎空无一人。下士询问了来者的姓名，请他们在硬长凳上坐下，随后就不见了。

过了一会儿，来了个身材高大、军装笔挺的党卫队中将。他自我介绍是希姆莱的参谋长海因茨·拉默丁，还圆滑地解释道，党卫队全国领袖"在讨论重要问题，现在不便打扰"。拉默丁彬彬有礼，但态度冷淡，既没邀请海因里齐去自己的办公室稍坐，也没摆出应有的好客姿态，而是转身离开，让海因里齐和冯·比拉在门厅枯坐。担任高级将领这么多年，海因里齐从来没受过如此冷淡的对待。

他耐心等了15分钟，随后低声对冯·比拉说道："去告诉那个拉默丁，我不想再坐下去了，我要求立即见到希姆莱。"没过多久，有人陪同海因里齐穿过走廊，进入希姆莱的办公室。

希姆莱站在办公桌旁。他中等身材，上半身比腿长，海因里齐一名部下记得，他的腿"就像公牛的后腿"。希姆莱的脸窄窄的，下巴有点后缩，普普通通的金属框眼镜后是一双眯眯眼，他留着小胡子，嘴唇很薄。希姆莱的手不大，柔软得有点女人气，手指很长。海因里齐注意到他的皮肤"苍白、松垂，有点像海绵"。

希姆莱上前几步，与海因里齐互致问候，随即发表了长篇大论。他扶着海因里齐的胳膊说道："您要知道，离开维斯瓦集团军群对我来说是个艰难的决定。"他请海因里齐坐下，滔滔不绝地说道："可正如您所知，我兼任的职务太多了，忙都忙不过来，而且我的身体状况也不太好。"

希姆莱坐在办公桌后，仰靠着椅背说道："我马上向您介绍这里的情况，我已经派人去拿态势图和报告了。"两个党卫队队员走入办公室，一个是速记员，另一个拿着一大沓地图。他们身后跟着两名参谋。海因里齐高兴地看见他们穿着国防军军装，而不是党卫队制服，其中一个是集团军群副参谋长埃伯哈德·金策尔中将，另一个是作战处处长汉斯-格奥尔格·艾斯曼上校。海因里齐见到艾斯曼非常高兴，他认识艾斯曼，知道他是个效率极高的参谋人员。拉默丁没有到场。

希姆莱等一众落座，这才滔滔不绝地替自己辩解起来。海因里齐事后记得，希姆莱似乎"是从亚当和夏娃的故事开始说起"，随后煞费苦心地解释了种种细节，"说的都是些毫无意义的事情"。

金策尔和艾斯曼知道，一旦希姆莱开口，就能口若悬河地侃上几个钟头。所以没过几分钟，金策尔就以"有急事"为由告退了。艾斯曼坐在那里看着希姆莱和海因里齐，暗自把两人比较了一番。他觉得海因里齐是个"坚忍不拔、头发花白的老兵，神情严肃、沉默不语、忧心忡忡，在他看来礼貌是天经地义的"，可他不得不耐着性子听一个纯属暴发户的军事门外汉大放厥词，此人"甚至看不懂地图上的比例尺"。看着希姆莱不停打着手势，"以夸张的长篇大论一次次重复最无关紧要的事情"，艾斯曼知道海因里齐肯定觉得震惊而又厌烦。

艾斯曼耐心等了一会儿，才以"要做的事情太多"为由离开了希姆莱的办公室。过了几分钟，海因里齐注意到速记员没法跟上希姆莱滔滔不绝的话语，干脆放下笔不记了。海因里齐无聊至极，默默地坐着，任由希姆莱说个痛快。

就在这时，希姆莱办公桌上的电话突然响了。他拎起电话听了片刻，似乎有点吃惊，随后把听筒递给海因里齐："您是集团军群新司令，这个电话最好您来接。"

海因里齐接过电话，问道："我是海因里齐，请问您是哪位？"

电话另一端是第9集团军司令布塞将军。听着对方的汇报，海因里齐心里一片冰凉，灾难降临到他的新司令部。红军发现了布塞进攻屈斯特林的准备工作。第25装甲师是布塞手里的精锐兵团，几个月来竭力确保屈斯特林两侧红军登陆场之间的走廊畅通无阻，眼下悄然撤出既占阵地，为即将发动的进攻加以准备。第20装甲师赶来接防第25装甲师防区，俄国人发现了德军的换防，从南北两面发起攻击。正如古德里安担心的那样，红军的铁钳砰然合拢。第20装甲师遭隔断，屈斯特林陷入孤立，红军获得了进攻柏林的重要登陆场。

海因里齐用手捂住话筒，神情严肃地把情况告诉希姆莱。党卫队全国领袖看上去紧张不安，耸耸肩说道："嗯，您现在是维斯瓦集团军群司令。"

海因里齐盯着他，厉声说道："您听好了，我毫不了解集团军群的情况，甚至不知道我有哪些部队，也不知道他们部署在何处。"

希姆莱茫然无措地看着海因里齐，海因里齐立马知道自己无法指望他的帮助。他扭头继续接电话，随即批准布塞发起反突击，还告诉第9集团军司令，他会尽快赶赴前线。待海因里齐放下电话，希姆莱又漫无边际地说了起来，就好像什么都没发生过。

海因里齐火了，直截了当地打断希姆莱。他告诉希姆莱，他很想听听党卫队全国领袖对眼下的整体局势和德国的未来有何看法。海因里齐后来回忆，这个问题"显然让希姆莱不快"。党卫队全国领袖站起身，绕过办公桌，拽着海因里齐的胳膊，把他拉到办公室另一边的沙发旁，刻意避开速记员，随后抛出一枚重磅炸弹。希姆莱低声透露："我采取了必要的措施，通过某个中立国着手与西方盟国谈判。"他停了停，随即补充道："您得知道，我告诉您这些是出于对您的绝对信任。"

办公室里沉默了很久。希姆莱满怀期待地看着海因里齐，可能是想听他评论几句。海因里齐惊呆了。这是叛国，是对德国、德国军队、德国领导人的背叛！他竭力捋清自己的思路。希姆莱说的是真的吗？会不会是个诡计，想诱使他做出某些鲁莽的举动？海因里齐相信，野心勃勃的希姆莱什么都能干得出来，为攫夺权力，哪怕叛国也在所不惜。这位经验丰富的前线将领一言不发地坐着，对身边的希姆莱厌恶至极。

办公室房门突然开了，一名党卫队军官走了进来。交谈被打断，但希姆莱似乎松了口气。那名军官汇报道："全国领袖先生，司令部人员已集合，准备向您道别。"希姆莱站起身，没再多说什么，就这样走出了办公室。

到当晚8点，希姆莱和他那群党卫队军官及保镖都已离开。海因里齐的勤务兵巴尔岑很快发现，他们带走了所有东西，包括宅邸的餐具和盘子，连茶杯和茶碟都没落下。他们离开得非常彻底，就好像希姆莱从没在司令部待过似的。希姆莱带着属下登上他的豪华私人专列，迅速离开奥得河前线，连夜向西驶去。

希姆莱身后留下怒不可遏的海因里齐。这位集团军群新司令查看自己的司令部时，愤怒和厌恶之情激增。他手下一名军官记得，见到希姆莱这座宅邸娘娘腔般的内部装饰，"海因里齐的怒火油然而起"。宽大的办公室和里面的一切都是白色，卧室饰以柔和的绿色，不仅包括窗帘、地毯、衬垫，就连被子和床罩也是如此。海因里齐尖刻地指出，这地方"更适合贵妇，而不是指挥军队的军人"。

当晚晚些时候，海因里齐兑现了自己的承诺，打电话给他身处西里西亚的前参谋长，把这里的情况告诉了对方。他已控制住自己的情绪，因而能更冷静地考虑此次会面。海因里齐觉得希姆莱披露的情况过于匪夷所思，无法采信，他决定忘掉这件事。他在电话里告诉西里西亚的老同事："希姆莱巴不得早点离开，唯恐不能尽快逃离。崩溃到来时，他可不想留下来负责，只想找个头脑简单的将领承担责任，我就是那只替罪羊。"

海因里齐的副官冯·比拉上尉在分配给他的房间里不安地走来走去。他一直忘不了在措森指挥部见到的那幅地图。他想起自己仔细查看地图时无人阻止，可那幅地图显然是机密文件，太奇怪了。古德里安肯定给海因里齐看过地图，可海因里齐回来后只字未提，由此看来，那幅地图也许不像他想象的那般重要。说不定是古德里安的指挥部绘制的，是德方对盟军意图的预估。可冯·比拉还是难以接受这种自我安慰，图上的文字为何是英文而不是德文呢？只有一个解释：那是盟国的地图，德国情报部门设法弄到了。否则是从哪里搞到的呢？冯·比拉想不出其他答案，若真是这样，那么他就得想办法通知自己的妻子和三个孩子。从那幅地图看，一旦德国战败，他的家乡贝恩贝格就会沦为苏联占领区。如果冯·比拉不是凭空臆想的话，那么他看见的其实是一项绝密计划，阐明了盟国打算如何占领、分割德国。

— 5 —

50 英里外，那幅地图的原件和说明文件摆在柏林达勒姆区格拉特路 1 号的保险柜里，那里是 OKW 指挥参谋部参谋长阿尔弗雷德·约德尔大将的应急指挥所。战争期间，约德尔看过德国情报部门掌握的各种骇人听闻的机密，可这份红色封皮的档案披露了最残酷无情的真相。

这份文件包含一封信，还有一份长达 70 页的背景备忘录，结尾处钉着两幅活页地图，每幅地图的大小约为 20 英寸 ×18 英寸，按 1 英寸比 29 英里的比例尺绘制。约德尔很想知道，盟国是否知晓他们的一道绝密战争指令序言的副本不见了。那是当年 1 月底，阿登攻势即将结束时，德国人从英军手里缴获的。

希特勒觉得盟国这份方案深具爆炸性，所以只批准 OKW 少数人员阅览。元首用整整一晚的时间仔细研究了文件，2 月第一周把它列为"国家头等机密"。他的军事顾问和他们的参谋人员获准研究这份方案，但严禁外泄，就连希特勒的内阁成员也不知情。可尽管采取了严格的保密措施，还是有个平民见到了文件和地图，她就是约德尔将军刚娶了几周的妻子路易丝·约德尔夫人。

结婚前不久的某个傍晚，约德尔将军决定让未婚妻看看这些文件，她毕竟是德国最高统帅部的机要秘书，经手过许多军事机密。约德尔把整份文件塞入公文包，带回未婚妻居住的公寓，就在指挥参谋部所在地一个街区外。他关好房门，取出文件对未婚妻说道："这就是盟国打算对德国采取的措施。"

路易丝把红色封皮的档案摊在桌上，仔细阅读里面的文件。她早就学会了如何看军事文件和地图，可这项技能眼下派不上什么用场，因为文件平铺直叙、清晰明了。她顿时明白过来，这是德国战败后盟国如何占领自己祖国的蓝图，心里不由得一沉。她觉得艾森豪威尔司令部选择代号的人满怀报复欲，文件封面上的标题"日食行动"令人不寒而栗。

约德尔从她手里取过档案，摊开地图铺在桌上，悻悻地说道："看看那些分界线。"

路易丝默默无语地查看地图上粗粗的分界线。北部和西北部地区用1英寸高的首字母标出"U.K."（英国），南部的巴伐利亚地区标的是"U.S.A."（美国），帝国剩余部分，大致是整个中部地区和正东面，标的是"U.S.S.R."（苏联）。她惊愕地注意到，三大国甚至分割了柏林。这座城市位于苏联占领区中央，盟国把它单独圈出来，分成三等份：美国人控制南部，英国人占领北部和整个西北部，东北部和东部归苏联人。她不由得想到，看来这就是战败的代价。路易丝望着即将成为她丈夫的约德尔说道："简直就像一场噩梦。"

路易丝知道这幅地图肯定是真的，可还是觉得无法接受。她问"日食"文件是从哪里搞到的。虽说她与约德尔相识多年，但她知道约德尔对某些事情还是会守口如瓶。她一直觉得约德尔"沉默寡言，总是戴着面具，在我面前也遮遮掩掩"。果不其然，约德尔闪烁其词。他承认地图和文件真实无误，但没有透露来源，只是含糊地说"是从英军某个指挥部弄到的"。

过了很久，待约德尔返回办公室，路易丝才想到"日食行动"带来的另一个可怕的后果。倘若德国战败，她住在哈尔茨山区的亲属就得在苏联占领区讨生活了。路易丝很爱约德尔，对自己的祖国忠心不二，但还是做出了很人性化的决定。约德尔提醒过她，绝不能透露她看见、读到、听说的任何东西，可眼下这种情况她再也顾不上了。她绝不能让嫂子和4个年幼的孩子落入俄国人手里。

路易丝决定冒点风险。她知道约德尔将军优先级电话的代码, 于是拿起电话, 请接线员接通她的亲属。没过几分钟, 电话通了, 她跟惊讶的嫂子闲聊了几句, 最后故作漫不经心地说道: "你知道这几天东风很猛, 我真的认为你和孩子应该搬到河对岸的西面去。"

路易丝慢慢放下话筒, 期盼嫂子能听懂自己拙劣的暗语。另一端, 她嫂子听见电话挂断的咔嗒声, 不明白路易丝干吗这么晚打来电话。她当然很高兴接到小姑子的电话, 可她不明白路易丝说的是什么, 也就没多想。

约德尔3月6日与路易丝喜结连理。从那天起, 约德尔夫人就怕丈夫发现她打的那通电话。其实她大可不必担心, 因为约德尔忙得不可开交, 好多更紧迫的问题等着他处理呢。

约德尔和他的幕僚极为彻底地研究、分析了"日食"文件, 几乎每个段落都能背下来。虽然这不是一份战略文件, 换句话说, 它没有阐明盟军即将展开的军事行动, 好让德国人采取相应的反制措施, 但"日食"文件几乎具有同样的重要性。首先, 它有助于解答困扰约德尔和OKW多年的一连串问题: 他们一直想知道, 西方国家与苏联缔结的联盟有多紧密。他们坐下来分赃的时候会翻脸吗? 苏联红军现在占领了中欧大部分地区, 那么1943年卡萨布兰卡会议后, 丘吉尔和罗斯福发表的"无条件投降"宣言还有效吗? 盟国真打算把这项条款强加给战败的德国吗? 约德尔和德国最高统帅部仔细研究"日食"文件后, 对盟国意图的此类疑问彻底消失了。盟国的文件以明确无误的措辞拼写出了答案。

但直到2月第二周, 约德尔才充分认识到文件, 特别是随附地图的重要性。2月9日和接下来三天, 罗斯福、丘吉尔、斯大林在雅尔塔召开秘密会议。尽管德国情报部门想方设法探明此次会议究竟谈了些什么, 但约德尔获悉的情况, 都在盟国2月12日向全世界新闻媒体发布的官方公报里。这份公报措辞含糊, 有所保留, 但毫无疑问, "日食"文件和地图是弄清盟国意图的关键。

雅尔塔会议的官方公报里有这样一段："我们基于共同的政策和计划达成一致，决定齐心协力，把无条件投降条款贯彻到底……这些条款会在德国最终战败后公布……根据商定的计划，三大国会分别占领德国部分地区……"盟国没必要说明具体条款了，约德尔早就在"日食"文件里读过。尽管雅尔塔公报没披露拟议的占领区，但约德尔也心知肚明，各占领区的位置和准确的分界线在"日食"地图上标得清清楚楚。

还有许多结论也能推断出来，有一点最让约德尔愤愤不平。很明显，无论雅尔塔会议期间发生了什么事，盟国分割德国的计划完全是三巨头会晤后正式批准的。虽说雅尔塔公报给人的印象是分割、占领德国的方案源于此次会议，但"日食"文件和地图上标注的日期无疑说明，基本决策几个月前就做出了。"日食"背景备忘录随附的信件，签署日期是1月份。地图在此之前就已准备妥当，是1944年年底刊印的，标注的日期是11月。"日食行动"定义为"占领德国的计划和实施"，很明显，倘若盟国不是团结一致的话，根本不会出台该方案，这个发人深省的事实彻底粉碎了德国最后一丝希望。

从苏联红军跨过德意志帝国东部边界那一刻起，希特勒和他的军事顾问就在等待盟国关系破裂的第一道裂痕。他们认为这种情况必然会发生，因为西方国家绝不会允许苏俄统治中欧。约德尔赞同这种观点。他对英国人寄予厚望，觉得他们不会容忍这种事情发生。[①] 不过，这是他看见"日食"文件前的想法。"日食"文件明确表明盟国的关系牢不可破，雅尔塔会议

---

① 1945年1月27日的会议上，希特勒问戈林和约德尔："你们觉得英国人会发自内心地对俄国人取得的进展欢欣鼓舞吗？"约德尔毫不犹豫地答道："当然不会，他们的想法完全不同……日后……会充分认识到这一点。"戈林也信心十足地指出："他们肯定不想让我们挡住他们，让俄国人趁机占领整个德国。他们肯定不希望我们……像疯子那样在西面阻挡他们，任由俄国人越来越深地攻入德国境内。"约德尔深表赞同，还指出"英国人向来猜忌俄国人"。戈林确信英国人会设法与德意志帝国达成某种和解，而不是眼睁睁地看着欧洲的心脏沦为共产党的势力范围，他指出："倘若这种情况继续下去的话，过不了几天我们就会收到［英国发来的］电报。"

进一步证实了这一点。

另外，附函作为整份文件的前言，第一段就清楚地说明几个盟国毫无分歧，意见完全一致："为贯彻强加给德国的投降条款，美国、苏联、联合王国政府（后者也以自治领的名义）一致同意，以三大国武装力量共同占领德国。"[①] 附函的权威性毋庸置疑，是蒙哥马利元帅的参谋长弗朗西斯·德甘冈少将1945年1月在英国第21集团军群司令部签署的，该集团军群当时驻扎在比利时，德甘冈绝非籍籍无名之辈。

约德尔觉得，最沉重的打击莫过于盟国一再强调无条件投降，文件里反复提到这一点。德国人起初认为，无条件投降声明主要是宣传手段，目的是鼓舞盟国大后方的士气。他们现在明白过来，盟国说的每个字都是认真的。"日食"文件指出："德国人吹响了总体战的号角，我们对此唯一的解决之道是彻底击败、全面占领德国……必须明确指出，就我们提出的'无条件投降'一词，德国人没有任何谈判余地。"

盟国的意图让德国丧失了一切希望，再无前景可言。很明显，就算德意志帝国想投降也不可能付诸实施，除非盟国取消"无条件投降"的要求。约德尔认为，德国除了苦战到底别无出路。[②]

3月份最后一周，确切日期谁也不记得了，古德里安的情报负责人赖因哈德·格伦将军驱车赶往普伦茨劳，去见维斯瓦集团军群新任司令。他的公文包里放着"日食行动"的副本。格伦向海因里齐简要汇报了奥得河

---

① 这段译文与原始文件可能有些细微的差别。德国人弄到"日食"文件后，把它译为德文，还拍成照片。以上文字是把缴获的文件重新译为英文。

② 约德尔1946年在纽伦堡受审，法庭问他1945年年初为何不劝希特勒投降。约德尔答道："没这样做的主要原因是……无条件投降……就算我们对面临的下场心存顾虑，从英国人那里缴获的'日食'文件也彻底打消了一切顾虑。"说到这里，约德尔看看法庭上的英国军官，似笑非笑地说道："英国代表团的几位先生肯定知道我指的是什么。"参加庭审的英国人其实都没听懂这句话，"日食行动"是绝密，他们对此一无所知。约德尔这句高深莫测的话，再加上几次采访约德尔夫人，才让本书作者得知"日食行动"及其内容，在这里首次公之于众。

畔苏联红军的最新部署情况，随后取出"日食"文件，解释了文件的具体内容。海因里齐慢慢翻阅文件，随后仔细查看地图，研究了好一阵子。最后，海因里齐看着格伦，用一句话总结了文件的含义，其实最高统帅部人人心知肚明：*Das ist ein Todesurteil*（这是道死刑判决）！

几天后，也就是 3 月 25 日"圣枝主日"，约德尔大将又一次研究了"日食"地图。他这样做有充分的理由。周四夜间，乔治·S. 巴顿将军指挥的美国第 3 集团军辖内部队在美因茨附近的奥彭海姆乡村地区渡过莱茵河，眼下正攻往法兰克福。次日，蒙哥马利元帅的军队在北面发起大规模突击，沿 25 英里宽的战线强渡莱茵河。德军殊死抵抗，但莱茵河防线还是土崩瓦解，西线盟军迅速挺进。约德尔焦虑地看着"日食"地图，想知道西线盟军究竟要深入德国腹地何处。"日食"背景备忘录没有回答这个问题。约德尔很想获得计划的其他部分，特别是涉及军事行动的内容。

不过，几幅地图还是提供了线索。约德尔甚至对妻子提过此事。这只是个预感，但他觉得自己的判断不会出错。地图表明，英美军队与红军的分界线大致沿易北河延伸，从吕贝克递延到维滕贝尔格，再从那里蜿蜒向南到达爱森纳赫附近，然后转向正东面，直达捷克边界。这是条区域分界线，除此之外，会不会也是英美军队前进的终点呢？约德尔几乎敢肯定就是这样。他告诉妻子，他觉得美国人和英国人不会攻往柏林，他认为他们已经决定把德国首都交给红军攻克。在约德尔看来，除非"日食"地图做出更改，否则艾森豪威尔的军队很快会在"日食"分界线停止前进。

第三部

目标

— *1* —

  法国北部的锡索讷，"圣枝主日"午夜前不久，一辆美军指挥车停在灰色的石制建筑外，这里是第 82 空降师师部所在地。两名军官走下汽车，其中一个身着美国军装，另一个穿着英军作战服，没佩戴任何标识。第二名军官是个瘦高个，戴着利落的绿色贝雷帽，威风凛凛的红胡须与一头金发形成鲜明的对比。他的名字阿里·D. 贝斯特布鲁尔杰英国人和美国人喊起来很拗口。众人一般叫他"阿里"或"哈里上尉"。就连这些称呼也随任务的变化而变化，因为他大多数时候在德军战线后方活动。阿里隶属特种部队，也是荷兰情报部门成员。

  几天前，上级把阿里叫到布鲁塞尔，派他去第 82 空降师执行特别任务。他得向第 82 空降师 38 岁的年轻师长詹姆斯·M. 加文少将报到，参加绝密简报会。此时，阿里和护送他的军官走入师部，匆匆登上楼梯来到二楼，沿走廊走到戒备森严的地图室门前。宪兵检查了他们的证件，敬礼后推开房门。

  阿里走入地图室，受到加文将军和参谋长罗伯特·维内克上校的热情迎接。阿里发现室内大多是老朋友，第 82 空降师突袭荷兰奈梅亨期间，他和他们一同跳伞，并肩战斗过。布鲁塞尔的上级一点没夸大他在这里见到的保密措施。会议室里只有 15 名军官，都是团长和精心挑选的幕僚。室内布设得很朴素，只摆了几张长凳和桌子，墙上挂着几幅图表。房间顶端，帷幕遮住一幅和墙壁一样大的地图。

  保卫军官逐一点名，还核对了与会人员名单，加文将军随后开始了任务简报。他站在挂着帷幕的地图旁，示意众人到前面来，然后说道："参加此次简报会的，都是绝对有必要了解情况的人。我得强调，接到后续命令前，你们今晚听到的所有消息绝不能外泄。换句话说，你们得在部下毫不知情的情况下训练他们，不能对他们透露行动目标。其实你们已经完成了部分训练，只是大多数人不知道而已。前几周你们和你们的部下一直在跳伞，或是飞赴特定训练区，我们精心制作、布设了那片训练区，模拟了我们下一个突击目标的实际尺寸。"

"诸位，我们要采取决定性行动了，这是致命的一击。"说着，加文猛然拉动地图旁的绳索，帷幕滑向两侧，露出了他们的目标——柏林。

众人盯着地图之际，阿里仔细打量着他们的神情，觉得自己见到的是热切和期待，他对此一点也不意外。最近几个月，这群指挥官情绪低落。他们中的大多数人先前率领部下跳伞进入西西里、意大利、诺曼底、荷兰，可前一段时间的突出部战役期间，第82空降师在阿登山区沦为步兵，陷入地面作战。阿里知道，训练有素的空降兵觉得自己没能发挥真正的作用，他们的任务应该是在挺进中的军队前方对目标发起突袭，坚守到援兵开抵。可眼下的情况是，盟军的进展太快，原定的空降行动一次次被取消。

加文解释道，突袭柏林是盟军空降第1集团军作战行动的组成部分，调集了3个师的部队。第82空降师担任A特遣队，执行主要突击。加文从地图顶端拉开透明的套图层，指着黑色油彩笔标出的一系列方块和椭圆块，这些方块和椭圆块是各个目标和空降地域。加文说道："按照目前制订的计划，第101空降师夺取柏林西部的加托夫机场。英国第1空降军一个旅夺取西北部的奥拉宁堡机场。"他停了停才继续说道："而我师的目标在柏林城内，滕佩尔霍夫机场。"

第82空降师的目标似乎小得可怜。柏林城区及近郊占地321平方英里，这片广阔的地域内，滕佩尔霍夫机场看上去就像一张邮票，这块不到1.5平方英里的绿斑坐落在密集的建筑区。机场北部、东部、南部边缘，不祥地排列着至少 9 处公墓。加文说道："两个团扼守外围防御，第三个团进入机场北面的建筑区，朝柏林市中心挺进。我们得坚守空降场，直到地面部队赶来增援，应该不会太久，最多几天时间。"

加文指出，要加强对伞兵的"盲训"。滕佩尔霍夫机场及周边地域的地形模型搭设在师部的安全屋；空降地域的航拍照片、情报评估、其他可用资料会交给几位团长和从事具体策划工作的参谋人员。加文随后说道："幸好我们有哈里上尉帮忙，他是个柏林通，特别熟悉滕佩尔霍夫机场及周边地域。届时他和我们一同跳伞，从现在起，他会参加各场简报会，回答你们的所有问题。"

加文停了下来，看看他那些军官："我相信你们都想知道一个重要问题的答案——何时展开行动？这取决于德国人。自去年 11 月起，我们一直在拟制空降计划。行动日期定为 A 日，在此之前我们必须料到，计划肯定会有很多变动，A 日具体是哪天，取决于盟军攻往柏林的速度。当然，必须等地面部队到达距离柏林的合理路程内，否则不会安排空降行动。但 A 日可能只剩 2~3 周了，所以我们没有太多时间。我现在能告诉你们的就是这些。"

加文让到一旁，把简报会交给几名参谋主持。他们逐一讲解行动的各个阶段，众人讨论之际，加文坐在一旁漫不经心地听着。他后来回忆，出于保密的缘故，他无法向部下披露行动细节，为此深感遗憾。加文确实不太坦率，因为他告诉部下的情况，仅仅是盟军第 1 空降集团军作战计划的一部分，要求伞兵与地面部队协同一致地展开行动，一举夺取柏林。他没有提到，即便军事态势发生变化，也就是说德国的抵抗突然土崩瓦解，又或者德国及其武装力量投降，上级很可能还是会下令实施空降。但计划的这部分内容依然是绝密，是进攻欧洲的"霸王行动"合乎逻辑的延伸，曾一度称为"兰金行动"，也就是 C 方案，后来改为"护身符行动"。出于保密的原因，1944 年 11 月最终改称"日食行动"。

"日食行动"的保密等级很高，除了盟军最高统帅部的高级参谋，只有 20 来名将军获准研究这场行动。他们不是集团军司令就是军长，要么是其他军种的同级别将领。知晓此事的师长寥寥无几，加文只知道作战计划部分目标，以及与他和他的师有关的内容。

前几个月，盟军第 1 空降集团军司令刘易斯·H. 布里尔顿将军及加文的顶头上司、第 18 空降军军长马修·B. 李奇微少将参加的多次会议上，他们把"日食行动"称为占领德国的计划。这份计划详细说明了一旦德国投降或瓦解盟军应当立即采取的行动措施，主要目标是贯彻无条件投降条款，解除德国军队的武装，控制散兵游勇。

根据"日食行动"的先决条件，针对柏林的空降突袭计划要求伞兵迅速进入，"控制敌国首都，以及最重要的行政机构和交通中心……充分展示我方武装部队的实力"。伞兵要制服有可能负隅顽抗、残余的狂热分子；解救、照料战俘；夺取绝密文件、档案、胶卷，不能让敌人销毁这些东西；控制邮局、电信局、电台、报社、印刷厂等信息中心；逮捕战争罪犯和残余的政府首脑；建立法律和秩序。地面部队和军政府团队到来前，空降部队首先要执行这些行动。

关于"日食行动"，加文就知道这么多。至于德国战败后，盟国占领、分割德国或柏林的方案，他一无所知。加文眼下唯一关心的是第 82 空降师的准备工作。基于种种要求，他得制订两份不同的计划：第一份计划是夺取柏林的突袭行动；第二份计划是根据"日食行动"先决条件的设想，要求空降部队作为先遣力量空投到柏林，但只执行警察任务。加文把他敢透露的情况告知了麾下几名指挥官，但他知道，战争突然结束的话，整个空降行动会做出重大更改。就目前的情况看，他收到的命令很明确，必须按计划行事，让第 82 空降师做好伞降突袭、一举夺取柏林的准备。

加文突然觉察到，荷兰情报官即将结束简报。他听见哈里上尉说道："我得重申一点，你们千万别指望在柏林城内得到任何人帮助。你们能找到愿意帮忙的向导吗？找不到！柏林城内有我们在法国和荷兰遇到的那种地下抵抗组织吗？没有！就算某些柏林人私下里支持我们，他们也怕得要命，根本不敢公然站出来。这些问题我们日后再详细讨论，现在我得让你们明白一个问题：千万别幻想柏林人会端着香槟，捧着鲜花，把你们当作解放者迎接。德国国防军、党卫队、警察会打到最后一颗子弹，然后高举双手走出来，告诉你们整件事是个可怕的错误，都是希特勒的错，还感谢你们抢在俄国人前面到达这座城市。"

个头高高的荷兰人捋了捋胡须，继续说道："他们会拼死抵抗，一段时间内也许有点棘手。但这场鏖战是值得的，我很荣幸和你们同行。朋友，等我们攻克柏林，战争就结束了。"

加文知道攻克柏林绝非易事，但他觉得伞兵突袭造成的心理冲击也许能打垮德国守军。这场突袭是战争期间规模最大的空降突击。按照初期设想，此次行动要调集 3000 架护航战斗机、1500 架运输机、可能超过 1000 架滑翔机，投入约 2 万名伞兵，比 D 日空投诺曼底的人还多。简报会结束时，加文告诉他那些军官："我们现在需要的，只是上级的最终决定和'出发'这个词！"

30 英里外的大穆尔默隆，彪悍的第 101 空降师也在训练，随时准备投入作战，但师里的官兵没人知道上级会派他们执行哪场行动。上级传达的伞兵突击计划太多，师长马克斯韦尔·D. 泰勒少将、副师长杰拉尔德·J. 希金斯准将和师部参谋人员都觉得无所适从。全师将士不得不为所有计划加以准备，但他们对拟订的空降行动能否付诸实施深感怀疑。

除了突袭柏林，盟军还打算对基尔的德国海军基地实施空降突击（"爆发行动"）；以一系列空降夺取各战俘营（"欢庆行动"）；美国第 7 集团军攻往黑森林期间，以伞降突袭夺取前方目标（"有效行动"）。还有许多计划尚在研究，其中一些简直是异想天开。第 101 空降师师部得知，盟军第 1 空降集团军司令部甚至考虑降落在巴伐利亚州贝希特斯加登附近的山上，一举占领上萨尔茨堡的鹰巢，说不定能逮住阿道夫·希特勒呢。

这些空降行动显然无法悉数列入计划。正如希金斯将军对师部参谋人员说的那样："就算上级下令实施所有行动，我们也没那么多运输机。不管怎么说，我们别贪心，执行一场行动就够了！"但空降集团军会执行哪场行动，特别是第101空降师届时会发挥什么作用呢？空降柏林似乎最有可能，但师作训科长哈里·金纳德上校觉得"这项任务相当棘手"。第101空降师官兵感到不快的是，空降柏林的行动一旦付诸实施，他们只负责占领加托夫机场，而强有力的竞争对手第82空降师却捞到夺取主要目标的任务，负责占领滕佩尔霍夫机场。不过，柏林是此次战争最大的目标，每个人都有足够的仗要打。

金纳德上校认为，空降突袭似乎是结束欧洲战役的完美方式。他甚至在作战室的地图上画了条红线，从法国的集中地域一直到柏林的第101空降师空降场：奔赴德国首都的直线距离只有475英里。他觉得只要上级下达命令，首批美军将士五个钟头左右就能到达柏林。

第101空降师师长泰勒将军和副师长希金斯将军也渴望进攻，但不知道伞兵是否有参战的机会。希金斯愁容不展地研究着地图，不由得说道："照地面部队的前进速度看，没我们什么事了。"

同一天，也就是3月25日，星期天，西方盟国的军事领导人收到了远征军最高统帅部的喜讯。华盛顿和伦敦，美国陆军参谋长乔治·C.马歇尔将军、大英帝国总参谋长艾伦·布鲁克爵士元帅仔细读着德怀特·D.艾森豪威尔将军昨晚发来的电报："近期在莱茵河以西赢得的一连串胜利，按计划歼灭了西线敌军大批有生力量。虽说我不想表现得过于乐观，可我坚信眼下的局面创造了一些机会，是我们一直为之奋斗、必须大胆抓住的良机……我个人认为，敌军实力捉襟见肘……很快只有我方后勤补给才能限制我军的渗透和挺进……我正指挥各条战线采取最果断的行动……我打算以最快速度强化各场胜利。"

　　从 800 英尺的空中望去，人员和车辆排成的长龙似乎无穷无尽。杜安·弗朗西斯中尉驾驶着没有武装的"派珀幼兽"侦察机"梅小姐"号，下方的壮观场面深深吸引了他。到处是部队、坦克、车辆。最后一批盟军部队 3 月底渡过莱茵河，自那时起，弗朗西斯就亲眼见到了势如破竹的推进。盟军此时早已把宽阔的莱茵河远远甩在后面，无论前后左右，弗朗西斯目力所及之处，看见的都是浩浩荡荡的卡其色人潮。

　　弗朗西斯推动操纵杆，"梅小姐"沿英国第 2 集团军与美国第 9 集团军的分界线俯冲而下。他晃动机翼，看见地面上的官兵朝他挥手致意，随即飞往正东面，赶去为第 5 装甲师先遣坦克纵队担任"耳目"。他确信胜利在望，没有什么能阻止这股前进中的铁流。这位 24 岁的飞行员后来回忆，他当时觉得"地面在震颤，飞快地奔向易北河"，那是柏林前方最后一道主要河流障碍。

　　弗朗西斯见到的，仅仅是盟军庞大突击极小的一部分。数日来，人员、物资、技术装备冒着刺骨的严寒，不顾瓢泼大雨和遍地泥泞，迎着冰雪沿西线潮水般涌入德国平原，这条 350 英里宽的战线从荷兰几乎一路延伸到瑞士边界。最后一场宏大的攻势开始了。为消灭德国武装力量，460 万西方盟军主力杀气腾腾地拥入德意志帝国境内，他们投入 7 个强大的集团军，共计 85 个满编师，包括 5 个空降师和 23 个装甲师。

　　白色的床单、毛巾、破布临时制成的降旗随处可见。各个城镇和村庄，席卷而过的战事把惊恐不安的德国人弄得晕头转向，他们站在门口和破碎的窗户后，惊异地望着实力强大的盟军潮水般通过。这场攻势规模庞大，速度惊人。

一支支车队沿各条道路隆隆向前，坦克、自行火炮、重型火炮、装甲车、布伦机枪载运车、弹药运送车、救护车、油罐车、大型柴油载重运输车，这些运输车拖着足有一条街那么长的挂车，挂车上载有各种装备：桥段、浮桥、装甲推土机，甚至还有登陆艇。各师部的吉普车、高级军官座车、指挥挂车也在前移，还有一辆辆天线林立的大型无线电通信卡车。一拨拨部队挤满各条道路，他们坐在卡车上，坐在装甲车后部，沿摩托化纵队两侧前行，或是在毗邻的田野里跋涉。

他们形成势不可挡、壮观的前进大军，队伍里出现了第二次世界大战期间创造历史的许多部队的战旗、团徽、标识。各个师、旅、团里，有敦刻尔克撤退期间担任后卫掩护的禁卫军官兵；也有洛瓦特勋爵第1特别勤务旅胡子拉碴、戴着褪色的绿色贝雷帽的突击队队员，战争最黯淡的岁月，这些老兵突袭过德国占领的欧洲海岸；还有著名的加拿大第2师顽强的官兵，当初为进攻诺曼底，他们登陆迪耶普，实施了代价高昂的预演。装甲纵队里，飘扬着三角旗的是英国第7装甲师最初几只"沙漠之鼠"，他们在利比亚沙漠追击过埃尔温·隆美尔元帅。第51高地师吹奏起《穿裙子的恶魔》，尖锐刺耳的乐声盖过人员和武器装备剧烈的喧嚣，一如既往，他们的风笛吹响了战斗序曲。

构成美军方阵的是一个个绰号夸张、深具传奇色彩的师，例如"战斗的第69师"、第5装甲"胜利"师、号称"劈木人"的第84步兵师、第4步兵"常春藤"师。绰号"地狱之轮"的第2装甲师也在其中，他们从北非干谷一路杀到莱茵河畔，以别具一格的坦克战术给德国军队造成严重破坏。还有绰号"大红一师"的第1步兵师，他们参加登陆突击的次数超过任何一个美军兵团，创下的纪录无人可及，想当初，登陆行动似乎功亏一篑之际，第1步兵师与美军资历最老、作风最顽强、传统最悠久的第

29 "蓝灰"师在诺曼底狭长的奥马哈海滩死战不退。

　　另一个兵团的前进速度丝毫不亚于装甲特遣队, 这就是杰出的第83步兵师, 一批战地记者最近给该师起了个绰号——"杂乱的马戏团"。足智多谋的师长罗伯特·C. 梅肯少将下达了命令, 投入一切可开动的东西, 加强全师机动性, "不要多问"。"杂乱的马戏团"奉命行事, 把缴获的德军车辆匆匆涂上识别标志加以利用, 于是, 队伍里出现了形形色色的怪异车辆: 德国国防军的两栖桶式车、指挥车、弹药卡车、黑豹坦克、虎式坦克、摩托车, 甚至还有两辆宝贵的消防车。一辆载满步兵的消防车行驶在队伍前方, 后保险杠挂的大横幅随风飘摇, 上面写着"下一站: 柏林"。

　　盟军排开三个庞大的集团军群。荷兰奈梅亨与莱茵河畔的杜塞尔多夫之间, 陆军元帅伯纳德·劳·蒙哥马利爵士的第21集团军群3月23日强渡莱茵河, 全速穿越庞大的鲁尔河河谷北面的威斯特法伦平原, 而鲁尔河河谷是德国的工业核心地。蒙哥马利麾下, 亨利·D. 克里勒上将指挥的加拿大第1集团军负责北翼。迈尔斯·登普西爵士中将指挥的英国第2集团军居中, 该集团军堪称外籍部队最多的军团, 除了英国、苏格兰、爱尔兰部队, 还有由波兰人、荷兰人、比利时人、捷克人组成的特遣队, 甚至还编了个美国师, 即第17空降师。沿集团军群南翼挺进的是蒙哥马利麾下第三个军团——威廉·H. 辛普森中将实力强大的美国第9集团军。蒙哥马利的军队已经把莱茵河甩在身后50英里左右。

　　沿盟军战线向南, 是少言寡语、谦逊平和的奥马尔·N. 布拉德利将军指挥的第12集团军群, 他们的战线长达125英里左右, 从杜塞尔多夫沿莱茵河递延到美因茨地区。和蒙哥马利一样, 布拉德利也有三个集团军, 但其中一个集团军, 也就是伦纳德·杰罗中将指挥的第15集团军是个"幽灵"军团, 准备执行占领勤务, 所以暂时没受领作战任务, 而是从杜塞尔多夫到波恩据守莱茵河西岸, 部署在鲁尔区前方。布拉德利的军力主要靠实力强大的美国第 1、第 3 集团军，总兵力近 50 万。考特尼·霍奇斯将军指挥的美国第 1 集团军率领过盟军登陆诺曼底，堪称欧洲战区的"老黄牛"，目前在鲁尔河南面进击，以惊人的速度向东攻击前进。自 3 月 7 日夺得雷马根大桥以来，霍奇斯一直在稳步扩大莱茵河东岸登陆场。一个个师开入登陆场，3 月 25 日，第 1 集团军以令人难以置信的强大兵力冲出登陆场。三天后，他们已取得 40 多英里进展。紧邻第 1 集团军，冲过德国中部的是乔治·S. 巴顿将军著名的美国第 3 集团军。脾气暴躁的巴顿备受争议，但值得骄傲的是，他指挥的第 3 集团军比其他盟军军团前进得更快、更远，解放欧洲大陆的土地面积更大，击毙、俘虏德军官兵的数量也更多，这次他又一马当先。第 21 集团军群 3 月 23 日发起大肆宣传的突击，可巴顿 24 小时前就在行进中悄然渡过莱茵河，抢走了蒙哥马利的风头。巴顿的坦克纵队此时以每天 30 英里的速度向东攻击前进。

巴顿旁边，部署在布拉德利集团军群右翼的是盟军第三股庞大的地面力量，即雅各布·德弗斯将军指挥的第 6 集团军群。德弗斯负责的南翼战线长 150 英里左右，麾下编有两个集团军，即亚历山大·帕奇中将的美国第 7 集团军和让·德拉特·德塔西尼上将的法国第 1 集团军。帕奇和巴顿集团军几乎齐头并进。德塔西尼集团军翻越整条战线最崎岖的地形，穿过山峦起伏的孚日山和黑林山。他的军团是法国解放后组建的首个集团军，成立还不到 6 个月。10 万法国将士期盼战争结束前跟德国佬清算旧账。

每个人都有旧账要算。但整条西线，德国军队几乎不再是深具凝聚力、有组织的武装力量。昔日强大的一个个德国集团军，阿登攻势期间遭受重创，最终在摩泽尔河与莱茵河之间长达一个月的战役中遭歼灭。希特勒决定在莱茵河西面迎敌，没有把实力严重受损的部队撤到东岸预设阵地，这项决定深具灾难性，可能是战争期间最大的军事错误之一。近 30 万德军官兵被俘，阵亡或负伤者多达 60 万，总损失相当于 20 多个满编师。

盟军估计，虽说德军目前还有 60 来个师，可这些师严重缺乏兵力，每个师只有 5000 人，远达不到编制表规定的 9000~12000 人。实际上，盟军认为西线德军只剩 26 个满编师，就连这些师的装备也很拙劣，不仅弹药不济，油料、运输工具、火炮、坦克更是严重短缺。除此之外，他们还有各个师支离破碎的残部、打散的党卫队战斗群、防空部队人员、数千名空军人员（德国空军几乎已不复存在）、准军事组织、由没受过训练的老人和孩子组成的人民冲锋队，这些人民冲锋队甚至派十来岁的军校学员担任指挥官。眼下的德国军队组织混乱，缺乏通信设备，大多没有合格的指挥官领导，别说阻挡，就连阻滞艾森豪威尔大军有条不紊的猛攻都做不到。

从莱茵河畔发动进攻不到一周，蒙哥马利和布拉德利快速挺进的集团军群就已逼近德军最后的支撑点：严密防御的鲁尔区。向东攻击前进之际，三个美国集团军突然掉转方向，从南北两面合围了鲁尔区。北面，辛普森攻往正东面的第 9 集团军改变方向，朝东南方进击。南面，霍奇斯第 1 集团军和巴顿第 3 集团军齐头并进，巴顿居于外翼，两个集团军也改变进军方向，朝东北面攻击前进，赶去与辛普森集团军会合。合围圈迅速形成，德国人似乎没察觉逼近的铁钳，陷入合围的主要是瓦尔特·莫德尔元帅的 B 集团军群，这股军力不下 21 个师。他们落入 70 英里长、55 英里宽的口袋，盟军情报部门指出，合围圈困住的德军人员和装备，比红军当初在斯大林格勒俘虏、缴获的还要多。

盟国击败德国的总体计划，一直把渡过莱茵河、占领鲁尔区视为至关重要的目标，当然，实现这个目标不太容易。鲁尔盆地庞大的工业区占地近 4000 平方英里，设有煤矿、炼油厂、钢铁厂、军工厂。莱茵河畔的德军溃败前，盟军认为夺取鲁尔区可能要耗时几个月。可现在，沉默寡言的密苏里人奥马尔·布拉德利策划的钳形机动，以惊人的速度取得进展。美军动作很快，几位师长觉得用不了几天就能完成合围。一旦封闭鲁尔区，德军就没什么作战力量能阻止盟军的庞大攻势了。即便此刻，敌人也混乱不堪，根本没有绵亘的防线。

德军严重缺乏组织，美国第 2 装甲师师长艾萨克·D. 怀特少将干脆命令部下绕开负隅顽抗之敌，继续向前挺进。第 2 装甲师是第 9 集团军钳形运动的先遣力量，沿鲁尔区北部边缘机动，不到三天就取得 50 多英里进展。德国人在一个个孤立的口袋里顽强奋战，但给第 2 装甲师造成麻烦的主要是炸毁的桥梁、仓促设置的路障、地雷场、恶劣的地形，而不是敌人的抵抗。各处的情况几乎如出一辙。

惠勒·G. 梅里亚姆中校率领第 82 侦察营担任第 2 装甲师先锋，他们遇到许多混乱的场面，但遭遇的战斗倒不多。3 月 28 日，他的坦克分散在东西向主铁路线两侧，梅里亚姆命令部下停止前进，随即向上级汇报自己的新位置。报务员联络上级时，梅里亚姆觉得自己听到了汽笛声。就在这时，一列满载部队、平板车上装满装甲车和火炮的德国军列突然出现，冒着蒸汽沿铁路线而行，刚好从梅里亚姆的部队间穿过。德国人和美国人惊愕地盯着对方。梅里亚姆抬头看着凑到火车车窗旁的德军官兵，双方离得很近，他甚至能看清"对方脸上没剃掉的些许胡须"。火车向西而行，梅里亚姆的部下目瞪口呆地看着。双方都未发一枪。

震惊的梅里亚姆终于行动起来，一把抓过无线电电话。西面几英里外，师长怀特少将看见火车驶来，几乎是同时，他听见吉普车车载电台里传出梅里亚姆情绪激动的警告。怀特看见一名指挥第 2 装甲师队列的宪兵突然挥手让跨越铁路线的部队停下。火车通过时，和梅里亚姆一样，怀特也不知所措地站在那里。几秒钟后，他拎起野战电话，命令炮兵开火。没过几分钟，部署在更西面的第 92 野战炮兵营发出一轮齐射，干净利落地把军列炸成两截。美军官兵后来发现，平板车上载有大批反坦克炮和野战炮，还有一门 16 英寸口径的铁道炮。车上被俘的德军官兵交代，他们对盟军的推进一无所知，还以为美国人和英国人仍在莱茵河西面呢。

混乱既是盟友也是敌人。第 30 步兵师的埃利斯·W. 威廉姆森中校的前进速度太快，结果遭到另一个盟军师的炮兵误击，他们以为威廉姆森的部下是向东逃窜的德军。第 5 装甲师的克拉伦斯·纳尔逊中尉也有类似的离奇经历。他的吉普车被击毁，于是跳上半履带车，可半履带车也遭到猛烈的火力打击。纳尔逊命令坦克干掉敌支撑点。坦克向前驶去，翻过一座小丘，连发两炮，命中一辆英军装甲车。装甲车上的乘员毫发无损，但气得要命，他们一直埋伏在此处，想找到自己的打击目标。第 113 机械化骑兵大队的牧师本·L. 罗斯记得，有个坦克车长郑重其事地报告大队长："长官，我们贴着草地匍匐前进了最后 100 码，抵抗很激烈，既来自敌军也来自友军。"

盟军机动得太快，德军防御瓦解得也太快，许多指挥官担心路上的交通事故造成的减员，而不是敌军火力带来的伤亡。著名的英国第 7 装甲师的查尔斯·金上尉提醒部下："在这些路上要小心驾驶，眼下死于交通事故太可惜了。"没过几个钟头，这名昔日的"沙漠之鼠"就阵亡了，他的吉普车碾上了德国人埋设的地雷。

大多数人不知道自己在何处，也不知道谁在他们侧翼。许多时候，先遣部队已脱离地图标明的作战地域。第 82 侦察营足智多谋的侦察兵对此满不在乎。他们使用了应急地图，这是战争初期美国陆航队给作战飞行员配发的丝质手帕大小的逃生路线图，万一座机被击落，他们可以借助逃生路线图溜出敌占区。第 82 侦察营的侦察兵看看德国人的路标就能确定自己的位置。第 84 步兵师作战地域，诺尔曼·D. 卡恩斯中校发现，全营只剩两张标有计划进军路线的地图。但他对此不太担心，只要电台正常工作，他就能与团部保持联络。阿瑟·T. 哈德利中尉是第 2 装甲师的心理战专家，他没有动用火炮，而是用坦克上的大喇叭呼吁一个个德国城镇投降，眼下他用的地图来自古老的贝德克尔旅游指南。第 83 步兵师的弗朗西斯·朔默上尉总能知道他和他的营究竟在何处，只要抓住见到的第一个德国人，用枪口抵住对方，再以流利的德语询问自己的位置即可。到目前为止，他还没得到过错误的回答。

几个装甲师的将士认为，从莱茵河畔向前推进是他们擅长的打法。蜿蜒的装甲纵队挺进、迂回、包围、穿过一个个德国城镇，各集团军以最佳状态打出了装甲战术的经典战例。有些官兵力图在信里描绘装甲兵团向东进击的宏大场面。第67装甲团第1营营长克利夫顿·巴彻尔德中校觉得，这场进军具有"南北战争期间大规模骑兵行动的全部冲劲和勇气"。杰拉尔德·P. 莱布曼中尉注意到，第5装甲师取得突破，身后数千名德军官兵在一个个孤立的口袋里苦战，他戏谑地写道："突破敌军正面阵地后，我们在敌后方地域发展胜利。"莱布曼觉得，这场突击让人想起当初巴顿将军的装甲力量冲出诺曼底树篱地区，那场战役他也参加了。他在信里指出："没人吃饭或睡觉，我们做的就是进攻、前进、进攻、前进。当初在法国的那一幕重演了，只不过一座座房屋上飘扬的不是法国三色国旗，而是降旗。"德文郡团跟随英国第7装甲师攻击前进，弗兰克·巴恩斯中尉对好友罗伯特·戴维中尉说道："一路前进的感觉太美妙了。"两人兴高采烈，因为进攻前的任务简报会上，他们获知这是最后一场大规模突击，最终目标是柏林。

蒙哥马利元帅早就知道柏林是最终目标。他喜怒无常，动辄发火，容不得拖拖拉拉，经常得罪人，但总是讲求实际，勇气非凡，当初在阿莱曼的沙漠里赢得伟大的胜利后，他就把目光投向柏林。先前恶劣的气候有可能延误盟军登陆诺曼底，最高统帅征询众人的意见，他毫不犹豫地说了句"干吧"，现在他只求最高统帅批准进军柏林。既然盟国远征军总司令艾森豪威尔将军没做出任何明确的决定，蒙哥马利就打算自行其是。3月27日，星期二，他在傍晚6点10分发给最高统帅部的加密电报里告知艾森豪威尔将军：

"今天我给几位集团军司令下达了向东展开行动的指令，这些行动即将发起……我的企图是以第9、第2集团军前出到易北河一线，第9集团军右翼直指马格德堡，第2集团军左翼攻往汉堡……

"加拿大集团军也投入行动……肃清荷兰东北部和西部，以及沿海地域到第2集团军左侧分界线北部地域……

"我已命令第9、第2集团军，立即派装甲和机动兵团攻击前进，以最快的速度和最大的干劲前出到易北河。眼下的形势很好，战事在几天内应该能迅速取得进展。

"我的战术指挥部3月29日星期四迁往邦宁哈特西北面。司令部而后……沿韦瑟尔—明斯特—维登布吕克—黑尔福德——汉诺威迁移，我希望从那里取道高速公路直奔柏林。"

★　★　★

绳子末端的奥托叔叔和埃菲婶婶吊在半空缓缓转动，两条腊肠犬神情忧郁地盯着下方满是瓦砾的柏林庭院。维尔默斯多夫区二层公寓的后阳台上，卡尔·维贝里把两条腊肠犬拉到安全处，不停地低声鼓励它们。他正让爱犬完成自己设计的空袭逃生路线，经过几周训练，两条腊肠犬已经完全适应了。维贝里的邻居见怪不怪，只是觉得这个瑞典人过于宠溺他的宠物了。奥托叔叔和埃菲婶婶的皮毛刷得油光锃亮，跳过一扇扇窗户上上下下，邻居对此习以为常，没人注意到后阳台悬挂的绳索，这正是维贝里希望的。万一哪天盖世太保找上门来，他可能不得不翻到后阳台，利用这些绳索逃生。

维贝里仔细盘算过每件事，因为稍有不慎就有可能暴露他间谍的身份。柏林人眼下越来越焦虑，也愈发多疑，他决不能冒险。他还没探明希特勒的下落。他提出的种种问题看似漫不经心，甚至有点天真，显然没引起任何怀疑，但也没获得有用的情报。就连他在德国陆军和空军身居高位的那些朋友也不知道希特勒的去向，维贝里觉得希特勒和他的亲信眼下不在柏林。

他把爱犬吊上阳台，门铃突然响了。维贝里顿时紧张起来，他没料到会有访客，他一直活在恐惧不安中，生怕某天推开房门，门外站着警察。维贝里小心翼翼地放开爱犬，随后走去开门。门外站着个高大魁梧的陌生人，穿着皮夹克和工作服，右肩扛着个大纸箱。

对方问道："您是卡尔·维贝里？"

维贝里点点头。

对方把纸箱放入门内，笑着说道："这是您在瑞典的朋友送来的小礼物。"

维贝里警惕地问道："我在瑞典的朋友？"

"是啊，您肯定知道箱子里是什么。"对方说完，走下楼梯匆匆离开了。

维贝里轻轻关上门，低头看着地上的纸箱，一时间不知所措。这是他首次收到瑞典寄来的"礼物"，肯定是用于支援柏林间谍行动的东西。会不会是个圈套？只要他拆开纸箱，立马就有警察冲进来。他赶紧穿过客厅，小心翼翼地朝下方街道望去。街上空空荡荡，那个陌生人早已不见踪影。维贝里走回门口，站在那里听了一会儿，没听到任何异常动静。他最后把纸箱拖到客厅的沙发上，拆开了箱子。以如此随意的方式送来的纸箱里，摆着部体积很大的发报机。维贝里突然觉察到自己吓得浑身是汗。

几周前，维贝里的上级、一个名叫亨宁斯·耶森-施密特的丹麦人通知他，他以后就是柏林间谍网的"库管员"。打那之后，交通员不断给他送来各种东西。但到目前为止，每次送东西来他总能事先接到通知，交付方式也极为谨慎。他的电话会响两次，然后挂掉，这是即将交货的信号。交通员只在夜间送货，而且通常趁空袭之际交付。此前从来没人大白天与维贝里接头。这次把他搞得火冒三丈。维贝里后来指出："有些人太幼稚了，行事方式完全是外行，似乎一心想把整个行动搞砸。"

维贝里的处境越来越危险，一旦警察上门他就完了，因为他的公寓现在几乎成了摆放间谍设备的仓库。几个房间藏有大量现金，几本密码簿，还有各种药品和毒药，从迅速起效、能让人昏迷不同时长的"迷魂药"到致命的氰化物，应有尽有。他的煤窖和附近租来的车库成了小型军火库，摆满各种步枪、左轮手枪、弹药。维贝里甚至还有个装满烈性炸药的手提箱。由于柏林不断遭到空袭，他对这批烈性炸药担心不已。不过，他和耶森-施密特找了个完美的存放地。这些炸药目前放在德意志联合银行金库的大型保险箱里。

到目前为止，维贝里的公寓在空袭中奇迹般地幸免于难，但他不敢想象万一中弹的话会有什么后果——他的身份会立即暴露。耶森-施密特告诉过维贝里，这批物资会在适当的时候发给各个特工和破坏小组，他们很快会到达柏林。这些精心挑选的特工通过电台或交通员网络收悉伦敦发来的信号后立即就展开行动。维贝里估计，手头的装备很快会被分发出去。耶森-施密特已接到通知，要他做好准备，接下来几周随时会收到电报，因为各个特工和破坏小组必须配合盟军攻占柏林的行动。从收悉的情报看，耶森-施密特和维贝里估计英美军队4月中旬前后就能到达柏林。

　　唐宁街 10 号静悄悄的书房里，温斯顿·丘吉尔弓着身子坐在他最喜欢的皮椅上，把电话听筒贴在耳边。电话那头，国防大臣参谋长黑斯廷斯·伊斯梅爵士将军正给首相读蒙哥马利发给盟国远征军总司令的电报。蒙哥马利元帅"以最快速度和最大干劲前出到易北河"的保证无疑是个好消息，更妙的是，他宣称打算攻往柏林。首相对伊斯梅说道："蒙哥马利正取得显著进展。"

　　英美两国军事领导人激烈争论了几个月，盟国的战略似乎终于确定下来。艾森豪威尔将军早在 1944 年秋季就提出了自己的计划，1945 年 1 月在马耳他获得英美联合参谋长委员会批准，这份计划要求蒙哥马利第 21 集团军群发起主要突击，渡过下莱茵河，穿越鲁尔区北部，丘吉尔在写给罗斯福的信里把这条路线称为"进军柏林最短的路径"。南面的美军打算渡过莱茵河，攻入法兰克福地区，把蒙哥马利当面之敌引开。倘若蒙哥马利进攻受阻，美军的辅助突击就转为主要突击。但丘吉尔觉得，这种假设毫无必要，因为问题解决了。"伟大的十字军东征"临近尾声，丘吉尔深感满意的是，所有盟军将领中，阿莱曼的英雄似乎注定要攻克敌人的首都。为遂行突击，第 21 集团军群获得特别加强，兵力、空中支援、后勤物资、技术装备的分配都排在最优先级。总之，蒙哥马利麾下有近 100 万将士，编为 35 个师和直属部队，美国第 9 集团军也在其中。

　　四天前，丘吉尔和艾森豪威尔将军一同赶往德国，目睹了渡河突击的初始阶段。丘吉尔站在莱茵河河岸上，看着声势浩大的攻势徐徐展开，不由得对艾森豪威尔说道: "亲爱的将军, 德国彻底战败了, 我们逮住他了, 他完蛋了。"

的确如此, 德国人在大多数地区的抵抗轻微得出人意料。美国第9集团军作战地域, 约3.4万名官兵的两个师与英军并肩渡河, 只伤亡31人。蒙哥马利现在有20多个师、1500辆坦克渡过莱茵河, 正朝易北河攻击前进。丘吉尔把柏林称为"英美军队真正的首要目标", 而通往柏林的道路似乎门户大开。

政治方面好像也没什么障碍, 三巨头从没讨论过柏林应当由哪国军队攻克的问题。柏林是个开放的目标, 等着被率先到达的盟国军队夺取。

不过, 三巨头反复磋商过占领德国其他地区的事宜, 也就是"日食行动"地图上标出的那些区域。占领德国的决定, 无疑会给攻克柏林和柏林的政治前景造成至关重要的影响。至少有一位盟国领导人从一开始就意识到了这点, 他指出: "肯定会引发争夺柏林的竞赛。"此人就是富兰克林·德拉诺·罗斯福。

早在17个月前的1943年11月19日, 这个问题就摆在罗斯福面前。当时, 他乘坐美国海军"衣阿华"号战列舰, 赶往中东参加开罗和德黑兰会议, 这是盟国领导人召开的第五、第六次战时会议。罗斯福总统坐在欧内斯特·J. 金海军上将会议室桌子的上首, 他的助手和顾问分坐两旁, 美国参谋长联席会议成员也在场。盟国与轴心列强展开全球斗争期间, 这几天可谓至关重要。苏德战场上, 德军遭遇最大、最惨重的失败, 第6集团军陷入重围、遭隔断达23天[①]后被迫投降, 阵亡、负伤、被俘的德军官兵超过30万。太平洋战场上, 100多万美国将士浴血奋战, 日本人从各条战

---

① 若从第6集团军陷入合围那天算起, 远不止23天。

线被迫后撤。西线，隆美尔被彻底逐出北非。盟军取道西西里发动进攻，意大利投降，德国人仍在该国北部地区负隅顽抗。英美两国正制订计划，准备给予德国致命一击，也就是全面进攻欧洲大陆的"霸王行动"。

"衣阿华"号战列舰上，罗斯福总统非常恼火。摊放在他面前的文件和地图，是"兰金"C方案的要点，反攻欧洲大陆的行动即将发起，这份计划是相关人员为此做的诸多研究之一。"兰金"C方案考虑的是德国突然崩溃或投降的话，盟国应当采取的措施。方案里提出，一旦发生上述情况，应当分割德国和柏林，三大国各占领一块。罗斯福总统感到不快的是，美国占领区居然是英国规划者指定的。

"兰金"C方案是在特殊而又令人沮丧的情况下制订的。受文件条款最直接影响的人，无疑是盟国远征军最高统帅，但这位最高统帅尚未任命。预先为最高统帅制订计划的任务很艰巨，也就是说，既要拟制跨海峡进攻的"霸王行动"，又要制订"兰金"方案，以防德国突然崩溃，这项任务交给英国的弗雷德里克·E.摩根中将，他的代号是COSSAC〔盟军最高统帅（待任命）参谋长〕。[1] 由于最高统帅还没有选定，COSSAC是个令人震惊、吃力不讨好的差事。摩根获得任命后，英国总参谋长艾伦·布鲁克爵士告诉他："情况就是这样，没办法；这项职务当然没什么用处，可你得想办法让它发挥作用。"

摩根拟制"兰金"C方案时，必须考虑到各种无从预料的情况。倘若敌人突然投降，盟国措手不及，会出现什么状况呢？这种事不是没有先例，第一次世界大战末期，德国1918年11月就出人意料地投降了。届时，

---

[1] 按照1943年的初期设想，"兰金行动"实际上分成三个部分：A方案应对的状况是，德军军力异常虚弱，只要发起"小规模霸王行动"登陆欧洲就能解决问题；B方案设想的是，德国人从他们占领的部分国家实施战略后撤，但主力仍部署在欧洲海岸线，准备击退盟军的登陆；C方案应对的是盟军实际登陆前、期间或之后，德国突然崩溃。据摩根回忆，A方案和B方案只是简短地考虑了一番，很早就放弃了。

各国军队何去何从？美国、英国、苏联军队又该占领德国哪些地区？谁负责夺取柏林？这些问题都很重要，倘若盟国不想被德国突如其来的崩溃搞得措手不及，就得以明确而又果断的方式解决上述问题。

当时，盟国还没为战争的结束制订具体计划。虽说美国和英国政府各部门商讨了停战可能会引发的问题，但制定总体政策的工作进展甚微。他们只在一个问题上达成一致：必须占领德国。

相比之下，苏联人出台政策没遇到什么困难。约瑟夫·斯大林始终认为占领德国是理所当然的，而且他非常清楚该怎么做。早在1941年12月，他就把战后的要求直言不讳地告知英国外交大臣安东尼·艾登，阐明了他打算占领、吞并的领土。那份清单令人印象深刻，战争胜利后，斯大林想要的战利品包括：各国承认他对拉脱维亚、立陶宛、爱沙尼亚的主权要求；苏联1939年入侵芬兰攫夺的部分芬兰领土；罗马尼亚的比萨拉比亚省；根据苏德密约，苏联1939年占领的波兰东部地区；东普鲁士大部分地区。斯大林平静地陈述自己的条件时，火炮就在克里姆林宫15英里外轰鸣，德国军队仍在莫斯科郊区鏖战。

虽然英国人觉得斯大林1941年的主张提得多少有点过早，[①] 但到1943年，他们也忙着准备提出自己的要求了。英国外交大臣安东尼·艾登建议，盟国应当彻底占领德国，把德国分割成三片占领区。名为"停战和战后委员会"的内阁机构随即成立，由工党领袖、副首相克莱门

---

① 丘吉尔乘坐皇家海军"约克公爵"号战列舰横渡大西洋，赶去会晤罗斯福总统的途中，收到斯大林的动议。美国当时刚刚参战，丘吉尔对此时向实力强大的新盟友提出这个问题感到不安。他发电报给艾登："你自然不会对斯大林粗鲁行事。我们对美国负有义务，不得订立秘密或特殊协定。如果向罗斯福总统提出这些建议，必然遭到断然拒绝，还可能造成长久的麻烦……即便非正式地提出这些问题……在我看来也是不合时宜的。"美国国务院获悉了艾登与斯大林的会谈内容，但没有证据表明当时有谁不辞辛劳地把此事告知了美国总统。不过，罗斯福1943年3月已彻底获悉此事，据同他商讨这个问题的艾登说，总统认为不会与苏联发生太大龃龉。艾登指出："罗斯福眼下考虑的大问题是，现在和战后是否有可能与苏联合作。"

特·艾德礼领导。艾德礼委员会提出泛泛的建议，主张三大国分割德国，英国占领德国工商业发达的西北部地区。委员会还建议三大国共同占领柏林。如何处置战败的德国，只有美国没制订相应的计划。美国的官方观点是，战后协议应该等最终胜利即将到来时再说。他们认为占领政策主要是军事问题。

但现在，随着盟国的集体力量展现在各条战线，再加上盟军加快了进攻速度，协调各国政治规划的必要性变得非常紧迫。莫斯科1943年10月召开的外交部部长会议，为确定盟国共同的战后政策迈出试探性的第一步。三大国达成一致，在控制、占领德国的问题上共同承担责任，还设立了一个三方机构，也就是欧洲咨询委员会（EAC），目的是"研究与终止敌对行动相关的欧洲问题，并向三国政府提出建议"。

但在此期间，摩根也制订了自己的计划，即占领德国的粗略方案，他后来解释道："这不过是大量预测工作后所做的准备。"在没有政治指导的情况下，摩根起初制订的计划仅仅要求有限占领德国。但他最终确定的"兰金"C方案，却反映出艾德礼委员会更详尽的计划。摩根带着地图入席，"用蓝色铅笔沿现有州界轻轻勾勒"，把德国精确地划为三块。很明显，从东面而来的苏联人必须占领东部地区。修改过的"兰金"C方案，就英国、美国、苏联的分界线提出建议，这条分界线从毗邻波罗的海的吕贝克起，一路延伸到德国中部的爱森纳赫，再从那里递延到捷克边界。摩根不关心苏占区的面积有多大，没人让他考虑这个问题，因为"这无疑是俄国人的事情，更何况他们也不在'盟军最高统帅参谋长'的工作班子里"。但柏林的确让他头痛，因为那座城市位于苏占区。他很想知道："我们是不是该把柏林继续视为首都？或者说，德国还需要首都吗？多国参与的这场行动表明，应当以平等的三方力量共同占领柏林或其他任何一个首都（如果有的话），美国、英国、苏联军队各派一个师。"

至于英国占领区为何要在北面，美国占领区为何要在南面，摩根认为是由看似荒唐但切实存在的事实决定的: 英国境内英美军队基地和仓库的位置。首批美国军队开抵英国, 起初驻扎在北爱尔兰, 后来迁到英格兰南部和西南部。英军驻守北部和东南部。因此, 两支军队的集中、补给、通信是分开的, 面朝欧洲大陆, 美军始终在右侧, 英军始终在左侧。正如摩根对"霸王行动"的预判, 这番部署会保持到英美军队渡过英吉利海峡, 登上诺曼底海滩, 很可能还要穿过欧洲进入德国腹地。英国军队负责进攻德国北部, 解放荷兰、丹麦、挪威。位于右侧的美军, 沿预定进军路线穿过法国、比利时、卢森堡, 最终攻入德国南部各州。

摩根后来指出: "我觉得当时谁都没想到, 两国军队在英国境内的部署位置会造成如此全面而又重要的影响, 这项决定很可能是陆军部某个下级军官做出的, 可后来的一切都来源于此。"

"衣阿华"号战列舰上, 美国总统也清楚地觉察到这个问题"全面而又重要的影响"。他不喜欢"兰金"C方案正是因为这些影响。因此, 下午3点的会议刚一开始, 罗斯福立马讨论这个问题, 显然对此恼火不已。文件里附了份备忘录, 英美联合参谋长委员会请美方对摩根修改过的计划给出指导意见, 讨论备忘录时, 罗斯福申斥了几名军事顾问, 因为他们"做出的某些假设"很不合理, 特别是美国似乎应该按照英国的建议占领德国南部。罗斯福总统表明了自己的态度: "我不喜欢这种安排。"他想要德国西北部, 他想获得不来梅港和汉堡港, 以及挪威和丹麦的港口。罗斯福对另一个问题——美国占领区的面积的立场也很坚定。他指出: "我们应当前出到柏林, 柏林应由美国控制。"他随后补充道: "苏联人可以占领[柏林]东面的领土。"

"兰金"C方案的另一个方面也让罗斯福深感不快。既然美国占领区在南面, 责任范围就该包括法国、比利时、卢森堡。他担心法国, 特别是对自由法国军队领导人夏尔·戴高乐将军很不放心, 把他看作"令人头痛的政治问题"。罗斯福总统告诉他的顾问, 待盟军攻入法国, 戴高乐就会

"跟在军队身后一英里处"，准备接管政府。最重要的是，罗斯福担心战争结束后法国会爆发内战，他可不想介入"法国的重建工作"，还宣称"法国是英国的责任"。

不光是法国，罗斯福认为英国对卢森堡和比利时也负有责任，甚至包括德国南部地区。至于美国占领区，正如总统设想的那样，应该横跨德国北部（包括柏林），一路延伸到奥得河畔的斯德丁。他随后斟酌了自己的措辞，再次强调他对拟议的占领区安排很不满意："英国人打算让美国占领南部地区，我不喜欢这种安排。"

总统的观点让他的军事顾问大吃一惊，因为 3 个月前的魁北克会议上，美国参谋长联席会议原则上批准了这份计划，英美联合参谋长委员会也通过了。罗斯福总统当时对分割德国的构想表现出极大的兴趣，还补充了自己的意见，要求盟军"做好准备，与苏联人同时到达柏林"，他的想法无疑让策划工作变得更加棘手。

美国参谋长联席会议本以为"兰金"C 方案涉及的问题都妥善解决了。他们把方案拿到"衣阿华"号战列舰上，仅仅是因为涉及政治、经济问题和军事政策。总统现在提出反对意见，不仅影响到占领计划，还从根本上动摇了"霸王行动"。倘若遵照总统的意愿调整预定占领区，那么就得在登陆欧洲前变更英国境内的英美军队驻地。这会延误甚至危及跨海峡进攻，这场进攻可是有史以来最复杂的军事行动之一。几位军事顾问觉得，罗斯福总统要么不明白更换驻地涉及规模惊人的后勤作业，要么虽对此心知肚明，但为了让美国控制德国西北地区和柏林，他甘愿付出巨大的代价。可这些军事顾问认为，这番代价高得离谱。

为缓和气氛，马歇尔将军委婉而又详尽地介绍了眼下的态势。他赞同"应该深入研究此事"，但也指出，"兰金"C 方案的建议主要出于军事方面的考虑，还提出后勤方面的理由："我们必须把美国军队置于右翼……整个问题是英格兰境内港口的位置决定的。"

美国海军作战部部长欧内斯特·金海军上将支持马歇尔的看法, 还说进攻欧洲大陆的计划已经发展到目前的地步, 军队变更部署的一切想法都完全不切实际。

问题太严重了, 马歇尔认为, 仅仅军队变更部署就需要一份全新方案, 这份方案必须灵活至极, 可用于"军队展开的任何阶段", 这样才能让总统在德国获得他想要的东西。

罗斯福不这么看。他觉得倘若希特勒帝国彻底瓦解, 美国就得把尽可能多的兵力派往德国, 他建议从"苏格兰周围"派遣部分军力, 这样就能从北面进入德国。就是在这时, 他明确指出盟军应当火速赶往柏林, 这种情况下, 几个美国师必须"尽快"到达那里。罗斯福的密友兼顾问哈里·霍普金斯也在场, 他也产生了同样的紧迫感。他认为, 美国必须"做好准备, 在德国崩溃后两个钟头内, 把一个空降师投入柏林"。

几位军事顾问一再劝说总统, 想让他明白, 贸然改变"兰金"C方案会造成严重问题。罗斯福不为所动。最后, 他把桌上《国家地理杂志》的一幅德国地图拉到面前, 在图上涂抹起来。他先画了条线, 穿过德国西部边界直达杜塞尔多夫, 再沿莱茵河向南延伸到美因茨。从那里起, 他又画了条粗线, 沿北纬50度把德国一分为二, 这条粗线大致位于西面的美因茨与东面捷克边界的阿施之间。他手里的铅笔随后朝东北方移动到奥得河畔的斯德丁。按照他的意思, 粗线上半部分由美国占领, 下半部分交给英国。但从罗斯福勾勒的线条看, 美占区与英占区的分界线大致形成个楔子, 楔子顶端在莱比锡, 从那里朝东北方延伸到斯德丁, 朝东南方递延到阿施。总统没有明说, 但这片浅浅的三角地带显然是苏占区, 面积还不到"兰金"C方案分配给苏联的一半。柏林也不在总统留给苏联的占领区内, 而是在苏占区与美占区的分界线上。按照马歇尔的理解, 总统打算让美国、英国、苏联军队共同占领柏林。

这幅地图明确无误地反映出罗斯福总统的设想。他告诉几位参谋长,要是美国接受盟军最高统帅参谋长在"兰金"C方案里提出的南部占领区，"我们采取的每个措施，都会受到英国人掣肘"。罗斯福指出，毫无疑问，"这番动议的背后是英国人的政治考量"。

此次会议没做出任何明确决定，但罗斯福总统把自己的想法清晰无误地告知了几位参谋长。按照罗斯福的设想，美国的占领任务意味着25万官兵至少要在欧洲"驻扎一年，也许要两年"。他的战后计划与美国的战争方针类似：全力以赴，但尽量缩短时间，尽可能少地介入欧洲事务。他预见到，美国军队完全可以迅速而又顺利地深入敌国腹地，"利用铁路攻入德国，几乎不会遭遇战斗"，美军乘火车开赴德国西北地区，再从那里攻入柏林。最重要的是，美国总统决心攻占柏林。①

★ ★ ★

就这样，美国针对战败的德国提出首份具体方案。只有一个问题，罗斯福经常受到批评，说他总是抢国务卿的活儿，这次除了几位参谋长，他没把自己的观点告诉任何人。而几位参谋长把总统的计划搁置了近4个月。

"衣阿华"号战列舰上的会议结束后，罗斯福总统绘制的地图成为美国政府考虑占领德国的确凿证据，马歇尔将军把这幅地图交给陆军部作战局局长托马斯·T.汉迪少将。汉迪将军返回华盛顿，把地图归入作战局的绝密文档。他后来回忆道："据我所知，我们从没收到过把地图交给国务院某位人士的指示。"

总统的军事顾问搁置了罗斯福的方案，这不过是"衣阿华"号战列舰

---

① 关于"衣阿华"号战列舰上发生的事情，我所作的叙述摘自乔治·C.马歇尔将军手写的会议记录。正式备忘录里没有直接的引语，只有些笔记可作参考。我直接引用了总统和其他人的话，是因为有明确的证据表明这些话出自他们之口。

上的会议结束后几天内美国官员犯下的一连串奇怪、后果严重的错误和误判之一，但对德国和柏林的未来产生了深远影响。

11 月 29 日，罗斯福、丘吉尔、斯大林在德黑兰会议上首次会面。此次会晤，三巨头任命了各自的代表，他们在伦敦至关重要的欧洲咨询委员会占一席之地，该委员会负责起草德国的投降条款，确定各国占领区，还要为盟国治理战后的德国制订计划。英国派驻欧洲咨询委员会的代表是安东尼·艾登的密友、副外交大臣威廉·斯特朗爵士。苏联代表是精明冷静、善于讨价还价、素以固执己见著称的费奥多尔·T. 古谢夫，他当时是苏联驻英国大使。罗斯福任命的代表是他派驻英国的特使，颇具奉献精神但生性腼腆、不善言辞的约翰·G. 怀南特。没人给怀南特介绍过这份新工作的情况，他也不知道总统想在德国实现的目标。

怀南特作为特使，本来有机会了解他在欧洲咨询委员会应该支持哪项政策，可惜机会稍纵即逝，他没能抓住。罗斯福、丘吉尔、蒋介石举行的开罗会议，从 11 月 22 日持续到 26 日；罗斯福、丘吉尔、斯大林举行的德黑兰会议，11 月 28 日召开，持续到 12 月 1 日；德黑兰会议结束后，罗斯福和丘吉尔 12 月 4 日在开罗再次会晤。当晚漫长的晚宴，罗斯福、丘吉尔、艾登、总统的参谋长威廉·D. 莱希五星上将都出席了，罗斯福再次反对"兰金"C 方案。他显然没透露那幅地图的详情，也没提做了哪些修改，但他告诉英国人，他认为美国应该控制德国西北部地区。丘吉尔和艾登强烈反对，但这个问题最终还是交给了英美联合参谋长委员会研究。联合参谋长委员会反过来建议盟军最高统帅参谋长摩根将军，应当考虑修改"兰金"C 方案的可能性。

怀南特虽然是参加开罗会议的代表团成员，但没有获邀出席晚宴，显然对晚宴上讨论的问题毫不知情。罗斯福启程回国时，怀南特飞回伦敦，出席欧洲咨询委员会的首次会议，只是隐约觉察到总统和政府的真实意图。

颇具讽刺意味的是，美国驻伦敦大使馆几英里外，圣詹姆斯广场的诺福克旅舍里，有个人非常清楚罗斯福总统想要什么。弗雷德里克·摩根爵士中将对接到的指令大吃一惊，上级要求他重新审核"兰金"C方案，看看能否把拟订的英占区与美占区对调，摩根超负荷运作的小组立即投入工作。他很快得出结论，对调占领区的要求无法做到，至少在击败德国前是做不到的。摩根把审核结果汇报给上级，他后来写道，他觉得"这件事就此结束了"。

★ ★ ★

在此期间，尽管美国军方首脑郑重声明无意介入政治事务，可事实恰恰相反，美国的战后欧洲政策要由他们来决定。他们认为分割、占领德国完全是军事事务，应该交给陆军部民事局。不可避免的情况发生了，陆军部发现他们在德国问题上与国务院意见相左。激烈的争执随之而来，在此过程中，美国就这个问题达成连贯、统一政策的一切希望无可挽回地丧失了。

首先，各方都很清楚，必须采取某些措施，指导伦敦的怀南特大使与欧洲咨询委员会交涉。为协调美国内部相互冲突的意见，1943年12月初，华盛顿成立了名为"工作保障委员会"的特别小组，成员是国务院、陆军部、海军部选派的代表。陆军部代表是民事局几名军官，他们从一开始就拒不加入委员会，或者说就这件事而言，他们不承认建立欧洲咨询委员会有什么必要。这些陆军军官固执己见，认为德国投降和占领德国的整个问题纯属军务，应该在合适的时候，在"军事层面"由英美联合参谋长委员会决定。这种荒唐的局面导致工作保障委员会的组建工作耽误了两周，这段时间，怀南特没接到任何指示，只好无所事事地待在伦敦。

军方人员最终同意加入，委员会好歹运作起来，但收效甚微。委员会各小组提出的建议，必须获得本部门领导批准，随后才能电告伦敦的怀南特。更糟糕的是，各部门领导有权否决委员会发出的任何一道指示，而陆军部反复行使这项特权。国务院的菲利普·E. 莫斯利教授是委员会代理主席，后来成为怀南特大使的政治顾问，他事后评论道，陆军部民事局官员"接到严格的指示，对任何事情都不表态，既不同意也不反对，而是把讨论情况汇报给上级。保持距离，遵照严格的指令行事，还能行使否决权，这种谈判方式与态度更强硬的苏联代表的做法如出一辙"。

1943 年 12 月，几个部门一直在讨价还价。美国陆军部认为，各占领区可能多多少少取决于德国签署降书时盟国军队的最终位置。这种情况下，军方代表觉得批准怀南特在欧洲咨询委员会展开谈判，就占领区事宜达成协议没什么意义。

军方代表的态度非常坚决，甚至否决了国务院提出的计划，这份计划与英国的方案类似，也建议把德国分割成三等块，但有个重要的附加条件：开辟一条走廊，穿过苏占区，把柏林与西部地区连接起来。开辟走廊的建议是莫斯利教授提出的。他料定苏联人会反对，可还是敦促纳入这项要求，正如他后来解释的那样："我相信，倘若一开始就以极其强硬的态度提出该条款，那么苏联人拟订他们的建议时，也许会把我们的主张考虑在内。"他认为必须加入这项条款，这样才能"获得一条自由而又直接的通道，从西面进入柏林"。

委员会全体成员召开会议前，国务院的计划被交给陆军部民事局研究。陆军部搁置了一段时间，莫斯利最后不得不拜访民事局，找到处理此事的上校。他问对方有没有收到国务院的计划。那名上校拉开办公桌最底下的抽屉，说道："就在这里。"然后他往后一靠，把两只脚搁在抽屉上说道："而且会一直放在这里。"这份计划始终没发给怀南特。

1943 年 12 月 15 日，欧洲咨询委员会在伦敦召开首次非正式会议，怀南特大使认为，此次会议幸好只讨论了议事规则，因为他仍未收到上级的指示。怀南特从英国方面非正式地获悉了让罗斯福深感不快的计划，但他不知道艾德礼计划就是摩根的"兰金"C 方案。陆军部副部长约翰·J.

麦克洛伊也非正式地告诉他，总统想要德国西北部地区。怀南特觉得英国人肯定不愿调换。① 他猜得一点没错。

1944 年 1 月 14 日，刚刚出任盟国远征军最高统帅的德怀特·D. 艾森豪威尔将军到伦敦就职，制订军事计划的整个机构原本一直掌握在摩根将军手里，现在正式移交给艾森豪威尔。但有个计划就连艾森豪威尔也难以施加影响，因为为时太晚。艾森豪威尔到达伦敦次日，欧洲咨询委员会首次召开正式会议，威廉·斯特朗爵士把摩根的"兰金"C 计划交给怀南特大使和苏联特使费奥多尔·古谢夫。由于华盛顿的僵持局面，美国丧失了主动权，而且再也没能夺回来。斯特朗后来写道，与同事相比自己有个优势，"他们必须发电报给身处远方、有时候不理解也不愿支持外交人员的政府寻求指示，而会场就在伦敦，我通常很快能收到上级的指示，立即采取行动。我还有另一个优势，那就是英国政府已经提前而又有序地制订了战后计划"。

2 月 18 日，欧洲咨询委员会召开第二次正式会议，一份无疑是苏联外交决策的记录表明，神秘莫测的古谢夫没提出任何异议，而是郑重其事地接受了英国就各国占领区的动议。

英国的动议让苏联人获得了德国近 40% 的领土、36% 的人口、33% 的生产资源。柏林虽然由三国分割，但深深位于拟议的苏占区内，距离西面的英美分界线足足有 110 英里。斯特朗后来回忆道："英国提出的分割方案似乎很公正，虽说对苏联人过于慷慨可能是个小瑕疵，但符合我方军事当局的愿望，他们关注的是战后人力短缺，而不是占领超出需要的德国领土。"还有许多其他原因，其中一个是英美两国领导人都担心苏联有可能同德国单

---

① 麦克洛伊12月12日写信告诉马歇尔将军："英国人与德国北部地区有长期的经济联系，怀南特告诉我，英国政府咨询过他们的政治和经济人士，这才提出那份计划。总统想占领这些地区，可面对英国的强烈反对，我不知道他会坚持到怎样的程度……总的来说，我赞成占领北部地区，但我觉得不值得为此大动干戈。"国务院显然对任何一种结果都不在乎。麦克洛伊在这封亲笔信里补充道，国务卿科德尔·赫尔打来电话，说他"对占领德国北部还是南部地区无所谓"。

独媾和。另一个原因让美国军方深感担忧, 他们生怕苏联不参加对日作战。最后一点, 英国人认为要是不赶紧确定占领区问题的话, 苏联可能会以他们在战争期间遭受了巨大的苦难为借口, 要求控制德国 50% 的领土。

对美国而言, 一切似乎已成定局。虽说英国的计划还需要三巨头批准, 但在英国和苏联协议达成一致的情况下, 美国很难提出异议。[①] 从某种程度上说, 这是个既成事实, 怀南特除了通知本国政府, 实在做不了什么。

苏联人迅速接受了英国的计划, 这让华盛顿和罗斯福总统措手不及。罗斯福匆匆给国务院写了封短函, 问道: "英国和苏联提出的草案, 各国占领区究竟是如何划分的? 是按照我们的提议弄的吗? 我得搞清楚, 确保它符合我几个月前做出的决定。"国务院官员困惑不解, 原因很简单: 他们根本不知道总统在德黑兰和开罗就占领区问题做出了怎样的决定。

参谋长联席会议与国务院经过几通电话交流, 终于把详情告知总统。2 月 21 日, 罗斯福看到英国和苏联的计划后很不高兴, 在发给国务院的正式备忘录里直言不讳地指出: "我不同意英国人划分分界线的提议。"他没提苏占区, 而是再次强烈反对分配给美国的占领区, 还以更激烈的措辞重复了他在"衣阿华"号战列舰上对几位军事顾问说过的话。总统的备忘录让国务院大吃一惊。

罗斯福写道: "我们的主要目的不是参与南欧内部事务, 而是要消除德国挑起第三次世界大战的可能性和根源。各种各样的观点提了出来, 说我们把军队从法国前线调到德国北部非常困难, 还说这是'蛙跳'……这

---

① 第二次世界大战结束后传出荒诞不经的说法, 说罗斯福对各国占领区事宜负有责任。实际上, 该计划自始至终都是英国人弄的。它出自安东尼·艾登的构想, 由艾德礼委员会制订 (他们还利用了摩根严格的军事概念), 经丘吉尔及其内阁批准, 才由斯特朗呈交欧洲咨询委员会。美国和英国的许多著作, 把分割德国说成是苏联的计划。这个错误的结论源于以下情况: 古谢夫在欧洲咨询委员会第二次会议上接受了英国的动议, 还提交了苏联关于德国投降条款的草案。其中一节涉及各国占领区, 但具体内容完全出自英国的计划。

些异议似是而非，因为待德国投降，无论英军和美军在哪里，把他们调到任何地方都很容易，无论是北面、东南还是南面……通盘考虑的话，要记住补给物资得从 3500 英里或更远的地方经海路运来，美国应该使用德国北部的港口，汉堡和不来梅，以及……荷兰的港口……所以，我认为美国的政策应该是占领德国西北部……"

"如果需要进一步证明我们与英国的分歧合情合理的话……我只能补充一点，基于美国的政治考虑，我的决定不容置疑。"随后，为绝对确保国务卿彻底明白他想要的东西，罗斯福加了一句，还在这句话下面划了线："要是对以上内容还有什么不明白的地方，你可以直接找我谈。"

罗斯福以更诙谐的语气向丘吉尔解释了自己的立场。他写信告诉英国首相："千万别请我把任何美军部队留在法国。我不能这样做！正如我先前建议的那样，我反对以慈父的身份对待比利时、法国、意大利。你确实该抚养、管教自己的孩子。鉴于他们日后可能会成为你的堡垒，你现在至少该为他们付学费。"

美军几位参谋长显然也听到了总统的主张。陆军部民事局官员立即改变了他们在工作保障委员会的态度。欧洲咨询委员会在伦敦召开会议后没几天，一名上校大步走入莫斯利教授在国务院的办公室，把一幅地图摊放在他面前说："这才是总统真正想要的。"莫斯利看看地图，不知道这幅地图是何时或在何种情况下绘制的，以前他从未见过，国务院其他工作人员也没见过。这是罗斯福总统当初在"衣阿华"号战列舰上画下分界线的那幅地图。

罗斯福的地图神秘地出现，很快又神秘地消失了。莫斯利本以为它会出现在华盛顿委员会下次召开的会议上，但并没有。时隔多年后他说道："我不知道那幅地图到哪儿去了。我们召开下一轮会议时，民事局官员带来一幅全新的地图，说按照总统的指示做了些变动。至于是谁接到了总统的指示，我一直没搞明白。"

新构想与总统在"衣阿华"号战列舰上画的地图有点类似，但不完全一致。美国占领区仍在西北部，英国占领区在南部，两片占领区之间的分界线，现在沿北纬 50 度延伸，到距离捷克边界不远处停下。另外，美国占领区的东部边界在莱比锡北面向东急转，包纳了更多领土。另一个更重要的变化是，美国占领区不再包括柏林。罗斯福原先设想的是，美国占领区的东部边界穿过德国首都，这条界线现在转向西面，绕过柏林画出个犹豫不决的半圆形。罗斯福先前告诉过几位参谋长："我们应当前出到柏林，柏林应由美国控制。"难道他现在改主意了？民事局官员对此只字未提。但他们要求立即把新动议发往伦敦，怀南特必须让欧洲咨询委员会接受！

不管怎么说，这是个荒唐的动议，国务院对此心知肚明。从新计划看，英国和苏联占领区都缩小了，他们先前批准了对他们更有利的占领区划分方案，似乎不太可能接受现在的新安排。民事局官员匆匆抛出新动议，却没有附上任何备忘录，协助怀南特在欧洲咨询委员会面前做出合理解释；他们还拒不准备此类背景文件，推说那是国务院的活儿。新动议最终交到怀南特手上，没有任何相关文件。这位大使心急如焚，一再致电上级，请求他们给予更详细的指导，却始终没收到答复。于是他搁置了新动议，没有提交给欧洲咨询委员会。

这是美国为推行自己的方案付出的最终努力，但罗斯福还是不接受英国的计划，直到 1944 年 3 月底，情况才出现转机。时任怀南特大使政治顾问的乔治·F. 凯南飞抵华盛顿，向总统解释了导致欧洲咨询委员会陷入僵局的问题。罗斯福审时度势，再次研究了英国的方案后，对凯南说道："通盘考虑，这倒是个公平的决定。"他随即批准了苏联占领区和总体计划，但有个附带条件：他固执己见，美国必须占领德国西北部地区。凯南后来向莫斯利阐述了此次会面的情形，据他说，会谈结束时，他问总统原先那份计划怎么办，罗斯福笑着说道："哦，那只是个设想而已。"

1944 年最重要的几个月，英美军队登上欧洲大陆，把德国人逐出法国，开始攻往德国本土之际，幕后的政治斗争仍在继续。罗斯福占领德国西北部地区的主张坚定不移，丘吉尔也很顽固，说什么也不愿改变立场。

当年 4 月，怀南特把美国政府的观点口头告知欧洲咨询委员会，但他没有立即把总统的愿景以书面形式摆在一众代表面前。他认为有个问题非常重要，没收到相应的指示，他不打算这样做。英国的计划里，还是没提出任何条款确保西方国家进入柏林。

英国人乐观地估计，进入柏林不成问题。他们认为敌对行动结束后，某种形式的德国当局会签署降书，在盟国远征军最高统帅控制下管理国家。没有哪片地区会与其他地方彻底隔绝，斯特朗认为："德国人可以从一个地区自由迁移到另一个地区，从西部迁到首都……盟国派驻德国的军事和文职人员，只要有恰当的理由，也可以自由往来。"另外，欧洲咨询委员会每次提出这个问题，苏联特使古谢夫就言辞凿凿地向斯特朗和怀南特保证，他不觉得这有什么难处。不管怎么说，正如古谢夫一再指出的那样，只要美国和英国军队驻扎在柏林，就自动获得了进出权。这是理所当然的事，完全是君子协定。

尽管如此，怀南特还是觉得应该订下相应的条款。他认为在三巨头正式接受英国的方案前，必须把莫斯利最初提出的"走廊"纳入其中。他打算在欧洲咨询委员会面前正式提出总统对占领区的看法，同时提交"走廊"的建议。他想确保特定的铁路、公路、航线穿过苏占区进入柏林。

当年 5 月，怀南特大使飞回华盛顿面见总统，随后向陆军部概述了自己的"走廊"条款，没想到陆军部民事局断然否决了怀南特的方案。① 民

---

① 罗斯福与怀南特会谈期间究竟说了些什么，或者说总统对过境柏林的问题持何种立场，不得而知。更令人困惑的是：陆军部到底反对还是支持怀南特的"走廊"方案？据说陆军部民事局局长约翰·H. 希尔德林少将告诉怀南特："应该提供进入柏林的通道。"本书的说法反映了美国三位重要历史学家对这段历史的观点，他们是菲利普·莫斯利教授（《克里姆林宫与世界政治》）、赫伯特·费斯（《丘吉尔、罗斯福、斯大林》）、国务院历史办公室主任威廉·M. 富兰克林（《占领区分界线与进入柏林的通道》，刊登在《世界政治》杂志1963年10月号）。富兰克林写道："怀南特显然没有为这些会谈撰写备忘录……但有一点很清楚：他没收到华盛顿的指示，也没人鼓励他与俄国人商讨此事。"

事局官员向他保证, 进入柏林的问题"不管怎么说都是严格意义上的军务", 待占领德国, 驻地指挥官会通过军事渠道处理。受挫的怀南特返回了伦敦。6月1日, 他正式同意了英国的方案和划定的苏联占领区, 唯一的异议是主张美国占领德国西北部地区。相关文件里没有进入柏林的条款。[①] 盟国至少以暂定的形式决定了这座城市的未来: 战争结束后, 它会成为盟国共同占领的孤岛, 几乎就在苏占区中央。

各国占领区的斗争很快落下帷幕。1944年7月下旬, 古谢夫急于落实苏联在欧洲咨询委员会获得的好处, 于是故意把事情搞大。他平静地指出, 必须解决英美两国的争端, 这样才能让三巨头签署协议, 否则苏联没理由继续留在欧洲咨询委员会参与讨论。苏联代表退出咨询委员会的话, 会让几个月的工作成果化为乌有, 因此, 这番含蓄的威胁取得了预期效果。

大西洋两岸, 焦急的外交人员和军事顾问纷纷敦促他们的领导人做些让步。可丘吉尔和罗斯福的立场依然坚定。罗斯福似乎一点也不在乎苏联的威胁。怀南特获知, 由于美国同意了拟订的苏联占领区, 所以总统不明白, "现在还有什么必要同苏联人继续讨论?"

但罗斯福受到各方的压力。政治纷争持续之际, 庞大的英美军队拥向德国。8月中旬, 艾森豪威尔将军致电英美联合参谋长委员会, 提醒他们可能要"面对提前占领德国的局面"。摩根当初在"兰金"C方案里预见到的军队展开问题, 现在又一次给规划者造成困扰: 位于左侧的英国军队攻往德国北部, 居右的美国军队朝德国南部挺进。艾森豪威尔想就占领区

---

① 出于不为人知的原因, 怀南特从华盛顿返回后, 改变了他对柏林走廊问题的立场。资深外交官罗伯特·墨菲回忆, 他1944年9月加入盟国远征军最高统帅部后不久, 在伦敦与怀南特共进午餐, 讨论了过境柏林的问题。墨菲敦促怀南特重新考虑这个问题。他在回忆录《战士中的外交官》一书里写道: "怀南特认为, 我们自由进出柏林的权利隐含在我们驻守柏林的权利中。俄国人……无论怎样都会怀疑我们的动机, 要是我们在技术性细节上坚持己见, 会加剧他们的不信任感。"据墨菲说, 怀南特不愿强迫欧洲咨询委员会解决这个问题。

问题寻求政治指导，他是第一个这样做的美国军人。艾森豪威尔指出："我们能做的，就是在纯粹的军事基础上解决问题。"这意味着"保持我方各集团军目前的展开状况"。他又补充道："鉴于我们有可能面临的局面，再加上缺乏占领区问题的基本决策……除非我们收到相反的指示，否则就必须认为当前解决方案是可行的。"

长期以来一直无法避免的危机终于到来了。美国陆军部和国务院破天荒地处于相同境地，都面临进退两难的窘况：谁都不打算再去找总统重新讨论这个问题。不管怎样，罗斯福和丘吉尔定于当年秋季再次会晤，届时他们会讨论这件事，因此，一切最终决定都得等到那时候再说。可在此期间，艾森豪威尔的计划却不能拖延。由于美国三军参谋长已经有计划，为美国占领德国西北部或南部做好了准备，所以8月18日通知艾森豪威尔，他们"完全同意"他的解决方案。因此，虽然罗斯福还没宣布他的决定，但美国日后占领德国南部地区的设想却得以保持下去。

1944年9月，罗斯福和丘吉尔在魁北克会面。罗斯福的身体状况变化很大。向来精力充沛的总统看上去脸色苍白，虚弱无力。以前，罗斯福总统凭借他出名的个人魅力和不拘小节的诙谐，出色地掩饰了小儿麻痹症造成的残疾，可现在，每个动作痛苦的犹豫把他的身体状况暴露无遗。还不仅如此，他1933年当选总统，在任时间都超过了任何一位美国总统，甚至还在谋求第四个任期，竞选活动、国内外事务、战争岁月的沉重压力迅速损害了他的健康。不难理解为何他的医生、家人、朋友都恳求他别再参选了。参加魁北克会议的英国代表团人员觉得，罗斯福总统的健康状况衰退得厉害。丘吉尔的参谋长黑斯廷斯·伊斯梅将军见到罗斯福的模样大吃一惊。他说道："总统的身体两年前还很健康，充满活力，可现在消瘦了好多，整个人似乎都缩小了，上衣从他宽阔的肩膀垂下，衣领看上去大了好几个尺码。我们都觉得他时日无多了。"

罗斯福疲惫，失意，受境况所迫，再加上他那些顾问和丘吉尔不断施加压力，最终他不得不妥协，接受了南部占领区。英国人也做出种种让步，其中一条是同意美国控制不来梅州几个大港湾和集结区，以及不来梅港。[①]

1945 年 2 月，三巨头在雅尔塔举行了最后一次战时会议。此次会议至关重要。胜利就在眼前，但很明显，政治考量取代军事现实，严重削弱了维系盟国领导人团结的纽带。随着红军逐渐深入中欧，苏联人越来越欲壑难填，态度也愈发傲慢。丘吉尔长期与共产主义为敌，对波兰等国家的前景深感担忧，红军解放了波兰，现在牢牢控制了这个国家。

罗斯福瘦削憔悴，身体比魁北克会议期间虚弱得多，可他还是把自己视为伟大的仲裁者。他觉得只有争取到斯大林的合作，才能实现战后世界和平。他用以下话语阐述了与斯大林打交道的原则："我认为，要是我给他我能给的一切，而且不求回报，只是付出高尚的义务，那么他就不会企图吞并任何地方，会和我共同致力于缔造一个民主、和平的世界。"总统相信美国能"同苏联和平共处"，他能"驾驭斯大林"，因为就像他先前说过的那样："在面对面交流的基础上……乔大叔……还是通情达理的。"虽说总统对苏联的战后意图越来越担心，可他似乎仍抱有近乎坚定的乐观态度。

雅尔塔会议期间，三巨头做出了战争期间最后几项重大决定，包括让法国在占领德国的问题上享有全面伙伴关系。英国和美国把各自的占领区让出一部分作为法国占领区，柏林城内也给法国划了一块；斯大林反对让法国参与其中，因而不肯出让苏联占领区任何一部分。1945 年 2 月 11 日，三巨头正式接受了各自的占领区。

就这样，经历了长达 16 个月的混乱和争吵，美国和英国终于达成一致。

[①] 此次会议出现了另一个深具争议的问题，美国总统和财政部长亨利·摩根索提出一份苛刻、影响深远的经济方案，要求把德国变成没有工业的农业国家。丘吉尔起初同意这份方案，但身边的顾问施加了压力，他后来改变了立场。几个月后，罗斯福放弃了颇具争议的摩根索计划。

占领计划建立在"兰金"C 方案基础上，但军方现在称之为"日食行动"，这份计划有个惊人的疏漏：完全没有确保英美人员进入柏林的任何条款。

斯大林仅用 6 个星期就违反了《雅尔塔协定》。会议结束后不到三周，苏联人在他们占领的罗马尼亚境内推翻了现政府。他们给米哈伊国王发了份最后通牒，直截了当地命令他，任命罗马尼亚共产党领导人彼得鲁·格罗查出任首相。波兰也丢了，原本承诺的自由选举根本没举行。斯大林似乎轻蔑地背弃了《雅尔塔协定》的核心内容，这份协定要求盟国协助"从纳粹德国和……前轴心附庸国统治下获得解放的各民族……建立他们自己选择的民主制度"。但斯大林不折不扣地执行了《雅尔塔协定》对他有利的所有条款，例如分割德国和柏林。

美国驻莫斯科大使 W. 埃夫里尔·哈里曼就斯大林坚定的领土野心多次提醒过总统，可苏联领导人公然背信弃义的做法还是让罗斯福震惊不已。3 月 24 日，周六，下午，白宫顶楼的小房间里，罗斯福刚刚和安娜·罗森伯格夫人（罗森伯格夫人是他的私人代表，负责研究归国的退伍兵问题）吃罢午餐，哈里曼大使汇报波兰局势的电报就送抵了。读罢电报，总统怒不可遏，不停地拍打轮椅扶手。罗森伯格夫人后来回忆道："他砰砰地拍着轮椅扶手，嘴里反复念叨：'埃夫里尔说得没错！我们不能同斯大林打交道！他违背了他在雅尔塔许下的每一个承诺！'"①

身处伦敦的丘吉尔，对斯大林背离雅尔塔精神深感不安，他告诉身边的秘书，他担心全世界可能会认为"罗斯福先生和我包销了一份欺诈性招股章程"。从雅尔塔返回后，丘吉尔告诉过英国民众："斯大林和苏联领导人希望在光荣的友谊和平等下，与西方民主国家和平共处。我觉得……这番话就是他们的承诺。"但 3 月 24 日这个周六，忧心忡忡的英国首相

---

① 关于此事的记述，源自笔者与罗森伯格夫人（现在是保罗·霍夫曼夫人）的私人谈话，罗斯福夫人也在场。两位女士后来交流了一番，就总统当时说的确切话语达成一致。

却对他的助手说道: "我对俄国人的意图深感怀疑, 打消这种怀疑前, 我无法接受分割德国的主意。"

随着苏联的企图变得"一清二楚", 丘吉尔觉得西方盟国讨价还价的最大筹码就是让英美军队深入德国境内, 在"尽可能靠东的地方"与红军会师。因此, 蒙哥马利元帅发来电报, 宣布他打算攻往易北河和柏林, 的确是个令人振奋的消息, 丘吉尔认为, 迅速占领柏林现在至关重要。可是, 尽管蒙哥马利发了电报, 但西线各处的盟军指挥官还没收到攻占柏林的指令。这道指令只能由一个人下达, 他就是盟国远征军最高统帅艾森豪威尔将军。

— 4 —

    这场空袭把柏林守军打得措手不及。3 月 28 日，星期三，接近上午 11 点，第一批敌机出现了。遍布城内的高射炮连立即开火，朝空中倾泻炮弹。火炮的轰鸣，加上姗姗来迟的空袭警报，一时间震耳欲聋。来的不是美国飞机。美国人的空袭几乎能预料到，通常上午 9 点到来，中午再来一次。这场空袭不同，是从东面来的，时间安排和轰炸战术都与以往的空袭不同，数十架苏联红军战斗机在屋顶高度呼啸而过，朝各条街道泼洒弹雨。

    波茨坦广场上的人四散奔逃。选帝侯大街上，购物者冲出商店店门，朝地铁入口跑去，或奔向威廉皇帝纪念教堂，想以那里的废墟为掩护。但有些柏林人已经排了几个钟头长队，等着购买每周的配给食物，说什么也不肯离开队伍。维尔默斯多夫区，36 岁的女护士夏洛特·温克勒下定决心要给两个孩子（6 岁的埃克哈特和 9 个月的芭芭拉）搞到食物。阿道夫·希特勒广场上，相识多年的老友格特鲁德·克茨勒和英格·吕林，与其他人静静地等在食品店门前。她俩不久前商定，待俄国人到达柏林就自杀，可现在不这么想了。她们想烤个复活节蛋糕，几天来一直在购买、储备需要的食材。克佩尼克区，身材丰满、40 岁的汉娜·舒尔策想买点额外的面粉，好做个节日云石蛋糕。当天购物时，她还想给丈夫罗伯特买一副吊裤带，他仅有的那副破旧得不像样子了。

    空袭期间，埃尔娜·森格尔一直担心"孩子他爸"的安危，她这样称呼丈夫康拉德。康拉德非常固执，说什么也不愿去策伦多夫区的防空洞，而且和往常一样，他又出门了。康拉德费力地朝他最喜欢的老克鲁格餐厅走去，那家餐厅位于路易丝王后大街。迄今为止，还没有哪场空袭能阻止这位78岁的老兵每周三与一战期间的战友聚会，今天也不例外。

有个柏林人倒是对空袭持续的每一分钟甘之如饴。年轻的鲁道夫·雷施克戴着旧时军队的钢盔，在达勒姆的家门口与路中央之间跑来跑去，故意戏弄低空飞行的敌机，每次都挥手挑衅飞行员。有个飞行员无意间看见他滑稽可笑的举动，一头俯冲下来。鲁道夫奔跑时，一串子弹射中他身后的人行道。鲁道夫觉得这不过是游戏的组成部分。在他看来，这场战争是他14岁生命中的头等大事。

一拨拨战机攻击了柏林城。几个中队耗尽了弹药，离开编队飞向东面，他们刚刚飞离，蜂拥而至的另一些中队立即填补了他们的位置，继续实施攻击。红军的空袭出人意料，使柏林城内的生活变得更加恐怖。伤亡很大，许多民众没死在敌人的子弹下，反而被城内守军的还击火力击中。为瞄准低空飞行的敌机，高射炮组不得不把炮管压低到近乎树梢的高度，结果，炽热的弹片在城内四散飞溅。弹片主要来自6座巨型防空炮塔，分别设在洪堡海因区、腓特烈斯海因区、柏林动物园的空地上。英国皇家空军首次空袭柏林后，德国人1941—1942年间修建了这些巨大的防弹堡垒。每座防空炮塔都很大，但最大的那座建在动物园鸟类保护区附近，显得很不协调。这座炮塔有两个塔楼，较小的那个称为L塔，是个通信控制中心，布满雷达天线。G塔伫立在旁边，一门门火炮喷吐出火舌。

G塔是个庞然大物，占地面积几乎涵盖了一个街区，高132英尺，相当于一栋13层的建筑。混凝土墙壁经过加强，厚度超过8英尺，四周排列着深邃的射孔，射孔覆有3~4英寸厚的钢板，随时可以开闭。炮塔顶上8门5英寸火炮不停地开火，塔楼四个角落各有一门多管速射机关炮，朝空中倾泻弹雨。

防空炮塔内的噪音，大得几乎令人无法忍受。除了火炮射击声，几部扬弹机持续不停的嘎嘎声也夹杂其中，这些扬弹机把底层弹药库的炮弹源源不断地送抵各门火炮处。G 塔的设计目的不仅是充当火炮平台，也是个巨大的五层仓库、医院、防空掩体。顶层就在炮台下方，驻有 100 名守军。下面是个空军战地医院，有 95 个床位，配备了 X 光室和两个设施齐全的手术室，还有 6 名医生、20 名护士、大约 30 名护工。再往下的第三层是个宝库，这里的储藏室里存放着柏林顶尖博物馆最宝贵的藏品，有著名的帕加马雕像，那是公元前 180 年前后帕加马国王欧迈尼斯二世建造的巨型祭坛的组成部分；有埃及、希腊、罗马的各种文物，包括雕像、浮雕、器皿、花瓶；也有"普里阿摩斯的黄金宝藏"，包括大批金银手镯、项链、耳环、护身符、饰品、珠宝，是德国考古学家海因里希·施利曼 1872 年在特洛伊古城遗址发掘出土的；还有价值连城的戈贝林挂毯，包括 19 世纪德国画家威廉·莱布尔绘制的精美肖像在内的大批油画，以及许多带有威廉皇帝头像的钱币收藏。G 塔最下面两层是庞大的防空洞，配有大型食堂和食物贮存室，还有德国广播电台的应急宿舍。

G 塔有自己的水电供应，完全能自给自足，空袭期间毫不费力地容纳了 1.5 万人避难。这座堡垒储备了充足的物资和弹药，炮塔守军认为，无论柏林城内其他地方的情形如何，动物园防空炮塔在必要情况下坚守一年没什么问题。

红军的空袭来得突然，结束得也很快。G 塔顶上的高射炮陆续停火。燃烧弹引发了火情，柏林各处腾起一股股黑烟。这场空袭持续的时间稍稍超过 20 分钟，刚一结束，柏林街头又挤满了人。市场和店铺外，空袭期间离开队伍的人，现在恼火地想回到自己原先的位置，而那些不顾危险坚持排队的人说什么也不让。

动物园内，G 塔的高射炮刚刚停火，63 岁的海因里希·施瓦茨就匆匆跑了出去。空袭结束了，可他还是焦虑不安，拎着一小桶马肉朝鸟类保护区跑去，还不停地喊着："阿布！阿布！"池塘边传来奇特的拍打声，随后，一只模样怪异的大鸟迈着高跷般的细长腿，步态优雅地离开水面，朝施瓦茨走了过来。它来自尼罗河，长着蓝灰色羽毛，巨大的鸟喙就像倒扣的荷兰木屐。这只珍稀的阿布·马尔库布鹳安然无恙，施瓦茨如释重负。

就算没有空袭，施瓦茨每天与这只大鸟的相处也变得越来越煎熬。他从桶里取出马肉："我只能给你吃这个了，还能怎么办呢？我搞不到鱼。你想吃吗？"大鸟闭上眼睛。施瓦茨难过地摇了摇头，阿布·马尔库布每天都不肯吃东西。要是它再这么固执下去的话，肯定会饿死，可施瓦茨无能为力。金枪鱼罐头早就吃完了，柏林根本搞不到鲜鱼，至少柏林动物园没有。

动物园剩下的鸟类，阿布·马尔库布是鸟类饲养班班长施瓦茨真正的宠儿。他的其他宠儿早就不在了：那只75岁的鹦鹉"阿拉"，施瓦茨教会它说"爸爸"，为安全起见，两年前送到萨尔州了；那群"脚步声沉重"的鸵鸟，都在空袭期间死于震荡或惊吓。现在只剩阿布，可它快饿死了。施瓦茨担心得要命，他告诉妻子安娜："它越来越瘦，关节发肿，可我每次想喂它点东西，它都盯着我，仿佛在说：'你肯定搞错了，这不是我吃的东西。'"

1939年，柏林动物园里栖居着14000只兽类、鸟类、爬行动物、鱼，而现在，所有物种加起来也只剩1600只。历时6年的战争中，这座庞大的动物园，包括水族馆、昆虫馆、大象馆、爬行动物馆、餐厅、电影院、舞厅、办公楼，挨了100多颗高爆炸弹。最猛烈的空袭发生在1943年11月，炸死了几十只动物。许多幸免于难的动物很快疏散到其他动物园。实施食物配给制的柏林城内，给剩下的1600只动物寻找食物日益困难。尽管现存的动物减少了，可动物园的需求还是大得惊人：不仅需要大量马肉和鱼，还需要另外36种不同的食物，从面条、米饭、碾碎的麦粒到水果罐头和橘子酱，甚至还需要蚂蚁幼虫。动物园里倒是有不少干草、稻草、苜蓿、生菜，可其他东西根本弄不到。虽说饲养员投喂了代用食物，可每只鸟、每头动物每天能吃到的东西还不到定量的一半，从它们的模样就能看得出来。

柏林动物园原本有 9 头大象，现在只剩 1 头。这头名叫暹罗的大象，皮肤耷拉着，形成一个个巨大的灰色褶皱，脾气变得极为暴躁，饲养员都不敢进入笼内。大河马罗莎苦不堪言，皮肤干燥，还结了痂，但她 2 岁的宝宝克瑙施克依然保持着青春的活泼，它可是所有饲养员的宠儿。大猩猩蓬戈原本重 530 磅，向来温顺，现在掉了 50 多磅，闷闷不乐地坐在笼子里怒视所有人，有时候它会一动不动地坐上几个钟头。5 头狮子（包括 2 只幼狮）、熊、斑马、大羚羊、猴子、罕见的野马，都显露出营养不良的疲态。

除了空袭和饥饿，动物的生存还受到第三个威胁。饲养员瓦尔特·文特负责喂养稀有的牛，他几次报告，好几头牛不见了。看来只有一种可能性：某些柏林人偷走了动物，还把它们宰掉，以此贴补他们微薄的口粮。

动物园园长卢茨·黑克面临窘境，他经常跟帝国元帅赫尔曼·戈林一同狩猎，和另一些大人物也颇有交情，可就连这种关系也无法帮他纾解眼下的局面。倘若柏林长期遭受围攻的话，园里的鸟儿和动物肯定会饿死。更糟糕的是，园里的危险动物，例如狮子、熊、狐狸、鬣狗、藏猫，以及动物园的珍品狒狒（这是黑克亲自从喀麦隆带回来的珍稀物种之一），有可能在战火中逃掉。黑克想知道，他该在什么时候杀掉那只狒狒，还有他深爱的 5 头狮子。

狮子饲养员古斯塔夫·里德尔用奶瓶喂大了只有 9 个月的幼狮苏丹和布茜，他拿定主意，无论如何都得救下两只小狮子，哪怕违抗园长的命令也在所不惜。抱有这种念头的不止他一个，几乎每位饲养员都制订了计划，打算拯救他们心爱的动物。卡特琳娜·海因罗特博士把一只名叫皮亚的小猴子带回自己的住处照料，她 74 岁的丈夫是动物园水族馆馆长，而水族馆已毁于空袭。饲养员罗伯特·埃伯哈德满脑子想的都是如何保护好交给他照料的珍稀野马和斑马。瓦尔特·文特最关心他照料的 10 头欧洲野牛，它们是美洲野牛的近亲，也是他的骄傲和快乐。瓦尔特现年 30 岁，大多数时间用于野牛的科学繁育。这些野牛很罕见，价值超过 100 万帝国马克，大致相当于 25 万美元。

至于鸟类饲养员海因里希·施瓦茨，阿布·马尔库布遭的罪让他心如刀绞。他站在池塘边，又一次呼唤这只大鸟。阿布走了过来，施瓦茨弯下腰，轻轻把它搂入怀里。从现在起，阿布入住施瓦茨家里的浴室，能不能活下去，谁也说不好。

红色与金色相间、巴洛克风格的贝多芬大厅里，指挥棒剧烈的敲击声让场内观众骤然安静下来。乐队指挥罗伯特·黑格尔举起右臂做好了准备。音乐厅外，这座满目疮痍的城市，消防车从某处传来的汽笛声渐渐消失了。黑格尔保持姿势又站了一会儿，这才落下指挥棒，在四声沉闷的鼓点引导下，规模庞大的柏林爱乐乐团轻柔地奏出贝多芬小提琴协奏曲的音符。

木管乐器与鼓温柔交流之际，小提琴独奏家格哈德·塔施纳盯着指挥，等待对方的手势。完好无损的音乐厅坐满了人，大多数观众专程跑来聆听这位才华横溢、23 岁的小提琴家的演奏。他那把小提琴奏出清晰的音符，忽而拔高，忽而降低，随后再次激扬入云，他们听得如痴如醉。出席 3 月份最后一周的这场下午音乐会的观众后来回忆，有些柏林人被塔施纳的演奏彻底征服了，竟然低声啜泣起来。

整个战争期间，105 人的柏林爱乐乐团为柏林人提供了难得而又深受欢迎的机会，让他们从恐惧和绝望中暂时解脱出来。柏林爱乐乐团隶属约瑟夫·戈培尔的宣传部，乐队成员免服兵役，因为纳粹当局觉得乐队能鼓舞民众的士气。柏林市民完全赞成这项政策。音乐爱好者觉得乐队就像镇静剂，让他们暂时摆脱了可怕的战争。

柏林爱乐乐团总是能深深地打动希特勒的军备和战时生产部部长阿尔贝特·施佩尔，此时他就坐在前排中央他常坐的座位上。施佩尔是纳粹统治集团里最有教养的人，很少错过乐队的演出。与其他任何东西相比，音乐更能让他摆脱焦虑，他从来没像现在这样需要音乐的帮助。

帝国部长施佩尔此时面对职业生涯中最严重的问题。整个战争期间，尽管遭遇种种挫折，可他始终确保帝国工业力量不停地生产。但他的统计数据和预测，早就清楚地说明了不可避免的情况：第三帝国的日子屈指可数了。随着盟军越来越深入德国腹地，实事求是的施佩尔成了唯一敢把真相告知希特勒的内阁成员。1945 年 3 月 15 日，他在呈送元首的备忘录里写道："战争输掉了！"希特勒怒气冲冲地驳斥道："要是战争输掉了，那么整个民族也会随之毁灭！"3 月 19 日，希特勒签发了一道骇人听闻的指令：彻底摧毁德国。一切都要炸毁或烧毁，包括发电厂、自来水厂、煤气厂、水坝和船闸、港口和航道、工厂区和电力网、所有船舶和桥梁、所有铁路车辆和通信设施、所有车辆和各种仓库，就连乡间公路也不放过。

施佩尔简直不敢相信，他恳请希特勒收回破坏令。出于特殊的个人利益，他必须扭转这项政策。倘若希特勒真把德国的工业、商业、建筑物破坏殆尽，施佩尔多年的心血就付诸东流了，包括他设计的桥梁、宽阔的高速公路、宏伟的建筑物。施佩尔亲手锻造了希特勒总体战的可怕工具，对此负有旁人无法承担的责任，可就连他也不敢面对彻底摧毁一切的后果。不过，施佩尔还有另一个更重要的考虑。他告诉希特勒，无论政权能否存在下去，"我们都得竭尽全力，为民族的生存留下基础，哪怕只能以原始的方式生存下去……我们无权实施有可能影响民众生活的破坏……"

希特勒不为所动，他告诉施佩尔："再也没必要考虑民族的生存基础了，哪怕是最原始的存在。恰恰相反，最好摧毁一切，而且由我们亲自动手。这个民族已证明自己是弱者……"希特勒就用这些话把德国人民一笔勾销了，正如他对施佩尔说的那样："斗争结束后活下来的都是劣等人，因为优秀者都阵亡了。"

施佩尔听得毛骨悚然。那些为他们的领袖顽强奋战的人，此时在元首眼中显然一文不值。多年来，施佩尔始终对纳粹政权种种行径更残酷的一面视而不见，坚信自己理智的行为有别于这一切。尽管为时已晚，可他现在终于意识到几个月来他一直不愿面对的事实，就像他对阿尔弗雷德·约德尔将军说的那样："希特勒彻底疯了……必须阻止他！"

3月19—23日，一道道"焦土令"从元首大本营火速发给德国各地的大区领袖和军事指挥官。拖拖拉拉、不执行焦土令的人都受到就地处决的威胁。施佩尔立即采取行动。在军方一小群志同道合的高级将领协助下，施佩尔着手阻止希特勒的破坏计划，他很清楚自己的所作所为会有性命之虞。他打电话给各工厂厂长，飞往军队驻地，亲自拜访各地官员，即便在最死心塌地的纳粹分子面前，他依然坚持自己的观点，认为希特勒的计划意味着德国的彻底毁灭。

鉴于这位帝国部长目前展开的行动极其重要，他出席柏林爱乐乐团的音乐会似乎有点荒唐，但他来这里是有原因的：施佩尔竭力保全的德国资源，爱乐乐团也在其中，而且位于清单前列。几周前，乐团经理格哈特·冯·韦斯特曼博士恳请施佩尔最喜爱的小提琴家塔施纳去找帝国部长说说情，设法保持爱乐乐团的完整。严格说来，乐团音乐家不用服兵役，可柏林之战日益临近，冯·韦斯特曼担心整个乐团随时可能接到加入人民冲锋队的命令。尽管乐团事务归约瑟夫·戈培尔的宣传部管，但冯·韦斯特曼知道，根本别指望宣传部会伸出援手。他恳求塔施纳："您得帮帮我们，戈培尔早把我们忘了……去找施佩尔，请他帮忙……我们都给您跪下。"

塔施纳不愿参与此事，因为拒服兵役或逃跑的一切言论都被视为叛国，不仅会身败名裂，甚至有可能身陷囹圄，但他最终答应去找施佩尔。

见到施佩尔，塔施纳欲言又止，犹豫了半天才说道："部长先生，我想跟您谈一件相当棘手的事情。您千万别误解……可眼下确实有些事情难以启齿……"施佩尔的目光似乎能洞悉一切，受到鼓励的塔施纳很快放松下来，讲述了乐团目前的窘况。帝国部长聚精会神地听着，随后告诉塔施纳，冯·韦斯特曼用不着担心。他已经想好了计划，不仅不会让音乐家加入人民冲锋队，他还打算在最后时刻秘密疏散乐团105名成员。

施佩尔现在完成了计划的第一部分。105名乐团成员坐在贝多芬音乐厅的舞台上，穿着深色商务套装，而不是以往的燕尾服，在场的观众，只有施佩尔知道个中原因。他们的燕尾服，以及乐团名贵的钢琴、竖琴、著名的瓦格纳大号和乐谱，三周前就由卡车车队悄然运出柏林。这批珍贵的物品大多存放在柏林西南方240英里、库尔姆巴赫附近的普拉森堡，那里刚好在美军前进路线上。

施佩尔计划的第二部分是救人，这项任务的难度更大。尽管空袭很猛烈，地面敌军近在咫尺，但宣传部始终没打算减少爱乐乐团的演出安排。利用空袭间隙，乐团每周要演出三四场，整个演出季到4月底才正式结束。在此之前绝不能疏散音乐家，否则戈培尔肯定会给他们扣上擅离职守的帽子。施佩尔决定把整个乐团疏散到西面，他下定决心，绝不能让他们落入俄国人手里。但他的计划完全取决于西线盟军的前进速度，他一心指望英美军队抢在俄国人前面到达柏林。

施佩尔没打算等西线盟军攻入柏林再采取行动。只要对方离得够近，相距大巴车行驶一夜的路程，他就下达疏散的命令。计划的关键在于撤离的信号。按照施佩尔的设想，天黑后乐团全体成员必须立即动身，也就是说，音乐会一结束就得出发。为保密起见，出发的暗语必须尽可能拖到最后一刻再发出。施佩尔想了个巧妙的办法来通知乐团成员：乐队指挥在最后一刻宣布更换曲目，爱乐乐团随后演奏施佩尔预先选定的曲子。这就是发给音乐家的提示，演出一结束，他们就赶紧登上贝多芬音乐厅外等候在暗处的几辆大巴。

冯·韦斯特曼得知了施佩尔选定的乐曲。施佩尔的文化事务专员跑来告知了具体曲目，冯·韦斯特曼简直无法掩饰他的惊讶。他询问施佩尔的助理："您当然熟悉乐曲的最后几幕，您知道，描绘的是众神之死、瓦尔哈拉的毁灭和世界末日。您确定这是部长选的吗？"没错，的确是施佩尔亲自定的。柏林爱乐乐团的最后一场音乐会, 施佩尔要求他们演奏瓦格纳《诸神的黄昏》里的曲目。

冯·韦斯特曼并不知道, 施佩尔挑选的曲目, 隐藏着他最后一个、最雄心勃勃的"工程项目"的线索。这位帝国部长决心全力挽救德国, 为此他打定主意, 只有一个办法。数周来, 事事讲求完美的阿尔贝特·施佩尔一直在寻找干掉希特勒的正确办法。

★　★　★

规模庞大的苏联红军沿整条东线集结, 但远没做好发动柏林进攻战役的准备。红军指挥员对眼下的延误深感不耐。奥得河是一道令人生畏的河流障碍, 而今年的春季化冻又来得较晚, 部分河面仍覆盖着冰层。对面就是德军防御工事——暗堡、地雷场、防坦克壕、半埋的炮兵阵地。德国守军的实力越来越强大, 这种情况令红军将领忧心忡忡。

最急于发动进攻的人, 莫过于45岁的瓦西里·伊万诺维奇·崔可夫上将, 他是精锐的近卫第8集团军司令员, 当初作为斯大林格勒的保卫者在苏联国内声名鹊起。崔可夫把这场延误归咎于西方盟国。德军去年12月在阿登山区出人意料地发动进攻后, 英国人和美国人请求斯大林尽快让红军在东面展开行动, 缓解西线盟军的压力。斯大林同意了, 于是红军在波兰境内提前发动进攻。崔可夫后来指出, 他认为"要不是我方交通线拉得太长, 后方地域压力过大的话, 我们本来2月份就能对柏林发动进攻"。但红军冲出波兰后的前进速度太快, 各集团军到达奥得河畔时, 交通线拉得过长, 后勤保障远远落在后面。就像崔可夫说的那样, 进攻陷入停顿, 因为"我们需要弹药、油料、浮舟, 这样才能强渡奥得河, 以及柏林前方的河道和运河"。红军必须重新编组部队、从事进攻准备, 这就给了德国人近两个月的时间组织防御。崔可夫度日如年, 多耽误一天, 就意味着发起进攻时他的近卫军将士要付出更大的牺牲。

近卫坦克第 1 集团军司令员米哈伊尔·叶菲莫维奇·卡图科夫上将也渴望尽快发动进攻，不过，推延行动又让他深感庆幸。他的部下需要休整，维修人员也需要时间来修理受损的装甲战车。到达奥得河畔后，卡图科夫告诉他的副司令员格特曼将军："坦克的行程，从直线距离看大概是 570 公里。可是，安德烈·拉夫连季耶维奇，坦克里程表的实际读数超过 2000 公里。我们的士兵身上没有里程表，没人知道他们'磨损'成什么样子了。"

格特曼深表赞同，他毫不怀疑红军能粉碎德国守军，一举攻克柏林，但他也很高兴得到重新编组部队的机会。他告诉卡图科夫："将军同志，战争的基本要素告诉我们，胜利不是凭攻城略地，而是靠歼灭敌有生力量实现的。拿破仑是个了不起的统帅，可他 1812 年忘记了这一点，结果丢掉了莫斯科。"

红军整条战线上，各集团军司令部的看法基本相同。所有人都对推延进攻深感不耐，但都充分利用休整期加紧准备，因为没人对即将到来的殊死战斗心存幻想。朱可夫、罗科索夫斯基、科涅夫元帅收到了令人不寒而栗的敌情报告。红军情报部门估计，遂行防御的德军兵力超过 100 万，还有多达 300 万的平民也许会协助军队保卫柏林。情报属实的话，红军可能会处于 1 比 3 的兵力劣势。

何时发动进攻？几位元帅现在还不知道。按照预定计划，朱可夫规模庞大的方面军负责攻克柏林，但计划安排也有可能变更。西线的英美军队正等待艾森豪威尔下达"前进"的命令，和他们一样，红军指挥员也在等他们的最高统帅下达指令。几位苏联元帅更担心英美军队从莱茵河出击后的进军速度，对方日益逼近易北河和柏林。倘若莫斯科不尽快下达进攻令，英国人和美国人有可能先于红军攻入柏林。到目前为止，约瑟夫·斯大林还没下达"前进"的指令，他似乎也在等待。

第四部

决策

— *1* —

军用补给卡车组成的庞大车队隆隆驶过这座法国城市狭窄、尘土飞扬的主街道。一支支长途跋涉的车队一眼望不到头，它们呼啸而过，朝东北方赶往莱茵河和西线。所有人不得停车，宪兵站立在各处，确保交通畅通无阻。司机也找不到停车的理由，这座乏味的法国城市没什么特殊之处，大教堂也普普通通，不过是高速运作的"红球快运"途中的另一个检查站而已。他们不知道，战争这一刻，兰斯可能是整个欧洲最重要的城市。

几个世纪来，法国东北部这处战略要地饱受战火摧残。市中心巍然耸立的哥特式大教堂经受了无数次炮击，又一次次被修复。从公元 496 年的克洛维一世到 1774 年的路易十六，历任法国君主都是在这座教堂或教堂的圣坛里加冕的。此次战争中，兰斯和城内深具历史价值的建筑物幸免于难。现在，另一位伟大统帅的司令部就设在双尖塔大教堂的阴影下，他的名字是德怀特·D. 艾森豪威尔。

盟国远征军最高统帅部位于靠近火车站的小街上，是一栋普普通通、现代风格的三层楼房。这座建筑原属现代技术学院，以前是一所男子技校，它看上去像个盒子，呈口字形，环绕着中间的内庭，这所红砖学校最初设计用于容纳 1500 多名学生。盟军司令部人员称它为"小红校舍"，可能是因为以盟国远征军最高统帅部的要求看，这里太小了：自 1944 年以来，最高统帅部的人员数量几乎翻了一倍，现在有近 1200 名军官和大约 4000 名士兵。因此，这所校舍只能容纳最高统帅、他身边的参谋人员和他们各自的部门，其他人只好在兰斯城内另找地方落脚。

艾森豪威尔将军忙得不可开交，二楼一间教室就是他的办公室。这间办公室不大，布设得很简朴，俯瞰街道的两扇窗户挂着遮光窗帘，锃亮的橡木地板上放着几把轻便椅，仅此而已。艾森豪威尔的办公桌摆在办公室一端稍稍高出地面的讲台上，那里原先是老师讲课的地方。桌上放着一套蓝色的皮革办公用具、内部通话设备、几张镶在皮质相框里他妻儿的照片，还有两部黑色的电话，一部供日常使用，另一部是连接华盛顿和伦敦、带"扰频处理"的专线电话。桌上还摆着几个烟灰缸，因为最高统帅是个老烟枪，每天要抽60多根香烟。[①]办公桌后面竖立着将军的将旗，对角是一面星条旗。

昨天下午，艾森豪威尔匆匆飞往巴黎举行新闻发布会。当天的重大新闻是盟军在莱茵河畔赢得胜利。最高统帅宣布，盟军粉碎了敌人设在西面的主要防御。尽管艾森豪威尔告诉记者，他不想"轻视这场战争，因为德国人仍会在各处负隅顽抗"，但他认为，德国这个劲敌"已被击败"。此次新闻发布会的另一个焦点是提到了柏林。有记者问谁会率先到达德国首都，"是俄国人还是我们？"艾森豪威尔答道，他觉得"仅从路程看，应该是他们先到"，但他很快补充道，他"不想做出任何预测"，虽然红军"路程更短"，可他们面对"德军主力"。

艾森豪威尔在拉费尔酒店过夜，拂晓后不久离开巴黎飞回兰斯。早上7点45分，他已坐在自己的办公室里，与参谋长沃尔特·比德尔·史密斯中将商议事情。史密斯将军带有搭扣的蓝色皮革文件夹里摆着二十来份夜间发来的电报，这些电报只有最高统帅能回复，还贴了绝密标签：仅限艾森豪威尔阅览。蒙哥马利请求最高统帅批准他攻往易北河和柏林的电报也在其中。但最重要的电报是艾森豪威尔的上司、美国陆军参谋长乔治·C.马歇尔将军发来的。巧的是，马歇尔和蒙哥马利的电报在昨晚两个钟头内

---

① 1948年，艾森豪威尔的心率突然升高，医生嘱咐他戒烟，自那以后他再没碰过香烟。

先后发到盟国远征军最高统帅部, 都对艾森豪威尔产生了重大影响。3月28日, 星期三, 两封电报起到催化剂的作用, 促使最高统帅明确了自己的战略方针, 还把这项方针贯彻到战争结束。

几个月前, 英美联合参谋长委员会用一句话道出艾森豪威尔出任盟国远征军最高统帅的任务: "你要攻入欧洲大陆, 与其他盟国一同采取行动, 直插德国心脏, 消灭敌人的武装力量。"艾森豪威尔出色地执行了这道指令, 凭借个人魅力、管理能力、得体的为人处世之道, 他把十几个国家的军队紧密团结起来, 打造成历史上最令人敬畏的军事力量。能做到这一点, 同时把各国联军间的敌意降到最低的人寥寥无几。但现年55岁的艾森豪威尔不是欧洲传统概念的军事统帅。与英国将领不同, 他没受过相应的培训, 不会把政治目标视为军事战略的组成部分。艾森豪威尔在妥协和安抚的策略方面很有手腕, 但对国际政治不甚了了, 他甚至为此感到自豪。按照美国的军事传统, 他接受的教育是绝不能违反平民至上的原则。简而言之, 他只管指挥作战, 确保赢得胜利, 至于政治问题, 自然交给政治家处理。

即便是眼下, 在战争至关重要的转折点, 艾森豪威尔的目标始终如一, 依然是纯粹的军事目标。至于战后的德国, 他从未收到过政策性指令, 也没把这个问题视为自己的职责。他后来指出: "我的任务是尽快消灭德国军队……尽早结束战争。"

艾森豪威尔有充分的理由为这项任务的进展欣欣鼓舞: 他的军队仅用21天就强渡莱茵河, 攻入德国腹地, 远远提前于计划安排。这场迅猛的进军上了报纸头版头条, 受到自由世界热切关注, 可现在最高统帅却被迫做出一系列复杂的指挥决策。英美军队的攻势, 速度快得出人意料, 最高统帅部不得不取消了几个月前制订的某些战略行动。艾森豪威尔必须调整自己的计划, 以符合眼下的新局势。这就意味着变更、重新确定某些军团及其指挥官的任务, 尤其是蒙哥马利元帅和他实力强大的第21集团军群。

蒙哥马利刚刚发来的电报不啻为展开行动的号角。这位58岁的英国陆军元帅不是询问战役该如何进行，而是要求获得率先突击的权力。蒙哥马利比大多数盟军指挥官更早意识到军事形势的政治影响，他觉得盟军攻占柏林至关重要，坚信这项任务应该交给第21集团军群。这份电报不仅证明蒙哥马利难以驾驭，还明确表明他与最高统帅仍存在重大意见分歧。据史密斯将军和盟国远征军最高统帅部其他人回忆，艾森豪威尔对蒙哥马利这封电报的反应，"就像骑了匹马鞍下带刺的马"。

蒙哥马利和艾森豪威尔的军事理念不同，关键分歧在于是单路突击还是沿宽大正面齐头并进。数月来，蒙哥马利和他的上司、帝国总参谋长艾伦·布鲁克爵士元帅一心想发起快似闪电的单路突击，直捣德国心脏。盟军刚刚解放巴黎，德国军队依然缺乏组织，仓促逃离法国之际，蒙哥马利首次向艾森豪威尔提出自己的计划。他在信里写道："我们现在到了这样的阶段，只要朝柏林发起强有力的猛烈突击，就有可能到达那里，一举结束对德战争。"

蒙哥马利用九段简明扼要的文字阐述了自己的方案。他认为英美军队缺乏补给，无法维系并肩攻入德国的两路突击。在他看来，只能有一路突击，就是他指挥的那个方向，而且要"毫无保留……集中所有保障资源"。至于其他军事行动，就得看剩下的后勤资源能不能支持了。蒙哥马利提醒道："要是我们采取折中方案，平均分配保障资源，导致两路突击都无法迅猛挺进的话，势必延长战争。"他觉得时间"至关重要……必须立即决断"。

这份计划很大胆，从蒙哥马利的角度看，时机把握得也很准。它还表明这位元帅的作战方式发生了奇怪的逆转。弗雷德里克·摩根爵士中将是艾森豪威尔的副参谋长，他后来描述了当时的情况："简而言之，迄今为止主要以谨慎小心、深思熟虑著称的蒙哥马利，现在突然得出个想法，以牺牲美国集团军群的利益为代价，掌握一切优先权，他就可以在最短时间内打垮敌人，一路攻往柏林，迅速结束战争。"

这份计划显然要冒上巨大的风险。两个庞大的集团军群编有40多个师，把他们投入东北方，以一场声势浩大的单路突击攻入德国，也许能迅速赢得决定性胜利，但也可能招致彻底的，甚至是无法逆转的灾难。盟国远征军最高统帅认为，风险远远大于获胜的机会，他在发给蒙哥马利的电报里措辞委婉地指出这一点。艾森豪威尔写道："我赞同你朝柏林发起猛烈突击的构想，可我觉得眼下还不是时候。"艾森豪威尔认为目前重要的是打开勒阿弗尔和安特卫普的港口，这样才能"保障一场强有力的突击深深攻入德国"。艾森豪威尔还指出："就算我们重新分配现有资源，也不足以维持朝柏林发起的突击。"最高统帅的策略是沿宽大正面攻入德国，强渡莱茵河，夺取鲁尔河谷的大型工业区，而后再攻往德国首都。

这番交流发生在 1944 年 9 月份第一周。过了一个星期，艾森豪威尔给蒙哥马利、布拉德利、德弗斯三位集团军群司令发了封电报，进一步阐明自己的计划："柏林显然是我们的主要目标，也是敌人的防御重点，他们很可能把军队主力集中在那里。我认为我们应当集中所有兵力和资源迅速攻向柏林，这是毫无疑问的。可我们的战略必须与俄国人协同一致，所以我们也得考虑其他目标。"

艾森豪威尔认为，形形色色的其他目标很多：德国北部港口（"必须占领那些地方，作为我们攻往柏林的翼侧掩护"）；重要的工业和交通中心汉诺威、不伦瑞克、莱比锡、德累斯顿（"德国人很可能把这些城市作为掩护柏林的中间阵地加以坚守"）；最后是德国南部的纽伦堡—慕尼黑地区，也必须夺取（"从而截断撤离意大利和巴尔干地区的德军"）。因此，最高统帅提醒道："我们必须为以下一项或多项行动做好准备：

"A. 命令北路和中路集团军群辖内军团攻往柏林，沿鲁尔—汉诺威—柏林轴线两侧，或法兰克福—莱比锡—柏林轴线两侧，或两条轴线两侧攻击前进。

"B. 倘若俄国人先于我们到达柏林，北路集团军群就夺取汉诺威地区，中路集团军群的汉堡集团……夺取莱比锡—德累斯顿部分或全部地区，具体视俄国人的进展而定。

"C. 不管怎样，南路集团军群都得夺取奥格斯堡—慕尼黑地区。纽伦堡—雷根斯堡地区交给中路或南路集团军群占领……届时视具体情况而定。"

艾森豪威尔以下面几句话总结了他的策略："简单地说，我希望英美联军在穿过重要交通中心和翼侧既占地域的其他可用兵力支援下，悉数投入协同一致的果敢行动，沿最直接、最快捷的路线攻往柏林。"但他又补充道，这一切还得再等等，因为"目前阶段还无法确定这些突击的时机或投入的兵力"。

无论宽大正面的策略正确与否，艾森豪威尔是最高统帅，蒙哥马利必须执行他的命令。但蒙哥马利失望不已。在英国民众眼里，蒙哥马利是自威灵顿公爵以来最有声望的军人；而在麾下官兵看来，蒙蒂是他们这个时代的传奇人物。许多英国人认为他是欧洲战区最具经验的战地指挥官，他自己也这么认为。蒙哥马利本以为能在 3 个月内结束战争，可他的计划遭到否决，不免深感委屈。[①]1944 年秋季的战略纷争，给两位指挥官的关系造成裂痕，而且再也没能彻底弥合。

自那之后的 7 个月里，艾森豪威尔始终秉承自己宽大正面协同进攻的理念。蒙哥马利继续就如何、在何处、由谁来打赢战争发表高见。他的参谋长弗朗西斯·德甘冈少将后来写道："蒙哥马利认为……发挥一切影响力，说服其他人接受自己的观点，这种做法合情合理：其实就是为达目的不择手段。"他施加的影响力确实很强大，帝国总参谋长布鲁克元帅就觉得艾森豪威尔是个优柔寡断、举棋不定的人。布鲁克当初总结过最高统帅的性格，说他"深具人格魅力，但从战略角度看，才智很有限"。

艾森豪威尔非常清楚英国陆军部和蒙哥马利司令部对自己的刻薄评

---

① 这起事件发生后没过多久，英国人擢升蒙哥马利为陆军元帅，以此表明他们对蒙哥马利和他的策略信任有加，此举多少替他挽回了些面子。蒙哥马利当初在沙漠里扭转了英军的败局，还把隆美尔赶出北非，他觉得自己早该擢升元帅了。

价。尽管这些流言蜚语给他的战略政策造成伤害，可他没有表露出来，也从未反击过。就连布鲁克和蒙哥马利主张任命一位"地面部队总司令"（其实就是架空艾森豪威尔，派一位元帅直接指挥几个集团军群），最高统帅也没有大发雷霆。最后，用布拉德利将军的话来说，艾森豪威尔"咬紧牙关忍受了几个月"，终于忍无可忍地发作了。德国人穿过阿登山区发动进攻，盟军的指挥纷争爆发开来。

由于德军的猛烈突击撕裂了英美军队的战线，艾森豪威尔被迫把突出部北部的所有部队交给蒙哥马利指挥，其中包括布拉德利将军第12集团军群三分之二的兵力，也就是美国第1、第9集团军。

盟军击退德国人的反扑后，蒙哥马利开了场异乎寻常的新闻发布会，暗示到场的记者，是他凭一己之力把美国人从灾难中解救出来的。这位英国陆军元帅宣称，他干净利落地整顿了前线，"阻挡……击退……消灭了"敌人。他还声称："此次战役至关重要，我觉得也许是我经历过的……最棘手的一场。英国集团军群可动用的兵力悉数投入……所以如你们所见，美军遭受了沉重打击，而英军在美国人两侧奋战。"

蒙哥马利的确从北面和东面发起了主要反突击，指挥得也很出色。但用艾森豪威尔的话来说，蒙哥马利在记者招待会上"很不恰当地给众人留下这样的印象：他作为美国人的救星介入战事"。蒙哥马利压根没提布拉德利、巴顿和其他美军指挥官发挥的作用，也没提一名英国士兵奋战的同时，有30~40名美国官兵也在鏖战。更重要的是，他也没说每伤亡一个英国兵，就有40~60个美军官兵阵亡。[①]

---

① 这些数字是温斯顿·丘吉尔1945年1月18日在下议院发表讲话时给出的。他对英美军队友好的关系出现裂痕深表震惊，宣称美军"承担了阿登山区几乎所有交战"，遭受的损失"相当于葛底斯堡战役中交战双方的伤亡总和"。他随后提醒英国人不要"听任搬弄是非者的鼓噪"，这句话显然是对蒙哥马利及其支持者的直接敲打。蒙哥马利1963年告诉本书作者："我根本不该召开新闻发布会，美国人当时似乎过于敏感，他们的许多将领对我极为反感，无论我说什么都是错的。"

德国宣传人员忙不迭地火上浇油。他们的广播电台夸大、失实地报道了此次新闻发布会，还直接向美国播出，许多美国人通过这个渠道获悉了事件原委。

新闻发布会引发的轩然大波还没平息，先前任命地面部队总司令的争论又爆发了，这次获得摇旗呐喊的英国媒体的大力支持。布拉德利怒不可遏，宣称任命蒙哥马利为地面部队总司令的话，他就辞去指挥职务。他告诉艾森豪威尔："发生了那些事情后，再让蒙哥马利来指挥的话……我绝不能接受……你干脆打发我回国吧。"巴顿对布拉德利说道："到时候我跟你一道辞职。"

英美阵营从未产生过这般严重的不和。"晋升蒙哥马利"的鼓噪愈演愈烈，某些美国人认为，这场闹剧似乎直接源自蒙哥马利的司令部，最高统帅终于觉得这种情况不能再忍受下去了。艾森豪威尔决心一劳永逸地解决内部纷争，他打算向英美联合参谋长委员会和盘托出此事，炒掉蒙哥马利。

蒙哥马利的参谋长德甘冈将军得知危机即将爆发，赶紧设法挽救英美军队的团结。他飞往盟国远征军最高统帅部面见艾森豪威尔。德甘冈后来回忆道："最高统帅给我看了封他打算发往华盛顿的电报，这封电报令我震惊不已。"德甘冈恳请艾森豪威尔推迟24小时再发出电报，比德尔·史密斯将军也帮着说好话，艾森豪威尔这才勉强同意。

德甘冈返回蒙哥马利的司令部，直言不讳地把眼下的情况和盘托出："我告诉蒙蒂，我看了艾克的电报，这封电报其实只有一个意思，'我和蒙蒂，有他无我，有我无他！'"蒙哥马利惊呆了。德甘冈从没见过他"这般沮丧，这般无助"。蒙哥马利看着自己的参谋长，低声说道："弗雷迪，你觉得我该怎么做？"德甘冈早就起草了一封电报，以此为基础，蒙哥马利给艾森豪威尔发了封颇具军人风度的急电，在电报里明确指出，自己绝没有不服从命令的想法。蒙哥马利写道："无论你最终做何决定，都可以百分之百地信赖我。"电报的签名是：你极为忠诚的下属，蒙蒂。[1]

风波就此平息，至少暂时结束了。可现在，1945年3月28日，兰斯的盟军最高统帅部里，艾森豪威尔又听到清晰的旧论调，这次不是鼓噪任命一位地面部队总司令，而是更根本的老话题：单路突击还是宽大正面推进。蒙哥马利没跟艾森豪威尔商量，用他自己的话来说，直接给"几位战地指挥官下达了向东展开行动的命令"，他想以声势浩大的单路突击攻往易北河和柏林，显然打算攻入德国首都，赢得荣耀。

盟军在鲁尔区北面的主要突击，蒙哥马利其实遵循了预先商定的战略，艾森豪威尔的计划当年1月在马耳他获得英美联合参谋长委员会批准。蒙哥马利现在提出的，仅仅是合情合理地扩大了这场突击，接下来的行动能让他尽早到达柏林。尽管操之过急，但他的迫切心情可以理解。和温斯顿·丘吉尔、布鲁克元帅一样，蒙哥马利也觉得时间所剩无几，倘若英美军队不能抢在红军前面到达柏林，就会在政治方面输掉这场战争。

另一方面，最高统帅却没有从华盛顿的上级那里获得反映出英国人紧迫感的政策指导。虽说艾森豪威尔是盟国远征军总司令，但他还是要服从美国陆军部指挥。既然华盛顿没有重新解释政策，那么他就得执行原定目标：击败德国，消灭敌武装力量。另外，在他看来，自当年1月把自己的作战计划呈报英美联合参谋长委员会以来，尽快实现军事目标的方式发生了根本性变化。

按照艾森豪威尔原先的计划，布拉德利将军部署在中路的第12集团军发挥的作用有限，仅仅是加强蒙哥马利在北路遂行的主要突击。可谁又能想到，布拉德利麾下诸集团军自3月初以来取得了蔚为壮观的进展呢。好运气和出色的领导共同造就了辉煌的战果。没等蒙哥马利朝莱茵河发动大规模突击，美国第1集团军就夺得雷马根大桥，迅速渡过莱茵河。南面，

---

[1] 艾森豪威尔后来指出："蒙哥马利认为，任命一位地面部队指挥官是个原则问题，他甚至提出，要是我同意的话，他可以在布拉德利麾下任职。"

巴顿第 3 集团军悄然渡过莱茵河，几乎没遭遇抵抗。自那之后，布拉德利的军队势如破竹，赢得一个个胜利。他们取得的战果让美国民众欢欣鼓舞，布拉德利现在期盼在最后的战局中发挥更大作用。就这方面而言，布拉德利和他那些将领与蒙哥马利没什么区别，他们也想赢得结束战争的声望和荣耀，如果有机会的话，攻克柏林的荣誉当仁不让。

艾森豪威尔先前答应，适当的时候会派盟军大举向东，但他没具体说明届时以哪个或哪几个集团军群遂行最后的突击。现在，做出决定前，艾森豪威尔必须考虑各种因素，这些因素对他构思的最后之战都起了影响。

首先是红军前出到奥得河的速度出人意料。盟军最高统帅制订莱茵河突击计划、蒙哥马利筹划鲁尔区以北地区的攻势之际，红军似乎再过几个月才能兵临柏林城下。可现在，他们离柏林只剩 38 英里，而英美军队仍在 200 多英里外。俄国人何时发动进攻？他们打算在何处以何种方式遂行突击？是投入朱可夫部署在中央正对柏林的方面军，还是以 3 个方面军同时发起突击？他们对当面之敌的实力做何估计？多久能突破敌军防御？渡过奥得河后，他们多久能到达并攻克柏林城？盟军最高统帅无法回答这些问题，可这些问题对他的策划工作至关重要。

简单说来，艾森豪威尔对红军的意图几乎一无所知，双方战地指挥官根本没有日常的军事协同。盟国远征军最高统帅部与派驻莫斯科的英美军事代表团甚至没有直接的无线电联络。两条战线之间的所有信息都以常规外交渠道传递，由于战事发展太快，这种交流方式现在完全跟不上趟。虽说艾森豪威尔知道红军的大致兵力，可他不清楚对方的作战指令。除了各种情报来源偶尔弄到的资料（准确性大多值得怀疑），[①] 盟国远征军最高统帅

---

① 例如，盟国远征军最高统帅部情报机构 3 月 11 日报告，朱可夫的先遣部队到达奥得河西面的塞洛，离柏林只剩 28 英里，而本书作者 1963 年在莫斯科采访苏联国防部官员得知，朱可夫 4 月 17 日才到达德军防御体系中央的塞洛。

部掌握红军动向的主要信息来源居然是BBC广播电台每晚播出的苏联公报。

但有一点很明确：红军离柏林近在咫尺。既然他们这么接近德国首都，盟军最高统帅还要下令攻往柏林吗？

这个问题得从多个方面考虑。红军在奥得河畔待了两个多月，除了某些局部推进和侦察行动，他们似乎彻底停止了前进。红军的后勤补给和交通线肯定已拉伸到极限，春季化冻结束前似乎很难发动进攻。在此期间，西线盟军各集团军以惊人的速度攻击前进，越来越深地进入德国腹地。在某些地方，他们平均每天的进展超过 35 英里。无论红军的计划是什么，盟军最高统帅都不打算放慢脚步。但他不愿与红军争夺柏林，这么做只会让失败的一方颜面尽失，万一分别朝东西面攻击前进的军队意外遭遇的话，还可能造成灾难。

友军迎头相遇，结果发生意外的事情不是没有过，红军遇到过这种事，那时候他们与德国人缔结了密约，互为盟友。希特勒 1939 年不宣而战，以闪电战攻入波兰，苏德两国随后瓜分了该国，德国军队向东疾进，苏联红军朝西面而来，双方事先没安排好分界线，结果发生了小规模冲突，双方的伤亡都很大。现在也有可能发生类似冲突，只不过对象换成英美军队与苏联红军，但冲突的规模很可能更大。这种可能性令人不寒而栗，昔日很多战争都是小事件引发的。为避免发生此类事件，显然有必要与红军协调各自的行动，而且要尽快。

另外还有个战术问题像雷暴云那样悬在艾森豪威尔头上。他办公室旁边的大型地图室里，有一幅精心绘制的情报图，标明了传说中的"国家堡垒"。这幅地图标绘的山区位于慕尼黑南面，横跨巴伐利亚、奥地利西部、意大利北部的山地，占地面积近 2 万平方英里，以贝希特斯加登为中心。附近的上萨尔茨堡山，7000~9000 英尺高的山峰环绕四周，每座山峰都隐蔽部署了大批高射炮，据说希特勒就躲在上萨尔茨堡山顶的"鹰巢"。

地图上画满红色标志，每个都是军事符号，表示某种防御设施。据说这些地方有食物、弹药、油料、化学武器堆栈；无线电台和发电站；部队集中地、兵营、指挥所；筑垒工事构成的之字形防线，从暗堡到大型混凝土掩体应有尽有；甚至还有防弹的地下工厂。日复一日，越来越多的符号添加到图上，尽管都标明"未经核实"，但盟国远征军最高统帅部认为，这片强大的山地防御体系是欧洲战争结束前最严重的威胁。该地区有时候称为"阿尔卑斯要塞"，或者是"国家堡垒"。据情报部门称，希特勒率领残余的纳粹，打算在这座陡峭的堡垒孤注一掷地实施大规模抵抗。盟军情报部门认为，这座遍布岩石的支撑点几乎坚不可摧，狂热的守军有可能顽抗两年之久。另一个说法更让人不寒而栗，据说德国人专门训练了一批突击队式的部队，戈培尔把他们称为"狼人"，届时会从高山堡垒出发，在占领军当中制造混乱和破坏。

阿尔卑斯要塞真的存在吗？华盛顿军方人员似乎认为的确存在。1944年9月，美国战略情报局在对德国南部的总体研究报告里预计，战争临近结束时，纳粹可能会把某些政府部门疏散到巴伐利亚。自那时起，这方面的情报不断增加，各种报告和评估纷至沓来，有的来自前线，有的来自中立国，还有的甚至来自德国内部。这些评估大多很谨慎，但也有些近乎荒诞。

1945年2月12日，美国陆军部下发了一份反谍报文件，煞有介事地指出："许多报告称纳粹可能会在巴伐利亚山区负隅顽抗，这些报告没得到足够的重视……对付希特勒这种想来一场'诸神的黄昏'的人，了解纳粹的神话很有必要。他们的指挥部位于贝希特斯加登，而巴巴罗萨的墓地恰好就在那里，德国的神话认为他会死而复生，这一点也许很重要。"①这份备忘录敦促"下至军级"的战地指挥官务必提高警惕。

---

① 无论是谁拟制的这份反谍报文件，都把巴巴罗萨的安息地弄错了。巴巴罗萨（红胡子）是腓特烈一世（公元1121—1190年）的绰号，他没有葬在贝希特斯加登。按照神话里的说法，"他从未死去，只是沉睡"在图林根的山丘上。他"和6名骑士坐在石桌旁，等待合适的时机到来，届时他会把德意志从奴役中解救出来，赋予她全世界最显赫的地位……他的胡子已穿过石板，但再次降临前，他的胡子还得绕石桌三圈"。

2月16日，派驻瑞士的盟国谍报人员给华盛顿发了份匪夷所思的报告，消息来源据说是中立国派驻柏林的武官，报告里称："毫无疑问，纳粹打算在山区堡垒殊死抵抗……一连串支撑点以地下铁路线连接……他们把最近几个月生产的大部分军火和几乎所有毒气储备起来。待真正的战斗打响后，他们会杀掉参与秘密设施修筑工作的人，包括凑巧滞留在后方的平民百姓……"

英国情报机构和美国战略情报局都发表了谨慎的声明，意图缓解恐慌性报道的影响，可接下来27天，国家堡垒的幽灵似乎愈演愈烈。到3月21日，这种威胁终于影响到盟军的战术思路。布拉德利的第12集团军群司令部提交了题为"重新确定战略"的备忘录，声称盟军的目标已发生变化，导致"我们登陆诺曼底海滩带来的一系列计划过时了"。其中一个变化是：柏林的重要性大为降低。备忘录里写道："都市区不再占有重要地位……所有迹象表明，敌人的政治和军事部门已经朝下巴伐利亚的'堡垒'转移。"

为应对威胁，布拉德利没有朝北面攻击前进，而是建议以他的集团军群径直穿过中部，把德国一分为二。这样就能"阻止德军撤往"南方，"进入山区堡垒"。另外还能把敌人"赶往北面，那里背靠波罗的海和北海海岸，方便我们全歼对方"。备忘录里还建议，第12集团军群而后转身向南，消灭阿尔卑斯要塞残存的抵抗。

帕奇中将第7集团军情报处长3月25日呈交的分析报告最令人不安，该集团军此时在盟军战线南翼作战。这份报告预见到，敌人有可能在堡垒内"组建精锐力量，主要是党卫队和山地兵，人数说不定有20万~30万"。报告指出："从1945年2月1日起，德国人每周以3~5列很长的火车……把各种物资运入堡垒，有报告称，在许多火车上见到一款新型火炮……"报告里甚至提到地下飞机生产厂"能制造……梅塞施密特战机"。

日复一日，各种报告潮水般涌入盟国远征军最高统帅部。无论情报人员如何反复分析相关证据，得出的结论始终如一：阿尔卑斯要塞也许是场骗局，但存在的可能性不容忽视。他们 3 月 11 日对堡垒做出的情报评估，清楚地说明了盟国远征军最高统帅部的忧虑："从理论上说……迄今为止掌控德国的力量躲入要塞，获得天然屏障和人类发明的最有效的秘密武器保护，他们企图苟延残喘，组织德国复兴……德国防御政策的主要趋势，似乎把重点置于阿尔卑斯山区的防卫……有证据表明，大批党卫队和精心挑选的部队有条不紊地撤往奥地利……似乎有理由确定，纳粹政权某些最重要的部门和人员已转移到堡垒区……据说戈林、希姆莱、希特勒正撤往各自的山区支撑点……"

盟国远征军最高统帅部情报处长、英军少将肯尼斯·W.D.斯特朗告诉参谋长："那里也许没有堡垒，可我们必须采取措施，防止敌人在那里设立堡垒。"比德尔·史密斯深表赞同，他觉得"有充分的理由相信，纳粹企图在峭壁间展开最后的顽抗"。

盟国远征军最高统帅部工作人员和美军战地指挥官深思熟虑的意见堆在艾森豪威尔的办公室里，就在这时，最重要的电报送到了，是最高统帅的上司马歇尔将军发来的，艾森豪威尔对他的敬重几乎超过其他所有人。[①]

马歇尔在电报里写道："从目前的作战报告看，西线德军的防御体系似乎确实土崩瓦解了。这样一来，你就可以腾出大批作战师，沿宽大的战线向东攻击前进。命令美军迅速挺进，例如沿纽伦堡—林茨方向或卡尔斯鲁厄—慕尼黑方向……你对此怎么看？此举的意图是……迅速采取行动也许能阻止敌人构设一切有组织的防御地域。我们认为南部山区就是敌人有可能组织防御的地域之一。

"德国人的抵抗土崩瓦解，随之而来的问题是与红军会师。指挥、协调军队，以防发生不测事件……你有什么想法？一种可能性是双方商定分

---

① 约翰·赫尔将军是马歇尔身边的高级幕僚，1945 年担任美国陆军副参谋长，负责作战事务，他说过："艾克是马歇尔的门生，尽管艾克可能会反感我这么说，可他俩的确有一种如父如子的关系。"

界线。我们目前的安排……似乎不够充分……应当毫不拖延地采取措施,加强沟通和联络……"

马歇尔措辞谨慎的电报终于让盟国远征军最高统帅确定了自己的计划。他斟酌了所有问题,与司令部人员协商了一番,还和老朋友、西点军校的同学布拉德利将军讨论了最近几周的态势,最重要的是,他清楚上司的意见,因此,艾森豪威尔确定了自己的战略,做出相应的决定。

3月份这个寒气逼人的下午,艾森豪威尔起草了三封电报。第一封电报史无前例,颇具历史意义:它发往莫斯科,还附了封发给盟国军事代表团的电报。艾森豪威尔写道,盟国远征军的军事行动目前到了这样的阶段,"为迅速赢得胜利,我必须了解红军的计划"。因此,他希望盟国军事代表团"把我的私人电报呈交斯大林元帅",尽一切可能"帮忙获得对方的完整答复"。

盟军最高统帅此前从未直接联系过苏联领导人,但现在事急从权。他已获得授权,为协调双方军队的行动,可以就军事事务与俄国人直接打交道,因此,艾森豪威尔觉得没必要预先同英美联合参谋长委员会或美国、英国政府协商。实际上,就连最高副统帅、空军上将阿瑟·特德爵士对此也不知情。不过,艾森豪威尔准备把电报副本发给他们。

下午3点过后不久,最高统帅批准了发给斯大林的电文草稿。下午4点,艾森豪威尔"致斯大林元帅的私人电报"加密后发出。他在电报里询问斯大林元帅的计划,同时也透露了自己的计划。艾森豪威尔称:

"我当前的行动,旨在围歼扼守鲁尔区之敌……我估计这个阶段……会在4月底结束,甚至有可能更早些,我下一项任务是与你的军队会师,分割残余之敌。实现会师的最佳突击方向是爱尔福特—莱比锡—德累斯顿。我认为……德国政府主要部门正迁往该地区。我建议我方军队沿这条轴线遂行主要突击。另外,我会尽快发起辅助突击,以便在雷根斯堡—林茨地区与你的军队会师,阻止敌人在德国南部强化他们依托堡垒实施的抵抗。

"确定我的计划前，最重要的是……与你的计划在进攻方向和时间方面协同一致。能否告知你的意图，以及上述建议在多大程度上……符合你有可能采取的行动。我认为，如果我们打算毫不拖延地彻底歼灭德国军队，就得协调我们的行动……完善双方前进大军之间的联络……"

艾森豪威尔随后拟制了发给马歇尔和蒙哥马利的电报。两封电报当晚7点发出，间隔不到5分钟。艾森豪威尔告诉美国陆军参谋长，他就"我们应当在何处会师的问题"联络了斯大林。他随后指出："我非常赞同你的观点，但我认为莱比锡—德累斯顿地区最重要……"因为那里是"通往红军当前位置"最短的路线，而且还能"占领德国仅剩的工业区……据报，德国最高统帅部和政府各部门正迁往那里"。

至于马歇尔担心的"国家堡垒"，艾森豪威尔报告道，他也意识到"阻止敌人构设有组织防御地域的重要性"，打算"待情况允许就攻往林茨和慕尼黑"。艾森豪威尔补充道，与俄国人的协调问题，他认为"我们不必把自己束缚在分界线"，而是应当朝对方赶来的方向推进，还建议"待两军相遇，任何一方都应当按照对方的要求撤回己方占领区"。

艾森豪威尔当日第三封电报发给蒙哥马利，传达的消息令人失望。最高统帅写道："待你同布拉德利［在鲁尔区东面］会合……美国第9集团军就返回布拉德利麾下；布拉德利负责肃清鲁尔区，而后毫不拖延地朝爱尔福特—莱比锡—德累斯顿方向发起主要突击，与俄国人会师……"蒙哥马利攻往易北河，届时"第9集团军也许会重新归你指挥，为强渡河流障碍创造条件"。艾森豪威尔看看电文草稿，用铅笔在结尾处加了一句："如你所说，形势看上去不错。"

盟国远征军最高统帅彻底修改了他的计划，不再按照原先的设想在德国北部遂行主要突击，而是决心直接穿过德国中部。美国第9集团军返回布拉德利麾下，他现在要发挥主要作用，遂行最后的大规模攻势，把他的军队投入柏林以南100英里左右的德累斯顿地区。

虽说艾森豪威尔采纳了马歇尔的部分建议，但他付诸的行动更类似于布拉德利第12集团军群在"重新确定战略"备忘录里提出的建议。不过，艾森豪威尔就自己的计划发出的三封电报有个重大疏漏，也就是最高统帅先前说的"主要目标"。几封电报都没提到柏林。

★　★　★

暮色下，饱受摧残的勃兰登堡门巍然伫立。约瑟夫·戈培尔博士待在附近的别墅里，透过书房半封的窗户，凝视着那座具有历史价值的建筑。这位身材矮小的帝国宣传部部长背对来访者，根本没把他们放在眼里，至少在那个汇报情况的人看来是这样，他就是柏林卫戍司令赫尔穆特·雷曼中将。雷曼想就他认为最紧迫的问题请示戈培尔：柏林保卫战即将打响，城内居民何去何从？

这是雷曼和他的参谋长汉斯·雷菲奥尔上校当月第四次面见戈培尔。除了希特勒，现年47岁的戈培尔现在成了柏林最显赫的人物。他不仅是负责国民启蒙和宣传事务的帝国部长，还是柏林大区领袖。作为帝国防务专员，戈培尔有权就城内居民的安危、组建和训练人民冲锋队、修筑防御工事采取一切措施。军事和民事机构的职权范围缺乏明确划分，给军方和民政领导人造成很多麻烦，戈培尔的介入导致情况更加混乱。尽管他对军事或市政事务一窍不通，可还是毫不含糊地指出，他才是保卫柏林的唯一负责人。这把雷曼搞得无所适从：他该听谁的命令呢？是希特勒大本营还是戈培尔？他无法确定，而且似乎没人急于捋顺指挥关系。雷曼绝望了。

之前的每次会议上，雷曼都提议疏散城内居民。戈培尔先是说"暂不考虑这个问题"，后来又告诉雷曼，确实有这方面的计划，是"党卫队和警察高级人员"拟制的。雷曼的参谋长赶紧展开调查，还真找到份计划。

雷菲奥尔告诉雷曼："整个计划就是一幅 1 比 30 万的地图，负责此事的警监在图上干净利落地标出了从柏林撤往西面和南面的疏散路线。"他报告道，地图上"没有卫生站，没有食物分发点，也没给病人和体弱者安排交通工具"。雷菲奥尔补充道："据我所见，该计划要求撤离者只携带手提行李沿几条道路出发，跋涉 20~30 公里前往火车站，然后乘火车疏散到图林根、萨克森—安哈尔特、梅克伦堡。只要戈培尔批准，疏散行动就付诸实施。但不清楚从哪里能弄到铁路运力。"

雷曼想同希特勒讨论此事。他只见过元首两次，一次是他出任柏林卫戍司令，另一次是几天后他应邀参加元首的夜间态势研讨会。那次会议主要讨论奥得河前线的情况，雷曼根本没机会汇报柏林的问题。但会议间歇，他同希特勒谈了几句，敦促元首立即下令从首都疏散 10 岁以下的儿童。雷曼的建议刚刚出口，会场突然一片沉寂，希特勒转过身来，冷冰冰地问道："您什么意思？您究竟什么意思？"他随后逐字强调，慢慢地说道："这个年龄段的孩子，没人留在柏林！"谁都不敢反驳他。希特勒随后把话题转向其他事务。

粗暴的回绝没能阻止柏林卫戍司令，雷曼此刻又在戈培尔面前谈起同一个问题。他对戈培尔说道："帝国部长先生，一旦柏林遭到围攻，我们怎么供养城内居民呢？给他们吃什么？从哪里能弄到食物？据市长统计，城内目前有 11 万 10 岁以下的儿童和他们的母亲待在一起，我们如何为婴儿提供牛奶呢？"

雷曼顿了顿，等待对方回答。戈培尔仍凝视着窗外，没有转过身来，而是厉声说道："给他们吃什么？我们把周边乡村的牲畜弄到城里，就给他们吃这个！至于孩子，我们还有罐装牛奶，可以维持 3 个月。"

雷曼和雷菲奥尔确实不知道还有罐装牛奶，可牲畜的建议就有点胡扯了。战火下的牛比人类更容易受伤害，因为人至少会躲避。戈培尔打算在哪里牧牛？给它们吃什么呢？雷曼郑重其事地大声说道："毫无疑问，我们必须考虑立即疏散的计划, 不能再拖下去了。每过一天, 困难就成倍增加。趁眼下还来得及, 我们至少该把妇女和儿童疏散出去。"

戈培尔没吱声。屋内沉默了好一会儿, 窗外天色渐暗。他突然抓住窗户旁的绳索, 猛地拉了一下, 遮光窗帘啪的一声合拢了。戈培尔转过身来, 拖着天生的跛足, 一瘸一拐地走到桌子旁开了灯, 看看摆在吸墨垫上的手表, 然后又看看雷曼, 这才语气温和地说道: "亲爱的将军, 疏散不可避免的时候, 我会做出决定的。"戈培尔吼道: "但我不打算现在就下达命令, 这会让柏林陷入恐慌! 时间还很充裕! 很充裕! "他随即打发他们离开: "诸位, 晚安! "

雷曼和雷菲奥尔走出别墅, 在台阶上站了片刻。雷曼将军凝视着柏林城。尽管防空警报还没拉响, 但远处的探照灯光束已射入夜空。雷曼慢慢戴上手套, 对雷菲奥尔说道: "我们面对无法完成的任务, 毫无成功的希望。我只能寄希望于发生某些奇迹改变我们的命运, 要么就是没等柏林被围困, 战争就结束了。"他看了眼身边的参谋长, 补了一句: "否则, 柏林人只能指望上帝了。"

没过多久, 雷曼在霍亨索伦路的柏林卫戍司令部里接到 OKH 打来的电话。除了最高统帅希特勒和柏林大区领袖戈培尔, 他现在得知, 自己有了第三位上司。相关安排已做出, 雷曼获悉, 柏林卫戍区直属维斯瓦集团军群和集团军群司令戈特哈德·海因里齐大将。听到海因里齐的名字, 雷曼首次浮现了一丝希望。他指示雷菲奥尔, 一有机会就向维斯瓦集团军群司令部汇报情况。他现在只担心一件事。海因里齐既要保卫柏林, 又要做好在奥得河畔挡住俄国人的准备, 他想知道海因里齐接到这道命令作何感想。他很了解海因里齐, 完全能想象那个"凶狠的小矮子"得知消息后的反应。

海因里齐吼道: "荒唐, 太荒唐了! "

维斯瓦集团军群新任参谋长埃伯哈德·金策尔中将和作战处处长汉斯·艾斯曼上校面面相觑，继续保持沉默。确实没什么可说的。"荒唐"一词似乎有点轻描淡写。两位军官觉得，值此关键时刻，把柏林卫戍区纳入海因里齐备受重压的司令部纯属乱来。两人都不知道海因里齐该如何指挥或监督雷曼的防御任务。单从距离看，这项安排就不切实际，维斯瓦集团军群司令部与柏林的距离超过 50 英里。很明显，提出这项建议的人，似乎对海因里齐面临的复杂问题全无了解。

当天傍晚，OKH 作战处几名军官小心翼翼地把柏林防御的建议告知金策尔。他们试探性地提出这种想法，仅仅是个建议。此刻，海因里齐在办公室里踱来踱去，老式绑腿上沾满前线的泥浆，他明确无误地告诉几名下属，他认为该计划仅仅是个建议。维斯瓦集团军群只有一项任务：把俄国人挡在奥得河畔。海因里齐指出："除非迫不得已，否则我不打算为柏林承担责任。"

这并不是说他对城内居民的疾苦视若无睹。实际上，海因里齐多次考虑过柏林近 300 万居民的命运。柏林沦为战场的可能性令他忧心忡忡，他比大多数人都清楚，平民百姓陷入炮火猛烈的巷战会发生什么情况。他知道俄国人不会手下留情，也从没指望对方会在激烈的战斗中区别对待军人和平民。可眼下这个关头，指望他来处理柏林和城内居民的问题是不可能的。维斯瓦集团军群是把柏林与红军隔开的唯一屏障，一如既往，海因里齐目前最关心的是自己的部下。"凶狠的小矮子"脾气暴躁，生性好斗，对希特勒和陆军总参谋长古德里安满腔怒火，觉得他们在故意牺牲他麾下将士的性命。

他转身对金策尔说道："给我接古德里安。"

自一周前上任以来，海因里齐一直待在前线，不知疲倦地从一个指挥所赶往下一个指挥所，与那些师长制订作战计划，视察前线官兵的掩体和堑壕。他很快发现，自己先前的怀疑不无道理，他的军队只是个名义上的集团军群。海因里齐惊异地见到, 大多数兵团以七零八落的部队和当初威名赫赫但早已覆灭的各师残部拼凑而成。海因里齐甚至发现麾下有非德国人组成的部队, 也就是亲纳粹的挪威、荷兰志愿者组成的"诺德兰"师和"尼德兰"师, 还有个苏联前战俘组建的兵团, 由昔日的基辅守卫者指挥, 这位杰出的军人就是安德烈·A. 弗拉索夫中将。弗拉索夫1942年被俘后受到策反, 组建了反对斯大林的"俄罗斯解放军", 站在德国一方参战。海因里齐对弗拉索夫的军队很不放心, 觉得那帮家伙一有机会就会开小差。部分装甲兵团的情况还不错, 海因里齐在很大程度上依赖这股力量。但总体形势极不乐观。相关情报表明, 红军的兵力可能多达300万。冯·曼陀菲尔的第3装甲集团军部署在北面, 布塞第9集团军部署在南面, 两个集团军之间的防御地带, 海因里齐只有大约48.2万名官兵, 几乎没有预备队。

除了极度缺乏经受过战火考验的部队, 装备和补给物资的严重短缺也让海因里齐头痛不已。他需要坦克、自行火炮、通信设备、火炮、油料、弹药, 甚至需要步枪。补给物资少得可怜, 作战处处长艾斯曼上校发现, 开抵前线的某些补充兵扛着巴祖卡火箭筒式的反坦克武器, 而不是步枪, 而且这些反坦克武器只有一发火箭弹。

艾斯曼告诉海因里齐: "太疯狂了! 这些人射出火箭弹后该如何战斗呢? OKH指望他们做什么, 像挥舞警棍那样使用射空的火箭筒吗? 简直是屠杀!"海因里齐同意他的看法: "OKH想让他们听天由命, 我不会这么做的。"尽管有些东西眼下根本搞不到, 但海因里齐还是采取了力所能及的一切措施, 竭力改善装备和补给状况。

他最缺的是火炮。奥得河畔和布满沼泽的接近地, 红军正在构筑桥梁。这条泛滥的河流, 某些地段的宽度超过2英里。配属海因里齐司令部的海军特种部队朝河里投放水雷, 企图以顺流而下的水雷炸毁浮舟, 红军迅速采取反制措施, 布设了防雷网。以空中轰炸的方式破坏对方的架桥作业也无法做到。德国空军军官告诉海因里齐, 他们既没有飞机, 也没有油料执行这项任务，能做的最多是派出单架次飞机实施侦察。只有一个办法能阻止红军热火朝天的架桥作业：炮击！可海因里齐手上的火炮少得可怜。

为弥补严重缺乏的火炮，海因里齐下令把高射炮当作野战炮使用。虽说这会削弱己方防空力量，但海因里齐认为高射炮投入野战能发挥更大作用。此举的确缓解了态势。仅斯德丁地域，冯·曼陀菲尔的第3装甲集团军就获得600门高射炮。高射炮尺寸太大，太笨重，没法装在车辆上，只好部署在固定炮位，但确实填补了防线上的缺口。不过，虽说这些颇具威胁的高射炮部署就位，但只能在绝对必要的情况下开火。弹药缺得厉害，海因里齐只好节约使用，他打算把寥寥无几的炮弹省下来，对付红军的猛烈突击。不过，正如他对参谋人员说的那样："我们确实没有足够的火炮或弹药阻止俄国人的架桥作业，可我们至少能拖缓他们的速度。"艾斯曼上校对态势的看法更为悲观，他后来回忆道："集团军群好比兔子，不知所措地盯着企图吞掉它的毒蛇。兔子动弹不得，就等着毒蛇发起闪电般的一击……海因里齐将军不愿承认这样的现实：仅凭自身力量，集团军群根本无法采取任何更有意义的措施。"

不过，海因里齐上任仅仅一周，就解决了许多看似无法克服的困难。他像当初在莫斯科城下那样，激励、哄骗他的部下，一会儿厉声斥责，一会儿大加称赞，想方设法激起他们的斗志，既是为自己争取时间，也是为挽救这些将士的性命。无论他本人作何感想，反正在集团军群官兵看来，他就是传说中无所畏惧、坚不可摧的海因里齐。他的个性一点没变，不断与上级"愚蠢而又拙劣的判断"做斗争。

此时，他对希特勒和陆军总参谋长古德里安大发雷霆。3月23日，布塞第9集团军两次发起孤注一掷的进攻，企图突破到屈斯特林孤立无援的守军身旁，红军包围该城那天，海因里齐刚刚从希姆莱手里接过指挥权。他批准了布塞采取的战术，觉得这是抢在红军加强阵地前解救屈斯特林的唯一机会。可敌人的实力太强大了，布塞的两次进攻都以失败告终。

海因里齐向古德里安汇报了交战结果，古德里安直截了当地告诉他："必须再进攻一次。"这是希特勒要求的，古德里安也赞同。海因里齐生硬地答道："太疯狂了！我建议立即命令屈斯特林的装甲部队突围，这是眼下唯一明智的做法。"听到这项建议，古德里安火了，在电话里吼道："必须发动进攻！"3月27日，布塞投入麾下部队，再次攻往屈斯特林。这场突击极为猛烈，德军部分装甲力量确实突破到屈斯特林，可红军随后以炮火粉碎了德军的冲击。集团军群司令部里，海因里齐直言不讳地指出："此次进攻不啻为屠杀，第9集团军遭受了严重伤亡，却一无所获。"

直到次日，海因里齐的怒火仍未平息。等待部下接通古德里安的电话时，他在办公室里踱来踱去，反复嘟囔着一个词："惨败！"无论自己的下场如何，只要接通古德里安的电话，他就打算控诉这位上司葬送了8000名官兵，为进攻屈斯特林，他损失了近一个师的兵力。

电话响了，金策尔拎起话筒说了几句，随即告诉海因里齐："是措森打来的。"

听筒里传来陆军副总参谋长汉斯·克雷布斯将军柔和的声音，这可不是海因里齐期待的，他说道："我想同古德里安通话。"克雷布斯又说了几句，海因里齐听着，脸色阴沉下来。一旁的参谋人员看着他，不知道出了什么事。海因里齐问道："什么时候？"他又听了几句，突然说了句"谢谢"，随即挂断电话。他转过身，对金策尔和艾斯曼平静地说道："古德里安不再是陆军总参谋长了，希特勒今天下午解除了他的职务。"面对一脸惊愕的部下，海因里齐补充道："克雷布斯说古德里安病了，可究竟怎么回事，他也不知道。"海因里齐的怒火彻底消失了。面对突发情况，他只评论了一句。海因里齐若有所思地说道："这可不像古德里安的作风，他甚至没道别。"

直到当日深夜，海因里齐的参谋人员才把整件事搞清楚。帝国总理府上演了有史以来最疯狂的场面，古德里安被解除职务。希特勒的午间态势研讨会开始时很平静，但暗含勉强抑制的激烈对抗。古德里安给元首写了份备忘录，解释了进攻屈斯特林的行动为何会失败。希特勒不喜欢古德里安的语气，对他替第9集团军和布塞将军全力辩解更是恼火。元首拿定主意，让布塞当替罪羊，所以特地命令他出席会议，详细汇报情况。

一如既往，希特勒的高级军事顾问也在场。除了古德里安和布塞，还有希特勒的参谋长凯特尔、负责作战指挥的约德尔、元首的副官长布格多夫，以及另一些高级将领和他们的副官。希特勒先用几分钟时间听取了某位将领就当前局势作的简报，随后请布塞汇报情况。布塞简要概述了这场进攻如何发起，以及投入的兵力。希特勒听得怒容满面，突然打断对方，厉声吼道："进攻为什么会失败？"随即不假思索地回答了自己的问题："是因为无能！因为失职！"他大骂布塞、古德里安、整个陆军总司令部都是"无能之辈"。希特勒吼道，进攻屈斯特林的行动发起了，"却没实施充足的炮火准备！"他随即转身对古德里安说道："要是像您说的那样，布塞没得到足够的弹药，那么您干吗不多给他一些？"

现场沉默了片刻，古德里安轻声说道："我对您解释过……"希特勒挥着胳膊打断了他的话，吼道："托词！借口！您给我的就是这些！好吧，那么您告诉我，谁该为屈斯特林的失利负责，是部队还是布塞？"古德里安突然爆发了，气急败坏地喊道："胡扯！纯属胡扯！"这番话不假思索地脱口而出。古德里安气得满脸通红，大声指责起来，吼道："根本不怪布塞！我告诉过您，他是奉命行事！布塞耗尽了分配给他的所有弹药！他手上的所有弹药！"古德里安愤怒至极，几乎说不出话来，可还是怒吼道："怨部队吗？那就看看他们的伤亡！看看他们的损失！前线将士尽到了职责！他们的自我牺牲就是证明！"

希特勒怒气冲冲地反驳道："他们失败了！他们失败了！"

古德里安的面孔涨得发紫，扯着嗓门吼道："我必须请您……我必须请您别再指责布塞或他的部队了！"

两人都失去冷静，这番讨论已超出合理范畴，可他俩都没有闭口。古德里安和希特勒吵得不可开交，这一幕把在场的将领和副官吓得呆若木鸡。希特勒严厉申斥陆军总参谋部，骂他们是"窝囊废""蠢货""笨蛋"，还大声抱怨他们一直"误导""误报""欺瞒"他。听到"误导"和"误报"的说法，古德里安立马反唇相讥。格伦将军就红军实力做出的评估是"误报"吗？古德里安吼道："不是！"希特勒反驳道："格伦是个蠢货！"那么在波罗的海诸国和库尔兰地区陷入重围的 18 个师呢？古德里安吼道："他们目前的处境又是谁误导了您？"他质问元首："您到底打算什么时候撤出库尔兰集团军群？"

两人争吵得很激烈，声音也很大，在场的人事后甚至记不清这场冲突的先后顺序。[1]就连无缘无故卷入其中的布塞将军，后来也没办法把详情原原本本地告诉海因里齐，只是说道："我们吓坏了，简直不敢相信眼前发生的一切。"

第一个采取行动的是约德尔。他抓住大吼大叫的古德里安的胳膊，恳求道："求您了，求您冷静下来。"他把古德里安拉到一旁。凯特尔和布格多夫也凑到希特勒身边安抚他，希特勒累得够呛，一屁股瘫坐在椅子上。古德里安的副官冯·洛林霍芬少校吓坏了，觉得要是不赶紧把古德里安带出会议室的话，自己的长官肯定会被逮捕。他赶紧冲出会议室，打电话给措森的副总参谋长克雷布斯，把这里发生的事情告诉他。冯·洛林霍芬恳

---

[1] 关于这场争吵，从于尔根·托瓦尔德《冬季溃败》一书中的详细报告，到格哈德·博尔特在《帝国总理府最后的日子》里写的两句话，各种说法很多。博尔特也是古德里安的副官，他对这起事件轻描淡写，只是说希特勒建议陆军总参谋长"去温泉疗养地休养"，古德里安"接受了他的暗示"。此次会议的日期，博尔特写的是 3 月 20 日，也就是大败亏输的屈斯特林进攻战役 7 天前。而古德里安在回忆录《一名军人的回忆》里准确给出了会议日期和时间: 3 月 28 日 14 点。我在本书重现的大部分场面，主要参考了古德里安的回忆录，再以我对海因里齐、布塞和他们的参谋人员所做的采访为补充。

求克雷布斯同古德里安通话，假装前线有紧急军务，与古德里安一直聊到他冷静下来。冯·洛林霍芬好不容易才劝古德里安离开会议室。克雷布斯很擅长根据不同场合汇报不同的情况，没费多大力气就分散了古德里安的注意力，15 分钟后，这位陆军总参谋长总算控制住了自己的情绪。

元首此时也冷静下来。古德里安返回会议室，希特勒正继续主持会议，就好像什么都没发生过。见古德里安进来，元首请其他人暂时离开，只留下凯特尔和古德里安。他口气冷淡地说道："古德里安大将，您的身体状况要求您立即休假疗养六周。"古德里安不露声色地说道："我马上就走。"但希特勒的话还没说完，他命令道："请您等会议开完再离开。"过了几个钟头，态势研讨会终于结束了。此时的希特勒又显得关怀备至，他对古德里安说道："请您尽快康复，这六周的局势肯定非常危急，届时我会更需要您。您想去哪里休养呢？"凯特尔也想知道。他们突如其来的关心让古德里安心生疑窦，谨慎地决定不透露自己的想法。他告辞后离开帝国总理府。古德里安就此退出战争舞台。装甲技术的创新者、希特勒最后一位大名鼎鼎的将领走了，和他一同消失的是德国最高统帅部最后一丝正确的判断力。

到 3 月 29 日星期四清晨 6 点，海因里齐已充分感受到古德里安去职造成的恶劣影响。他刚刚收到电传电报，获悉希特勒任命克雷布斯出任陆军总参谋长。克雷布斯巧舌如簧，是希特勒的狂热支持者，许多人发自内心地厌恶他。古德里安离职、克雷布斯高升的消息，给维斯瓦集团军群司令部带来阴郁的气氛。作战处处长艾斯曼上校总结了众人的态度，正如他后来写的那样："此人［克雷布斯］的脸上永远挂着友好的笑容，不知怎么回事，总是让我想起幼鹿……我们能指望的东西显而易见，克雷布斯只要喷出几句充满自信的豪言壮语，态势就会再次好转。与古德里安相比，希特勒无疑能从克雷布斯那里得到更多支持。"

海因里齐没有评论这项任命。古德里安替布塞全力辩解，不仅挽救了这位指挥官，希特勒也没再下令对屈斯特林发起自杀式进攻。为此，海因里齐对经常与自己意见相左的那个人心存感激。他会想念古德里安的，因为他了解昔日的克雷布斯，几乎不指望获得对方支持。待海因里齐面见希特勒，与他商讨奥得河前线的问题时，再也没有直言不讳的古德里安做后盾了。海因里齐接到命令，4月6日星期五去参加正式会议，面见元首。

3月29日上午9点刚过，汽车就停在维斯瓦集团军群司令部主楼外，肩膀宽阔、身高6英尺的柏林卫戍司令部参谋长跳下车。精力充沛的汉斯·"特迪"·雷菲奥尔上校满怀热情地期待与海因里齐的参谋长金策尔将军会晤。他对此次会晤顺利进行寄予厚望，柏林卫戍区纳入海因里齐麾下无疑是好事。身材高大、现年39岁的雷菲奥尔带着预先准备的地图和图表走入楼内。就像他后来在日记里写的那样，他觉得尽管柏林的守备力量不大，但海因里齐"还是会为兵力增加感到高兴的"。

雷菲奥尔见到维斯瓦集团军群参谋长，首次对自己的想法产生了怀疑。金策尔的问候很矜持，并不友好。雷菲奥尔原本希望老同学艾斯曼上校也能在场，他们一周前还讨论过柏林的处境，可金策尔单独接待了他。维斯瓦集团军群参谋长似乎疲惫不堪，态度也有点不耐烦。收到金策尔的暗示，雷菲奥尔赶紧摊开地图和图表，开始了简报。他解释道，没有明确的上级给柏林卫戍司令部造成近乎难以应对的局面。雷菲奥尔说道："我们跑去问OKH，我们是否隶属于他们，却得知'OKH只负责东线，你们隶属于OKW'。于是我们又去问OKW，可他们说：'找我们干吗？柏林战线正面朝东，你们归OKH负责。'"雷菲奥尔汇报时，金策尔查看地图和柏林的兵力部署。他突然抬头盯着雷菲奥尔，把海因里齐昨晚的决定低声告诉对方，维斯瓦集团军群司令不接受保卫柏林的任务。正如雷菲奥尔后来写的那样，金策尔简短地谈到希特勒、戈培尔和其他大人物："依我看，柏林那帮疯子等着自食其果吧。"

　　驱车返回柏林途中，雷菲奥尔高涨的热情破灭了，首次体会到"遭遗弃的孤儿"是什么滋味。他热爱柏林，当初在柏林战争学院学习，后来又在柏林完婚，还养育了一儿一女。可现在，他似乎在越来越孤独的环境下工作，竭力保卫这座他度过生命中最幸福时光的城市。德国国防军整个指挥体系，没人打算做出雷菲奥尔认为最重大的决定：承担起保卫、守护柏林的职责。

　　海因茨·古德里安大将已经向身边的工作人员道了别，还同继任者克雷布斯简短地交接了工作，现在要做的只是把办公桌上几件物品放入小纸箱。他准备离开措森的指挥部，至于自己的最终目的地，他守口如瓶。但首先，古德里安打算带着妻子去慕尼黑附近的疗养院，治疗他越来越严重的心脏病。之后他计划去德国仅剩的宁静地——巴伐利亚南部。那里有不少军队医院和疗养院，人员也都是退役或被解职的将领，以及疏散过去的政府部门和官员。古德里安将军行事谨慎，他打算在巴伐利亚阿尔卑斯山区祥和的氛围下等待战争结束。作为前任陆军总参谋长，他知道那里没发生任何情况。

2

3 月 30 日是耶稣受难日，复活节周末的开始。罗斯福总统到达佐治亚州沃姆斯普林斯，打算入住小白宫。一如既往，火车站附近的人群在炽热的阳光下，等着迎接总统到来。总统刚刚出现，旁观的人群就爆发出一阵惊讶的窃窃私语。特勤人员把总统抱下列车，他几乎一动不动，身子软塌塌的。他没有朝众人愉快地挥手致意，也没说几句俏皮话。许多人觉得，罗斯福好像近乎昏迷，只是能迷迷糊糊地察觉到眼下发生的事情。在场的民众震惊而又担忧，默默地看着总统的豪华轿车缓缓驶离。

莫斯科的天气暖和得有点不合时宜。约翰·R. 迪恩少将站在莫霍瓦亚大街美国大使馆二楼的房间里，凝视着红场对面克里姆林宫绿色的拜占庭式穹顶和尖塔。美国军事代表团团长迪恩和他的英国同行欧内斯特·R. 阿彻海军少将正等待两国大使 W. 埃夫里尔·哈里曼和阿奇博尔德·克拉克·克尔爵士确认面见斯大林的事宜安排妥当。此次会晤，他们要把 SCAF 252 面呈斯大林，这封电报是艾森豪威尔将军昨天发来的，生病的美国总统还没看过。

伦敦，温斯顿·丘吉尔叼着雪茄，朝唐宁街 10 号门外的围观者挥手致意。他准备去白金汉郡占地 700 英亩的英国首相官邸契克斯休假。尽管他看上去兴高采烈，可心里既担忧又愤怒。他的文件里有一份盟国远征军最高统帅发给斯大林的电报副本。亲密合作了近三年，英国首相首次被艾森豪威尔气炸了。

英国人对艾森豪威尔那封电报的反应，在超过 24 小时的时间里不断发酵。他们起初困惑不解，随后震惊不已，最后怒不可遏。和华盛顿的英美联合参谋长委员会一样，伦敦方面也是通过"供参考"的电报副本间接获知了消息。就连盟国远征军最高副统帅、英国空军上将阿瑟·特德爵士事先也不知情，伦敦方面没从他那里得到任何消息。这件事把丘吉尔搞得措手不及。英国首相想起蒙哥马利3月27日发来的电报，宣称他要攻往易北河，还说"我希望从那里取道高速公路直奔柏林"，于是匆匆给他的参谋长黑斯廷斯·伊斯梅爵士将军写了张措辞焦虑的便条。他写道，艾森豪威尔发给斯大林的电报，"似乎与蒙哥马利攻往易北河的说法不同，请解释"。可伊斯梅眼下解释不了。

此时，蒙哥马利又让他的上司大吃一惊。他报告布鲁克元帅，实力强大的美国第9集团军即将脱离他的指挥，重归布拉德利第12集团军群建制，该集团军群尔后会沿中路攻往莱比锡和德累斯顿。蒙哥马利指出："我觉得我们马上要犯下极为严重的错误。"

英国人又一次被激怒了。首先，这个消息应该由艾森豪威尔发来，而不是蒙哥马利。更严重的是，伦敦方面觉得艾森豪威尔管得太多了。英国人认为，他不仅超出职权范围直接同斯大林打交道，还擅自更改了早就定下的作战计划，连个招呼都没打。蒙哥马利第21集团军群是为穿过德国北部平原的进攻特意组建的，可艾森豪威尔突然派布拉德利穿过德国心脏地带，遂行此次战争的最后一场攻势。布鲁克愤怒地总结了英国方面的态度："首先，艾森豪威尔没必要直接联系斯大林，这种联系应该通过英美联合参谋长委员会；其次，他发了封莫名其妙的电报；最后，这封电报暗示的内容，似乎偏离、改变了先前达成的一致意见。"3月29日下午，愤怒的布鲁克没征询丘吉尔的意见，就向华盛顿提出强烈抗议。针对SCAF 252这封电报，激烈而又尖锐的争论缓缓展开了。

大致同一时刻，身处莫斯科的迪恩将军正准备面见斯大林，他给艾森豪威尔发了封急电。迪恩"想掌握更多背景情况，万一 [斯大林] 希望更详细地讨论你的计划, 这些资料就能派上用场". 迪恩同俄国人打了几个月交道, 每次都让他灰心沮丧, 深知斯大林会问些什么, 于是给艾森豪威尔列出相关问题: (1) 各集团军群目前的编成; (2) 机动方案的更多详情; (3) 你打算以哪个集团军或集团军群遂行主要和辅助突击…… (4) 目前对敌军部署和意图的简要评估。盟国远征军最高统帅部立马答应下来, 当晚8点15分, 他们把相关情况发往莫斯科。迪恩获悉了英美集团军群的编成, 以及他们由北到南的战斗序列。这份情报非常详尽, 甚至道明美国第9集团军即将从蒙哥马利麾下转隶布拉德利。

51分钟后, 盟国远征军最高统帅部收到蒙哥马利的电报。他的痛苦之情完全可以理解。辛普森第9集团军调离, 蒙哥马利的进攻力量遭削弱, 胜利攻占柏林的机会似乎也消失了。但他仍希望说服艾森豪威尔推迟这场转隶, 于是发了封语气异常委婉的电报。他在电报里写道: "我注意到你打算更改指挥设置。要是你认为此举甚有必要, 那么我恳求你等我们到达易北河再这样做, 因为此举无益于眼下发起的大规模运动。"

华盛顿的官员很快发现, 蒙哥马利的英国上司根本没心思委婉行事。英美联合参谋长委员会的英方代表、陆军元帅亨利·梅特兰·威尔逊爵士在五角大楼把布鲁克的抗议函正式递交给马歇尔将军。这份英国照会谴责艾森豪威尔违反程序联络斯大林, 还指责盟国远征军最高统帅擅自更改作战计划。马歇尔惊愕而又担心, 赶紧致电艾森豪威尔。他的电报主要是直截了当地转告英国人的抗议。马歇尔称, 对方认为应该遵循既定战略, 也就是以蒙哥马利的北路突击夺取德国几个港口, 从而"在很大程度上终止[敌人的]潜艇战", 还可以解放荷兰、丹麦, 重新打开通往瑞典的交通线, 这样就能使用"闲置在瑞典各港口近200万吨的瑞典和挪威船只"。马歇尔引用了英国总参谋长的话: "坚决认为应该保持[原定的]主要突击……穿过德国西北部的开阔平原, 以夺取柏林为目标……"

为挡住批评艾森豪威尔的英国人，也为了尽快弥补英美关系的裂痕，马歇尔打算给双方留下回旋余地，设法达成谅解。但他本人对艾森豪威尔的举动也感到困惑、恼火，这一点在电报最后一段表露无遗："你发出SCAF 252电报前，考虑过英国海军方面的意见吗？"他最后写道："当务之急是你的解释。"

与其他人相比，某人更深刻地感受到当前形势万分紧迫，混乱的局面眼见着即将到来。温斯顿·丘吉尔的焦虑几乎每个钟头都在加剧。艾森豪威尔的电报事件来得不是时候，三大盟国目前的关系不太好。值此关键时刻，丘吉尔觉得异常孤独。他不知道罗斯福病情如何，但前一段时间，他对自己与总统的通信感到困惑不安。正如他后来指出的那样："在我发出的一封封长电报里，我觉得自己是与信赖的朋友和同事交流……可他无法再完整地倾听我的述说了……形形色色的人共同写下答复，再以他的名义发回……罗斯福只能给予总体指导和批准……对所有人来说，这都是代价高昂的几周。"

更令人担忧的是，西方国家与苏联的政治关系迅速恶化，这一点显而易见。自雅尔塔会议以来，丘吉尔越来越怀疑斯大林的战后目标。苏联领导人轻蔑地无视他在会上做出的承诺，现在几乎每天都出现新的不祥之兆：苏联正缓缓吞并东欧；英美轰炸机因油料耗尽或机械故障降落在红军战线后方，可飞机和机组人员都被扣留；斯大林先前答应供美国轰炸机使用的机场和相关设施，现在突然取消了；俄国人获准自由进出盟军在德国西部解放的战俘营，安排苏联战俘遣返事宜，可他们拒不批准西方国家的代表进入东欧战俘营，更别说疏散或以任何方式帮助英美两国战俘了。更恶劣的是，斯大林指责"关押在美国战俘营的苏联前战俘……受到不公正的对待，以及包括殴打在内的非法迫害"。意大利境内的德国军队企图通过秘密谈判向盟军投降，俄国人得知此事，发了份言辞无礼的照会，指责西方盟国背信弃义，"瞒着苏联与敌人打交道，而苏联首当其冲地承担了战争的重负……"①

这种情况下, 艾森豪威尔却直接发电报给斯大林, 适逢军事目标的选择很可能决定战后欧洲的未来, 丘吉尔认为, 艾森豪威尔联系苏联独裁者是对全球和政治战略的危险干涉, 而这个领域仅限罗斯福和英国首相涉足。丘吉尔觉得柏林在政治上至关重要, 可现在看来, 艾森豪威尔似乎不打算全力以赴地夺取那座城市。

3月29日午夜前, 丘吉尔用扰频电话打给艾森豪威尔, 要求盟国远征军最高统帅阐明自己的计划。英国首相行事谨慎, 没提艾森豪威尔给斯大林发电报一事, 而是强调柏林的政治重要性, 还说他认为应该批准蒙哥马利继续在北面遂行进攻。丘吉尔觉得, 西线盟军抢在俄国人之前攻占柏林至关重要。而此刻, 3月30日, 他乘车前往60多英里外的契克斯别墅时忧心忡忡地思忖着艾森豪威尔的答复。盟国远征军最高统帅先前告诉他: "柏林不再是重要的军事目标。"

英国方面的强烈抗议, 也让身处兰斯的德怀特·艾森豪威尔越来越恼火。他阻止了蒙哥马利的北路突击, 伦敦对此的反应强烈得令他惊讶, 但更让艾森豪威尔震惊的是, 他发给斯大林的电报引起了轩然大波。他不明白有什么可吵的, 他觉得自己做得没错, 在军事方面也很有必要, 这番决定受到质疑, 他不由得火冒三丈。艾森豪威尔平日充其量只能说脾气急躁, 可他现在成了怒火最旺的盟军领导人。

3月30日上午, 他着手回复华盛顿和伦敦的电报。他先给马歇尔发了封简短的收悉函, 确认收到对方昨晚的电报。他答应几个钟头内给出更详细的答复, 眼下只是简短地指出, 他没有改变原定计划, 英国人的指责"毫

---

① 丘吉尔3月24日给艾森豪威尔看了苏联这份照会, 他后来写道, 盟国远征军最高统帅"似乎被深深激怒了, 认为这是对我们的诚信最不公正、毫无根据的指责"。

无事实依据……威尔逊发给你的电报，敦促我分散兵力，相比之下，我的计划能更快、更果断地夺取北部沿海地区的港口和其他目标"。

随后，艾森豪威尔就英国首相夜间电话的要求做出答复，把更多详情告知丘吉尔，阐明了他给蒙哥马利下达的命令。"看俄国人的意图"，似乎需要派布拉德利指挥的军队发起中路突击，攻往莱比锡和德累斯顿，这样就能把德国军队"大致分割成两段，一举歼灭西线残敌的主力"。一旦行动大获全胜，艾森豪威尔就打算"采取措施，肃清北部港口"。盟国远征军最高统帅指出，届时由蒙哥马利"遂行这些任务，必要的话，我打算加强他的兵力"。待"实现上述要求"，艾森豪威尔打算派德弗斯率领第6集团军群朝东南方攻往堡垒地域，"以防德国人在南部站稳脚跟，也便于我们在多瑙河流域同俄国人会师"。最高统帅最后指出，他目前的计划"非常灵活，随时可以修改，以适应始料未及的情况"。他没有提到柏林。

艾森豪威尔发给英国首相的电报措辞得体，态度克制，没流露丝毫愤怒之情。但他按照先前的承诺给马歇尔发了封更详细的电报，他的怒气在这封电报里暴露无遗。艾森豪威尔告诉美国陆军参谋长，他"完全不明白'违反程序'的抗议究竟是什么意思，我接到过指示，有权就军事协调事宜直接同俄国人打交道"。至于自己的战略，艾森豪威尔再次坚称没有改变。他指出："去年夏季，英国几位参谋长一直反对我开辟中央路线的决定……他们认为此举徒劳无益……还会分散北路突击的兵力。我始终认为北路推进是分隔鲁尔区的主要突击，但从一开始，那还要追溯到 D 日前，我的计划……就是把主要突击和辅助突击相结合……而后向东大举进攻。哪怕粗略地看看也能发现……主要突击应当攻往莱比锡地区，德国残余的大部分工业产能集中在那里，据信德国政府各部门正转移到该地区。"

艾森豪威尔随后把话题转到蒙哥马利和布鲁克先前就单路突击战略的鼓噪。他写道："我决心把兵力集中到单路主要突击方向，完全是遵循布鲁克元帅一直朝我大喊大叫的原则，我的计划是把美国第 9 集团军交还布拉德利，用于涉及中路突击的战役阶段……相关计划明确表明，第9集团军也许会再次北上，协助英国和加拿大军队肃清吕贝克以西的整条海岸线。"而后"我们就可以朝东南方运动，阻止纳粹占据山地堡垒"。

艾森豪威尔说的"山地堡垒"就是国家堡垒，它现在显然已成为比柏林更重要、更值得关注的军事目标。盟国远征军最高统帅写道："请允许我指出，柏林本身不再是特别重要的目标。它对德国人的作用基本上已被摧毁，就连他们的政府也准备迁往其他地区。现在重要的是集中我方兵力发起单路突击，此举会让柏林更快地陷落，还能解放挪威，获得船只和瑞典的港口，而不是分散我们的重点。"

电报最后一段，艾森豪威尔再也按捺不住怒火。他宣称："英国首相和他的几位参谋长，当初反对 [进攻法国南部的]'铁砧行动'，还反对我'先歼灭莱茵河以西之敌，而后再大举渡河'的主张；他们固执地认为，从法兰克福通往东北方的路线，会让我们陷入崎岖地带缓慢的交战。他们现在显然想让我在彻底击败德国军队前背离成千上万的将士投入其中的作战行动。我认为，我和我那些顾问每时每刻都在研究这些问题，激励我们的只有一个想法，那就是尽快赢得这场战争。"[①]

当日黄昏，华盛顿的马歇尔将军和英美联合参谋长委员会收到了英国几位参谋长昨天那份抗议函的"扩大版"。第二封电报很大程度上重复了前一封电报，只是更长些，但也有两个重要的补充。这段时间，英国人从莫斯科的阿彻海军少将那里得知了盟国远征军最高统帅部发给迪恩的补充材料，他们强烈要求，不能把这些情报透露给俄国人。如果双方已展开讨论，

---

① 艾森豪威尔这封长达1000字的电报没有载入官方史料，他撰写的《远征欧陆》倒是记载了，但对电文做了删改。例如"一直朝我大喊大叫"这句话改为"总是强调"，而上面引用的充满怒气的最后一段也彻底删掉了。颇具讽刺意味的是，这封电报起初是英国人，也就是盟国远征军最高统帅部作战处副处长约翰·怀特利少将起草的，但司令部发出电报时，清楚地盖着艾森豪威尔的印章。

伦敦希望暂停会晤，待英美联合参谋长委员会查明情况再说。

　　但此时英国人自己的意见也不太统一，不仅就艾森豪威尔的电报是否得体，还就电报的哪些内容应该受到批判争论不休。英国几位参谋长的抗议函没给丘吉尔过目就匆匆发往华盛顿。实际上，丘吉尔的反对意见与几位军事顾问不太一样。他觉得"艾森豪威尔新计划的最大问题，是把攻往柏林的主要突击调整到莱比锡、德累斯顿方向"。英国首相认为，按照这份计划，英国军队"可能注定要在北面无所事事"。更糟糕的是，该计划"排除了英军和美军一同进入柏林的一切可能性"。

　　无论是过去还是现在，柏林始终是首相心目中最重要的目标。在他看来，艾森豪威尔"认为柏林基本丧失了军事或政治重要性的想法可能是错误的"。虽然德国政府许多部门"迁往南部，但柏林陷落会让德国人作何感想，这个重要的事实不能忽视"。"忽略柏林，把它留给俄国人占领"的危险令他焦虑不安。丘吉尔宣称："只要德军死守柏林，在废墟里顶住围攻——这一点不难做到——那么就能激发德国人的抵抗意志。而柏林一旦陷落，可能会让所有德国人陷入绝望。"

　　丘吉尔原则上同意几位参谋长阐述的理由，可他觉得他们的反对意见里夹杂了"许多无关紧要的东西"。他指出："艾森豪威尔在美国几位参谋长的心目中很有声望……美国人会认为，他作为获胜的盟国远征军最高统帅，不仅有权，而且确有必要向俄国人打听……东西方盟军会师的最佳地点。"丘吉尔担心，英国人的抗议只会给"美国参谋长提供……争辩的契机"。他估计他们会"激烈反驳"。的确如此。

　　3月31日，星期六，美国几位军方首脑毫不含糊地支持艾森豪威尔。他们只在两个问题上同意英国人的看法：一是艾森豪威尔应该把自己的计划告知英美联合参谋长委员会；二是不该把更多细节告诉迪恩。美国几位参谋长认为："对德战争目前到了这样的阶段，该采取何种措施尽快歼灭德国军队或对方的抵抗力量，战地指挥官最有发言权……艾森豪威尔将军有权继续联络红军最高统帅。"美国军方几位首脑认为眼下只有一个目标，政治方面的考虑不在其中，他们指出："唯一的目标是迅速而又彻底地赢得胜利。"

不过，争论远远没有结束。心烦意乱的艾森豪威尔不得不在兰斯反复解释自己的立场。日间，他遵照马歇尔的指示，给英美联合参谋长委员会发了封长电，详细阐明自己的计划。接下来，他又致电莫斯科，命令迪恩暂时不要把盟国远征军最高统帅部发去的补充情况告知斯大林。随后他又发出另一封电报，向马歇尔保证："你放心，日后我发给驻莫斯科军事代表团涉及政策的电报，都会预先告知英美联合参谋长委员会和英国人。"最后，他着手处理蒙哥马利尚未得到答复的恳求，对方的电报送抵快48小时了。

艾森豪威尔最后才回复蒙哥马利，原因不仅仅是前几封电报更紧迫。他俩的关系现在相当紧张，所以艾森豪威尔只在绝对必要的时候才联系那位英国陆军元帅。盟国远征军最高统帅数年后解释道："蒙哥马利太自私了，他想方设法不让美国人获得功劳，尤其是我，他甚至不想让我们介入战事，我最后都不跟他说话了。"①盟国远征军最高统帅和他的参谋人员（有趣的是，也包括盟国远征军最高统帅部的英国高级将领）认为，蒙哥马利是个自私自利的麻烦制造者，在战场上过于谨慎，行动缓慢。盟国远征军最高统帅部作战处副处长、英国少将约翰·怀特利回忆道："蒙蒂想骑着白马，戴着两顶帽徽进入柏林，可我们觉得，要想迅速办成某件事的话，就不能把它交给蒙蒂。"盟国远征军最高统帅部副参谋长弗雷德里克·摩根爵士中将换了个说法："要是艾克当时想派某位将领攻往柏林，蒙蒂肯定是名列最后的人选，因为他至少需要6个月时间从事准备工作。"布拉

---

① 摘自本书作者对艾森豪威尔长时间、详尽的录音采访。

德利完全不同。艾森豪威尔告诉身边的副官："见到前进的机会，布拉德利从不迟疑，绝不会停下来变更部署。"

艾森豪威尔发给斯大林的电报备受批评，他对此愤怒不已，再加上他与蒙哥马利长期对立，烦恼之情清楚地反应在他给蒙哥马利元帅的复电里。他在电报里写道："第9集团军转隶布拉德利麾下的决定不容更改……正如我对你说过的那样，从眼下的进展看，稍后可能再给你调拨一个美国军团，用于强渡易北河的作战行动。你应该注意到，我压根儿没提柏林。在我看来，那不过是个地理位置罢了，我对这些从来不感兴趣。我的目标是歼灭敌有生力量……"

艾森豪威尔向蒙哥马利阐明自己的立场时，置身契克斯别墅的丘吉尔正给盟国远征军最高统帅写下颇具历史意义的恳求函。几乎从每个方面看，信里的内容都与艾森豪威尔对蒙哥马利说的那番话截然相反。当晚7点前不久，英国首相致电盟国远征军最高统帅：

"如果像你明确预料的那样，敌人的抵抗遭到削弱……那么我们为什么不渡过易北河，尽量向东推进呢？这里面包含重要的政治意义，因为俄国军队……似乎肯定会进入维也纳，占领奥地利。柏林本该掌握在我们手里，要是我们故意把那座城市留给他们，两起事件可能会加强他们显而易见的信念，认为一切功劳都是他们的。

"另外，我本人并不认为柏林丧失了军事意义，当然更没有丧失政治意义。柏林陷落，会给德国各处的抵抗造成严重的心理影响。而柏林坚守的话，大批德国人会觉得他们有责任继续战斗下去。有人认为占领德累斯顿，在那里与俄国人会师更有好处，我不赞同这种观点……依我看，只要柏林依然飘扬着德国国旗，它就是德国最具决定性的地方。

"因此，我更愿意坚持我们渡过莱茵河时依据的计划，也就是美国第9集团军应和第21集团军群一同前进，奔赴易北河，渡过该河攻往柏林……"

莫斯科天色已黑，美国和英国大使带着迪恩、阿彻面见斯大林，还递交了艾森豪威尔的电报。此次会晤的时间很短。迪恩后来在发给艾森豪威尔的报告里写道,斯大林"赞赏穿过德国中部的突击方向",他觉得"艾森豪威尔的主要突击非常好,因为它能实现最重要的目标,也就是把德国切为两段"。斯大林还认为,德国人"可能会在捷克斯洛伐克西部和巴伐利亚实施最后的抵抗"。斯大林赞同英美军队的战略,但没有透露己方作战意图。他指出,苏联的计划还没最终确定,要等他找机会同参谋人员协商一番。会晤结束时斯大林保证,他会在24小时内回复艾森豪威尔的电报。

来宾告辞后没多久,斯大林拎起电话打给朱可夫和科涅夫元帅。他在电话里说得很简洁,但命令明确无误:两位指挥员必须立即飞回莫斯科,参加次日(复活节周日)召开的紧急会议。虽然斯大林没解释这道命令的原因,但他断定西方盟国在撒谎,他确信艾森豪威尔打算同红军争夺柏林。

3

从东线到莫斯科的航程长达 1000 英里，飞行时间很长，也很累人。格奥尔吉·朱可夫元帅疲惫地坐在他那辆灰色指挥车的后座上，颠簸着驶上鹅卵石铺就的斜坡，进入空阔的红场。汽车迅速驶过色彩绚丽、带有糖果条纹圆顶的圣愚瓦西里大教堂，左拐后穿过西门进入克里姆林宫宫墙内。伊万·科涅夫元帅乘坐的另一辆轿车紧跟在朱可夫身后。巨大的救世主钟塔拱卫着宫殿入口，钟面的镀金指针即将指向下午 5 点。

俄国沙皇和大公昔日的领地，两辆指挥车驶过暴露在风中的内部庭院，进入由绘有壁画的宫殿、金色穹顶的大教堂、外墙面涂成黄色的政府大楼构成的建筑群，随即驶往克里姆林宫中心地区。汽车在建于 17 世纪、具有历史意义的伊凡大帝白砖钟楼附近减速，又驶过一排古炮，才在一栋长长的三层沙色大楼外停下。过了片刻，两位指挥员坐电梯前往斯大林位于二楼的办公室，他俩穿着剪裁考究的暗褐色军装，沉甸甸的金质肩章上缀着一颗 1 英寸宽的苏联元帅金星。两位元帅在副官和警卫军官簇拥下，利用这段短暂的时间友好地交谈了几句。不明就里的旁观者也许觉得他俩是密友，实际上，两人堪称死敌。

朱可夫和科涅夫都到达职业生涯巅峰。两人都是顽强、务实的完美主义者，整个军官团都认为，在他们手下服役既是一种荣誉，也背负着沉重的责任。身材矮壮、和颜悦色的朱可夫名气更大些，苏联百姓和士兵视他为偶像，认为他是苏联最伟大的军人，但也有些指挥员觉得他是个恶魔。

朱可夫是职业军人，军旅生涯始于沙皇时期的帝国龙骑兵。1917 年俄国革命爆发后, 他加入红军骑兵, 与反布尔什维克分子展开斗争, 在一场场激烈的战斗中表现得极为英勇, 内战后期成为红军指挥员。虽说朱可夫想象力非凡, 颇具指挥天赋, 可要不是斯大林30年代残酷清洗红军将领, 籍籍无名的朱可夫也许很难脱颖而出。惨遭清洗的红军将领大多是老革命, 而朱可夫幸免于难很可能是因为他更靠近军队而不是党。德高望重的老将接二连三倒台, 加快了朱可夫的升迁。到1941年, 他已升任苏联最高军事职务——红军总参谋长。

朱可夫号称"士兵中的士兵", 可能是因为他本人也当过普通士兵, 素以宽待应征入伍的新兵而备受赞誉。他认为只要部队打得好, 战利品就是他们应得的。但他对麾下指挥员非常严厉, 不称职的高级指挥员往往会被他当场撤职, 随后会因为作战失利受到纪律惩处。处罚通常有两种方式, 倒霉的军官有时候可以自行选择: 要么去惩戒营, 要么作为普通士兵去前线最危险的地段服役。

1944年波兰战局期间, 朱可夫和康斯坦丁·罗科索夫斯基元帅、第65集团军司令员帕维尔·巴托夫将军站在一起, 看着部队挺进。正用望远镜察看战场情况的朱可夫突然朝巴托夫喊道: "把军长和步兵第44师师长送到惩戒营!"罗科索夫斯基和巴托夫赶紧替两名指挥员求情。罗科索夫斯基好不容易救下军长, 但朱可夫怎么都不答应饶恕那位师长。步兵第44师师长立即被降职, 派往前线, 奉命率领自杀式突击, 很快就阵亡了。朱可夫随后推荐这名牺牲的指挥员获得最高军事荣誉——苏联英雄称号。

朱可夫战争期间三次获得苏联英雄称号, 他的主要竞争对手科涅夫获得过两次。两位元帅荣誉满身, 但朱可夫的声名传遍全苏联, 科涅夫却几乎不为人知, 这种籍籍无名不免让他耿耿于怀。

科涅夫个头很高, 是个言辞粗鲁、精力旺盛的人, 蓝色的眼睛不时闪现精明的光芒。他现年48岁, 比朱可夫小一岁, 从某些方面看, 他的职业生涯和同时期的其他人差不多。他也在沙皇军队当过兵, 投身革命后在红军服役。但有一点不同，在朱可夫这样的人看来，这是个很大的不同。科涅夫是作为政治委员加入红军的，虽说他1926年转入指挥岗位，成为正规军事指挥员，但其他军人认为，他的背景永远是有瑕疵的。正规军人向来对政治军官极其反感。政工人员的权力太大，没有高级政委会签的话，指挥员甚至无法下达命令。朱可夫是个忠诚的党员，可他从来没把原先的政治委员视为真正的职业军人。一直让朱可夫烦恼不安的是，战前他和科涅夫在同一个军区担任指挥工作，获得晋升的速度也差不多。这其实是斯大林刻意为之，他在30年代精心挑选他俩作为年轻将领的骨干，还敏锐地觉察到两人的激烈竞争。

科涅夫举止粗鲁，口无遮拦，但军方人士普遍认为他受教育程度较高，考虑问题也更全面。他喜欢看书，在司令部设立了小型图书室，偶尔会引用屠格涅夫和普希金书里的段落，让身边的参谋人员大为吃惊。他麾下的普通士兵都知道，他是个要求严格，执行纪律毫不留情的人。但与朱可夫不同，科涅夫很体谅麾下的指挥员，往往把怒火发向敌人。他在战场上冷酷无情。第聂伯河战役某个阶段，他的军队包围了几个德国师，科涅夫命令对方立即投降。德国人拒不从命，于是科涅夫命令挥舞马刀的哥萨克发起攻击。他1944年告诉南斯拉夫派驻莫斯科的军事代表团团长米洛万·吉拉斯："我们让哥萨克肆意砍杀，他们甚至砍掉了投降者高举的双手。"朱可夫和科涅夫至少在这方面的观点完全一致：他们绝不原谅纳粹犯下的暴行。他们既不会仁慈对待德国人，也不会为自己的所作所为感到愧疚。

此时，两位苏联元帅沿二楼走廊朝斯大林的办公套间走去，基本确定此次会面要讨论柏林问题。初步计划要求朱可夫部署在中路的白俄罗斯第1方面军夺取德国首都，罗科索夫斯基元帅位于北面的白俄罗斯第2方面军、科涅夫元帅部署在南面的乌克兰第1方面军提供支援。但朱可夫决心独自攻克柏林，他无意寻求援助，尤其不需要科涅夫协助。但科涅夫对柏林也有很多想法。不利的地形可能会挡住朱可夫的军队，特别是防御严密的塞洛高地, 那片地域就在奥得河西岸后方。倘若真发生这种情况, 科涅夫觉得有机会抢走朱可夫的风头, 他甚至想好了粗略方案。当然, 一切取决于斯大林, 但科涅夫这次热切地希望胜朱可夫一头, 赢得期盼已久的荣耀。科涅夫认为, 机会出现的话, 他可能会与自己的竞争对手争夺柏林。

众人沿铺着红地毯的走廊走了一半, 警卫军官领着朱可夫和科涅夫进入会议室。会议室房顶很高, 但室内很窄, 一张又长又大、擦得锃亮的红木桌几乎把房间塞得满满当当, 桌子旁边摆着座椅。两盏沉重的枝形吊灯, 装有明净的透明灯泡, 在桌子上方洒下光芒。会议室角落处放了张小桌子, 还有把皮椅, 旁边的墙上挂着大幅列宁像。窗帘遮住一扇扇窗户, 房间里没有旗帜, 也没有任何徽章。但这里有两幅彩色石版画, 镶在相同的深色相框内, 是俄国最著名的两位军事家的画像: 一位是叶卡捷琳娜二世时期战功赫赫的亚历山大·苏沃洛夫元帅, 另一位是1812年击败拿破仑大军的米哈伊尔·库图佐夫将军。会议室尽头的双开门通往斯大林的个人办公室。

两位元帅很熟悉这里的环境。朱可夫1941年担任红军总参谋长期间, 就在楼下大厅办公; 两人此前多次来这里面见斯大林。但这次会议不是小型的私下会晤。两位元帅步入会议室没过几分钟, 战时苏联地位仅次于斯大林的7位重要人物走了进来, 他们是苏联国防委员会成员, 而国防委员会是苏联战争机器的最高决策机构。

这群苏联领导人没有拘泥于职务高低, 就这样鱼贯进入会议室: 外交人民委员维亚切斯拉夫·M. 莫洛托夫, 他也是国防委员会副主席; 拉夫连季·P. 贝利亚, 这位体格健壮、戴着眼镜的秘密警察头子是苏联最让人恐惧的人物之一; 胖乎乎的格奥尔吉·M. 马林科夫是联共(布)中央委员会书记, 还是军品采购负责人; 阿纳斯塔斯·I. 米高扬面容瘦削, 长着鹰钩鼻, 是生产协调员; 尼古拉·A. 布尔加宁大将相貌堂堂, 留着山羊胡, 多次作为大本营代表被派驻各条战线; 神情冷漠、留着八字胡的拉扎尔·M. 卡冈诺维奇是个运输专家, 也是国防委员会里唯一的犹太人;

还有尼古拉·A. 沃兹涅先斯基，他是经济规划师，还是个行政管理人员。军方代表是红军总参谋长 A. A. 安东诺夫大将和作战部部长 S.M. 什捷缅科将军。这群苏联高级领导人就座时，苏联人民委员会主席办公室的房门开了，矮壮敦实的斯大林走了出来。

他穿着普普通通的芥末黄制服，没佩戴肩章，也没有任何军衔标志。裤子两侧缝有细细的红边，裤腿塞入柔软的黑色及膝长筒靴。他只在制服左胸口戴了枚勋章，这枚配有红色绶带的金星勋章代表苏联英雄称号。斯大林嘴里咬着他最喜爱的英国登喜路牌烟斗，没多费时间与众人寒暄，科涅夫后来回忆道："我们还没来得及打招呼，斯大林就说了起来。"①

斯大林就前线的情况问了朱可夫和科涅夫几个问题，随后突然切入正题。他嗓音不高，带着格鲁吉亚抑扬顿挫的特有口音，轻声说出的话语很有震撼力："几个小盟国想抢在红军前面到达柏林。"

他停顿片刻才继续说道，他收到事关英美计划的情报，很明显，"他们的意图不太像'盟友'的做法"。斯大林没提艾森豪威尔昨晚发来的电报，也没说自己的情报来源。他扭头吩咐什捷缅科将军："读读报告吧。"

什捷缅科起身告诉众人，艾森豪威尔的军队计划围歼盘踞在鲁尔区的敌军，而后攻往莱比锡和德累斯顿。但这不过是他们打算夺取柏林的"中间行动"。什捷缅科说道，一切"看上去似乎是在帮助红军"，但大家都知道，"艾森豪威尔的主要目标"是抢在苏联红军到达前占领柏林。什捷缅科郑重其事地指出，大本营还得知，"盟军两个空降师正迅速从事准备

---

① 苏联人的引语，和书中使用的苏联方面其他资料一样，凡是没有另行说明的，都是本书作者1963年4月去莫斯科研究旅行期间获得的。苏联政府批准本书作者在曼彻斯特大学的约翰·埃里克森教授协助下，采访了从元帅到普通士兵的柏林战役亲历者（完整名单参阅附件）。本书作者唯一没获准采访的苏联元帅是朱可夫，其他人，例如科涅夫、索科洛夫斯基、罗科索夫斯基、崔可夫，平均每人都跟本书作者私下里交谈了3个钟头。另外，本书作者还获准查阅军事档案，复制、摘抄了大批苏联文件，包括作战地图、战后报告、专题文章、照片，以及迄今为止仅在苏联政府圈内传阅的军事史。

工作, 打算空降柏林"[1]。

按照科涅夫对此次会议的说法, 他后来记得什捷缅科汇报的盟军作战计划, 还包括蒙哥马利从鲁尔区北面"沿英军基本集团与柏林之间的最短路线"大举推进。科涅夫回忆, 什捷缅科最后指出, "从我们目前掌握的所有资料和情报看, 英美军队司令部认为抢在苏联红军之前攻克柏林的计划完全能做到, 正准备全力以赴地实现这项目标"。[2]

什捷缅科读罢军事评估, 斯大林扭头看看两位元帅, 轻声说道: "那么, 谁会拿下柏林呢? 是我们还是盟军?"

科涅夫后来自豪地回忆, 他率先回答了斯大林的问题: "我们会攻占柏林的, 而且会抢在英美军队之前。"

斯大林看看他, 脸上闪过一丝微笑。他带着生硬的幽默, 再次轻声问道: "那么, 您会是攻克柏林的那个人吗?"科涅夫记得, 斯大林一瞬间又换上冷漠、严肃的神情, 尖锐地提出了问题。科涅夫的军队位于南面, 那么他如何及时做好攻克柏林的准备呢? 斯大林问道: "您的军队不需要大规模变更部署吗?"科涅夫发觉自己中了圈套, 但为时已晚。斯大林故技重施, 又玩起了让手下将领争斗的老把戏, 科涅夫明白过来, 可还是回答道: "斯大林同志, 方面军会采取一切必要措施, 为攻克柏林及时变更部署。"

这正是朱可夫一直等待的时刻。他平声静气, 略带屈尊附就的口气问

---

[1] 的确如此。

[2] 斯大林与几位元帅召开的这场重要会议, 尽管具体内容从未在西方国家发表过, 但苏联军方上层人所皆知。苏联军事史著作和期刊对此次会议有几种说法。一种说法是朱可夫把会议内容告诉了参谋人员, 就像苏联历史学家 N.N. 波佩尔中将记载的那样。科涅夫元帅对本书作者解释了此次会议的背景, 说了些迄今为止无人知晓的细节。他1965年在莫斯科出版了个人回忆录, 第一部里也描述了会议的部分细节。他与朱可夫的说法有些不同之处, 例如朱可夫没提到蒙哥马利打算攻往柏林, 而科涅夫也没提英美空降力量计划空投柏林。

什捷缅科将军宣读的报告, 相关情报来源从未披露过。本书作者判断, 苏联人根据艾森豪威尔前一晚发来的电报, 做出了极为夸张的军事评估, 这种评估部分基于他们对艾森豪威尔动机的怀疑, 部分是编造的, 旨在为斯大林自己的目的提供依据。

道："我能说几句吗？"没等斯大林回答，他就朝科涅夫点点头，说道："恕我直言，白俄罗斯第1方面军的将士不需要变更部署，他们已做好准备。我们的目标就是柏林。我们离柏林最近，所以我们会攻克柏林。"

斯大林默默地看着两位元帅，脸上再次闪过一丝微笑，语气温和地说道："很好，你们就留在莫斯科，在总参谋部拟制计划，我希望你们48小时内拿出方案，获得批准再返回前线。"

制订计划的时间这么短，两位元帅都有点吃惊。他们明白过来，进攻柏林的原定日期是5月初，斯大林现在显然希望他们提早几周发动进攻。科涅夫觉得眼下的局面尤为严峻。虽说他有个初步计划，能让他抢在朱可夫之前攻入柏林，可这份计划还没落实到书面上。此次会议让他迫切地意识到，必须尽快解决一大堆后勤问题。各种装备和物资现在得赶紧运往前线。更严重的是，科涅夫兵力不足。经历了上西里西亚战役，他麾下很大一部分作战力量仍分散在南面。有些兵团离柏林很远，必须立即调运，可这又带来严重的运输问题。

斯大林的话也让朱可夫忧心忡忡。虽说他的参谋人员一直在准备进攻战役，但远远没有做好准备。他的方面军部署就位，可他仍在前运物资，忙着把补充兵送往前线，补充严重消耗的兵力。他麾下某些师，按照编制应该有9000~12000人，可现在下降到3500人。朱可夫认为柏林进攻战役会非常艰巨，所以想为有可能发生的各种情况做好准备。据他的情报部门报告："[德国人]在柏林城及其周边做了精心准备，企图实施顽强防御。所有街道、广场、路口、房屋、运河、桥梁都是整体防御的组成部分……"要是他想抢在西方军队之前攻入柏林，一切都得加速进行。他要多久才能发动进攻？斯大林也想知道这个问题的答案，所以要迅速做出回答。

会议结束时，斯大林再次发言。他语气冰冷地对两位元帅强调道："我必须告诉你们，我们非常关注你们发起行动的日期。"

两位指挥员的竞争，从来没有像现在这样表面化，斯大林再次利用了这一点。他朝众人点点头，转身离开会议室。

苏联最高统帅启动了自己的计划，但现在还有另一项重要任务：他得认真、详细回复艾森豪威尔的电报。斯大林着手拟制电文草稿。当晚 8 点，他把写好的电报发了出去。斯大林在电报里告诉艾森豪威尔："我收到您 3 月 28 日发来的电报，您打算与苏联红军会师……分割德国军队的计划，完全符合苏联最高统帅部的方案。"斯大林完全同意双方军队在莱比锡—德累斯顿地区会师，因为"苏联红军会朝那个方向发起主要突击"。至于红军的进攻日期，斯大林特地做出说明，应该是"5 月份下半月前后"。

这封电报最重要的内容写在第三段，这段话给人的印象是，他对德国首都不感兴趣。斯大林写道："柏林已丧失原先的战略重要性。"他指出，柏林实际上已无关紧要，"因此苏联最高统帅部计划以辅助力量攻往柏林方向"。

★ ★ ★

几乎整个下午，温斯顿·丘吉尔一直与英国三军参谋长磋商。他尴尬而又沮丧，这种尴尬源自艾森豪威尔的复电，可电报传送期间出了岔子。丘吉尔收到的电报里有这样一句："蒙哥马利负责巡逻任务……"丘吉尔言辞激烈地回电称，他觉得国王陛下的军队"被贬低到……意想不到的有限范围"。困惑不解的艾森豪威尔回电称："就算没造成伤害，我也深感不安……我绝无此意，我觉得以我过往的记录看，应该能消除此类想法。"事情搞清楚了，艾森豪威尔根本没写过"巡逻任务"一词，他说的是"这些任务"，可不知怎么回事，电报传送期间的转译出了错。这起事件把丘吉尔搞得懊恼不已，虽说事情不大，却加剧了眼下的混乱。

在英国首相看来，美国人对柏林的态度始终冷淡，这就不是件小事了。凭着他这辈子特有的坚韧秉性，丘吉尔立即着手处理两个问题：盟军的关系和柏林。他给患病的罗斯福发了封长电报，是自 SCAF 252 电报争议发生后他发给罗斯福总统的第一封电报。英国首相首先用很长的篇幅说他完全信任艾森豪威尔，随后"处理了始终并肩作战、最真诚的朋友和盟友间的些许误会"，这才反复强调攻克德国首都的紧迫性。他争辩道："没有什么……能像柏林陷落那样，给德国军队造成绝望的心理影响。这是明确无误的战败信号……倘若 [红军] 占领柏林，他们会不会产生不恰当的印象，认为他们为这场共同赢得的胜利做出了最大的贡献，会不会由此产生某种情绪，日后给我们造成严重而又棘手的难题？所以我认为，从政治角度看……如果柏林唾手可得的话，我们当然应该占领它……"

次日，丘吉尔收到斯大林发给艾森豪威尔的电报副本，进一步加剧了他的焦虑。英国首相认为这封电报的内容很值得怀疑。当晚 10 点 45 分，他致电艾森豪威尔："莫斯科发给你的电报，第三段说'柏林已丧失原先的战略重要性'，这句话让我更加认识到进入柏林的重要性，那座城市也许已经对我们开放了。斯大林这句话应该从我说过的政治方面来解读。"丘吉尔满怀热情地补充道，他现在认为："我们应当在尽量靠东的地方同俄国人会师，这一点至关重要……"

无论发生什么，丘吉尔拿下柏林的决心一点没动摇，态度依然乐观。他在发给艾森豪威尔的电报结尾处写道："斯大林发动主攻前，西线也许会发生许多意想不到的事情。"丘吉尔目前最大的希望是，盟军的突击势头和干劲也许能让他们抢在斯大林的预定进攻日期前攻入柏林。

★ ★ ★

斯大林的大本营里，朱可夫和科涅夫元帅忙得昏天黑地。到 4 月 3 日星期二，48 小时规定期限内，他们完成了各自的计划，随后再次面见斯大林。

朱可夫首先汇报。几个月来他一直在考虑柏林进攻战役，对规模庞大的白俄罗斯第1方面军辖内诸集团军的预定行动了如指掌。朱可夫说道，他打算拂晓前从柏林正对面、屈斯特林西面奥得河对岸44公里长的登陆场发起主要突击，北面和南面展开辅助突击，支援主要突击。

朱可夫的作战计划，后勤工作规模大得惊人。主要突击投入的兵力不下4个诸兵种合成集团军和2个坦克集团军，另外2个集团军遂行辅助突击。算上后方第二梯队，他总共有768100名将士。为稳妥起见，朱可夫希望确保屈斯特林登陆场内每公里正面至少部署250门火炮，大致每隔13英尺就有1门火炮！为了给主要突击开辟通道，他打算投入11000门火炮实施声势浩大的炮火准备，这个数字还不包括口径较小的迫击炮。

朱可夫很快汇报到计划中他最偏爱的部分。为迷惑敌人，他想了个异乎寻常的怪法子。此次进攻在拂晓前的黑暗中发起，开始冲击的那一刻，他打算以140部大功率防空探照灯的强光直射守军阵地，让他们什么也看不清，以此粉碎德军士气。朱可夫认为自己的计划能大量杀伤敌有生力量。

科涅夫的计划也很庞大，再加上他的勃勃雄心，就显得更加复杂，也更为艰巨。他后来指出："柏林是我们热切期盼的目标，从士兵到将军，所有人都想亲眼见到柏林，用武力攻克那座城市。这也是我的热切愿望……我满怀激情。"

可眼下的情况是，哪怕从最靠近的地点算起，科涅夫的军队离柏林也超过75英里。科涅夫希望以速度克服困难。他巧妙地把几个坦克集团军集中在右侧，待突击力量达成突破，他就转向西北面赶赴柏林，也许能抢在朱可夫之前攻入城内。几周来他一直在盘算这件事，可现在听到朱可夫汇报的情况，他犹豫了，最终决定不透露自己的秘密，于是按照预定方案汇报了详情。他的计划要求麾下军队以一个个低空飞行的战斗机中队布设的浓密烟幕为掩护，拂晓时强渡尼斯河。为遂行主要突击，他打算投入5个诸兵种合成集团军和2个坦克集团军，共计511700人。值得注意的是，科涅夫提出的火炮密度几乎与朱可夫一模一样，每公里正面250门火炮，他还打算让这些火炮发挥更大效力。科涅夫后来回忆道："与友邻军队不同，我想以饱和炮击对付敌军阵地，炮火准备持续 2 小时 35 分钟。"

但科涅夫急需援兵。朱可夫沿奥得河畔排开 8 个集团军，而尼斯河畔的科涅夫总共只有 5 个集团军。为贯彻实施自己的计划，他还需要 2 个集团军。商讨一番后，斯大林同意把第 28、第 31 集团军调拨给他，因为"波罗的海和东普鲁士各条战线已经缩短了"。但斯大林指出，眼下的交通运输很紧张，几个集团军可能需要很长时间才能开抵乌克兰第 1 方面军。科涅夫决心赌上一把。他告诉斯大林，他可以在援兵仍在途中时先发动进攻，待他们开抵就立即投入战斗。

听完两位元帅的汇报，斯大林批准了他们的作战计划。但攻克柏林的任务交给了朱可夫，而后他就攻往易北河一线。科涅夫与朱可夫同一天发动进攻，任务是歼灭柏林南部边缘之敌，而后率领军队向西攻击前进，与美国人会师。红军第三个重兵集团是罗科索夫斯基元帅的白俄罗斯第 2 方面军，他们沿奥得河下游集中，一路延伸到朱可夫北面的沿海地带，不参加柏林进攻战役。罗科索夫斯基麾下共计 314000 名将士，任务是晚些时候发动进攻，穿过德国北部与英国军队会师。红军三个方面军的总兵力多达 1593800 人。

眼下看来，科涅夫似乎在柏林进攻战役中沦为配角。但斯大林随后朝桌上的地图俯下身子，在朱可夫与科涅夫方面军之间画了条分界线。这条分界线很奇怪，它从红军战线东面起，越过奥得河，径直延伸到施普雷河畔的吕本，这座建于 16 世纪的古镇大致位于柏林东南方 65 英里处。斯大林的铅笔突然在那里停下，要是他画的这条线继续穿过德国，标出科涅夫不得逾越的分界线，那么乌克兰第 1 方面军显然就与柏林进攻战役无缘了。科涅夫此刻兴奋不已，他后来回忆道："尽管斯大林什么都没说……但他默许了方面军指挥机构充分发挥主动性。"斯大林一声不吭地给科涅夫的军队攻往柏林开了绿灯，只要他们能做到。科涅夫觉得斯大林明白自己的心思，他后来说"斯大林悄然鼓励竞争"，此次会议随之结束。

两位元帅的计划立即转为正式命令。第二天早上，激烈竞争的两位战地指挥员揣着最高统帅的训令，冒着大雾驱车赶往莫斯科机场，急于返回各自的司令部。训令里要求他们发动的进攻，比斯大林对艾森豪威尔说的日期提前了整整一个月。为保密起见，书面训令里没写明日期，但斯大林亲口告诉朱可夫和科涅夫，4月16日星期一发动柏林进攻战役。

★ ★ ★

朱可夫和科涅夫忙着从事进攻准备，打算把100多万将士组成的13个集团军投向柏林之际，阿道夫·希特勒出名的直觉又一次闪现了。他断定，大批红军集中在首都对面的屈斯特林，不过是声势浩大的佯攻罢了，苏联红军的主要突击会落在南面的布拉格，而不是柏林。希特勒手下的将领，只有一个"深具天赋者"也有同样的洞察力，此人就是在海因里齐南翼指挥中央集团军群的费迪南德·舍尔纳大将，他也看穿了俄国人的把戏。舍尔纳提醒道："我的元首，历史上可是有记载的。要记住俾斯麦说过的话，'谁能掌握布拉格，谁就能控制欧洲'。"希特勒赞同他的观点。生性残暴的舍尔纳深受元首青睐，是德军将领中最没才干的家伙，却很快被擢升为陆军元帅。与此同时，希特勒下达了一道后果严重的指令。4月5日夜间，他下令把海因里齐4个经验丰富的装甲兵团调往南面，而海因里齐本指望以这股力量削弱红军的猛烈冲击。

— 4 —

　　海因里齐大将的汽车缓缓穿过柏林的废墟瓦砾，朝帝国总理府驶去，赶去参加希特勒 9 天前下令召开的正式会议。海因里齐和他的作战处处长艾斯曼上校坐在汽车后座，默默地盯着一条条烧得漆黑的街道。两年来，他只到过柏林一次。此刻亲眼见到的情形令他不知所措，根本认不出这里就是柏林。

　　正常情况下，从他的司令部到帝国总理府这段路程需要 90 分钟左右，可这次在路上用了快两倍时间。堵塞的街道一次次迫使他们绕道而行，耽误了许多工夫，就连原先的通衢大道也有不少路段无法通行了。其他地方，严重倾斜的建筑随时可能坍塌，导致各条街道变得危险万分。一个个巨大的弹坑里喷出的自来水嘶嘶作响，破裂的总管道泄漏的煤气在燃烧，市区许多地方被封锁，还竖起"小心！地雷！"的警告牌，标出了未爆炸的空投地雷的位置。海因里齐苦涩地对艾斯曼说道："这就是我们的下场，一片瓦砾的海洋。"

　　威廉大街两侧的建筑物沦为废墟，但帝国总理府似乎没什么变化，只是被弹片刮破了部分外墙，就连入口处制服笔挺的党卫队卫兵也和原先没什么不同。艾斯曼紧跟着海因里齐走入总理府，卫兵干净利落地立正敬礼。虽说路上耽误了不少时间，但海因里齐准时到达。希特勒召集的会议定于下午 3 点开始，海因里齐前几天为此仔细考虑了一番。他打算直言不讳、清晰明确地把维斯瓦集团军群面临的真实状况告诉希特勒和他身边的人。海因里齐当然知道说真话的风险，但他似乎并不害怕此举有可能带来的后果。相比之下，艾斯曼倒显得惴惴不安。他后来说道："依我看，海因里齐似乎打算对希特勒和他的顾问发起'全面进攻'，敢这样做、事后还能活下来的人寥寥无几。"

总理府大厅内，一名衣冠楚楚的党卫队军官迎接了海因里齐，这名军官穿着白色紧身制服、黑马裤，骑兵靴擦得锃亮，他告诉海因里齐，会议在元首暗堡举行。海因里齐听说过，帝国总理府、毗邻的建筑物、后面封闭的花园下方有一座庞大的、迷宫般的地下设施，但他此前从没来过。在带路人员引导下，海因里齐和艾斯曼走入地下室，再进入花园。尽管总理府外立面完好无损，但这座建筑的后部显然遭到严重破坏。漂亮的花园里以前有几组喷泉，可现在都不见了，一同消失的还有希特勒的茶亭和原本在一侧的植物温室。

海因里齐觉得这里简直就像战场，"巨大的弹坑、混凝土块、破碎的雕像、连根拔起的树木"随处可见。硝烟熏黑的总理府墙壁上，"原先的窗户只剩下巨大的黑洞"。艾斯曼看着眼前的荒凉景象，不由得想起19世纪德国民谣歌手乌兰德《歌手的诅咒》里的一句歌词："只剩高高的石柱在讲述逝去的荣耀，就连这根石柱也可能一夜之间倒塌。"海因里齐倒没有溯古追今，而是低声对艾斯曼说道："想想看，三年前希特勒控制了从伏尔加河到大西洋的整个欧洲，可如今他躲在地下洞穴里。"

他们穿过花园来到一座长方形碉堡前，门前站着两名卫兵。卫兵检查了他们的证件，推开厚重的钢门，让两名军官进去。海因里齐永远忘不了，钢门在身后嘎嘎作响地关闭时，"我们走入了令人难以置信的地下世界"。蜿蜒曲折的混凝土楼梯底部，两名年轻的党卫队军官站在灯光明亮的门厅负责接待工作。他们彬彬有礼地接过海因里齐和艾斯曼的大衣，随后很有礼貌地搜查了二人。艾斯曼的公文包受到重点关照，这是因为1944年7月，放在公文包里的定时炸弹差点要了希特勒的命。打那以后，元首的精锐卫队就不允许任何人未经搜查接近希特勒。尽管两名党卫队军官连声致歉，可海因里齐还是对这种侮辱愤怒不已，艾斯曼也为"一名德国将军受到这般对待深感羞辱"。搜查结束后，有人领他们进入狭长的走廊，走廊隔成两部分，其中一部分改造成舒适的休息室。天花板上装着圆顶灯，淡黄色灯光洒向浅米色泥灰墙。地上铺的东方地毯显然是从总理府某个更大的房间搬来的，因为两侧的地毯边掖了起来。虽说休息室很舒适，可里面摆放的家具和地毯一样，似乎不太搭调。休息室里的椅子各式各样，有的普普通通，也有的套着华贵的椅套。一张窄窄的橡木桌靠在墙边，墙上挂着几幅大型油画，是德国建筑师兼画家申克尔绘制的风景画。入口右侧，一扇敞开的门通往召开此次会议的小会议室。元首暗堡有多大，又有多深，海因里齐只能猜测。就他见到的情形看，这座暗堡相当宽敞，一扇扇门通往走廊休息室两侧和更远处的若干房间。天花板很低，金属门很窄，再加上没有窗户，这里就像小型邮轮里的通道，不过，据海因里齐估计，这座暗堡至少在地下 40 英尺处。

一名身材高大、衣着考究的党卫队军官很快到来，他是希特勒的私人副官兼保镖、二级突击队大队长奥托·京舍。京舍友好地询问海因里齐此次行程的情况，还送上茶点，海因里齐喝了杯咖啡。其他与会人员很快也陆续到达。希特勒的副官长威廉·布格多夫将军随后到来。艾斯曼记得，布格多夫"说了些一定能胜利的话"与众人寒暄。接着到达的是 OKW 参谋长威廉·凯特尔元帅，希姆莱和海军元帅卡尔·邓尼茨紧随其后，还有马丁·鲍曼，据说他是希特勒最信赖的心腹。用艾斯曼的话来说："所有人都大声同我们打招呼，看着他们，我真为自己的长官感到骄傲。他从不卑躬屈膝，既严肃又懂分寸，在这群宫廷弄臣当中，他就是个不折不扣的军人。"

艾斯曼注意到，希姆莱穿过休息室朝他们走来，海因里齐顿时紧张起来。他听将军压低声音抱怨道："幸好他从未踏足我的司令部。要是他哪天到访的话，您得赶紧告诉我，我好避开，他让我作呕。"的确如此，希姆莱拽着海因里齐交谈时，艾斯曼看见自己的长官脸色苍白。

就在这时，古德里安的继任者汉斯·克雷布斯将军走入休息室，看见海因里齐，他马上走了过来。今天早些时候，海因里齐从克雷布斯那里得知，自己麾下几个至关重要的装甲兵团转隶舍尔纳集团军群。虽然海因里齐责怪克雷布斯没有强烈反对这项决定，可他现在似乎对新任陆军总参谋长的态度很友好，因为他至少用不着再敷衍希姆莱了。

一如既往，克雷布斯表现得八面玲珑，对谁都笑容可掬。他很有把握地告诉海因里齐，此次会议会解决所有问题，他对此毫不怀疑。海因里齐提起自己关心的几个问题，邓尼茨、凯特尔、鲍曼站在一旁认真倾听，他们随后保证，待海因里齐向元首进言，他们仨会鼎力支持。鲍曼扭头问艾斯曼："维斯瓦集团军群对柏林乃至整个德国有直接影响，您对集团军群目前的状况有什么看法？"艾斯曼惊得目瞪口呆，俄国人离德国首都只有38英里，英美军队正从西面火速穿过德国，鲍曼的问题简直愚蠢至极。他直言不讳地答道："局势很严峻，这正是我们来这里开会的原因。"鲍曼拍拍他的肩膀，安慰地说道："您不必太担心，元首肯定会提供帮助，你们会获得需要的兵力。"艾斯曼又惊呆了，鲍曼说得容易，可从哪里能弄到兵力呢？这一刻他有种不适感，觉得休息室里只有他和海因里齐理智尚存。

越来越多的军官和参谋人员鱼贯进入人满为患的走廊。国防军指挥参谋部参谋长——神情冷漠、镇定自若的阿尔弗雷德·约德尔将军带着副手到来；空军总参谋长卡尔·科勒将军、OKW负责后勤和补充兵的参谋长瓦尔特·布勒将军一同到达。几乎每个人都带着副官、勤务兵或副手，由此造成的喧嚣和混乱让艾斯曼想到一群蜜蜂。

海因里齐一言不发地站在拥挤的走廊里，面无表情地听着叽叽喳喳的交谈声。这些交谈大多是闲聊，既琐碎又无关紧要。暗堡里令人窒息，还有种不真实的气氛。海因里齐的不安感油然而起，他觉得希特勒身边的人遁入了梦想世界，他们在这个世界里自欺欺人地认为会发生某种奇迹，届时就能逃过没顶之灾。他们相信自己等待的那个人肯定会创造奇迹。就在这时，走廊里突然传来动静，布格多夫将军双手举过头顶挥舞着，示意众人安静下来，他喊道："诸位，诸位，元首来了！"

机群逼近时，广播里传出发给滕佩尔霍夫区的警告代号："古斯塔夫！古斯塔夫！"地铁沿线各站长办公室，一个个扬声器响起"危险15"的通知声。又一场覆盖全城的饱和轰炸开始了。

泥土四散飞溅，玻璃碎片蹿入空中，混凝土块砸上街道，上百个地方扬起龙卷风似的尘埃，把整座城市笼罩在令人窒息的深灰色云层下。男男女女争先恐后、跌跌撞撞地逃往防空洞。露特·迪克尔曼跑到藏身处前，抬头看了眼一拨拨飞来的轰炸机，觉得它们就像"一条流水线"。克虏伯-德鲁肯米勒工厂里，从法国强征来的劳工雅克·德洛奈正在检修一辆弹痕累累的坦克，他刚刚在战斗舱里找到半条令人作呕的胳膊，听见警报，他丢下残肢朝防空洞跑去。胜利大道上，勃兰登堡—普鲁士统治者的一尊尊大理石塑像在基座上晃动，还发出吱吱嘎嘎的声音；12世纪的领袖人物、绰号"熊"的阿尔贝特侯爵高举的十字架，在同时代杰出人物、班贝格的奥托主教半身胸像上砸得粉碎。附近的斯卡格拉克广场上，警察四散隐蔽，丢下一具自杀者的尸体挂在树上晃荡。

雨点般落下的燃烧弹，砸穿了莱尔特街监狱B监区的屋顶，在二楼引发了十几簇耀眼的镁火。看守赶紧把囚犯放出来救火，他们忙碌起来，拎着一桶桶沙子，跌跌撞撞地穿过刺鼻的烟雾。两名囚犯突然停了下来，244号牢房的犯人盯着247号牢房的囚犯，两人抱在一起，赫伯特·科斯奈和库尔特·科斯奈两兄弟这才得知，他们关在同一层监牢好几天了。

潘科区，韦尔特林格尔夫妇躲在默林家一楼的两居室公寓里，西格蒙德抱着啜泣的妻子玛格丽特，两人站在厨房内。吵闹的高射炮火中，他扯着嗓门喊道："照这样下去的话，就连犹太人也可以堂而皇之地去防空洞了。那帮家伙被炸弹吓得要死，哪里还顾得上我们。"

14岁的鲁道夫·雷施克只来得及看见空中银光闪闪的飞机，他喜欢耍弄低空扫射的战斗机，可这群飞机飞得太高，没法玩危险的捉迷藏游戏。没等鲁道夫多想，他母亲就喊叫起来，几乎有点歇斯底里，随后拖着他躲入地下室，鲁道夫9岁的妹妹克丽斯塔坐在里面哇哇大哭，吓得瑟瑟发抖。整个地下室似乎在颤抖，天花板和墙上的灰泥簌簌落下，电灯泡忽明忽暗，雷施克夫人和克丽斯塔大声祷告起来，没过多久，鲁道夫也加入其中，向"我们的天父"祈祷。剧烈的爆炸声越来越响，地下室似乎抖个没完。雷施克一家经历过多次空袭，可这次的情形不太一样。雷施克夫人搂着两个孩子抽泣起来。鲁道夫知道妈妈经常忧心忡忡，特别是因为爸爸在前线服役，但他此前很少听妈妈哭过。他突然对那些飞机痛恨起来，因为它们把妈妈吓坏了，鲁道夫自己也吓得够呛，这还是第一次。他不无尴尬地发现，自己哭得稀里哗啦。

没等妈妈拽住他，鲁道夫就冲出地下室。他一口气跑上楼梯，来到他们家位于一楼的公寓，径直走入自己的房间，翻出他收集的玩具兵，找到最威严的那个，瓷质玩具兵的脸上画着明显的特征。他随后来到厨房，取下妈妈那把沉甸甸的砍肉刀。鲁道夫现在全然不顾空袭的威胁，走出房间来到公寓院子里，把玩具兵放在地上，一刀剁掉了他的头。他退后一步，说了句"得啦"，泪水仍挂在脸颊上，他毫无悔意，低头盯着阿道夫·希特勒被砍下的头颅。

★ ★ ★

他步履蹒跚地走入暗堡走廊，弓着背，拖着左脚，左臂不受控制地颤抖着。虽然他身高5英尺8.5英寸，可他的头和身子歪向左侧，看上去矮了许多。崇拜者觉得"深具魅力"的那双眼睛红通通的，显得焦虑不安，就像几天没睡觉似的。他的脸有些浮肿，暗灰色的脸上似乎满是斑点。他右手拎着副淡绿色眼镜，明亮的灯光似乎令他不适。他面无表情地看看那些将领，众人举手敬礼，齐声喊道："希特勒万岁！"[①]

走廊里的人太多，希特勒好不容易才从众人身边挤过，进入小会议室。艾斯曼注意到，元首刚走过去，其他人又交谈起来，他本以为会出现"尊重的沉默"，可根本没有。至于海因里齐，他对元首的模样震惊不已，觉得希特勒"看似活不过 24 小时，简直是行尸走肉"。

希特勒慢慢挪到会议桌上首的座位，每个动作看上去都异常痛苦。艾斯曼惊愕地见到，希特勒"像个麻袋那样瘫在扶手椅里，一言不发，保持前倾的姿势，两条胳膊撑着座椅扶手"。克雷布斯和鲍曼走到元首身后，坐在靠墙的长凳上。克雷布斯从那个位置简单引见了海因里齐和艾斯曼。希特勒虚弱无力地同两人握手。海因里齐发现"几乎感觉不到元首的手，因为希特勒一点握力也没有"。

会议室太小，不是每个人都能坐着，所以海因里齐站在元首左侧，艾斯曼站在他右手边。凯特尔、希姆莱、邓尼茨在会议桌对面的椅子上就座。其他人待在会议室外的走廊上，令海因里齐惊讶的是，尽管那帮人压低了声音，可还是聊个不停。克雷布斯看看海因里齐，率先发言道："为了让指挥官尽快返回集团军群，我建议先请他汇报情况。"希特勒点点头，戴上那副绿色眼镜，示意海因里齐开始汇报。

---

① 与普遍接受的看法相反，希特勒健康状况的恶化，不是他在1944年炸弹刺杀事件中负的伤造成的，尽管这些伤似乎标志着希特勒健康状况迅速恶化的开始。战争结束后，美国反谍报小组审问了几乎每个给希特勒看过病的医生。本书作者看过他们提交的所有报告，虽然没有一份报告就希特勒的麻痹状态给出具体原因，但这些报告普遍认为，希特勒之所以患病，部分是心理原因，部分是他的生活方式造成的。希特勒几乎从不睡觉，夜晚和白天在他看来没什么区别。另外，有大量证据表明，希特勒最青睐的医生特奥多尔·莫雷尔教授给他大量注射药物，滥用药物导致他慢性中毒。莫雷尔开的药方含有吗啡、砷、士的宁和各种人工兴奋剂，这位医生甚至还自行配置了神秘的"特效药"。

海因里齐将军以他从容不迫、一丝不苟的作风开门见山。他直视会议桌旁的众人，又看看希特勒，随即说道："我的元首，我必须告诉您，敌人正准备以前所未见的势头和不同寻常的兵力发动进攻。目前他们在这些地域从事准备工作，从施韦特南面一直到法兰克福以南。"希特勒自己的地图摊在会议桌上，海因里齐的手指沿奥得河战线遭受威胁的地段缓缓下划，这条战线长75英里左右，在他估计会遭受最猛烈冲击的几座城镇——施韦特、弗里岑地区、屈斯特林登陆场周围、法兰克福南面——稍稍停了停。海因里齐说，他毫不怀疑"[俄国人的]主要进攻会落在据守中央地段的第9集团军头上"，另外，敌人"还会打击施韦特周围冯·曼陀菲尔第3装甲集团军南翼"。

海因里齐仔细汇报自己如何以麾下兵力加强布塞第9集团军，抗击敌人必然发起的猛烈突击。但加强布塞的兵力，势必影响冯·曼陀菲尔集团军。第3装甲集团军部分防线目前由战斗力低下的兵团扼守：上了年纪的人民冲锋队队员、少量匈牙利士兵、苏联变节者组成的几个师，安德烈·A. 弗拉索夫将军指挥的这些师，可靠性值得怀疑。海因里齐随后直截了当地指出："虽说第9集团军的状况比先前好些，可第3装甲集团军根本不在战斗状态。冯·曼陀菲尔军队的战斗力不高，至少从他那条防线的中部和北部地段看是这样。他们的火炮寥寥，高射炮没法替代火炮，更何况就连高射炮的弹药也不足。"

克雷布斯赶紧打断他的话，强调指出："第3装甲集团军很快会获得火炮。"

海因里齐微微点点头，对此不置可否，等他见到火炮才会相信克雷布斯的承诺。他继续做汇报，就好像刚才没人打断他似的。他告诉希特勒，第3装甲集团军自身的安危眼下全靠泛滥的奥得河。他说道："我得提醒您，我们必须接受这样的现实，只有奥得河依然泛滥，第3装甲集团军的虚弱状况才不会引发大问题。"海因里齐补充道，一旦水位下降，"俄国人必然在那里也发动进攻。"

会议室里的人有点不安，但都聚精会神地聆听海因里齐的汇报。希特勒召开的会议上，这般直言不讳的情况不多见，毕竟大多数将领都报喜不报忧。自打古德里安去职后，再也没有谁坦率直言了，而且很明显，海因里齐的汇报刚刚开始。他的话题随即转向奥得河畔法兰克福的守军，希特勒已宣布该城为要塞，就和命运多舛的屈斯特林一样。海因里齐想弃守法兰克福，他觉得这些部队白白浪费在了希特勒狂热的"要塞"祭坛上。应该挽救这股作战力量，把他们用于其他地方。古德里安先前对屈斯特林也持同样的看法，可这种观点让他丢官去职。海因里齐现在提出反对意见，很可能落得同样下场。但维斯瓦集团军群司令认为自己对法兰克福守军负有责任，无论后果如何，他绝不退缩。于是他慷慨陈词。

海因里齐指出："第9集团军作战地域内，防线最薄弱的地段就在法兰克福周围。那里的守军不仅兵力虚弱，弹药也不多。我认为我们应该弃守法兰克福，撤出守军。"

希特勒突然抬起头，吐出会议开始以来的第一句话。他厉声说道："我绝不接受这项建议！"

在此之前，希特勒坐在那里，不仅一言不发，还一动不动，好像对所有事情完全不感兴趣。艾斯曼觉得他甚至没听海因里齐的汇报。可现在，元首"突然醒了过来，表现出强烈的兴趣"。他开始询问法兰克福守军的兵力、补给、弹药状况，出于某些无法理解的原因，他还问到法兰克福炮兵力量的部署情况。海因里齐做了回答，一步步把希特勒引入自己的思路，他从艾斯曼手里取过各项报告和统计数据，摊在元首面前的会议桌上。希特勒逐一翻阅呈上的文件，似乎很有触动。海因里齐觉得机会来了，于是平静但语气坚定地说道："我的元首，我发自内心地认为，弃守法兰克福不失为明智而又合理的举措。"

令会议室里大多数人惊讶的是，希特勒扭头对陆军总参谋长说道："克雷布斯, 我认为大将对法兰克福的看法是对的。请您给集团军群拟制必要的命令, 今天就交给我。"

众人震惊不已, 会议室里一片沉默, 倒显得走廊里叽叽喳喳的交谈声似乎太大了。艾斯曼突然觉得自己对海因里齐产生了新的敬重之情。他后来回忆道: "海因里齐本人好像完全不为所动, 但他朝我看了一眼, 似乎是说'好吧, 咱们赢了'。"可这场胜利很短暂。

就在这时, 走廊里传来一阵巨大的骚动, 身材肥胖的帝国元帅赫尔曼·戈林出现在小会议室门口。他挤入会议室, 热情地招呼与会人员, 还握着希特勒的手用力晃动, 为自己的迟到表示歉意。戈林挤到邓尼茨身旁落座, 会议中断了, 趁此机会, 克雷布斯赶紧把海因里齐汇报的最新情况告诉戈林。克雷布斯说完, 戈林站起身, 双手拄在地图桌上, 朝希特勒俯下身子, 似乎要对会议内容评论一番。可他却满脸笑容、情绪颇佳地说道: "我得给你们说个故事, 是我视察第9伞兵师……"

但他没能说下去。希特勒突然坐直身子, 猛地站了起来。一连串话语滔滔不绝地脱口而出, 在场的人几乎听不懂他在说什么。艾斯曼后来回忆道: "他在我们面前突然爆发开来。"

希特勒的怒火与戈林无关。这番怒斥针对的是他那些顾问和将领, 他觉得他们阳奉阴违, 故意抵制他对要塞的战术使用。希特勒吼道: "整个战争期间, 要塞一次次实现了预定目的, 波森、布雷斯劳、施耐德米尔都证实了这一点, 那些要塞牵制了多少俄国人? 攻克那些要塞是多么艰难! 每座要塞都抵抗到最后一兵一卒! 历史会证明我是对的, 会证明我坚守要塞到最后一人的命令是对的!"他随后盯着海因里齐吼道: "这就是法兰克福必须成为要塞的原因!"

突如其来的长篇大论结束得也很突然。希特勒累得瘫坐在椅子里, 但他再也无法保持平静。艾斯曼觉得希特勒似乎失去了自控力, 事后他回忆道: "希特勒浑身发颤, 双手抖得厉害, 手里攥着几支铅笔不停敲打座椅扶手，给人的印象是神经错乱了。眼前这一幕怪诞至极，特别是想到整个民族的命运掌握在这个废人手里。"

尽管希特勒大发雷霆，尽管他对法兰克福守军的想法反复不定，但海因里齐非常执着，没有放弃自己的主张。他又一次平心静气、耐心地陈述了自己的观点，还强调了他能想出的每一条理由，一再请求元首批准弃守法兰克福，就好像希特勒没有勃然大怒似的。邓尼茨、希姆莱、戈林支持他的看法，但充其量是象征性支持。会议室里职务最高的三位将领沉默不语。不出海因里齐所料，凯特尔和约德尔一言不发，克雷布斯没提出任何见解。希特勒显然精疲力竭了，否决每个理由时，他只是伸手做出疲惫的手势。希特勒随后恢复了精神，想知道法兰克福守军指挥官比勒尔上校的资历。海因里齐答道："他是个非常可靠也很有经验的军官，在先前各次战役中多次证明过自己的能力。"

希特勒厉声问道："他是格奈森瑙式的人物吗？"他指的是冯·格奈森瑙伯爵将军，1806年面对拿破仑军队的围攻，格奈森瑙顺利守住了科尔贝格要塞。

海因里齐保持镇定，平心静气地答道："法兰克福之战会证明他是不是格奈森瑙式的人物。"希特勒厉声说道："那好，明天让比勒尔来见我，我倒要看看他能力如何，届时我再决定法兰克福何去何从。"海因里齐输掉了弃守法兰克福的第一场辩论，他觉得第二场辩论很可能也赢不了。比勒尔是个很不起眼的人，戴着厚厚的眼镜，不太可能给希特勒留下好印象。

海因里齐觉得会议到了紧要关头。他再次发言时，对自己缺乏巧舌如簧的本领深感遗憾。他只懂得一种表达方式，于是他一如既往、不加掩饰地道出实情："我的元首，我认为奥得河前线的部队无法抵御俄国人即将发起的猛烈进攻。"

仍在抖个不停的希特勒沉默不语。海因里齐指出，他麾下的军队以德国仅剩的兵力拼凑而成，这些杂乱无章的兵团严重缺乏战斗力。部署在前线的大部分部队缺乏训练，经验不足，大批稚嫩的补充兵拖累了整体战斗力，完全靠不住，许多指挥官的情况也是如此。海因里齐解释道："例如第9伞兵师就让我很担心，该师的军官和士官原先几乎都是文职人员，既没受过训练，也不懂得如何领导作战部队。"

戈林突然发作了，他大声吼道："我的伞兵！您在谈论我的伞兵！他们是现有作战部队的精锐！我不想听这种侮辱性言论！我本人可以担保他们的战斗力！"

海因里齐冷冰冰地说道："帝国元帅先生，您的看法有失偏颇。我没对您的部队说三道四，可经验告诉我，没受过训练的部队，特别是缺乏经验的军官率领的那些部队，首次遭受炮击通常会吓得魂飞魄散，接下来也别指望他们能打得好。"

希特勒再次发言，他的声音现在平静而又理智。他宣布："必须采取一切措施训练这些兵团，战役开始前肯定来得及。"

海因里齐向他保证，会利用剩下的时间尽力而为，但他补充道："单凭训练无法让他们获得战斗经验，这恰恰是他们欠缺的。"希特勒不赞同这种看法："称职的指挥官会对部下言传身教，不管怎么说，俄国人投入作战的部队也不太合格。"希特勒宣称，斯大林的"兵力即将耗尽，剩下的都是奴隶兵，战斗力很有限"。希姆莱认为希特勒掌握的情况错得离谱，他完全无法苟同，于是说道："我的元首，俄国军队实力强大，战斗力也很强。"

海因里齐觉得是时候把绝望处境的真相说清楚了。他直言不讳地指出："我得告诉您，自打装甲力量转隶舍尔纳以来，我麾下所有部队，无论战斗力强弱，都作为前线部队投入部署了。我手上没有预备队，一点也没有。他们能扛过进攻开始前的猛烈炮击吗？他们能顶住俄国人的初期冲击吗？短时间内也许能。可面对我们预计的那种进攻，我方每个师每天会损失一个营。也就是说，我们的整条战线，会以每周一个师的速度损失若干师。我们承受不起这种损失，根本没有替代他们的补充兵。"他停了停，发觉所有人都盯着他。海因里齐单刀直入："我的元首，事实就是我们充其量只能坚守几天。"他看看会议室里的人，继续说道："接下来，一切就结束了。"

会场死一般寂静。海因里齐知道自己提出的数字无可辩驳，和他一样，与会人员也很清楚伤亡统计数，不同之处在于，他们不敢说出来。

戈林率先打破了令人不知所措的沉默，他宣布："我的元首，我马上把 10 万名空军人员交给你，他们几天内就去奥得河前线报到。"

希姆莱警觉地瞟了眼劲敌戈林，又看看希特勒，仿佛在探究元首的反应，随后用高亢的嗓音宣布："我的元首，党卫队可以为奥得河前线提供 25000 名战士，为此深感自豪。"

邓尼茨也不甘落于人后，他已经给海因里齐派了个海军步兵师，现在打算提供更多兵力。他宣称："我的元首，我马上命令 12000 名水兵离开舰船，立即赶往奥得河。"

海因里齐盯着他们，这些人主动从私人帝国拨出缺乏训练、没有装备、完全不合格的兵员，这场可怕的拍卖耗费的不是金钱，而是生命。他们竞相出价，目的不是挽救德国，而是为了给希特勒留下好印象。拍卖潮突然传播开来，众人七嘴八舌，纷纷提出还有其他人手可用，还有人询问后备军的兵力状况，于是希特勒喊道："布勒，布勒！"

会议室外的走廊上，那群等候的将军和勤务兵已经把咖啡换成白兰地，喧闹声愈发响亮。"布勒！布勒！布勒在哪里？"负责后勤和补充兵的布勒将军挤过人群走入会议室，又引起一阵骚动。海因里齐看看他，厌恶地扭过头去。布勒一直在喝酒，身上酒气冲天。[①] 其他人似乎都没注意，或

---

① 海因里齐接受本书作者采访时说道："布勒在他面前挥舞着一面白兰地大旗。"

对此漠不关心, 希特勒也是如此。元首问了布勒几个问题, 关于后备军人数, 以及步枪、轻武器、弹药的供应情况。布勒口齿不清地做了回答, 海因里齐觉得他蠢透了, 可希特勒似乎对他的回答很满意。据布勒说, 从所谓的后备军里还能拼凑出 13000 名士兵。

希特勒打发布勒退下, 扭头对海因里齐说道: "您看, 您有 15 万人了, 大约 12 个师, 这就是您的预备队。"拍卖结束了, 希特勒显然认为集团军群的问题解决了。但他所做的, 不过是给第三帝国买到 12 天阳寿罢了, 而且很可能是以大量生命为代价。

海因里齐竭力保持冷静, 直截了当地指出: "这些人根本没受过作战训练, 他们一直待在后方, 不是在办公室里就是在舰船上, 要么就是在空军基地从事维修工作……他们从没上前线打过仗, 也没见过俄国人。"戈林插话道: "我提供的人员, 大多是战斗飞行员, 他们是精英中的精英。还有参加过卡西诺山战役的官兵, 他们的声誉远胜其他人。"戈林激动得满脸通红, 滔滔不绝地对海因里齐说道: "这些人有意志, 有勇气, 当然也有经验。"

邓尼茨也很愤怒, 对海因里齐厉声说道: "我告诉您, 军舰上的水兵和你们陆军官兵一样出色。"海因里齐突然发作了, 不留情面地问道: "您不觉得陆战和海战有天壤之别吗? 我告诉您, 这些人在前线会惨遭屠杀的! 惨遭屠杀! "

就算海因里齐突然爆发的怒火让希特勒吃了一惊, 他也没有表现出来。其他人发作的时候, 希特勒似乎更加冷静。他随后说道: "好吧, 我们把这些预备力量部署在第一道防线后方 8 公里的第二道防线。第一道防线承受俄国人的炮火准备, 在此期间, 预备队会逐渐适应战斗, 倘若俄国人达成突破, 他们就投入交战。要击退取得突破的俄国人, 您必须使用装甲师。"他盯着海因里齐, 似乎在等待对方赞同这件区区小事。

海因里齐不这么看, 他指出: "您把我最具经验、战备状况最佳的装甲兵团调走了，集团军群要求他们归建。"海因里齐随后清清楚楚地吐出每一个字眼："我必须把他们要回来。"

这番话把海因里齐身后的人吓得够呛，希特勒的副官长布格多夫凑到他耳边，压低声音愤怒地命令道："别说了！您别再说了！"海因里齐不为所动，根本没搭理布格多夫，又重复了一遍："我的元首，我必须把这些装甲兵团要回来。"

希特勒不无歉意地摆摆手："我很抱歉，可我不得不调走这些兵团，您南面的友邻军队更需要这股装甲力量。俄国人的主要突击显然不是针对柏林，他们在您那条战线南面的萨克森州集中了更强大的兵力。"希特勒的手划过地图，从奥得河畔的红军阵地上方挥过，以疲惫、厌倦的口气说道："这一切不过是辅助突击，目的是迷惑我们。敌人的主要突击不是指向柏林，而是这里。"希特勒的手指引人注目地指向布拉格，继续说道："因此，维斯瓦集团军群应该能顺利挡住他们的辅助突击。"

海因里齐难以置信地盯着希特勒。①他又看看克雷布斯，想必陆军总参谋长也认为元首的判断毫无道理。可克雷布斯大声说道："根据我们掌握的情况，没有任何迹象表明元首对态势的判断是错的。"

海因里齐竭力说服希特勒，他总结道："我的元首，为应对敌人的进攻，我完成了能做到的一切准备。我不能把这 15 万人用作预备队。对我们必然遭受的严重损失，我同样无能为力。我有责任说清楚这一点。我也有责任告诉您，我无法保证一定能击退敌人的进攻。"

希特勒突然恢复了活力，挣扎着站起来，拍着会议桌吼道："信念！信念和对胜利的坚定信心能弥补一切不足！每个指挥官都得满怀

---

① 海因里齐后来说道："希特勒差点把我说懵了，一时间无从反驳，因为我不了解舍尔纳集群当面的状况。我非常清楚，希特勒大错特错。我当时想到的是：'怎么会有人自欺欺人到这种程度？'我觉得他们都活在梦幻世界里。"

信心！您！"他指指海因里齐，"您得有信念！您必须把这种信心灌输给您的部队！"

海因里齐毫不畏惧地盯着希特勒："我的元首，我得重申，我有责任重申，仅凭希望和信念赢不了这场战役。"

海因里齐身后有人低声说道："别说了，别再说了！"

希特勒根本不听海因里齐的话，大声吼道："我告诉您，大将，要是您坚信这场战役能打赢，就一定能赢得胜利！要是您给部队灌输同样的信心，那么您就能获胜，赢得战争中最辉煌的胜利！"

令人紧张的沉默随之而来，海因里齐脸色煞白，收起桌上的文件交给艾斯曼，两人走出鸦雀无声的会议室。走廊休息室里，有人告诉他们空袭还没结束。两人麻木地站在那里等待着，都有种恍惚感，几乎没觉察到旁边的人仍在喋喋不休地闲聊。

过了几分钟，他们获准离开暗堡。两人登上楼梯走入总理府花园。海因里齐离开会议室后一直沉默不语，现在终于疲倦地开口了："说什么都没用，还不如想办法把月亮摘下来呢。"他抬头看看笼罩城市上空的浓烟，低声自语道："说什么都没用，纯属徒劳。"①

基姆湖的蓝色湖水，看上去就像一连串流动的镜子，倒映出覆盖山麓、一直延伸到雪线的大片松林。瓦尔特·文克吃力地拄着拐杖，望向湖对岸，远眺几英里外贝希特斯加登周围起伏山峦的全景。眼前的风光美不胜收，而且安静祥和。

---

① 本书作者对希特勒这场会议的描述，主要参考了海因里齐的日记，还以艾斯曼上校一篇长长的回忆文章（186页）为补充。海因里齐细致地记录下会上发生的一切，包括希特勒的确切话语。海因里齐的记述与艾斯曼的回忆有些不同之处，但本书作者1963年耗时3个月对海因里齐展开一连串采访，解决了这些差异。

早早盛开的鲜花随处可见，高高的山脊上，积雪开始消融，尽管现在才 4 月 6 日，可就连空气中也弥漫着春天的气息。宁静的环境对文克的康复很有好处，原先在古德里安麾下任作战处处长的文克现年 45 岁，是德国国防军最年轻的将领。

置身巴伐利亚阿尔卑斯山区中心地带，战争似乎远在千里之外。除了在战斗中负伤，或是像文克这种遭遇意外事故来这里休养的人，整片地区几乎见不到一个军人。

文克的身体仍很虚弱，但正在康复。先前那起事故相当严重，他能活着纯属幸运。文克 2 月 13 日遭遇车祸，头部受伤，身上多处骨折，住院治疗了近 6 周。由于多根肋骨骨折，他从胸部到大腿仍套着医用紧身衣。对他而言，战争似乎结束了，不管怎么说，战争的结局可悲而又明确。他觉得第三帝国最多还能存在几个星期。

尽管德国前景黯淡，但文克还是对目前的状况心存感念：他妻子伊姆加德和他们 15 岁的双胞胎（儿子赫尔穆特、女儿西格丽德）安然无恙，和他一同待在巴伐利亚。文克痛苦而又缓慢地走回风景如画的小客栈，他们一家居住在这里。刚走入门厅，伊姆加德便迎了上来，告诉他有人让他立即给柏林挂个电话。

接电话的是希特勒的副官长布格多夫，他告诉文克，次日到柏林向元首报到。布格多夫说道："元首任命您为第 12 集团军司令。"文克惊愕而又困惑，不由问道："第 12 集团军？这是哪个集团军？"

布格多夫答道："您来了就知道了。"

不死心的文克追问道："我从没听说过有个第 12 集团军。"布格多夫不耐烦地说道："第 12 集团军正在组建。"他好像把一切都说清楚了，随即挂断电话。

几个钟头后，文克再次穿上军装，与忧心忡忡的妻子道别。他提醒妻子："不管你做什么，都得待在巴伐利亚，这里是最安全的地方。"随后，对任务一无所知的文克动身赶赴柏林。接下来三周，原本籍籍无名的文克将军，突然成为几乎每个柏林人心中的希望。

司令部人员见惯了海因里齐将军偶尔发发脾气，但此前从没见过他这般大发雷霆。维斯瓦集团军群司令简直有些怒不可遏。他刚刚听完法兰克福"要塞"指挥官比勒尔的汇报，这位年轻的上校先前奉命去见了元首。正如海因里齐担心的那样，戴着眼镜、面孔瘦削的比勒尔完全不符合希特勒心目中北欧英雄的形象。希特勒说了几句无关紧要的话，甚至没提法兰克福，就同年轻的上校握握手，打发他离开了。比勒尔刚一离开暗堡，希特勒就下令撤换法兰克福城防司令。元首告诉克雷布斯："换个人，比勒尔肯定不是格奈森瑙式的人物。"

法兰克福守军隶属布塞将军的第9集团军，布塞从克雷布斯那里得知马上要撤换比勒尔，赶紧把消息告知海因里齐。比勒尔此时就站在海因里齐的办公桌旁，"凶狠的小矮子"愤怒至极，立马打电话给克雷布斯，一旁的参谋人员默不作声地看着。他们已学会从海因里齐用手指敲击桌面的方式来判断他的火气有多大，此刻，海因里齐的右手在办公桌上敲得砰砰响。克雷布斯的电话接通了，海因里齐吼道："克雷布斯，比勒尔上校在我办公室里。您听好了，他必须官复原职，继续担任法兰克福城防司令。我跟布格多夫说过了，现在告诉您一声。其他军官我概不接受，您明白吗？"没等对方回答，他又说道："还有件事，比勒尔的铁十字勋章在哪里？这枚勋章他等了好几个月，马上颁发给他，听明白了吗？"意犹未尽的海因里齐继续吼道："克雷布斯，我这么说吧，要是比勒尔没得到他的铁十字勋章，要是不恢复他法兰克福城防司令的职务，我就辞职！您听明白了吗？"海因里齐仍在愤怒地敲着办公桌，继续说道："我等您今天就确认这两件事，我说得清楚吗？"说罢砰然挂断电话，克雷布斯自始至终没能插上一句话。

艾斯曼上校后来回忆，4月7日下午，"集团军群司令部收到元首大本营发来的两封电传电报,第一封批准比勒尔继续担任法兰克福城防司令,第二封授予他骑士铁十字勋章"。

国防军指挥参谋部参谋长阿尔弗雷德·约德尔将军坐在达勒姆的办公室里,等待文克将军到来。第12集团军新任司令刚刚离开元首暗堡,约德尔的任务是向文克简要介绍西线态势。西线总司令阿尔贝特·凯塞林元帅发来的一摞报告摆在约德尔的办公桌上。这些报告描述的态势可以说越来越黯淡,英美军队在各处取得突破。

从理论上说,第12集团军是部署在柏林西面的盾牌,扼守易北河下游、穆尔德河大约125英里长的防线,任务是阻止英美军队攻往柏林。希特勒决定派文克指挥新组建的第12集团军,该集团军编有10个师,主要由装甲兵训练机构的军官、人民冲锋队、军校学员、各种零零碎碎的战斗群、在哈尔茨山区遭粉碎的第11集团军残部组成。就算这股力量及时组织起来,又能发挥多大作用呢?约德尔对此深感怀疑。第12集团军在易北河畔可能根本不会遭遇战斗,但约德尔不想把这个情况告知文克。缴获的"日食"计划仍摆在他办公室的保险柜里,这份文件详细说明了一旦德国投降或崩溃,英国人和美国人会采取何种行动,随文件附上的地图标出了各盟国商定的战后占领区。约德尔坚信英美军队会在易北河畔停下,那里是英美两国与苏联战后占领区的大致分界线。他觉得一切都很清楚,艾森豪威尔打算把柏林留给俄国人。

★ ★ ★

艾森豪威尔将军在发给丘吉尔的最后一封电报的最后一段写道:"当然,如果'日食行动'的先决条件[德国崩溃或投降]出现的话,我们就沿整条战线在各处迅猛推进……把柏林重新纳入我们的重要目标。"盟国远征军最高统帅愿意做出的承诺就这么多。英国人对此并不满意,三军参谋长继续敦促他做出明确决定。他们致电华盛顿，要求召开会议讨论艾森豪威尔的战略。斯大林的复电让他们心生疑窦。尽管苏联大元帅在电报里说他打算5月中旬发动进攻，可英国三军参谋长指出，斯大林没说明他打算何时以"辅助力量"攻往柏林方向。因此，他们觉得还是应当尽快攻克柏林。另外，他们认为"英美联合参谋长委员会就这个问题给予艾森豪威尔相应的指导是合适的"。

马歇尔将军的复电坚决而又果断地结束了这场争论。他在电报里指出："抢在俄国人之前攻克柏林，可能会在心理和政治方面带来些好处，但不能凌驾于必要的军事考虑之上，我们认为，目前必要的军事考虑就是分割、歼灭德国武装力量。"

马歇尔没有彻底消除英美军队攻占柏林的可能性，"实际上，那座城市就在主要突击产生巨大影响的中心。"但英美联合参谋长委员会现在没时间认真考虑这个问题了。马歇尔指出，英美盟军深入德国腹地的速度太快，"委员会根本没办法以任何形式审查作战事务。"马歇尔最后旗帜鲜明地支持盟国远征军最高统帅："在其位谋其政，只有艾森豪威尔知道该如何打下去，如何充分利用不断变化的态势。"

艾森豪威尔不胜其烦，宣称他愿意更改自己的计划，前提是上级下达命令。他4月7日致电马歇尔："无论何时，只要能以很小的代价攻克柏林，我们当然应该采取行动。"可俄国人离德国首都近在咫尺，他认为"战争这个阶段把柏林定为主要目标缺乏军事合理性"。艾森豪威尔说道，他首先要承认"发动战争的目的是实现政治目标，要是英美联合参谋长委员会做出决定，认为英美盟军攻克柏林的重要性高于本战区纯粹的军事考量，那么我会欣然变更自己的计划和想法，执行这场行动"。但他强调了自己的看法："我们遂行总体计划期间，倘若夺取柏林切实可行的话，才应该派部队攻克该城，而我们目前的总体计划是：（A）分割德国军队……；（B）我们的左翼紧靠吕贝克地区；（C）设法破坏德国人在南部山区设立要塞的企图。"

他次日发给蒙哥马利的复电几乎如出一辙。蒙蒂拾起丘吉尔和英国三军参谋长放弃的观点，请求艾森豪威尔再拨给他 10 个师，批准他攻往吕贝克和柏林。艾森豪威尔没有答应，而是指出："至于柏林，我很愿意承认它的政治和心理重要性，但与柏林相比，德国残余军队的所在地更加重要。我打算把注意力集中到他们身上。当然，要是有机会以较小的代价攻克柏林，我会这样做的。"

丘吉尔此时已决心结束争吵，以免盟国的关系进一步恶化。他告诉罗斯福总统，他认为这起事件就此结束。丘吉尔在发给总统的电报里写道："我对拉丁语知之甚少，但为了证明我的诚意，我想引用其中一句：*Amantium irae amoris integratio est*。"这句话的意思是"爱人间的争吵是爱情的重生"。

双方就 SCAF 252 电报和英美军队的目标在幕后展开激烈争论之际，西线盟军马不停蹄地攻入德国腹地。没人告诉他们，柏林不再是主要军事目标。

竞赛开始了，战争史上从来没见过这么多人以这么快的速度向前推进。英美军队的攻势势如破竹，引发了连锁效应，整条战线展开声势浩大的竞赛。各集团军集中力量奔向易北河畔，企图夺取登陆场，发起最后的胜利突击，一举结束战争之际，各个师沿西线北路和中路攻击前进，都决心率先到达易北河。河对面的柏林就是他们的最终目标。

英军作战地域内，第 7 装甲师，也就是著名的"沙漠之鼠"，自打离开莱茵河几乎就没停下脚步。渡过莱茵河后，第 7 装甲师师长路易斯·莱恩少将强调过："全体将士，你们的目光现在应该紧紧盯着易北河。一旦我们出发就得日夜兼程，到达那里前，我不会命令你们停下……接下来大干一场吧。"尽管遭遇敌人激烈抵抗，但"沙漠之鼠"仍以每天平均 20 多英里的速度前进。

中队军士长查尔斯·亨内尔认为："以第 7 装甲师攻克德国首都，是给我们的奖励，也是天经地义的，因为我们从西部沙漠起一直艰苦奋战到今天。"自阿莱曼战役以来，亨内尔一直跟"沙漠之鼠"待在一起。军士长埃里克·科尔也想率先到达柏林，他的理由更令人信服。他是个经历过敦刻尔克大撤退的老兵，1940 年被德国人赶下大海。科尔说什么都要报一箭之仇，他不停地敦促一个个坦克车组，务必保持车辆最佳运行状态。科尔打算把挡在第 7 装甲师坦克前方的德国人一路驱赶到柏林。

D 日那天，英国第 6 空降师的官兵率领同胞进入诺曼底，现在决心继续率领他们战斗到最后一刻。休·麦克温尼中士从德国俘虏那里听到，一旦英军渡过易北河，敌人就会"敞开大门，让他们直抵柏林"。他对这种说法心存怀疑。第6空降师习惯了每英里进展都得经过激烈的战斗。第13伞兵营的威尔弗雷德·戴维森上尉认为，奔赴柏林肯定是一场赛跑，但他和师里大多数官兵一样，毫不怀疑"第6空降师处在领先位置"。不过，师部的约翰·L. 希勒上尉有点担心，因为他听说"柏林留给美国人了"。

几个美军空降师也听到同样的传言，令他们烦恼的是，这些传言压根儿没提伞兵。詹姆斯·加文将军第82空降师集中地域内，伞兵已经训练了好几天，可现在很明显，空降柏林的行动取消了。只有在敌人突然崩溃，"日食"计划付诸实施的情况下，才有必要实施空降，派部队进入柏林执行维持治安的任务。现在看来似乎不太可能发起这场行动了。盟国远征军最高统帅部指示刘易斯·布里尔顿将军的第1空降集团军做好准备，很快要执行解放盟军战俘营的空降行动，代号"欢庆"。他们当然很想解救盟军战俘，可这是营救行动，不是战斗任务，这种前景让第1空降集团军的将士不那么欢乐了。

其他空降兵团也很失望。马克斯韦尔·泰勒将军第101空降师那群"啸鹰"又一次作为步兵投入战斗，这回是鲁尔区。加文第82空降师一个团也奉命在那里参战。第82空降师还接到待命通知，准备在晚些时候的行动中协助蒙哥马利第21集团军群强渡易北河。

第505伞兵团绰号"荷兰佬"的二等兵阿瑟·舒尔茨恰如其分地总结了几个空降师官兵的感受。他爬上开往鲁尔区的卡车，冷嘲热讽地对朋友乔·塔利特说道："所以说，我带领他们进入诺曼底，对吧？又带领他们进入荷兰，对吧？伙计，瞅瞅我，我可是个出身高贵的美国人，整个国家就一个我。他们想让我物超所值，肯定不舍得把我浪费在柏林。真见鬼，肯定不会！他们把我省下来，想让我去东京跳伞！"

如果说几个空降师垂头丧气的话，那么地面部队倒是士气高昂，满怀期待。

部署在中路的美国军队实力强大，干劲十足。辛普森规模庞大的第 9 集团军脱离蒙哥马利第 21 集团军群归建，布拉德利成为美国历史上首位指挥 4 个野战集团军的将领。除了第 9 集团军，第 1、第 3、第 15 集团军也在他麾下，总兵力近 100 万 [①]。

4 月 2 日，渡过莱茵河仅仅 9 天，布拉德利的军队就完成了鲁尔区合围圈。落入口袋的是瓦尔特·莫德尔元帅的 B 集团军群，兵力不下 325000 人。莫德尔的军队陷入重围，西线门户大开，布拉德利大胆地迅猛推进，只留第 9、第 1 集团军部分力量肃清合围圈。他的军队斗志昂扬，再加上英军在北面、德弗斯将军的美国第 6 集团军群在南面牢牢控制翼侧，布拉德利得以迅速穿过德国中部，直奔莱比锡和德累斯顿。从北到南排开的几个美国集团军，离易北河最近的是第 9 集团军，在美军指挥官看来，布拉德利似乎已批准辛普森攻击前进，以第 9 集团军猛烈的突击势头看，他们应该会率领美军到达柏林。

鲁尔区合围圈完成那天，艾森豪威尔给麾下军队下达了指令。布拉德利集团军群负责"肃清……鲁尔区合围圈，朝卡塞尔—莱比锡这个主要方向攻击前进……抓住一切机会在易北河对岸夺取登陆场，做好渡过易北河继续展开行动的准备"。4 月 4 日，也就是第 9 集团军归建那天，布拉德利亲自给麾下诸集团军下达了新指令。第 12 集团军群"第 20 号指令"里，第 9 集团军的任务如下：首先攻往大致位于汉诺威以南一线，集团军的中心置于希尔德斯海姆镇周边地区，此处距离易北河 70 英里左右；而后"按命令"展开第二阶段作战行动。指令的重要段落阐明了第 9 集团军的后续任务，第 9 集团军司令对他这股作战力量的目的地再也没有任何疑问。指令里写道："第二阶段，按命令向东攻击前进……抓住一切机会在易北河

---

① 布拉德利在回忆录里说他的兵力多达 130 万。

对岸夺取登陆场，做好继续攻往柏林或东北方的准备。"第一阶段是攻往希尔德斯海姆，似乎只是个方向性指令，没人认为会待在那里。但第二阶段就是第9集团军辖内各师苦苦等待的发令旗了，对此最热衷的人莫过于绰号"大傻"的集团军司令威廉·辛普森中将。[1]

辛普森将军后来回忆道："我的部下激动万分。我们当初率先到达莱茵河，现在又要成为第一个到达柏林的人。我们自始至终只考虑一件事，攻克柏林，穿过该城，在另一侧同俄国人会师。"自集团军群司令部下达指令后，辛普森没耽误一分一秒。他估计几天工夫就能到达希尔德斯海姆阶段线。辛普森告诉身边的参谋人员，之后他打算"把一个装甲师和一个步兵师部署在马格德堡北面从易北河畔通往波茨坦的高速公路上，在那里做好逼近柏林的准备"。辛普森尔后的打算是，"倘若我们夺得登陆场，他们批准我们放手大干的话"，就"尽快投入"第9集团军余部。他兴高采烈地告诉参谋人员："我真想去柏林，我认为你们所有人，下到二等兵，也想去那里。"

第2装甲师号称"地狱之轮"，身材瘦削的师长艾萨克·D. 怀特少将早已抢在辛普森前面：部队还没渡过莱茵河，他就制定了夺取柏林的计划。怀特的作战科长布里亚德·P. 约翰逊中校几周前拟制了攻往德国首都的方案。他的计划非常周密，到3月25日已经把详细的命令和地图上的透明覆盖膜准备妥当。

第2装甲师的突击计划与辛普森的想法有点类似。他们也打算沿易北河畔马格德堡的高速公路推进，拟议的每日进展标在地图的透明覆盖膜上，

---

[1] 辛普森有充分的理由认为上级已批准他攻击前进。第12集团军群下达的同一道指令里，美国第1、第3集团军接到指示，在第二阶段的作战行动中夺取易北河对岸的登陆场，做好向东推进的准备，以巴顿第3集团军为例，指令里用的词是攻往"东面或东南面"。只有第9集团军收到的指令用了"攻往柏林"这个词。

还给行动各个阶段起了代号。从马格德堡出发的这场最终冲刺，全程60英里左右，各阶段线标出代号："白银""丝绸""缎子""雏菊""紫罗兰""罐子"，最后，覆盖柏林、硕大的蓝色反卐字徽标上，写的代号是"进球"。第2装甲师只遭遇零星抵抗，每日进展经常超过35英里，以这种速度看，怀特对攻克德国首都充满信心。马格德堡就在80英里外，怀特估计，要是他的部下顺利夺得登陆场，48小时内冲入柏林不成问题。

现在，第9集团军50多英里长的战线上，怀特第2装甲师成为突击矛头。该师是西线盟军规模最大的兵团之一，他们的坦克、自行火炮、装甲车、推土机、卡车、吉普、火炮形成的钢铁洪流，长度超过72英里。为最大限度地发挥战斗效力，第2装甲师分成三股装甲力量，分别是A、B、R战斗指挥部，R战斗指挥部担任预备队。尽管如此，该师排成纵队，以平均每小时2英里的速度前进，通过某个预定地点差不多要近12小时。这股笨重而又缓慢的装甲力量冲在第9集团军辖内其他兵团前方，只有一个显著的例外。

第2装甲师右翼，另一个兵团顽强地伴随该师齐头并进，一路攻击向前，形形色色的车辆上挤满官兵。从空中望去，他们既不像装甲师，也不像步兵师，要不是一支支纵队里夹杂着大批美国军用卡车的话，很容易被人误以为是德军车队。罗伯特·C.梅肯少将极具特色的第83步兵师，绰号"杂乱的马戏团"，正利用缴获的战利品全速赶往易北河。每支投降或被俘的德军部队，每个被攻占或打出白旗的城镇，都得向该师交出一定数量的机动车辆，通常是在枪口威逼下。弄到的车辆立马涂上橄榄绿漆，侧面再喷上一颗白色五角星，随即编入第83步兵师。"杂乱的马戏团"甚至解放了一架德国飞机，更难得的是，他们还找了个飞行员，驾驶飞机在队伍前方制造恐慌。第30步兵师的二级军士长威廉·G.普雷斯内尔从奥马哈海滩一路杀到这里，非常熟悉德国空军各个型号的战斗机，所以他发现一架飞机朝这里飞来，一眼认出是敌机，不由得喊道："Me-109！"

随即趴倒在地。敌机没有倾泻机枪火力，把普雷斯内尔搞糊涂了，他抬头望着那架战斗机迅速飞离。战斗机刷了层斑斑点点的橄榄绿漆，机翼下方写着"第83步兵师"。

别说其他美军部队，就连德国人也被第83步兵师的车辆搞得稀里糊涂。该师匆匆赶往易北河之际，哈利·科勒少校听见一辆汽车不停地摁喇叭。他事后回忆道："那辆梅赛德斯从我们身后追了上来，随后超越路上的一切。"约翰·J.德文尼上尉也看见了，他记得"那辆汽车在我们的队伍里不停地穿梭，和我们同向而行"。梅赛德斯驶过时，德文尼惊愕地发现那是辆专职司机驾驶的德军指挥车，车上坐满德国军官。一串机枪火力拦下指挥车，几个不知所措的德国军官成了俘虏，他们还以为这是德军纵队呢。这辆梅赛德斯车况很好，美国人立马给它涂了层绿漆，迅速投入使用。

梅肯将军早已下定决心，要让第83师成为第一个渡过易北河、攻往柏林的步兵师。第83步兵师与第2装甲师竞争得非常激烈，两个师的先遣部队4月5日同时到达威悉河，结果就像梅肯将军说的那样："双方为谁先渡河的问题争得不可开交。"最后终于达成折中：两个师同时渡河，辖内部队交替穿插。第83步兵师师部听到传言，说怀特将军对"杂乱的马戏团"大为光火，据传第2装甲师师长说的是"该死的步兵师别想击败我攻往易北河的部队"。

第2装甲师还有另一个竞争对手。绰号"胜利师"的第5装甲师，前进速度不亚于怀特的几个纵队，该师官兵也想攻克德国首都。第5装甲师参谋长吉尔伯特·法兰德上校回忆道："当时唯一的大问号是，谁能抢先到达柏林。我们计划在坦哲蒙、桑道、阿尔讷堡、韦尔本强渡易北河。我们听说俄国人准备动手，所以我们尽可能做好了一切准备。"第5装甲师几乎马不停蹄，法兰德上校记得，全师官兵每晚睡不到4~5个钟头，大多数情况下根本没人睡觉。部队连续行军，法兰德的半履带车现在成为移动师部。第 5 装甲师取得的进展，很大程度上得益于敌人稀疏零落的抵抗。法兰德回忆道："这场进军不过是粉碎敌人的后卫行动而已。"直到一发炮弹射穿法兰德的半履带车，他才意识到，后卫行动同样致命。

美军第 84、第 30、第 102 步兵师的目光也盯向柏林。第 9 集团军整条战线上，疲惫的官兵满身污秽，一边行军一边吃东西，期盼赶紧投入战斗。这场进军的迅猛势头令人振奋。不过，虽说德军的抵抗缺乏组织，可战斗时有发生，有时候还很激烈。

某些地方，负隅顽抗的德国人投降前实施了殊死抵抗。第 84 步兵师绰号"劈木人"，该师的罗兰·科尔布中校注意到，零零碎碎的党卫队部队打得最勇猛，他们隐蔽在树林里，不断滋扰前进中的美军。装甲纵队通常会绕开这帮狂热分子，把他们留给身后的步兵处理。一座座小镇里经常爆发激烈的遭遇战。进军途中，科尔布震惊地发现一群 12 岁和不到 12 岁的孩子在操纵火炮，他回忆道："那些孩子不肯投降，一直战斗到阵亡。"

另一些人也经历了可怕的时刻。条顿堡林山树木茂密的山脊附近，率领第 2 装甲师先遣力量的詹姆斯·F. 霍林斯沃思少校突然发现自己被德军坦克包围了。他的纵队一头闯入德国人的坦克训练场。幸运的是，那些坦克都是教具，发动机早就被拆除了，但用于训练新兵的坦克炮还在。德国人迅速开火，霍林斯沃思车组的炮手克莱德·W. 库利上士是个经历过北非战役的老兵，他赶紧投入战斗。他转动炮塔，在 1500 码距离击毁一辆敌坦克。随后再次转动炮塔，又干掉 75 码外另一辆敌坦克。霍林斯沃思回忆道："所有人都在开火，四下里乱成一锅粥。"战斗刚刚结束，一辆满载士兵的德国卡车沿着道路朝第 2 装甲师的纵队匆匆驶来。霍林斯沃思赶紧命令部下，待对方进入射程再开火。双方相距 75 码时，他下令开火。点 50 机枪子弹把那辆卡车打得千疮百孔，起火燃烧的卡车倾翻，车上身着军装的乘客被甩落在地。大多数人落地时已经丧生，但还有几个活着，发出痛苦的惨叫。霍林斯沃思上前检查那些满是弹孔的尸体，这才发现她们是身着军装的德国妇女，相当于美国陆军妇女队。

敌人的抵抗根本无从预料。许多地区没开一枪就投降了。某些城镇的镇长或市长投降时，后撤的德军部队仍在穿过居民区，与美军坦克和步兵往往只隔一个街区。德国最大的军工厂之一设在代特莫尔德城内，惠勒·G.梅里亚姆中校的第82侦察营在第2装甲师前方搜索前进，军工厂派出代表找到梅里亚姆的先遣坦克，说军工厂负责人想投降。梅里亚姆回忆道："我们驶入城内，炮弹在四周落下。军工厂负责人、厂长、工人在厂门口排好队。工厂负责人简短地说了几句，宣布投降，还送给我一把漂亮的镀铬毛瑟手枪。"往前走了几个街区，梅里亚姆再次受降，这回是一个完整的德军出纳连，还带着大批钞票。但几个钟头后，梅里亚姆身后赶上来的美军步兵却为肃清该镇从事了艰巨而又漫长的交战，原来代特莫尔德刚好位于党卫队训练区中心。

类似的事情随处可见。某些小城镇，投降后的街区本来很平静，但这种平静说不定会被几个街区外突然爆发的激战声打破。第83步兵师师长梅肯将军记得，在这样一座城镇的主街道上，"我平平安安地走入师部正门，可我打算从后门离开时，不得不冲出去"。某个小镇的镇郊，几个德国兵把手帕绑在步枪上，朝美国第30步兵师的官兵走去。他们打算向美国人投降，仍在负隅顽抗的党卫队散兵游勇从身后射来机枪火力。

也有人想出新办法确保投降顺利进行。第83步兵师的弗朗西斯·朔默上尉能说一口流利的德语，他借助柯尔特点45手枪的威逼，几次用电话促成了投降。朔默用手枪抵着刚刚被俘的镇长或市长，告诉对方："识相的话打电话给下一个城镇的镇长或市长，告诉他，要想保全他的城镇，最好立马投降。再告诉他，让城内居民把床单挂在窗户外，否则……"被俘的镇长或市长吓坏了，"通常会危言耸听地告诉他的邻居，美国人就在他的城镇里，坦克和火炮数以百计，还有成千上万的士兵。这套伎俩屡试不爽"。

这场大规模进军的势头越来越猛，摩托化部队和装甲纵队向东疾进，从成千上万向西跋涉的德国俘虏身旁经过，各条道路挤得满满当当。他们根本没时间处理俘虏，被俘的德军官兵筋疲力尽，胡子拉碴，在无人押送的情况下，拖着沉重的步伐朝莱茵河走去，有些人仍带着武器。第113机械化骑兵大队的牧师本·L. 罗斯记得，两个身着全套军装的德国军官神情绝望，从罗斯的纵队旁经过时，"竭力想让美军军官注意到他们，好把随身携带的自卫武器交出去"。可美军官兵急于赶路，只是挥手示意他们往西去。

一个个城镇相继落入迅猛推进的美军手里，此前几乎没人听说过那些城镇的名称，不管怎么说，他们在那里待的时间太短，根本记不住它们的名字。像明登、比克堡、廷登、施塔特哈根这些地方，不过是通往易北河途中的哨卡而已。但第30步兵师的官兵遇到个熟悉的地名，熟悉得大多数人都记得，他们甚至对真有这个地方惊讶不已。该镇就是以花衣魔笛手的传说而闻名的哈梅林（哈默尔恩）。第2装甲师先前绕过党卫队据守的几个支撑点，面对敌人的殊死抵抗，随后赶到的第30步兵师施以猛烈炮击，到4月5日，烈焰和炮火已经把童话书里那座满是姜饼屋和鹅卵石街道的镇子夷为废墟。第117步兵团团长沃尔特·M. 约翰逊上校说道："我们这次用稍有些不同的笛子把老鼠赶跑了。"

到4月8日，第84步兵师已到达汉诺威郊外。第9集团军辖内各师从莱茵河远道而来，建于15世纪、有40万居民的汉诺威成为他们攻克的最大的城市。第84步兵师师长亚历山大·R. 博林少将本想绕过汉诺威，可上级指示他占领该城，博林对此不太高兴。把麾下部队投入汉诺威争夺战，肯定会浪费他宝贵的时间，这样一来，他会在奔向易北河的竞赛中输给其他步兵师。战斗果然很激烈，可不到48小时，敌人的抵抗就沦为孤立的小规模战斗。博林对第84步兵师的战斗力深感骄傲，急于继续前进，但盟国远征军最高统帅带着参谋长史密斯将军、第9集团军司令辛普森将军突然到访汉诺威，令他又惊又喜。博林记得，正式会谈结束后，"艾克问我：'亚历克斯，接下来你要去哪里？'我答道：'将军，我们打算继续前进，我们的目标很明确，就是柏林，没有什么能阻止我们。'"

据博林说："（艾森豪威尔）握着我的胳膊说道：'亚历克斯，继续前进，祝你们好运，别让任何人挡住你们。'"艾森豪威尔离开汉诺威，博林认为自己"获得最高统帅明确无误的口头批准，第84步兵师即将奔赴柏林"。

同样在4月8日这个星期天，目前稍稍领先第83步兵师的第2装甲师，在第一道阶段线希尔德斯海姆停了下来。第2装甲师现在得等待上级的命令，然后才能发起第二阶段的进攻。麾下部队暂时停止前进，怀特将军挺高兴。全师的前进速度太快，车辆的维修保养是个问题，他至少需要48小时从事维修工作。他当然知道，这场暂停会让其他兵团追上来。可师里大多数官兵，经历了前几天的快速挺进，都不明白现在干吗要停下来。他们对拖拖拉拉很恼火，以前这种休整就给过敌人变更部署、加强防御的机会。胜利就在眼前，谁都不想错失好时机。二级军士长乔治·佩特科夫是个参加过诺曼底登陆的老兵，对"柏林争夺战忧心忡忡，因为我觉得自己的好运气耗尽了"。罗斯牧师记得，有个坦克兵对日后的情况非常迷信，他从坦克里爬出来，看看坦克正面涂写的"无畏的美国兵"，随后费力地刮掉"无畏的"三个字，还宣称："从现在起，就是普普通通的美国兵了！"

如果说普通士兵对眼下的耽搁焦虑而又担心，那么他们的指挥官，包括怀特将军第19军军部的顶头上司，更是忧心忡忡。第19军军长雷蒙德·S.麦克莱恩少将一心期盼自己的计划别被打乱。尽管进军速度很快，可他并不担心补给问题。第19军的总兵力超过12万，比葛底斯堡战役中的联邦军还多，他还有1000辆装甲战车。麦克莱恩后来指出，凭借这股力量，"渡过易北河6天后，整个第19军就能进入柏林，这一点毫无疑问"。

麦克莱恩从辛普森司令部得知，这场停顿只是暂时的，至于耽搁的原因，既有战术上的，也有政治上的。事实证明，他掌握的消息在这两个方面都是正确的。前方就是日后苏联占领区的边界，这场停顿也给了盟国远征军最高统帅部考虑当前态势的时间。三大盟国目前还没给英国、美国、苏联军队划定地理上的"停止线"。因此，友军迎头相遇发生误击的危险依然存在。既然德国人没有集中兵力组织任何抵抗，盟军上级部门也就无意阻止麾下部队继续进攻，但有个问题得认真考虑：一旦西线盟军越过日后苏联占领区的边界，夺取的每一英里地盘，迟早都得交还俄国人。

最靠前的美军兵团，离柏林仅剩 125 英里，第 9 集团军整条战线上，全体将士浑然不知盟国远征军最高统帅部面临的微妙难题，仍在等待继续前进的命令。他们翘首以盼的理由各种各样。一等兵卡罗尔·斯图尔特期盼去柏林一饱眼福，因为他听说欧洲所有城市里，柏林的风光无与伦比。

★ ★ ★

绰号"迪克西"的英国皇家空军准尉詹姆斯·迪恩斯在办公桌前方立正，干净利落地朝德国上校敬了个礼。357 战俘营指挥官赫尔曼·奥斯特曼也以同样的态度回礼，这座关押盟军战俘的营地位于汉诺威北面的法灵博斯特尔附近。战俘迪恩斯与看管他的奥斯特曼每次会面，都要完成一系列军事礼仪，相互敬礼不过是其中一项。一如既往，他俩的敬礼动作标准得堪称典范。

两人保持着勉强而又谨慎的尊重。迪恩斯觉得这位经历过第一次世界大战、因胳膊抖个不停而无法重返现役的中年军官是个公正的战俘营指挥官，干着他不喜欢的工作。而在奥斯特曼看来，29 岁的迪恩斯是战俘选出来的代言人，固执而又坚定，善于讨价还价，能让奥斯特曼的日子过得极不顺心，而且他经常这样做。上校早就知道，357 战俘营真正的控制权掌握在身材瘦削的迪恩斯手里，他很有威信，战俘都服他。

领航员迪恩斯是个传奇人物，1940 年在柏林上空被击落，自那之后就成了俘虏。他辗转于各个战俘营，每次都能学到新东西，深谙如何给自己和其他战俘争取最好的待遇。他还学会了如何同战俘营指挥官打交道，据迪恩斯说，办法很简单："你只要不停地给那帮混蛋找麻烦就行了。"

此时，迪恩斯盯着上了年纪的上校，等待对方道出把他叫到营地办公室的原因。

奥斯特曼举起几份文件说道："我接到几道命令，恐怕我们得把您和您的人转移了。"

迪恩斯立即警觉起来，问道："上校，转移到哪里？"

奥斯特曼说道："东北面，具体地点我也不知道，但途中会收到指示。"他随后补充道："您当然知道，我们这么做是为了保护你们。"他停了停，露出一丝不自在的笑容："你们的军队离得有点近。"

迪恩斯几天前就知道了。战俘利用"娱乐"时间悄悄制作了两部性能强大的收音机，在 357 战俘营传播最新消息，一部藏在经常使用的老式留声机里，另一部小型收音机靠电池供电，藏在主人的饭盒里。通过这些宝贵的消息来源，迪恩斯得知艾森豪威尔的军队已渡过莱茵河，正在鲁尔区交战。战俘并不清楚英美军队的具体进展，可既然德国人急于转移战俘营，就说明英美军队离得不远了。

"上校，我们如何转移呢？"迪恩斯问道，其实他很清楚，德国人转移战俘的办法通常只有一个，就是步行跋涉。

奥斯特曼答道："他们得列队行军了。"他随后以彬彬有礼的姿态给迪恩斯提供了特殊待遇："您愿意的话，可以坐我的车。"迪恩斯礼貌地谢绝了。

迪恩斯又问道："病号怎么办？营地里有不少人根本没办法行走。"

"只好留下了，我们会全力帮助他们，您也可以留下部分人员同他们待在一起。"

迪恩斯现在想知道，营地的战俘何时动身。奥斯特曼有时候怀疑，迪恩斯对战争局势的了解，可能并不亚于他这个营地指挥官，但他确信，有件事迪恩斯肯定不知道。上级告诉他，英国军队正朝法灵博斯特尔这个总方向攻击前进，此时就在 50~60 英里外，另外，所有报告都指出，美国军队已到达南面 50 英里的汉诺威。

他告诉迪恩斯："你们得立即出发，这就是我的命令。"

迪恩斯离开营地指挥官的办公室，心里沉甸甸的，战俘马上要出发，可他做不了太多准备。食物少得可怜，几乎所有战俘都因为营养不良而消瘦憔悴。他敢断定，许多人根本完成不了这场漫长而又艰难的跋涉。他回到营房，绕着营区传达消息时，暗自郑重起誓："无论是拖拖拉拉、静坐示威还是小规模骚动，他迪克西·迪恩斯都得采取能想到的一切手段，带领 357 战俘营的 12000 名战俘到达盟军战线。"

新组建的第 12 集团军，司令部究竟在哪里，此时就连集团军司令瓦尔特·文克将军也不知道。集团军司令部应该在哈尔茨山脉以北地区，距离柏林 70~80 英里左右，可文克驱车行驶了几个钟头也没找到。各条道路满是黑压压的人群，都是朝两个方向跋涉的难民和车辆。有些难民逃往东面，企图远离不断前进的美国军队；另一些难民害怕俄国人，正匆匆逃往西面。满载士兵的车队似乎也漫无目的。文克的司机多恩驾驶车辆缓缓向前，不时摁响喇叭。他们越是朝正南偏西的方向行驶，路上的状况越混乱。文克坐立不安，真不知道到达司令部会见到怎样的情形。

文克绕道赶往指挥所。他决定兜个大圈，先赶往莱比锡西南面的魏玛，再前往巴特布兰肯堡附近某处的集团军司令部。虽说路程要增加近 100 英里，可文克自有他绕道的理由。他这辈子的积蓄都存在魏玛银行，大约 1 万帝国马克，他打算把这笔钱取出来。可他的汽车驶近魏玛时，几条道路莫名其妙地空了，远处传来噼里啪啦的枪声。又开了几公里，德军宪兵拦下汽车告诉文克将军，巴顿第 3 集团军的坦克已到达城郊。文克震惊不已，顿觉自己被骗。眼下的状况比他在元首大本营听说的更严重。他简直不敢相信，盟军的前进速度居然这么快，也不敢相信对方占领了这么多德国领土。更令他耿耿于怀的是，他的 1 万马克存款很可能泡汤了。[①]

当地指挥部的几名国防军军官告诉文克，整个哈尔茨地区受到威胁，部队正在后撤，敌人迂回了某些地域。第 12 集团军司令部显然已撤离。文克驱车返回德绍，据说第 12 集团军辖内部分部队集中在那里。德绍北面 8 英里左右的罗斯劳附近，他在国防军昔日一所工程兵学校里找到了自己的司令部。文克终于得知了第 12 集团军的真实状况。

第 12 集团军的防线沿易北河及其支流穆尔德河延伸，长 125 英里左右，大致是北起易北河畔的维滕贝尔格，南到穆尔德河畔莱比锡下方和东面某处。北翼面对英军的是西北线总司令恩斯特·布施元帅的军队，部署在南翼的是西线总司令阿尔贝特·凯塞林元帅遭受重创的部队。文克对这两支军队的实力知之甚少，他的防区夹在他们之间，但第 12 集团军纯属纸面力量，除了沿易北河零星阵地设防的部队，他只有几个被打垮的师所剩无几的残部。他发现有些群体目前无法使用，还有些影子部队仍有待组建。他的炮兵大多缺乏机动能力，只能部署在马格德堡、维滕贝尔格此类城镇周围的固定阵地上，或是沿易北河部署在桥梁和渡场附近。他手上还有些突击炮、一群装甲车、大约 40 辆小型吉普式的大众运兵车。但文克第 12 集团军此时最多只有十来辆坦克。

虽说各种零零碎碎的部队也许能让他的总兵力达到 10 万人左右，但此时他根本没得到上级承诺的 10 个师。那些残部的番号倒是威风凛凛，"克

---

① 战争结束后，锲而不舍的文克想把自己的钱要回来，但魏玛当时在苏联占领区，归乌布利希的东德政府管辖。奇怪的是，该银行继续给文克寄去月结算单，一直到 1947 年 7 月 4 日。文克多次确认结算单收悉，要求把这笔钱转到他在西德银行开设的账户。可魏玛银行始终没有任何举动，直到 1954 年 10 月 23 日才通知文克，他得找魏玛地区内务部处理此事。银行寄来的信里写道："我们注销了您时间过久的旧账户，以及累计利息……"

劳塞维茨""波茨坦""沙恩霍斯特""乌尔里希·冯·胡滕""弗里德里希·路德维希·雅恩""特奥多尔·克尔纳"，加在一起最多只有5.5个师，55000人左右。

新组建的第12集团军，除了投入预设阵地或实际战斗的部队，主要是满怀热情的军校学员和军官候补生。战斗即将到来，文克和他的参谋长京特·赖希黑尔姆上校都对交战的最终结果不抱任何幻想。但文克绝不会轻言放弃，尚算年轻的他干劲十足，发现了许多年长将领可能会疏漏的东西：第12集团军确实兵力不足，但年轻军官和军校学员的顽强斗志、献身精神也许能起到弥补作用。

文克觉得自己找到了办法，可以把稚嫩但满怀热情的部队作为机动突击力量使用，根据需要把他们从一处调到另一处，至少坚持到辖内其他部队重组后部署就位。文克相信，通过这种方式，这群干劲十足的年轻人也许能为德国争取到宝贵的时间。他刚刚就任集团军司令就下达命令，把麾下实力最强、装备最佳的兵团部署到中央阵地，准备用于易北河畔或穆尔德河畔。文克仔细查看地图，圈出了有可能爆发交战的地域：比特费尔德、德绍、贝尔齐希、维滕贝尔格。他觉得还有个地方也很重要，美国人肯定会在那里设法渡过易北河。三条支流环绕的马格德堡，在三十年战争期间几乎彻底夷为平地，后来获得重建。此时，岛屿要塞和建于11世纪的大教堂构成的这座大型堡垒，犹如一座灯塔，巍然矗立在美国军队的进军路线上。这片地区周围，特别是马格德堡南面，文克投入麾下装备最精良的"沙恩霍斯特"师、"波茨坦"师、"冯·胡滕"师，全力阻挡美军的突击。

文克的防御计划很周密，他手下的军官也牢牢记住了应当采取的战术。此时，文克东北方120英里左右的维斯瓦集团军群司令部里，戈特哈德·海因里齐也为即将到来的交战做好了准备。

除了第一道主防线，海因里齐在后方还构设了第二道防线。他告诉麾下指挥官，红军发起炮火准备前，他会下达命令，让首道防线上的守军立即撤到第二道防线。这是海因里齐当初在莫斯科城外玩过的老把戏，目的是让俄国人的拳头"打中空袋子"。待敌人前移炮火，德军部队立即向前，重新占据前线阵地。这套伎俩以往屡试不爽，海因里齐指望这次也能奏效。一如既往，这种打法的诀窍在于准确掌握对方发动进攻的确切时间。

红军佯攻过好几次。柏林北面，冯·曼陀菲尔第 3 装甲集团军作战地域内，马丁·加赖斯将军指挥着实力虚弱的第 46 装甲军，他断定敌人 4 月 8 日会发动进攻。加赖斯防区当面，红军前调大批车辆，集中的炮兵力量不断加强，似乎表明他们即将发起突击，被俘的红军士兵甚至交代了进攻日期。海因里齐不太相信这些报告，他自己掌握的情报，以及相信直觉的老习惯都告诉他，所谓的"进攻日期"太早了。事实证明他是对的，4 月 8 日，整条奥得河战线平静如常，没有任何异动。

但海因里齐丝毫没放松警惕。他昼间乘坐轻型侦察机飞越红军战线，观察对方的兵力和火炮部署情况，夜里潜心研究最新的情报汇总和俘虏讯问笔录，一直在寻找有可能确定敌军进攻时间的线索。

这段时间紧张而又关键，帝国元帅赫尔曼·戈林却把海因里齐请到他的城堡共进午餐。海因里齐疲惫至极，不愿离开司令部，哪怕是几个钟头，可他无法推辞。帝国元帅庞大的庄园名为"卡琳宫"，离比尔肯海恩的维斯瓦集团军群司令部只有几英里。庄园占地面积大得惊人，戈林甚至有自己的动物园。海因里齐和副官冯·比拉上尉驶近卡琳宫，戈林富丽堂皇的公园式庄园看得他们目瞪口呆，湖泊、花园、观景台、林荫车道构成的美景随处可见。从大门到城堡的道路上，军容整齐的伞兵伫立两旁，他们是戈林的贴身卫队。

至于城堡，和戈林一样，庞大而又奢华。接待大厅让海因里齐想到"面积和空间极为庞大的教堂，让人不由自主地抬头望向屋顶的横梁"。戈林穿着华丽的白色猎装，冷淡地迎接了海因里齐。他的态度预示着接下来会发生什么，这场午餐简直就是灾难。

帝国元帅和大将彼此极为厌恶。海因里齐始终认为，当初兵败斯大林格勒都是戈林的错，这位帝国元帅做出种种保证，可德国空军却没能为保卢斯陷入重围的第6集团军提供充足的补给。除此之外，帝国元帅的傲慢自大也让海因里齐反感至极。而戈林呢，他觉得海因里齐是个不服从命令的危险分子，从没原谅过海因里齐未实施焦土政策就撤离斯摩棱斯克，前几天，他对海因里齐的厌恶进一步加深了，对方在元首召开的会议上评论第9伞兵师那番话令他愤怒不已。会议结束后第二天，戈林打电话给维斯瓦集团军群司令部，同艾斯曼交谈了一番。帝国元帅愤怒地说道："海因里齐那样评论我的伞兵，我简直不敢相信。这纯属人身侮辱！我手上还有第2伞兵师，但您可以告诉您的上司，就说是我说的，我不会把第2伞兵师交给他，绝不！我要把他们交给舍尔纳，他才是真正的军人！真正的军人！"

午餐会上，戈林的矛头直指海因里齐。他最近几次视察了维斯瓦河前线，很不满意部队的状况，于是言辞尖锐地批评起来。戈林坐在御座似的大椅子上，挥着硕大的银质啤酒杯，指责海因里齐的部队军纪松懈。他声称："我驱车视察了您的几个集团军，所到之处，我发现那些官兵无所事事！我看见有人在散兵坑里打牌！还看见劳工组织的人甚至没有干活的铲子。我在几处发现部分部队没有战地厨房！另一些地段，几乎没有为修筑防御工事采取任何措施。我在各处都看见您的部下游手好闲，无所事事。"他灌了一大口啤酒，又威胁道："我打算把这些情况汇报给元首。"

海因里齐觉得争论毫无意义，只想赶紧离开。他控制住脾气，味同嚼蜡地吃完了午饭。戈林把两位客人送到门口，海因里齐停了停，缓缓环视这座壮观的庄园，以及带有塔楼和配楼、富丽堂皇的城堡，随即说道："我只希望我那些游手好闲的部下，能让您这座美丽的宫殿免遭即将到来的战火袭扰。"戈林冷冰冰地盯着他看了片刻，转身走回屋内。

海因里齐驱车离开时想到，卡琳宫在戈林手里留不了多久了。根据情报报告、空中侦察、不断下降的奥得河洪水水位，以及从没出过岔子的直觉，他终于就红军的进攻日期得出结论。海因里齐认为俄国人会在一周内发动进攻，大致是 4 月 15 日或 16 日。

★ ★ ★

格奥尔吉·朱可夫元帅一把掀开桌上的盖布，露出巨大的柏林地形图。与其说是地图，倒不如说是个模型，除了主街道、运河、机场，还精确复制了一座座微型政府大楼、桥梁、火车站。地形图上清楚地标出预判的防御阵地、防空塔、掩体，插有一个个绿色小标签，每个标签上都有数字，标明了主要目标。帝国国会大厦标号 105，帝国总理府标号 106，而 107、108 是内务部和外交部大楼。

朱可夫元帅转身对手下的指挥员说道："看看 105 号目标。谁会第一个到达帝国国会大厦呢？是崔可夫和他的近卫第 8 集团军？是卡图科夫和他的坦克？还是别尔扎林和他的突击第 5 集团军？会不会是波格丹诺夫和他的近卫第 2 集团军？会是谁呢？"

朱可夫在故意引诱他那些指挥员。每个人都想率先到达柏林，想得要命，对夺取帝国国会大厦尤为热衷。尼古拉·波佩尔将军后来想起当时的场面，卡图科夫可能在脑海里浮想自己到达目标的情形，突然说道："想想看，要是我攻到 107 和 108 的话，也许能逮住希姆莱和里宾特洛甫。"

任务简报持续了一整天。整条战线上，红军即将完成进攻准备。火炮和弹药部署在几片森林里，坦克前移，好以坦克炮加强炮火准备的威力。大批补给物资、架桥设备、橡皮艇、木筏在各进攻地段准备妥当，把各个师运往集中地域的一支支车队挤满各条道路。此次进攻对兵力的要求相当紧迫，红军首次用飞机从后方地域前运援兵。整条战线上的红军将士觉得很快要发动进攻了, 可除了司令部人员, 没人知道具体进攻日期。

红军战地记者谢尔盖·伊万诺维奇·戈尔博夫上尉沿朱可夫的战线驱车而行, 察看声势浩大的准备工作。他利用一切消息来源打听进攻日期, 但没能如愿。戈尔博夫此前从没见过这般规模的进攻准备, 他确信德国人肯定在监视红军的一举一动, 但他事后评论道: "好像没人在乎德国人看到了什么。"

有一项准备工作让戈尔博夫困惑不解。几天来, 口径和形状各异的防空探照灯陆续运抵前线, 操作探照灯的都是女兵。另外, 探照灯部队部署在前线后方, 还谨慎地覆盖了伪装网。戈尔博夫此前从没见过这么多探照灯, 很想知道它们在进攻中能发挥什么作用。

★ ★ ★

柏林滕佩尔霍夫区的帝国邮政部大厦里, 帝国邮政部长威廉·奥内佐格俯身看着桌上色彩鲜艳的几版邮票。奥内佐格对这批首次发行的邮票非常满意, 设计师干得很棒, 元首肯定会高兴的。他兴冲冲地凑近些, 仔细查看两款新邮票。其中一枚的票面是个党卫队士兵, 肩上扛着施迈瑟冲锋枪; 另一枚是个身着制服的纳粹党领导人, 右手高举火炬。奥内佐格觉得两枚特种纪念邮票发行得恰逢其时, 它们会在4月20日希特勒生日那天发售。

埃里希·拜尔也觉得有个特殊的日子至关重要。维尔默斯多夫区这名会计几周来一直在思忖, 4月10日, 星期二, 也就是明天, 他该怎么做。明天日终前他得付款, 否则会有各种麻烦和诸多手续。钱不是问题, 拜尔有, 问题是这件事现在还重要吗? 占领柏林的军队, 也许是美国人, 也许是俄国人, 还会要求付款吗? 可要是他们没能攻占柏林, 又会发生什么事呢? 拜尔从各方面考虑了问题, 然后去银行取了1400马克, 到附近的办事处缴纳了1945年所得税的头期款。

★　★　★

　　事情来得太突然，所有人都措手不及。西线，第 9 集团军司令部的辛普森将军立即把消息告知手下两位军长——第 19 军军长雷蒙德·S. 麦克莱恩少将、第 13 军军长阿尔万·吉勒姆少将。辛普森告诉他们，正式命令随后会下达，但现在就一句话："出发！"第二阶段的进攻开始了，而且是正式开始。各个师即将奔赴易北河，还要强渡该河。第 2 装甲师师部，怀特将军得知消息，立即派人去找第 67 装甲团团长保罗·A. 迪斯尼上校，他的团是第 2 装甲师先遣部队。迪斯尼记得，他刚到师部，"还没来得及打招呼，怀特就命令他'向东出发'"。迪斯尼愣了片刻，部队停止前进还不到 24 小时，怎么又要动身？尽管困惑不解，可他还是问道："目标是哪里？"怀特只答了两个字："柏林！"

— 6 —

第 2 装甲师的将士排成五路纵队，全速攻往易北河和柏林。经过一个个灯火通明的德军指挥部，他们也没放慢速度。美军纵队势如破竹地穿过若干城镇，城镇里的人民冲锋队队员都上了岁数，端着枪无助地站在各条街道，一个个吓得呆若木鸡。美军车队迅速超越同向而行的德军摩托化纵队，枪炮声响起，但双方都没有停下。美国兵坐在坦克上，朝着骑摩托车的德国兵胡乱射击。某些地方，敌人企图掘壕据守，有些美军指挥官像骑兵那样投入他们的坦克。詹姆斯·F. 霍林斯沃思少校就遇到了这种情况，他把 34 辆坦克一字排开，下达了现代战争中很少听到的命令："冲啊！"坦克炮轰鸣，霍林斯沃思的坦克冲向敌军阵地，德国人的防御土崩瓦解，一个个四散奔逃。美军坦克在各处突破敌阵地，穿过对方的作战地域。到 4 月 11 日星期三傍晚，利用这场无与伦比的坦克突击，这群谢尔曼坦克不到 24 小时就取得 57 英里的进展，按道路路程算足有 73 英里。当晚 8 点过后不久，保罗·迪斯尼上校给师部发了封简短的电报："我们到达易北河畔。"

一小群装甲车甚至更早就到达马格德堡郊外。当天下午，惠勒·梅里亚姆中校的几辆装甲侦察车以 55 英里的时速迅猛前进，冲入易北河西岸一片郊区。美军装甲车停了下来，不是因为德国人的防御，而是被来来往往的平民百姓和购物者挡住了。为肃清街道，装甲车排朝空中射了串机枪子弹，结果引发了更大的混乱。有的妇女吓晕了，还有些购物者躲在惊恐的人群里，或干脆趴倒在地。四散奔逃的德国兵胡乱射击。梅里亚姆没有足够的兵力控制整片地区，但这群装甲侦察车设法驶离混乱的街道，最终到达他们的目标：机场。他们沿机场边缘行驶时，一架架飞机仍在起降。美国人朝他们见到的一切目标开火射击，包括正准备起飞的一个战斗机中队。守军迅速召集兵力，以猛烈的火力压制美军装甲车排。梅里亚姆折损了一辆装甲车，随即率领部下撤离，但他们的出现惊动了马格德堡守备力量。现在，一支支美军部队到达城市两侧的易北河畔，遭遇的抵抗越来越顽强。梅里亚姆的侦察排后撤时，汇报了一条非常重要的情报：城市北面的高速公路桥完好无损。这座桥梁立即成为第 2 装甲师的首要目标，因为利用该桥可以直奔柏林。但从美军遭遇的火力看，显然无法从行进间夺取桥梁。马格德堡守军决心奋战到底。不过，北面和南面还有另外几座桥梁，只要抢在敌人爆破前夺得任何一座，第 2 装甲师就能长驱直入了。

南面 7 英里的舍内贝克也有一座桥梁横跨易北河，该桥是第 67 装甲团霍林斯沃思少校的目标。整个周三下午，霍林斯沃思的坦克如入无人之境，穿过若干城镇，最终到达一个名叫奥斯特维克的地方。一个人民冲锋队团在此处挡住美军前进步伐。许多上了年纪的德国人打算投降，有些人甚至把手帕绑在步枪上，高高地举出散兵坑，可战斗没有减弱，这让霍林斯沃思困惑不解。交战刚开始就当了俘虏的某个德国兵解释道，镇内的 11 名党卫队士兵强迫人民冲锋队抵抗到底。霍林斯沃思火了，立即采取了行动。

他把自己的吉普车叫来，除了司机，还带上了一名中士和一名报务员。少校绕着镇子兜了一圈，随后沿牛群行走的小径驶入镇内。他的模样很怪异，两把柯尔特自动手枪低低地挎在胯部，看上去很有西部牛仔风格，手里还拎着汤普森冲锋枪，显得更加威风凛凛。霍林斯沃思是个神枪手，亲手击毙过 150 多个德国兵。他拦住一个路过的平民，询问那些党卫队队员驻守在何处。吓坏的路人赶紧指向附近高高的栅栏环绕的一座大房子和谷仓。霍林斯沃思看见栅栏上有扇门，就带着部下跳下吉普车，冲过去用肩膀撞门，栅栏门从铰链上脱落。他们冲入院内，一个党卫队士兵端着冲锋枪跑了过来，没等他扣动扳机，霍林斯沃思就用手里的冲锋枪把他打得满身窟窿。另外3个美国兵把一颗颗手榴弹投入几扇窗户。少校环顾四周，发现一个党卫队队员待在谷仓干草棚敞开的门口，赶紧拔出点45手枪射倒对方。他们冲入房内，发现6具尸体，都是被手榴弹炸死的，另外3个党卫队队员投降。霍林斯沃思匆匆返回自己的纵队，他已经耽误了宝贵的45分钟。

3个钟头后，霍林斯沃思的坦克冲上一处高地，从这里能俯瞰舍内贝克和巴特萨尔茨埃尔门镇。暮光下，镇子前方的易北河波光粼粼，这处河段可能宽500英尺。霍林斯沃思用望远镜察看整片地区，发现河上的公路桥完好无损，原因很简单，德军装甲车正利用桥梁渡过易北河向东逃窜。周围到处是敌人的装甲战车，霍林斯沃思很想知道，怎样才能抢在敌人实施爆破前夺取桥梁呢？

霍林斯沃思察看情况时，一个计划逐渐形成。他把两名连长（詹姆斯·W.斯塔尔上尉和杰克·A.奈特上尉）叫来，概述了自己的想法。霍林斯沃思说道："敌人正沿这条由北向南进入巴特萨尔茨埃尔门镇的道路运动，而后在路口转身向东，进入舍内贝克镇，再从桥上过河。我们唯一的办法是冲入巴特萨尔茨埃尔门镇，控制路口。现在要做的是，待我们到达路口，斯塔尔，你的连就脱离主力，封锁道路，挡住从南面而来的德国人。我设法跟在转身向东进入舍内贝克镇的德军纵队身后，跟随他们过桥。奈特，你跟在我后面。我们必须夺得桥梁，上帝保佑，我们肯定能做到。"

霍林斯沃思知道，只有动作够快，才有望实现计划。此时天色渐暗，运气好的话，德国坦克肯定不会发现美国人跟在他们身后驶过桥梁。

没过多久，霍林斯沃思的坦克就向前驶去。一辆辆坦克关闭舱盖，冲入巴特萨尔茨埃尔门镇。没等德国人弄明白发生了什么事，斯塔尔的战车就从南面堵住道路，与德军装甲队列激烈交火。德军纵队前方的坦克转向东面，朝易北河上的桥梁驶去。他们显然听到身后传来的交火声，开始加快速度。就在这时，霍林斯沃思的坦克填补了德军纵队的缺口，以相同的速度跟了上去。

可敌人随后发现了他们。附近的铁路站场，部署在几辆平板车上的火炮朝美军纵队后方开炮射击。霍林斯沃思那群谢尔曼驶入舍内贝克镇，德军一辆五号坦克转动炮塔，瞄向为首的美军坦克。霍林斯沃思的炮手库利上士先敌开火，击毁那辆五号坦克。敌坦克被炸得转向侧面，猛地撞上墙壁，腾起熊熊烈焰。坦克残骸堵住道路，霍林斯沃思的坦克几乎无法通过，但他反复腾挪后慢慢挤了过去，紧跟其后的其他坦克如法炮制。美军坦克朝每部敌军车辆尾部射击，推开燃烧的敌坦克，一路冲过镇区。霍林斯沃思记得，他们到达镇中心时，"所有人都在开火射击，简直乱成一锅粥。德国人探出窗口，不是死后挂在那里，就是端着铁拳朝我们开火"。

霍林斯沃思的坦克没被击中，他现在离桥梁只隔三四个街区。但最后一段路最艰巨。剩下的坦克继续前进之际，敌军火力似乎从四面八方袭来。一座座建筑起火燃烧，虽说此时是夜里11点，可现场被照得亮如白昼。

前方就是桥梁接近地，美军坦克冲了上去。霍林斯沃思先前在高地上没看见，入口处有几堵迷宫般的石墙，以不规则的间隔向道路两侧伸出，战车不得不放缓速度，向左向右急转后才能到达桥梁中央跨孔。霍林斯沃思跳下坦克察看情况，想看看能不能用挂在坦克后部的电话引路，同时引导炮手开火射击。就在这时，一发反坦克炮弹在霍林斯沃思前方15码炸开，鹅卵石碎块四散飞溅，少校突然发觉自己满脸是血。

霍林斯沃思一手握着点45手枪，另一只手攥着坦克电话，顽强地朝桥梁而去。他的坦克撞上一辆吉普，霍林斯沃思召来步兵，带领他们踏上桥梁接近地。他穿过路障，途中不停地与顽强防御的敌人交火。一颗子弹击中他左膝，但他继续前进，还催促步兵跟上。最后，霍林斯沃思步履蹒跚，脸上的鲜血遮挡了视线，他只好停下。德军阵地射来密集的弹雨，霍林斯沃思不得不下令后撤，此时他离桥梁不到 40 英尺。他的上司迪斯尼上校赶到现场，发现霍林斯沃思"无法行走，浑身是血，我赶紧命令他返回后方"。霍林斯沃思没能拿下桥梁，就差几分钟。他觉得要是突袭成功的话，本来可以在 11 个钟头内到达柏林。

4 月 12 日拂晓，美军步兵和工兵再次展开行动，企图夺取舍内贝克的桥梁，可德国人在他们面前把桥炸飞了。

第 9 集团军战线上方，杜安·弗朗西斯中尉驾驶他那架没有武装的"派珀幼兽"侦察机"梅小姐"号转了个大弯，炮兵观察员威廉·S. 马丁中尉坐在弗朗西斯身后。自打渡过莱茵河，他俩就一直为第 5 装甲师执行侦察任务，确定敌支撑点，用电台把敌军阵地的位置告知随后赶来的坦克。不仅如此，弗朗西斯和马丁还不止一次驾驶飞机俯冲而下，用柯尔特点 45 手枪朝敌军纵队胡乱射击。

东面的云层散开了，两人隐隐约约地看见远处耸立的许多烟囱。弗朗西斯指着前方喊道："柏林！那是施潘道区的工厂。"随着第 5 装甲师稳步前进，弗朗西斯每天都从居高临下的有利位置寻找不同的城市地标。这名年轻飞行员暗自期盼，待"梅小姐"引领坦克攻入柏林，他能立即认出各条主干路和建筑物，这样就能及时通知附近的坦克。待地面上的小伙逼近柏林，他希望自己担任全程"导游"。

弗朗西斯刚想返回先遣纵队附近的牧场，突然看见一辆挎斗三轮摩托车从第 5 装甲师部分坦克旁边的道路冲了出来，不由得向前推了把操纵杆。他向下俯冲，打算察看那辆摩托车时朝右侧瞥了一眼，不由得惊呆了：一架德军"鹳式"炮兵观测机飞在树梢上方几百英尺，几乎难以辨识。"梅小姐"凑了过去，"鹳式"炮兵观测机的机身和机翼上，白色十字标志在灰黑色机身映衬下显得格外醒目。和"派珀幼兽"一样，"鹳式"也是帆布蒙皮的上单翼飞机，尺寸比"梅小姐"大，而且正如弗朗西斯知道的那样，航速至少比"梅小姐"快 30 英里。但美国人在飞行高度上占有优势，弗朗西斯喊道："逮住他！"他听见马丁也在催他赶紧动手。

马丁用电台报告，他们发现一架德国飞机，随后平静地宣布："我们即将接战。"地面上，第 5 装甲师的坦克兵听到马丁的呼叫都惊呆了，一个个伸长脖子望向空中，搜寻这场即将到来的缠斗。

弗朗西斯驾机俯冲，马丁推开侧门，"派珀幼兽"紧贴着德国飞机盘旋时，两人用点 45 手枪猛烈射击。弗朗西斯想以火力迫使敌机飞到等候的美军坦克上方，这样，坦克机枪手就能轻而易举地击落它。突如其来的火力显然把敌飞行员打蒙了，可他没有按照弗朗西斯的设想行事。"鹳式"剧烈侧滑，胡乱盘旋起来。上方的弗朗西斯和马丁，就像边境驿站的马车警卫，从飞机里探出身子，全速扣动扳机，很快射光了弹匣里的子弹。让弗朗西斯惊讶的是，对方没有还击。就连两人重新装弹时，德国飞行员也没拉开距离，而是继续盘旋。弗朗西斯事后估计，对方也许没弄明白究竟出了什么状况。

"梅小姐"把高度降到距离敌机不到 20 英尺处，两个美国人朝对方的挡风玻璃射出一发发子弹。双方靠得非常近，弗朗西斯甚至看见德国飞行员"盯着我们，眼睛瞪得有鸡蛋那么大"。突然，德国飞机失速进入尾旋。一直用电台快速报道战况的马丁喊道："我们击中了！我们击中了！"他激动不已，说的话有点含糊不清，坐在半履带车上的伊斯雷尔·沃什伯恩中校还以为马丁喊的是"我们被击中了"。

"鹳式"螺旋下坠，右机翼撞上地面砰然断裂，飞机翻了个跟头，停在牧场中间。弗朗西斯把"梅小姐"降落在附近的空地，随即跑向坠毁的敌机。德国飞行员和他的观察员已逃出飞机残骸，可那名观察员的脚上挨了一枪, 此时倒在地上。德国飞行员跑到一大堆甜菜后面躲了起来, 马丁鸣枪示警, 他才高举双手走出来。马丁握着手枪看押飞行员, 弗朗西斯上前检查观察员的伤势, 他脱下德国人的靴子, 一颗点45口径的子弹头掉了出来。他替对方包扎表皮伤时, 那个德国人不停地说着: "谢谢, 谢谢, 谢谢。"

当日晚些时候, 弗朗西斯和马丁兴高采烈地在他们的战利品旁边摆好姿势照相。他们从事的很可能是第二次世界大战欧洲战区的最后一场空中缠斗, 毫无疑问他们是这场战争中唯一用手枪击落敌机的飞行员。弗朗西斯觉得"当天快活极了"。更胜一筹的恐怕只有引领第5装甲师攻入柏林了。弗朗西斯认为再等一两天, 上级就会下达进军柏林的命令。①

当天中午, 罗伯特·E. 尼科迪默斯中尉率领第5装甲师一个坦克排逼近坦哲蒙, 发现此处静得有点不祥。这座风景如画的小城位于马格德堡东北方40英里左右, 他们的目标是城内的桥梁。德国人炸毁了舍内贝克大桥, 坦哲蒙的桥梁就成为此次战争中最重要的一座, 至少第9集团军这么看。

尼科迪默斯的坦克隆隆驶上坦哲蒙的主街道, 进入镇内广场。和镇区其他地方一样, 这里的各条街道空无一人。美军坦克刚在广场上停下, 防空警报就响了, 尼科迪默斯后来回忆道: "激烈的战斗随即爆发, 简直一团糟。"

德国人从先前看似空无一人的窗户、门口、屋顶, 用巴祖卡式的反坦克武器开火。美国人迅速还击。查尔斯·豪斯霍尔德先是站在坦克炮塔里, 端着冲锋枪猛烈射击, 直到坦克中弹他才跳出去。伦纳德·海梅克中士的

---

① 弗朗西斯的非凡壮举在整个二战期间无人能及, 却始终没得到美国国防部承认。上级推荐他获得优异飞行十字勋章, 可他一直没得到。奇怪的是, 不是飞行员的马丁却因为在战斗中发挥的作用获得飞行勋章。

坦克就在豪斯霍尔德的战车后面，也中弹起火。海梅克跳车逃生，但他的车组被敌人的火力压制在坦克战斗舱内。海梅克伏下身子，慢慢转了一圈，用冲锋枪打出一个个短点射，掩护部下逃离起火的战车。

交战最激烈的时候，一个美国兵跳上尼科迪默斯那辆坦克后部，扯着嗓门自报身份，说他是个逃脱的战俘。他告诉尼科迪默斯，镇内有 500 来个俘虏，分别关押在两个院落里。尼科迪默斯不知该如何是好，他本想呼叫炮火支援，可又无法狠下心来炮击这座满是美国俘虏的小镇。他最后决定冲入最靠近的院落，解救战俘，带他们撤离火线。

在那名战俘带领下，尼科迪默斯穿过几座建筑和后院，翻过栅栏来到河边一处围场。院子里的美国俘虏刚看见他逼近，就朝德国看守扑了上去。这场小规模战斗很短暂，解除了看守的武装后，尼科迪默斯领着战俘离开。他们走近德国人据守的最后一条街道，看见美军坦克就在前方，一名战俘转过身，兴高采烈地对尼科迪默斯说道："我自由了，我还活着！"他走到街中央，结果被德军狙击手射穿了脑袋。

尼科迪默斯解救战俘时，逐屋逐房的激烈巷战在镇内肆虐。美军不断前进，桥梁几乎就在眼前，最后，德国守军派军使找到美军先遣部队，说他们打算投降。双方谈判之际，突然传来一声剧烈的爆炸。大股尘云腾起，碎石瓦砾四散飞溅。原来是德国工兵炸毁了桥梁。"胜利师"是最接近德国首都的美军兵团，现在不得不无奈地停在距离柏林 53 英里处。

焦虑的情绪在第 9 集团军司令部蔓延开来。4 月 12 日下午 3 点前，他们一直有充分的理由满怀信心。第 5 装甲师短短 13 天内取得惊人的 200 英里进展，第 2 装甲师也前进了这么远，只多用了一天。总之，自离开莱茵河后，辛普森集团军全速前进了近 226 英里，辖内各师正沿整条战线奔向易北河。

不过，他们没能夺得桥梁，更没有在河东岸设立登陆场。许多人期盼重演当初在莱茵河夺取雷马根大桥那一幕，3 月初，那座桥梁一夜间改变了英美军队的作战部署。可眼下再也没有这样的好运气了。第 2 装甲师师部定下强渡易北河的决心,打算投入作战力量,朝易北河东岸发动两栖突击,夺取登陆场,然后在河上架设浮桥。

第 2 装甲师 B 战斗指挥部指挥官西德尼·R. 海因兹准将在他的指挥所制订了计划。海因兹打算在马格德堡南面一个名叫韦斯特许森的小镇展开行动。他的计划充其量是场冒险,没等浮桥搭完,敌人的炮火也许就会炸毁它,更要命的是,对方的炮火说不定会彻底阻止架桥作业。但海因兹再等下去的话,敌人会集中更强大的防御力量。多耽误一个钟头,抢在红军前面攻入柏林的机会就少了一分。

4 月 12 日晚上 8 点,两个装甲步兵营搭乘美军官兵说的“鸭子”两栖运输车,悄无声息地赶赴东岸。渡河行动没遭遇抵抗,午夜前后,两个营顺利渡过易北河,第三个营拂晓前加入他们的行列。渡河部队在东岸迅速展开,围绕预定架桥点挖掘阵地,设立了紧密的半圆形防御。怀特将军兴高采烈地打电话给第 9 集团军司令辛普森:“我们到对岸了!”

★ ★ ★

德国人几乎和辛普森同时得知美军渡河的消息。马格德堡的战斗指挥官是个经历过诺曼底战役的老兵,他立即把情况汇报给第 12 集团军司令部的文克将军。

驻守马格德堡的这名军官是个炮兵专家,昔日惨痛的经历教会他绝不能低估敌人。1944 年 6 月 6 日清晨,他从炮兵前进观察所向外眺望,看见了盟军登陆舰队。和现在一样,他当时也立即向上级汇报情况:“敌人入侵了,海上肯定有一万艘舰船。”这句话似乎有点匪夷所思,没人相信,上级问他:“那些舰船开往哪里?”他直截了当地答道:“就朝我这里。”

当初在奥马哈海滩中央地带指挥德军炮火的维尔纳·普卢斯卡特少

校，现在打算坚守易北河。他的炮兵在马格德堡南北两侧沿河岸部署，做好了长时间抵御美军的准备。但普卢斯卡特见识得太多了，对结局根本不抱任何幻想。

不过，文克将军依赖的那些年轻军校学员，一个个倒是很乐观。他们精力充沛，满怀热情，期待即将到来的交战。"波茨坦"师、"沙恩霍斯特"师、"冯·胡滕"师的机动作战力量迅速展开，准备消灭易北河东岸的美军登陆场。

★ ★ ★

易北河西岸，美军工兵忙得不可开交。他们匆匆架设了探照灯，灯光射向空中，再从云层反射回来，利用这种人造月光，工兵把第一批浮舟扎紧后推入河里，一个个浮动装置相继固定就位。

第 67 装甲团团长保罗·A. 迪斯尼上校站在一旁，越来越不耐烦地看着这场架桥作业。就在这时，炮弹呼啸袭来，在头几条浮舟周围炸开，激起的河水喷入半空。德国人的火力模式不同以往，炮弹不是齐射落地，而是一发发袭来，显然射自几个散得很开的炮位。迪斯尼确信敌炮兵观察员隐蔽在附近指引炮火，于是立即下令搜索俯瞰河流的四层公寓楼残骸。可这番搜寻一无所获，德国人的炮火继续袭来，准确而又致命。

中弹的浮舟沉没，河面上弹片飞溅，一次次迫使架桥人员隐蔽。伤者被拖到河岸的安全处，接替者立即填补他们的空缺。整个夜间，德军炮火持续不停，严重破坏了美军工兵的效力。海因兹最担心的情况发生了，他脸色阴沉地命令一支步兵分队向南强行军，设法寻找另一处渡场。

次日上午，德军炮火摧毁了浮桥的剩余部分。最后几发炮弹呼啸而至，炸碎了扭曲、饱受重创的桥墩，这座浮桥此时离东岸只剩 75 码。面无表情的海因兹疲惫不堪，下令放弃渡场。美军官兵带着伤员集合时传来消息：

东岸步兵在河流下游找到个合适的架桥点。

4月13日, 星期五, 下午, "鸭子"两栖运输车拖着根沉重的钢缆驶过易北河, 朝对岸刚刚夺得的登陆场而去。钢缆纯属权宜之策, 部署就位后, 可以拖着一连串趸船往来于河上, 把车辆、坦克、火炮运过河去。虽说这种方式效率很低, 但架桥材料运抵前也只能这样了。

海因兹此刻最担心河东岸3个步兵营的状况。他们背靠易北河, 在埃尔本瑙和格吕内瓦尔德两个村子据守一片半圆形地域。这处滩头阵地很小, 他们也没有装甲战车和火炮, 全靠西岸炮兵连提供支援。倘若敌人调集兵力进攻他们, 情况可能会非常危急。因此, 海因兹命令迪斯尼乘"鸭子"渡过易北河, 指挥对岸3个步兵营。

迪斯尼先在东岸找到约翰·芬尼尔上尉设在树林里的指挥所。德国人不断施加压力, 芬尼尔忧心忡忡, 他告诉迪斯尼: "要是不赶快把坦克运过来的话, 我们会有大麻烦的。"

迪斯尼用电台向海因兹简要汇报了情况, 随即动身去找第二个营。他沿着河岸走向下游, 炮弹落在四周。迪斯尼赶紧躲入壕沟, 可炮弹的炸点越来越近, 他只好爬出来, 逃向另一条壕沟。他这次的运气很不好, 一阵弹片雨点般落下, 接着又是一阵。第三轮弹片把他击倒在地, 他的左上臂弹痕累累, 一块很大的弹片在他右腿上部撕开个大口子。迪斯尼倒在地上, 身负重伤, 几乎丧失了意识。

不到36小时, 率领美军奔向柏林期间表现最突出的霍林斯沃思和迪斯尼都负伤退出了战斗。

4月12日下午1点15分, 大致在第5装甲师先遣坦克隆隆驶入坦哲蒙之际, 美国沃姆斯普林斯市, 富兰克林·D.罗斯福总统在他的书桌前去世。

当时一名画家正为他绘制肖像, 总统突然把手放在头上, 说他头疼。过了一会儿他就去世了。他的书桌上放着份《亚特兰大宪法报》, 报上的头条新闻是：第 9 集团军——距离柏林 57 英里。

将近 24 个钟头后，总统去世的消息才传到前线部队。第 84 步兵师的阿尔塞·彼得斯少校是从德国人那里得知的。瓦伦霍尔茨附近的铁路道口，一个上了年纪的平交道看守员走过来向他表达了慰问之情，因为"这个消息太可怕了"。彼得斯震惊不已，简直不敢相信，可没等他彻底理解听到的消息，他那支纵队就再次出发，朝易北河而去，毕竟他还有其他事情要考虑。第 333 步兵团的营长诺尔曼·卡恩斯中校穿过不伦瑞克北面被空袭炸毁的油田时，得知了罗斯福总统逝世的消息。他对此感到遗憾，可他的心思放在眼下的任务上。他后来说道："这不过是另一场危机罢了，我的下一个目标是维廷根，正忙着思忖此事。所以罗斯福是死是活，眼下都帮不了我。"随军牧师本·罗斯在寄给妻子安妮的信里写道："我们都很难过……可我们目睹了太多死亡，大多数人都知道，就连罗斯福也不是不可或缺的……大家得知这个消息，还谈论此事，心情都很平静，我对此深感惊讶。"

★　★　★

约瑟夫·戈培尔激动得简直情难自抑，刚一听到罗斯福去世的消息，他就立马打电话给元首暗堡的希特勒，欣喜若狂地说道："我的元首，祝贺您！罗斯福死了！星象图上早就写得清清楚楚，4 月份下半月我们会迎来伟大的转折。今天是 4 月 13 日，星期五，转折点来了！"

早些时候，戈培尔对帝国财政部长什未林·冯·克罗西克伯爵说过两个占星预测。第一个是希特勒掌握政权的日子，也就是 1933 年 1 月 30 日；第二个日期是 1918 年 11 月 9 日，预测到日后的魏玛共和国。克罗西克在日记里写道："惊人的事实清清楚楚地摆在面前。两份星象图都预测到战争会在 1939 年爆发，1941 年之前不断赢得胜利，随后是一连串逆转, 1945年头几个月会遭受最沉重的打击, 特别是4月份上半月。4月份下半月, 我们会赢得一场重大胜利, 随后的僵局持续到8月, 当月实现和平。接下来三年, 德国会经历一段艰难的时期, 但从1948年起就会再次崛起。"

戈培尔一直在读托马斯·卡莱尔的《普鲁士腓特烈大帝史》, 书里的内容看得他兴高采烈。其中一章讲述的是1756—1763年的七年战争, 普鲁士当时独自对抗法国、奥地利、俄国联军。战争进入第六个年头, 腓特烈告诉身边的臣子, 要是到2月15日他的处境还没有扭转, 他就自杀。1762年1月5日, 伊丽莎白女皇病逝, 俄国退出战争。卡莱尔写道: "勃兰登堡家族的奇迹就这样发生了。"战争的总体局面大为好转。此时是第二次世界大战的第六年, 罗斯福死了, 类似的奇迹再次发生是不可避免的。

帝国宣传部部长欣喜若狂, 请宣传部所有工作人员喝了香槟。

★ ★ ★

"渡河! 渡河! 动作快点! "第83步兵师绰号"鹿弹"的埃德温·克拉比尔上校在河岸上来回逡巡, 把部下推上突击舟, 还不时用靴尖踢踢动作迟缓的家伙。

他朝突击舟上的士兵吼道: "别浪费机会, 你们已经踏上前往柏林的快车道! "其他士兵乘坐"鸭子"渡河时, 身材矮小脾气却很暴躁的克拉比尔告诫他们: "别傻等着编组! 也别等别人告诉你们该做什么! 用你们能想到的一切办法赶到对岸! 抓紧时间的话, 你们不费一枪一弹就能做到。"

克拉比尔说得没错。他们的劲敌第2装甲师此刻正利用钢缆全力渡河, 而巴尔比镇位于马格德堡东南方15英里, 就在第2装甲师渡河点南面, 第83步兵师的官兵在这里成群结队地渡过易北河, 没遭遇抵抗。他们先前进入巴尔比镇，发现桥梁已被炸毁，但克拉比尔没有等待师长的命令，直接命令部下渡河。一条条突击舟运了上来，没过几个钟头，一整个营已到达对岸，现在渡河的是第二个营。与此同时，筏船把火炮运过河去，工兵忙着搭设双车道浮桥，夜幕降临前应该能完成。克拉比尔下达的命令引起热火朝天的场面，就连他自己也深受感染。他在一群群士兵间来回奔波，不断催促他们加快速度，还得意扬扬地对其他军官说道："本宁堡那帮家伙肯定不敢相信！"

一群德国人站在镇公所钟楼下方的阳台上，默默地看着热闹非凡的渡河场面。格兰维尔·夏普中校指挥步兵营肃清镇内的零星抵抗时，注意到这群围观者，他们看了几个钟头，夏普中校越来越恼火。他后来回忆道："我的部下在挨枪子儿，可那帮德国佬却兴致勃勃地站在那里观看战斗和强渡行动。"他受够了，于是朝一辆坦克走去，对炮手说道："朝钟面开上一炮，比如说，对准5点钟位置。"坦克炮手欣然从命，干净利落地命中钟面的数字5，围观的德国人四散奔逃。

不管怎么说，演出结束了。第83步兵师顺利渡河，在易北河东岸设立了首座牢固的登陆场。

13日傍晚前，美军工兵完成了架桥作业，还在桥梁接近地挂了块牌子，上书"杜鲁门桥，通往柏林的门户，第83步兵师立"，既表达了对新总统的敬重，也展现出该师一贯的高昂士气，还说明他们深谙自我宣传之道。

辛普森将军立马得知了第83步兵师顺利渡河的消息，赶紧汇报给布拉德利将军。布拉德利随即打电话给艾森豪威尔。第83步兵师的登陆场突然成为万众瞩目的地方。盟国远征军最高统帅认真听着，待布拉德利汇报完，他提了个问题。布拉德利后来叙述这番交谈时记得艾森豪威尔当时问道："布拉德，从易北河攻击前进，一举拿下柏林，你觉得我们要付出多大代价？"

　　布拉德利最近几天也在考虑这个问题。和艾森豪威尔一样，他现在也没把柏林视为军事目标，可如果能轻松拿下的话，他还是愿意夺取柏林的。尽管如此，布拉德利和他的上司一样，担心麾下军队过深楔入日后的苏联占领区，也担心美军一路推进会遭遇伤亡，最后还得把夺取的地盘交还俄国人。他倒不觉得攻往柏林途中会遭受高昂损失，但进入城内就完全是两码事了，夺取柏林很可能要付出巨大的代价。

　　于是他回答了最高统帅的问题："我估计要伤亡 10 万人。"

　　布拉德利顿了顿，又补充道："仅仅为声望的关系夺取那个目标，付出的代价未免太高，更何况我们还知道，最终得撤出来，把它交给其他人。"①

　　交谈就此结束，最高统帅没有阐明自己的意图。但布拉德利明确无误地表述了自己的观点：美军将士的性命比单纯的声望或暂时占领毫无意义的地盘重要得多。

　　第 19 军军部，麦克莱恩将军站在地图前研究态势。他觉得敌人设在易北河东岸的防线不过是面包的硬皮罢了。一旦他麾下几个师渡河后达成突破，就没有什么能阻止他们奔向柏林了。麦克莱恩的作战处处长乔治·B. 斯隆上校认为，美军会遭遇抵抗，和他们先前从莱茵河攻击前进期间遇到的情况如出一辙，但快速推进的突击力量可以绕过敌人殊死抵抗的支撑点。恢复进攻后用不了 48 小时，美军装甲先遣部队就能进入柏林，他对此深信不疑。

---

① 布拉德利的估计令人困惑不解，一是他何时对艾森豪威尔说了这番话，二是他如何得出的这个数字。布拉德利在回忆录《一名军人的故事》里首次披露了此事，但没给出具体日期。因此，正如布拉德利对本书作者说的那样，他对由此造成的不确定局面负有部分责任。还有个公之于众的说法是，布拉德利1945年1月就在盟国远征军最高统帅部告诉艾森豪威尔，攻克柏林的伤亡人数可能会高达10万。布拉德利称："我们在易北河对岸夺得登陆场后，我立即打电话给艾克，给出了伤亡预估。当然，我并不是说从那里攻往柏林会伤亡10万人。但我相信德国人会顽强保卫他们的首都。我认为我们在柏林会遭受最惨重的伤亡。"

　　麦克莱恩迅速做出几项决定。"杂乱的马戏团"出人意料地夺得登陆场，部队迅速渡河，随后在易北河上架起桥梁，短短几个钟头就改变了整个易北河的态势。第83步兵师的官兵不仅忙着扩大东岸登陆场，还冲出登陆场继续前进。麦克莱恩确信第83步兵师的登陆场安然无虞，但他不太确定第2装甲师规模甚微的钢缆渡河行动能否顶住敌军炮击。不过，第2装甲师3个营到达对岸，正在顽强据守。他已经安排第2装甲师部分力量从第83步兵师的"杜鲁门桥"渡河。因此，麦克莱恩觉得没必要派展开部署的第30步兵师进攻马格德堡，夺取那里的高速公路桥。以麾下部队目前的行动速度看，第83步兵师很快能扩大登陆场，与第2装甲师遭隔断的几个营和钢缆渡场连成一片。第19军辖内兵团完全可以从扩大的登陆场继续前进。于是麦克莱恩决心彻底绕开马格德堡。正如第83步兵师炫耀的那样，"杜鲁门桥"会成为通往柏林的门户。

　　4月14日，星期六，拂晓，第2装甲师的钢缆渡场，海因兹将军看着工兵把三条浮舟扎起来，好构成摆渡平台，在架桥期间利用来回拉动的钢缆运送装备和人员。敌人的炮弹继续落在登陆场两岸，东岸部队卷入激烈交战。面对敌步兵，他们也许能坚守一段时间，但海因兹担心敌人投入坦克。东岸3个营没有火炮，更没有战车。

　　第一部驶上摆渡平台的是推土机。河东岸急需修整，设立好坡道，这样才能方便坦克和重武器攀越。一辆"鸭子"拖着摆渡平台，协助钢缆更快地移动，加快摆渡速度。海因兹焦急地看着。目前断了两根钢缆，被河水冲到下游，他只剩最后一根；另外，他手头尺寸最大的几条浮舟都调去充当渡船了。

　　缓慢而又烦琐的摆渡作业开始了，众人看着，摆渡平台缓缓到达易北河中央。即将抵达东岸时，不可思议的事情发生了。一发炮弹呼啸袭来，以微乎其微的概率炸断了钢缆。海因兹惊呆了，眼睁睁地看着河水把钢缆、摆渡平台、推土机卷向下游，不由得哀叹："这下完了！"

这发神奇的炮弹犹如灾难全面到来的信号，随后有消息传来，东岸步兵遭到敌装甲战车攻击。

易北河东岸，透过一缕缕晨雾和炮火扬起的硝烟，阿瑟·安德森中校无能为力地看着德军战车冲破了他的步兵防线。敌人投入7~8辆装甲战车，包括2辆坦克。安德森从望远镜里看到，敌战车远在己方巴祖卡火箭筒射程外，正有条不紊地打击一个个美军散兵坑。就在安德森察看战场情况之际，在指挥所最右侧扼守阵地的一个连被敌人打垮了。美军士兵跳出散兵坑，逃往树林的安全处。德国人随后对付安德森另外两个连据守的阵地，逐一轰击美军散兵坑。安德森疯了似的用电台呼叫西岸几个炮兵连，要求他们提供炮火支援。可德军这场进攻来得很快，待第2装甲师的炮弹呼啸袭来，安德森知道为时已晚。

登陆场更远处，I连连长比尔·帕金斯中尉突然听见他的几挺机枪响了，随后传来德国施迈瑟冲锋枪的还击声。排里的传令兵跑来报告，载有敌步兵的3部车辆正沿美军防线行驶，"消灭途中遭遇的一切"。帕金斯命令部队继续开火，坚守阵地，随后冲出指挥所，想亲自弄清战场上的情况。他后来报告："我看见3辆五号坦克从东面逼近，就在大约100码外，每辆坦克似乎都有一个步兵排伴随。他们让美军战俘走在前面充当人盾，炮火穿过人盾射来。"帕金斯几名部下用巴祖卡火箭筒还击，可惜射程够不着敌坦克，勉强击中的火箭弹也在坦克装甲板上弹飞了。帕金斯的部下大败亏输，他只好下令后撤，以免全连覆没。

德军战车从登陆场北面、东面、南面迅速逼近。指挥步兵排的威尔弗雷德·克雷默上士看见一辆敌坦克就在大约220码外。敌步兵在坦克周围散开，跟在坦克身后向前推进。克雷默吩咐部下再等等，待德国人距离己方阵地40码左右，他才大声下令开火。他后来解释道："我们干得不错，守住了阵地，但敌坦克很快开炮了。第一发炮弹的落点距离我们的机枪 10 码左右。敌坦克随后沿我方防线行驶，我们的每处散兵坑他都看得清清楚楚，随之而来的是近距离直瞄火力。"克雷默英勇地坚守了尽可能长的时间，随后命令部下撤离。

格吕内瓦尔德的战斗异常激烈，营长卡尔顿·E. 斯图尔特中校接到麾下一个连打来的电话，请求炮火支援，电话那头告诉他："直接炮击我方阵地，不用担心，我们隐蔽在地窖里。"所有人都请求出动空中力量干掉敌坦克，可从拂晓到中午的整个交战期间，只有寥寥几架战机出现在空中。美军奔向易北河期间，把简易机场远远甩在身后，战斗机必须携带副油箱才能跟上地面部队的进展，可这样一来，他们就无法携带炸弹了。

到当日中午，海因兹将军已命令易北河东岸所有步兵撤回来。他起初以为伤亡很大，可一连几天，东岸美军士兵陆续返回西岸。最终确定 304 人伤亡，有个营损失了 7 名军官，另有 146 名士兵阵亡、负伤、失踪。这场交战，第 2 装甲师架设桥梁或利用登陆场强渡易北河的企图被彻底粉碎。师长怀特将军别无选择，只好使用第 83 步兵师架设在巴尔比的桥梁。

德国人以迅雷不及掩耳之势消灭了美军登陆场，美军指挥官甚至不知道攻来的是德军哪支部队。其实对方根本算不上部队。不出文克将军所料，他那些初出茅庐的军校学员和候补军官打得很棒。他们雄心万丈，渴望获得荣誉，一个个全力以赴，把手头有限的装备发挥到了极限，为文克争取到时间。击退美军第 2 装甲师期间，这些机动突击力量实现的壮举是过去 30 个月交战中任何一支德军部队都没能做到的。倘若第 2 装甲师夺得易北河上的一座桥梁，或控制对岸的登陆场，很可能不等上级下达命令就直奔柏林了。

盟国远征军最高统帅进攻德国的计划轰轰烈烈地展开，就连他自己也对英美军队的前进速度惊讶不已。北面，蒙哥马利第 21 集团军群稳步推进，加拿大军队逼近阿纳姆，准备肃清仍困在荷兰东北部大型合围圈内的残敌。英国第2集团军渡过莱纳河，夺得策勒镇，目前位于不来梅郊外。德国中部的鲁尔合围圈几近灰飞烟灭，最重要的是，辛普森第9集团军和美国第1、第3集团军协同行动，几乎把德国切为两段。美国第1集团军攻往莱比锡，巴顿第3集团军逼近捷克边界。

但美军势如破竹的进展也付出了代价，艾森豪威尔的补给线此时拉伸到极限。除了卡车车队，布拉德利的军队几乎没有其他陆地运输手段，而莱茵河上只有一座铁路桥可供通行。作战部队的补给状况目前还不错，但盟国远征军最高统帅部的参谋人员对总体情况深感不安。为了给分散在各处的诸集团军运送补给，运输司令部数百架飞机奉命彻夜不停地飞行，全力前运物资。仅4月5日当天，一支C-47运输机队就往前线运送了3500多吨弹药和物资，还有近75万加仑油料。

另外，随着盟军日益深入德国腹地，他们必须给更多非战斗人员供应物资，供给数十万德国俘虏，还得给来自数十个国家的强制劳工和获得解放的英美战俘提供住处、食物、医疗服务。医院、救护车队、医疗用品迅速前调。虽说医疗设施数量很多，可眼下突然面临意想不到的需求。

最近几天，第三帝国隐藏在深处、最可怕的东西暴露出来。盟军将士沿整条战线迅猛推进的这个星期，解放了好几座集中营，见到数十万囚犯和上百万人死于非命的证据，所有人震惊而又厌恶。

几十个集中营和监狱落入他们手里，就连久经沙场的老兵也很难相信亲眼看到的情形。20年后，他们怀着满腔怒火回忆起那些可怕的场面：形容枯槁的囚犯跌跌撞撞地朝盟军官兵走来，活像一具具行走的骨架，他们在纳粹政权统治下只剩求生意志；墓地、深坑、沟渠里掩埋了大量尸体；一排排焚尸炉内满是烧焦的骨头，这是"政治犯"遭受系统性大规模灭绝无声而又可怕的证据，正如布痕瓦尔德一名看守说的那样，他们之所以遭处决，"仅仅因为他们是犹太人"。

  盟军士兵发现了毒气室，布置得就像淋浴间，但喷嘴里喷出的不是水，而是氰化物毒气。布痕瓦尔德集中营指挥官的家里摆着几个人皮灯罩，指挥官的妻子伊尔莎·科赫有几副人皮制成的书套和手套，小木架上摆着两个干缩后制成标本的人头。集中营几座仓库里堆满鞋子、衣物、义肢、假牙、眼镜，德国人以有条不紊的效率把这些东西归类、编号，不带任何感情色彩。他们还把假牙上的镶金剥下来，上缴帝国财政部。

  有多少人惨遭屠戮？对这一幕无比震惊的盟军官兵甚至没办法估计。但前线各处发来的报告清楚地说明数量巨大。至于受害者是谁，答案太明显了。按照第三帝国的定义，他们是"非雅利安人"，是"玷污文明的劣等人"，是来自十余个国家、信仰各异的普通百姓，但主要是犹太人。他们当中既有波兰人、法国人、捷克人、荷兰人、挪威人、苏联人，也有德国人。这是有史以来最邪恶的大屠杀，处决方式多种多样，惨无人道。有的在实验室充当豚鼠，成千上万人被枪毙、被毒死、被绞死或死在毒气室里，还有不少人是活活饿死的。

  美国第3集团军4月12日解放了奥尔德鲁夫集中营，美国陆军最铁石心肠的指挥官乔治·S.巴顿将军到死囚区看了看，随即转身离去，脸上满是泪水，恶心得想吐。附近村子的居民说他们对集中营里的情况一无所知，巴顿次日命令他们来亲眼看看，还用枪口威逼那些不肯来的人。第二天早上，村长和他的妻子上吊自杀了。

  英军前进路线上的发现同样可怕。有人告诉英国第2集团军医务部长休·格林·休斯准将，有个名叫贝尔森的地方有座集中营，几天来他一直担心那里会暴发传染病。到达贝尔森，休斯发现他担心的伤寒和斑疹伤寒根本不值一提。他多年后说道："任何照片、任何描述都无法再现我当时见到的恐怖场面。集中营里还有56000人活着，住在45间棚屋里。只能容纳100人的住处，却住了600~1000人。一间间棚屋里挤满了瘦骨嶙峋、疾病缠身的囚犯。他们饥肠辘辘，患有胃肠炎、斑疹伤寒、伤寒、肺结核。

到处是死尸，有些尸体就摆在床铺上，和活人待在一起。院落里、没掩埋的万人坑里、壕沟里、排水沟里、环绕营地的铁丝网旁边、一间间棚屋边上，足有1万多具尸体。我从医30年，从没见过这种事。"

为挽救活着的人，整条战线上的盟国军队不得不赶紧提供医疗救助，某些情况下，军事需要只好退居次席。休斯后来指出："我觉得谁都没想到我们会面对怎样的情况，也没料到这些情况对医疗勤务提出怎样的要求。"眼下急需医生、护士、病床、成千吨医疗用品和设备。仅休斯准将就需要一所有14000个床位的医院，尽管他知道，无论采取什么措施，情况得到控制前，每天至少会有500名囚犯死去。

艾森豪威尔将军亲自查看了哥达附近的一所集中营。他脸色苍白，咬紧牙关，把集中营各个地方仔细看了一遍。他后来回忆道："此前我只是笼统地知道点，要么是从二手情报来源获悉的……其他任何时候我都没有这么震惊过。"

集中营给盟军将士造成的心理影响难以评估。第9集团军战线上，马格德堡附近某个镇子，第30步兵师的军医朱利叶斯·罗克少校前去检查师里拦下的一趟货运列车。车厢里挤满集中营的囚犯。罗克吓坏了，赶紧让车上的人下来。他想把他们安置在当地德国居民家里，可镇长强烈反对，罗克的营长果断采取了措施，他直截了当地告诉镇长："你敢反对的话，我就抓人质枪毙他们！"

见到集中营惨状的盟军官兵，冷酷的必胜决心迅速取代了其他情感。盟国远征军最高统帅也不例外。从哥达返回远征军最高统帅部途中，他发电报给华盛顿和伦敦，敦促他们立即派新闻界人士和议员来德国，亲眼看看这些可怕的集中营，把证据"摆在美国和英国公众面前，不给冷嘲热讽的怀疑留下任何余地"。

但继续进攻、一举结束战争前，艾森豪威尔必须加强他分散在各处的作战力量。4月14日夜间，艾森豪威尔在兰斯的办公室里给华盛顿发了封电报，汇报了他的后续计划。

艾森豪威尔写道，顺利完成中路突击后，他面临两项主要任务："进一步分割残敌；占领敌人有可能实施有效抵抗的地区。"艾森豪威尔认为，这些地区是挪威和巴伐利亚的国家堡垒。北面，他打算投入蒙哥马利的军队，强渡易北河，夺取汉堡，而后攻往吕贝克和基尔。南面，他计划派德弗斯将军的第6集团军群攻往萨尔茨堡地区。

艾森豪威尔指出："战事拖到冬季的话，在国家堡垒展开作战行动会非常艰巨……就算我们与红军会师，国家堡垒也很可能继续存在……所以我们必须赶在德国人组织兵力和物资完成防御准备前迅速采取行动。"

至于德国首都，艾森豪威尔认为："一路攻往柏林也是可取的，因为敌人可能会在首都周围部署重兵，不管怎么说，柏林陷落会严重削弱敌人的士气，极大地鼓舞我方的斗志。"但盟国远征军最高统帅指出，这场行动"在时间方面的优先级较低，除非肃清翼侧的作战行动快得出人意料"。

简而言之，艾森豪威尔的计划是：

（1）在易北河畔的中央地带守住一条牢固的战线；

（2）朝吕贝克和丹麦展开行动；

（3）发起强有力的突击，"在多瑙河流域与苏联红军会师"，粉碎国家堡垒。

艾森豪威尔写道："由于攻往柏林必须等待以上三场行动的结果，所以我没有把它纳入作战计划。"

易北河畔，4月14日整个夜间，"杂乱的马戏团"和第2装甲师的官兵在巴尔比跨过第83步兵师架设的桥梁。虽说第一座桥梁附近已架起第二座桥梁，可渡河速度依然缓慢。不过，怀特将军的装甲纵队已下定决心，待他们到达对岸集中后，立即攻往柏林。第83步兵师的官兵中流传着一个说法，据说克拉比尔上校要把他刚刚从巴尔比解放的大巴车借给第2装甲师, 这辆红色大巴能载50名士兵。第83步兵师有充分的理由得意扬扬, 他们的几支巡逻队已到达采尔布斯特镇北面, 离柏林不到48英里。

4月15日, 星期天, 一大早, 第9集团军司令辛普森将军接到布拉德利将军打来的电话。他奉命立即飞赴第12集团军群设在威斯巴登的司令部, 因为布拉德利告诉他: "有些重要的事情跟你说, 但在电话里谈不太方便。"

布拉德利在机场等候这位集团军司令。辛普森后来回忆道: "我们握了手, 他随后把消息告诉我。布拉德说道: '你得停在易北河, 不能朝柏林方向继续前进了。辛普, 我很抱歉, 可情况就是这样。'"

辛普森问道: "你究竟是从哪儿听来的?"

布拉德利告诉他: "从艾克那里。"

辛普森无比震惊, "甚至不记得布拉德后来说了些什么, 只记得我的心碎了, 恍恍惚惚地回到飞机上。我当时想的是, 该如何对参谋人员、对几名军长、对我的部队说明这个情况。最重要的是, 我怎么对麾下官兵解释"。

回到司令部, 辛普森把消息告知几位军长, 随即赶往易北河。海因兹将军在第2装甲师师部遇到辛普森, 觉得这位集团军司令有点忧心忡忡。海因兹后来回忆道: "我当时以为老家伙可能不太欣赏我们的渡河方式, 他随后问我情况怎样。"海因兹答道: "将军, 我觉得我们现在一切都很顺利。先前有过两次秩序井然的后撤, 既没有不安, 也没有恐慌, 我们在巴尔比渡场的渡河行动进展顺利。"

辛普森说道: "很好, 要是你愿意的话, 可以在东岸留下部分兵力, 但他们不能再前进了。"他看看海因兹, 继续说道: "锡德, 我们的征程到此为止了。"海因兹震惊得几乎要抗命, 他当即说道: "长官, 这不对! 我们要去柏林!"辛普森似乎在竭力控制自己的情绪, 令人不安的沉默随之而来。他随后平静而又冷漠地说道: "锡德, 我们不去柏林了。对我们来说战争就此结束了。"

巴尔莱本与马格德堡之间，第 30 步兵师的官兵继续赶往易北河，可消息传得很快。一群群士兵凑到一起，激动而又愤怒地谈论着、比画着。第 120 步兵团 D 连的一等兵亚历山大·科罗列维奇没参与讨论，他也说不清自己究竟是悲伤还是快乐，可他坐在地上哭了起来。

★ ★ ★

海因里齐识别出种种迹象。前线某个地段，红军实施了短暂的炮火齐射，而在另一处，他们发起了小规模冲击。海因里齐知道，这都是佯动，几年前他就清楚俄国人的伎俩，此类小动作是对方发起主要突击的前奏。目前他最关心的是，什么时候命令自己的部下撤到第二道防线。

海因里齐苦思冥想之际，帝国军备和战时生产部部长阿尔贝特·施佩尔到了。海因里齐今天不想会客，尤其是像施佩尔这种惊慌失措、明显疲惫不堪的来宾。施佩尔在海因里齐的办公室里解释了自己的来意，他想寻求大将支持，请求海因里齐不要遵照希特勒的焦土令炸毁德国的工厂、发电厂、桥梁等设施。施佩尔问道："就算德国战败了，干吗非要摧毁一切呢？德国人民还得活下去。"

听他说完，海因里齐告诉施佩尔，他也认为希特勒的指令"过于恶毒"，他会在自己的职权范围内尽力帮助施佩尔。海因里齐提醒道："不过，眼下我能做的，就是尽己所能，打好这场战役。"

施佩尔突然从兜里掏出把手枪，说道："唯一能阻止希特勒的办法是靠这东西。"

海因里齐看看手枪，皱起眉头。

他冷冷地说道："好吧，我得告诉您，我可不是杀人犯。"

施佩尔在办公室里踱来踱去，似乎根本没听见海因里齐说了什么。他告诉海因里齐："想让希特勒明白不能这么干根本无法做到，我试过三次，分别是1944年10月、今年1月和3月。我最后一次劝他，他告诉我：'倘若军人跑来对我说这番话，我会认为他丧失了勇气，肯定会下令枪毙他。'他随后又说：'这场严重的危机中，领导者绝不能丧失勇气，否则就得把他们赶走。'不可能说服他战争彻底输掉了，完全不可能。"

施佩尔把手枪揣回兜里，平静地说道："算了，反正也没办法干掉他。"施佩尔没有告诉海因里齐，几个月来他一直在考虑干掉希特勒和他那帮亲信。他甚至想了个方案，把毒气投入元首暗堡的通风系统，可后来无法付诸实施，因为暗堡进气管周围加了个12英尺高的烟囱。施佩尔说道："要是我觉得此举能拯救德国人民的话，我会干掉他的，可我说服不了自己。"他看着海因里齐说道："希特勒一直很信任我。"随后又补充道："不管怎么说，暗杀总归有点上不了台面。"

海因里齐不喜欢会谈的论调，对施佩尔的做法和矛盾的心态担心不已。要是施佩尔这番话泄露出去，维斯瓦集团军群司令部的所有人恐怕都会被枪毙。他巧妙地把话题拉回原先的主题，也就是不执行焦土令，保护德国。维斯瓦集团军群司令重申："我能做的，就是全力履行自己作为军人的职责，其他的就看上帝的旨意了。我向您保证，柏林不会沦为斯大林格勒，我绝不会让这种事情发生。"

斯大林格勒的交战是逐屋逐房、一个街区接一个街区的争夺战。海因里齐无意让他的军队在红军逼迫下退入柏林，在那里从事类似交战。至于希特勒破坏重要基础设施的指令，海因里齐已经在集团军群整个作战地域内撤销了。他告诉施佩尔，柏林卫戍司令雷曼将军马上过来。海因里齐说，他请雷曼过来就是要商讨这些问题，还要亲自解释为什么不能把柏林守军纳入维斯瓦集团军群麾下。过了一会儿，雷曼到了，海因里齐的作战处处长艾斯曼上校和他一同走入办公室。他们商讨军务期间，施佩尔一直待在旁边。

艾斯曼后来写道，海因里齐告诉雷曼："别指望维斯瓦集团军群提供支援。"雷曼失望至极，最后一丝希望似乎破灭了，他喃喃地说道："那么，我不知道该如何守住柏林。"海因里齐指出，一旦辖内军队后撤，他打算率领他们绕过柏林。他又补充道："当然，我也许会收到率领军队退守柏林的命令，但您不能指望这一点。"

雷曼告诉海因里齐，他收到希特勒下达的指令，让他炸毁城内的桥梁和部分建筑。海因里齐气愤地说道："破坏柏林城内的桥梁或其他设施只会让整座城市瘫痪。要是我接到命令，把柏林纳入指挥范畴的话，肯定会禁止此类爆破。"

一旁的施佩尔也阐明了自己的态度，恳求雷曼不要执行焦土令。施佩尔指出，实施破坏的话，城内大部分地区的自来水和电力供应都会中断。据艾斯曼回忆，施佩尔当时说的是："要是您炸毁供应管线，整个城市至少要瘫痪一年，会导致传染病和饥饿蔓延开来，波及数百万人。您的职责是防止这场灾难发生！不执行这些命令是您的义务！"

艾斯曼记得，当时办公室里的气氛非常紧张。他写道："雷曼的思想斗争很激烈，最后用沙哑的声音说道，作为军官，他以体面的方式履行了自己的职责，他儿子阵亡在前线，他的家庭和财产都没了，只剩下他的荣誉。他提醒我们那个没炸毁雷马根大桥的军官的下场：像个普通罪犯那样被处决了。雷曼觉得自己不执行命令的话，等待他的是同样的结局。"

海因里齐和施佩尔竭力劝说，但没能改变雷曼的想法。雷曼告辞后，施佩尔也驱车离开。办公室里只剩海因里齐一人，他集中心思，开始盘算红军发动进攻的确切时间。

最新的敌情通报已送抵集团军群司令部，似乎表明敌人即将发动进攻。东线外军处处长赖因哈德·格伦将军甚至在敌情通报里附上了俘虏交代的最新情况。有份报告指出，红军步兵第49师一名士兵"声称主要进攻行动可能会在5~10天内发起"。这名俘虏交代："红军士兵议论纷纷，认为苏联绝不会让英美两国宣称他们征服了柏林。"第二份报告的内容有点类似, 但包含更多猜测。红军第79军当日早些时候在屈斯特林附近被俘的一名士兵交代, 此次进攻的主要目的"是抢在美国人之前到达柏林"。据这名红军士兵说, "估计会与美国人发生冲突", 届时就"以炮火'误击'美国人, 让他们尝尝红军炮兵的厉害"。

★ ★ ★

同一天, 也就是4月15日, 星期天, 斯大林在莫斯科接见埃夫里尔·哈里曼大使, 与他商讨了远东战事。会晤前, 美国军事代表团的迪恩将军提醒哈里曼听听德国电台的报道, 德国人称, 他们估计俄国人随时会对柏林发动进攻。与斯大林的会晤结束时, 哈里曼随口提到这件事, 问红军是不是真的要对柏林重新发动进攻? 迪恩将军当日傍晚把斯大林的答复发给华盛顿, 他在电报里写道: "斯大林说确实打算发动进攻, 但他不知道能否成功。不过, 正如他对艾森豪威尔说的那样, 这场进攻的主要目标是德累斯顿, 不是柏林。"

★ ★ ★

当天下午剩下的时间里, 海因里齐一直在研究敌情通报, 还在电话里与参谋人员和战地指挥官商量了一番。晚上8点过后不久, 他做出决定。海因里齐分析了所有战地报告, 评估了宿敌一举一动的细微差别。此时他背着双手, 低着头在办公室里踱来踱去, 聚精会神地思考问题, 突然他停了下来, 站在一旁盯着海因里齐的副官, 觉得"他好像忽然嗅到了不同寻常的气味"。他转过身, 对参谋人员平静地说道: "我觉得俄国人会在明日凌晨发动进攻。"海因里齐叫来参谋长, 给第9集团军司令布塞将军下了命令, 这道命令只有一行字: "退却, 占据第二道防线上的阵地。"此时是晚上 8 点 45 分，再过 7 小时 15 分钟，4 月 16 日，星期一，"凶狠的小矮子"就要率领军队投入德国的最后一战。

第五部

战役

白俄罗斯第 1 方面军的战线上，黑黝黝的森林里寂静无声。松树和伪装网下排列的火炮绵延数英里，按照不同口径朝后方递延。迫击炮部署在最前方，紧随其后的一辆辆坦克扬起长长的炮管，再往后是自行火炮，然后是一个个轻型、重型炮兵连。部署在最后面的是 400 具喀秋莎，这种多管火箭炮能同时发射 16 发火箭弹。奥得河西岸的屈斯特林登陆场内还部署了好多探照灯。战线各个地段，格奥尔吉·朱可夫元帅的部下正等待进攻时刻到来，此时离凌晨 4 点的预定进攻时刻还有几分钟。

谢尔盖·戈尔博夫上尉口干舌燥，他觉得随着时间流逝，周围愈发安静了。此时他和部队待在奥得河东岸屈斯特林镇北面，洪水淹没的这处河段约有 500 码宽。戈尔博夫后来写道，他周围是"一群群突击队，一排排坦克，一个个携带着浮桥桥段和橡皮艇的工兵排。河岸各处挤满人员和装备，但四下里一片寂静"。戈尔博夫觉察到"那些战士激动得几乎要发抖，就像狩猎开始前马匹的颤抖"。他不停地告诉自己："今天无论如何得活下来，因为我还有好多东西要写。"他一遍遍重复着："眼下还不是死的时候。"

中央地段，一支支红军部队挤入奥得河西岸登陆场。这座至关重要的登陆场长 30 英里，纵深 10 英里，是红军 3 月下旬从布塞将军手里夺取的，眼下成为朱可夫攻往柏林的跳板。精锐的近卫第 8 集团军辖内官兵即将从这里发动进攻，一旦他们拿下正前方稍稍位于西面、至关重要的塞洛高地，坦克就投入冲击。21 岁的近卫军中尉弗拉基米尔·罗扎诺夫是炮兵侦察队队长，此时伫立在西岸一群操作探照灯的女兵身旁。罗扎诺夫坚信探照灯光束会把德国人搞得神经错乱，他迫不及待地想让这些姑娘打开探照灯。

但另一方面，罗扎诺夫也很担心即将到来的进攻。他父亲此刻在南面，跟科涅夫元帅的军队待在一起。这名年轻的红军指挥员很生父亲的气，老人家两年没给家里写信了。不过，他还是希望能跟父亲在柏林重逢，战役结束后说不定能一同回家。罗扎诺夫受够了战争，可他又很高兴亲身参与最后一场大规模突击，只是漫长的等待让人有点受不了。

登陆场较远处，炮长尼古拉·斯维晓夫中士站在炮兵连旁边。他是个老兵，多次经历过炮火准备，知道接下来会发生什么。他提醒过炮组，开炮时"扯开嗓门尽力吼叫，释放耳内的压力，因为炮火的轰鸣非常可怕"。斯维晓夫此时攥着拉火绳，等待开炮的信号。

屈斯特林南面，法兰克福周围的登陆场内，步兵团的尼古拉·诺维科夫中士读着附近几辆坦克涂写在车身两侧的口号，其中一条是"从莫斯科到柏林"，另一条写的是"距离法西斯野兽的巢穴 50 公里"。诺维科夫激动得情难自抑，团里的政治军官发表了鼓舞士气的讲话，彻底激发了他的热情。慷慨激昂、充满乐观精神的讲话深深打动了诺维科夫，他立马写了入党申请书。[①]

俯瞰屈斯特林登陆场的高地上，朱可夫元帅伫立在掩体内，面无表情地凝视着夜幕。当初保卫斯大林格勒的崔可夫上将站在旁边，他指挥的近卫第 8 集团军担任此次进攻的先锋。自斯大林格勒战役以来，崔可夫就患了湿疹，两只手受到的影响尤为严重，为保护双手，他戴了副黑手套。此时，崔可夫不耐烦地等待着进攻开始，紧张地摩擦戴着手套的双手。朱可夫突然问道："瓦西里·伊万诺维奇，您那些营进入阵地了吗？"崔可夫迅速

---

① 许多红军士兵在奥得河畔申请入党，并不都是出于政治原因。与英美军队不同，红军没有身份识别牌（也就是俗称的"狗牌"）登记制度，在战斗中阵亡或负伤的红军官兵，官方很少会通知他们的家人。可如果伤亡的是党员，党组织会通知他的家人或亲属。

做出肯定的回答: "元帅同志, 过去48小时内, 您叮嘱的一切我都照办了。"

朱可夫看看手表, 随即停在掩体观察孔, 他往后推推军帽, 双肘挂在水泥台上, 仔细调整手里的望远镜。崔可夫竖起大衣衣领, 放下皮帽耳盖遮住耳朵, 以此减弱炮火的轰鸣, 他站在朱可夫身边, 也端着望远镜朝外张望。几名参谋聚在他们身后, 还有几个干脆走出掩体, 站在外面的高地上观察情况。此时, 每个人都默默地凝视着黑夜。朱可夫又瞟了眼手表, 随后再次透过望远镜察看情况。时间一分一秒地流逝, 朱可夫平静地说了句: "同志们, 时间到了。"此刻是清晨4点整。

三发红色信号弹突然蹿入夜空。有那么一瞬, 悬挂在半空的信号弹把奥得河笼罩在炫目的深红色光芒下。屈斯特林登陆场内, 朱可夫的探照灯方阵骤然开启。140具大口径防空探照灯射出足以致盲的强光, 辅以坦克、卡车和其他车辆的照明灯, 一道道光束射向正前方的德军阵地。耀眼的光芒让战地记者帕维尔·特罗扬诺夫斯基中校想到"合在一起的1000个太阳"。近卫坦克第1集团军司令员米哈伊尔·卡图科夫上将大吃一惊, 不由得问军事委员会委员波佩尔中将: "这些探照灯是从哪里搞到的?"波佩尔答道: "天晓得, 不过我想他们可能把整个莫斯科防空区的探照灯都拆掉了。"探照灯照亮屈斯特林前方地域, 先是一片沉寂, 三发绿色信号弹随后蹿入夜空, 朱可夫的火炮轰鸣起来。

伴随震耳欲聋、惊天动地的炮火齐鸣, 前线腾起一团团火焰。这场炮击是东线前所未见的, 2万多门各种口径的火炮朝德军阵地倾泻猛烈的火力。爆炸的炮弹构成一堵滚动的铜墙铁壁, 屈斯特林登陆场西面的德国乡村, 先是笼罩在探照灯无情的强光下, 随后消失在这堵墙壁前方。一个个村庄灰飞烟灭, 泥土、混凝土块、钢铁、树干飞入空中, 远处一片片森林起火燃烧。屈斯特林北面和南面, 成千上万门火炮的闪光划破夜幕, 一吨吨炮弹击中目标, 炸点犹如致命的爆竹, 发出快速而又连续的闪光。爆炸卷起的飓风极为猛烈, 甚至造成大气扰动。多年后, 生还的德国人生动地回忆起,怪异的热风突然袭来，呼啸着穿过森林，吹弯了小树，把尘土和碎石瓦砾卷入半空。战线两侧的官兵永远不会忘记火炮的剧烈轰鸣。炮击造成猛烈的冲击波，导致人员和装备不受控制地颤抖起来。

暴风骤雨般的炮火轰鸣把所有人震得神志不清。斯维晓夫中士的炮兵连，尽管他那些炮手声嘶力竭地高声呐喊，可炮火冲击波实在太强，震得他们双耳流血。喀秋莎的发射声最吓人，前线官兵把这款兵器称作"斯大林管风琴"。一排排炽热的火箭弹蹿出发射架，拖着刺耳的尖啸划破夜幕，身后留下长长的白色尾迹。火箭弹可怕的声响让戈尔博夫上尉想到大块钢铁并在一起的摩擦声。尽管炮火轰鸣很吓人，可戈尔博夫还是为这场炮击激动不已。他看见周围"所有指战员都欢呼雀跃，就好像他们正与德寇展开白刃战，到处都有人端起各种武器开火射击，哪怕他们根本看不见目标"。看着一门门火炮喷吐的火舌，他想起祖母当初对他说起世界末日的那番话，其中一句是"届时大地会燃烧，烈焰会吞噬恶人"。

伴随炮火轰鸣，朱可夫的军队出动了。崔可夫军纪严明的近卫第8集团军率先冲出奥得河西岸的屈斯特林登陆场。他们向前拥去，弹幕始终在他们前面，覆盖了前方地域。屈斯特林北面和南面，红军必须强渡泛滥的奥得河，工兵跳入河里铺设浮舟，忙着组装木桥预制件。他们周围，一拨拨突击部队没有等待桥梁架设完毕，而是跳上颠簸起伏的各种突击舟强渡奥得河。

这些红军指战员，不少人当初在列宁格勒、斯摩棱斯克、斯大林格勒、莫斯科城下战斗过，他们跨越了半个欧洲大陆，一路杀到奥得河畔。这些军人目睹过他们的家乡毁于德军炮火，他们的庄稼被焚毁，他们的家人死在德国人手里。他们觉得眼下这场突击具有特殊意义，他们活着就是为了复仇的这一刻。德国人什么都没给他们留下，他们无家可归，也无处可去，只能一路向前。现在，他们发起猛烈进攻。成千上万近期获得解放的战俘同样热血沸腾，由于红军急需补充兵，于是给获救的战俘分发了武器，这些衣衫褴褛、骨瘦如柴的战俘，身上仍留有饱受虐待的痕迹，也怀着复仇的欲望向前冲去。

欢呼呐喊的红军官兵冲向奥得河东岸，简直就像野蛮的部落成员。他们似乎陷入某种疯狂状态，根本等不及船只到来或桥梁架设完毕。戈尔博夫惊愕地看着他们全副武装地跳入河里，朝对岸游去。其他人抓着能漂浮的一切东西，例如空汽油桶、木板、木块、树干，朝对岸泅渡。眼前的奇景让戈尔博夫想到"庞大的蚂蚁大军利用树叶和树枝渡河。奥得河上满是载有人员的船只、运送物资的木筏、搭载火炮的圆木木筏，到处都能见到泅渡或游泳过河的士兵在水里起伏的头颅"。戈尔博夫在某处见到自己的朋友，这名团军医"是个名叫尼古拉耶夫的大块头，他一路冲下河岸，身后拖着条小得可笑的小舟"。戈尔博夫知道，尼古拉耶夫"本该待在前线后方的战地医院，可他跳上小舟，拼命向前划去"。戈尔博夫觉得，世界上没有任何力量能阻挡这场猛烈的冲击。

炮火准备突然结束了，随之而来的沉寂似乎令人不知所措。朱可夫的炮火齐射持续了整整35分钟。他的指挥掩体内，参谋人员突然觉察到几部电话在响。铃声响了多久，谁也说不清，猛烈的炮火让所有人多多少少有点失聪。几名军官过去接听电话。崔可夫手下的指挥员发来首批报告，他告诉朱可夫："到目前为止，一切都按计划进行。"过了片刻，更好的消息传来，崔可夫自豪地宣布："首批目标已实现。"自进攻开始以来一直紧张不安的朱可夫，突然间如释重负。波佩尔将军回忆道："（朱可夫）握着崔可夫的手说道：'太好了！太好了！真是太好了！'"但兴奋之余，经验丰富的朱可夫深知，决不能低估敌人。待拿下屈斯特林附近至关重要的塞洛高地，这位身材敦实的苏联元帅才会真正地松口气。他觉得到那时才能说胜券在握，不过，应该用不了太长时间。除了已投入战斗的技术兵器，红军轰炸机此时也出现在空中，开始轰炸前方地域。按照预定计划，6500多架战机为他和科涅夫的进攻提供支援，但朱可夫认为，仅凭炮兵的轰击就足以粉碎敌军士气。

★　★　★

　　柏林北面的舍讷瓦尔德森林里，戈特哈德·海因里齐大将背着双手，在前进指挥所的作战室里来回踱步。一旁的几部电话发出刺耳的铃声，参谋人员忙着收听报告，再把相关情况仔细标注到作战地图上，这幅地图摊放在房间中央的桌子上。海因里齐不时停下脚步，看看地图，或读读艾斯曼上校递给他的报告。海因里齐对红军的进攻样式一点也不感到意外，但对方规模庞大的炮火准备确实让大多数德国军官震惊不已。第9集团军司令布塞将军把这场炮击称为"有史以来最猛烈的一次"，根据前线发来的初期报告，艾斯曼上校认为"毁灭性炮火几乎摧毁了我们的前线防御工事"。

　　4月15日夜间，维斯瓦集团军群主力遵照海因里齐的命令，以夜幕为掩护，悄然退守第二道防线。但这场退却并非一蹴而就，有些军官对弃守前线阵地满腹牢骚，觉得这就是后撤。几名指挥官跑到海因里齐面前大加抱怨，海因里齐冷冰冰地质问某个反对弃守阵地的将领："您想过吗，俄国人实施炮火准备后，您精心构设的前线防御工事或您的部下什么都不会剩下。就好比您在钢铁厂里，肯定不会把头放到杵锤下，对吧？您会及时把头缩回来，这恰恰是我们现在做的。"

　　为贯彻海因里齐的策略，艰巨的退却耗费了大半夜。但从部队撤离地域发来的报告看，这场机动非常成功。此时，德军官兵在第二道防线上等待前进中的红军到来。屈斯特林西面是塞洛高地的沙质马蹄形高原，海因里齐在战线这个地段占有地形优势。塞洛高地的海拔从100到200英尺不等，俯瞰海绵般的河谷，这片河谷因遍布溪流而著称，号称奥得河湿地。从奥得河畔推进的红军必须穿过河谷，海因里齐部署在新月形高原上的火炮早已瞄准几条河谷接近地。

这些至关重要的高地, 是海因里齐挫败朱可夫进攻的唯一机会, 他知道, 朱可夫制订作战计划时肯定仔细考虑过这种情况。俄国人必须迅速攻克高原, 以免海因里齐的火炮轰击他们架设在奥得河上的桥梁, 给穿越低矮沼泽地带的红军部队造成混乱。朱可夫显然企图以大规模炮击粉碎德军所有抵抗, 好轻而易举地攻克几处高地。可德国人撤离第一道防线, 海因里齐的部队和火炮大多完好无损, 而且部署就位, 防御计划得以顺利执行。只有一个问题不太妙: 他的兵力和火炮严重不足。没有空中支援, 缺乏兵力、火炮、坦克、弹药、油料储备, 海因里齐最多只能迟滞朱可夫的攻势, 对方最终必然达成突破。

整条战线上, 海因里齐两个集团军只有不到 700 辆坦克和自行火炮可用。这些战车分散在第 9 集团军和第 3 装甲集团军辖内各兵团。实力最强的第 25 装甲师有 79 辆战车, 而实力最弱的兵团只有 2 辆。朱可夫的炮兵力量异常强大, 有 2 万门各种口径的火炮[①], 相比之下, 海因里齐只有 744 门火炮, 外加 600 门充当野战炮的高射炮。他的弹药和油料供应也不多, 除了各个炮位存放的炮弹, 第 9 集团军储备的弹药只够维持两天半的交战。

海因里齐无法长时间挡住红军, 也无力发起反突击, 因为他把寥寥无几的装甲战车和火炮分散到各兵团, 好让他们坚持得更久些。他能做的, 不过是他认为有可能做到的事情: 尽量争取时间。海因里齐看着作战地图, 一个个粗大的红色箭头标明红军的进攻方向, 他愤怒地想到转隶舍尔纳元帅中央集团军群的几个装甲兵团, 希特勒和舍尔纳坚信红军企图攻往布拉格, 因而抽调这股装甲力量阻挡对方。足足有 7 个装甲师呢! 海因

---

① 1945年6月, 朱可夫告诉艾森豪威尔将军和新闻媒体, 他以22000门各种口径的火炮发动进攻。朱可夫最初的计划要求投入11000门火炮, 但进攻发起时他有没有获得这么多火炮不得而知。苏联方面的记述各不相同, 给出的数字从2万门到4万门不等, 但大多数军事专家认为, 朱可夫至少有7000~8000门野战炮, 口径较小的火炮可能也有这么多。

里齐酸溜溜地对艾斯曼说道："要是这股装甲力量在我手里的话，俄国人就笑不出来了。"

情况很糟糕，可更大的危机还在后头。朱可夫的进攻不过是个开始，还得考虑罗科索夫斯基部署在北面的军队，他们何时对冯·曼陀菲尔的第3装甲集团军发动进攻？南面的科涅夫又打算何时动手呢？

海因里齐没等多久就得知了科涅夫的企图。红军第二场打击落在布塞集团军防区最南端，还进入舍尔纳元帅的作战地域。清晨6点，科涅夫乌克兰第1方面军辖内兵团发动进攻，强渡尼斯河。

★ ★ ★

红军战斗机排成紧密的V形编队，倾斜着机身穿过亮粉色高射炮炮火和一串串红色、黄色、白色曳光弹，朝尼斯河飞去。这群战斗机身后喷吐出浓密的白色烟雾，呼啸着扑向河谷，离铁灰色的尼斯河河面不到50英尺。它们一次次钻过防空弹幕，铺下一道浓密、松软的烟幕，不仅遮蔽了河面，也遮蔽了东西两岸。河岸高处的观察所里，伊万·科涅夫元帅对眼前这一幕非常满意。第13集团军即将投入进攻，科涅夫扭头对司令员N.P.普霍夫将军说道："我们的邻居使用了探照灯，因为他们需要更多光亮。尼古拉·帕夫洛维奇，我告诉您，我们需要更多黑暗。"

科涅夫的进攻正面宽度为50英里左右，但他下令在4倍长度上释放烟幕，以此迷惑德国人。此时，科涅夫透过三脚架上的炮队镜察看情况，注意到弥漫的烟雾。此时的风速估计只有每秒半米，每小时不超过1英里。他满意地宣布，烟幕的"厚度和密度很合适，高度也很准确"。随后，就在战机继续释放烟幕之际，科涅夫集中的炮兵力量开火了，响起剧烈的轰鸣。

和朱可夫的炮火准备一样，科涅夫这场炮击也很猛烈，但科涅夫使用炮兵力量更有选择性。进攻开始前，科涅夫的炮兵指挥员就知道，烟幕会遮蔽炮兵观测员的视线, 因此在地形图上准确标出了已探明的敌军防线和支撑点, 还校准了己方火炮。除了打击预先选定的目标, 乌克兰第1方面军的火炮还打算为即将投入交战的突击部队和坦克炸出一条条通道, 从尼斯河一直延伸到西面。徐进弹幕犹如一柄柄火红的镰刀, 有条不紊地在德军阵地上劈开若干条数百码宽的通道。炮击进行时, 一处处森林起火燃烧, 与朱可夫作战地域的情形如出一辙, 火海从尼斯河畔向前延伸了好几英里。

科涅夫不想碰运气, 他的计划四平八稳, 不留任何漏洞。促使他急于前进的不仅仅是抢在朱可夫之前到达柏林的雄心壮志, 还有另一个更重要的原因: 西线盟军的推进速度快得出人意料, 目前离德国首都只剩40英里。科涅夫想到两件事, 其中一件也许会发生, 甚至有可能两件同时发生: 艾森豪威尔的军队说不定会赶在红军前面到达德国首都, 德国人也许会同西方盟国单独媾和。正如科涅夫后来指出的那样: "我们不愿相信我们的盟友会同德国人达成任何形式的单独协议, 可当时的气氛……有许多事实和传言, 我们作为军人, 没有权力排除这种可能性……因此, 柏林进攻战役变得特别紧迫。我们不得不考虑这样的可能……法西斯领导人说不定更愿意把柏林交给美国人和英国人而不是我们。德国人会给他们敞开道路, 但对我们, 他们会顽抗到底, 战斗到最后一兵一卒。"[①] 制订作战计划时, 科涅夫 "充分考虑到这种前景"。他知道, 必须在进攻开始后几个钟头内

① 科涅夫附和了斯大林本人的怀疑。斯大林4月初给罗斯福发了封电报, 说他得知西方盟国在伯尔尼同德国人达成协议, 德国人会据此 "向英美军队敞开前线, 放他们向东推进, 作为交换条件, 英国人和美国人承诺, 他们会放宽给德国人的停战条件……西线德军实际上已停止战斗……而他们继续对英国和美国的盟友苏联作战……" 罗斯福复电称, 他对 "我在事先没征得你充分同意的情况下就与敌人达成协议的这种指控深感惊异……坦率地说, 无论向你告密的人是谁, 我都无法避免对他们产生强烈的愤恨情绪, 因为他们居然如此卑劣地歪曲我或我信赖的下属的所作所为"。斯大林和他那些元帅对此全然不信。时至今日, 苏联国防部最新出版的《苏联伟大卫国战争史, 1941—1945年》还声称: "为避免柏林落入红军手里……希特勒分子……打算把首都交给美国人或英国人。我们的盟友也企图攻占柏林……尽管已达成的协议把柏林纳入苏联红军的作战地域……" 当然, 西方盟国根本没有同德国达成上述协议。

打垮敌人，这样才能抢在朱可夫元帅或西线盟军之前到达柏林。与朱可夫不同，科涅夫在尼斯河西岸没有步兵占据的登陆场，这是个巨大的障碍。

尼斯河是条冰冷、湍急的河流，某些河段的宽度达到 150 码，虽说东岸相对平缓，可西岸的坡道却很陡峭。德国人充分利用天然条件，据守在许多强化混凝土掩体内，俯瞰着河流和东部接近地。科涅夫必须迅速打垮守军，以免被掩体射出的火力压制。他的作战计划要求，一旦突击力量夺得西岸立足地，几个坦克师立即投入交战。但这就要求尼斯河上的架桥作业必须在掩护烟幕消散前展开，倘若炮火准备没打垮敌人，工兵必须冒着对方的猛烈火力架设桥梁。科涅夫打算在布赫霍尔茨和特里贝尔地域实施主要渡河行动，但还有其他渡场。他认为自己必须迅速而又彻底地打垮敌人，因而下令发起声势浩大的强渡，渡场超过 150 个。每个渡场的工兵都立下军令状，保证 1~3 个钟头内完成架桥或摆渡作业。

清晨 6 点 55 分，科涅夫作战计划的第二阶段开始了。整个尼斯河东岸，第一拨突击力量冲出森林，在持续的炮火掩护下，搭乘他们弄到的各种船只，朝尼斯河对岸冲去。第二突击波次紧随其后，再往后是第三波次。布赫霍尔茨—特里贝尔地域，普霍夫第 13 集团军的突击力量拖着浮桥组件，拥过波浪起伏的河面。近卫步兵第 6 师打头阵，师长格奥尔吉·伊万诺夫少将现年 44 岁，是个彪悍的哥萨克。他把能漂浮的东西都投入河里，除了浮舟，他还使用了空航空油箱和硕大的德国废料箱，他下令把这些箱子焊接起来，确保密封，然后搬运到指定位置充当桥梁支撑。数百名工兵泡在水里，预制木桥组件刚刚推离东岸，他们就用螺栓把这些组件固定在一起。几十个工兵站在冰冷的尼斯河齐颈深的河水里，头上顶着沉重的桥梁，其他人忙着把木制支撑推向河床。一个个工兵特别小组，用配备手动绞车的船只把钢缆拉过尼斯河。他们在西岸设立渡口，手动卷绕钢缆，把载有火炮和坦克的浮舟拖过河去。某些河段，工兵没使用浮舟，而是在钢缆末端直接把火炮沿着河床拖了过去。尽管整条河岸线上敌人的火力无处不在，但红军的渡河行动稳步推进。为掩护渡场，伊万诺夫把几个炮兵连调到岸边，射出的炮火从渡河的红军官兵头上掠过，落入西岸德军防御阵地。为支援这些炮兵连，他还以不下200挺机枪发射密集的火力，"只是为了压制敌人"。

早上7点15分，科涅夫收到好消息：他的部队在西岸夺得首座登陆场。一个钟头后他又得知，坦克和自行火炮已渡过尼斯河，正与敌人交战。8点35分，持续2小时35分钟的炮火准备结束了，科涅夫明确得知，他的部队在尼斯河西岸站稳了脚跟。到目前为止，150个渡场他们控制了133个。普霍夫第13集团军辖内部队与近卫坦克第3集团军的作战力量，在特里贝尔突击地域中央地段达成突破，相关报告称，当面之敌似乎土崩瓦解。近卫坦克第4集团军的坦克力量正穿过该地段，南面，近卫第5集团军的将士也渡过尼斯河。科涅夫觉得，他的坦克力量随时可能取得纵深突破。

一旦达成纵深突破，科涅夫打算奔向施普伦贝格和科特布斯。穿过科特布斯，他就沿道路网攻往吕本，那片地域对他至关重要。斯大林划定的分界线，把朱可夫的白俄罗斯第1方面军与科涅夫的乌克兰第1方面军分开，分界线终点就在吕本。要是麾下军队迅速到达那里，科涅夫打算立即请求斯大林批准他转身向北攻往柏林。他坚信斯大林肯定会批准，因而给近卫坦克第3集团军司令员帕维尔·谢苗诺维奇·雷巴尔科上将下了道书面命令："做好以一个坦克军在近卫第3集团军一个步兵师加强下从南面突入柏林的准备。"科涅夫觉得自己有可能抢在朱可夫之前到达柏林。他全神贯注地察看突击进展，甚至没察觉到自己能活下来是多么幸运。红军发起突击后没多久，敌狙击手射来的子弹在他那具炮队镜的三脚架上干净利落地钻了个孔，离科涅夫的脑袋就差几英寸。①

---

① 　20年后，科涅夫读了普霍夫将军的回忆录才得知此事。

★ ★ ★

柏林东郊，不到 35 英里外传来的炮声，犹如远处一场暴风雨沉闷的雷声。怪异的冲击波效应传入奥得河附近几个小村庄和城镇。马尔斯多夫警察局里，书架上的书籍震落，几部电话莫名其妙地响了起来。许多地方的灯光变暗了，还闪个不停。达尔维茨 - 霍珀加滕的防空警报器突然发出刺耳的尖啸，没人能把它关掉。墙上挂的油画砸落在地，窗户和镜子被震碎。明谢贝格教堂的十字架从尖塔上掉落，到处都能听到犬吠。

柏林东部区域，沉闷的轰鸣在熏得漆黑的房屋框架间反复回荡。松树起火燃烧后散发的气味飘过克佩尼克区边缘。韦森塞区和利希滕贝格区周边，突如其来的风鬼使神差般地拍打着窗帘，而埃尔克纳，躲在防空洞里的部分居民突然从睡梦中惊醒，不是因为炮火的轰鸣，而是因为地面不祥的震颤。

许多柏林人知道这是什么声音。韦尔特林格尔夫妇藏在潘科区默林家的公寓里，西格蒙德第一次世界大战期间当过炮兵，立马意识到远处传来的是大规模炮击的声响，赶紧叫醒妻子玛格丽特，对她说了这个情况。至少有一个柏林人声称，他目睹了朱可夫的徐进弹幕。清晨 4 点过后不久，16 岁的霍斯特·勒姆林爬上韦森塞区西部边缘的 7 层塔楼，端着望远镜向东眺望。他看见"俄国人火炮的闪光和眩光"，赶紧把情况告诉邻居，可没人信他的话，那些邻居觉得他不过是个调皮捣蛋、喜欢幻想的孩子。

炮火的轰鸣没有传到柏林中心地区，不过到处都有柏林人说他们听到不同寻常的声音。大多数人认为可能是防空炮火，也可能是昨晚 2 小时 25 分钟空袭期间投下的某些炸弹没有爆炸，工兵现在把它们引爆了，说不定是炸弹命中的建筑突然坍塌发出的声音。

红军刚发动进攻，一小群平民几乎就立即得知了。她们是舍讷贝格区温特费尔德大街邮政总局电话楼里的接线员。俄国人发起炮击后没过几分钟，交换机的长途和干线段就挤满了打进来的电话。奥得河、尼斯河附近的纳粹党官员紧张不已，忙着打电话给柏林的上级。几名消防队队长询问是否要扑灭森林火灾，他们的装备是否要转移出危险地区。警察局局长打电话给上司，每个人都在设法联系自己的亲属。几名接线员多年后回忆，接通电话的人，几乎都以三个字为开场白："开始了！"总机主管伊丽莎白·米尔布兰德是个虔诚的天主教徒，她掏出念珠，默默地颂起《玫瑰经》。

到4月16日早上8点，大多数柏林人都从广播里听到："俄国人在奥得河战线继续发起猛烈攻击。"新闻的措辞很谨慎，可就连普普通通的柏林人也不需要详尽的细节。通过口口相传，或是从城外亲属那里听来的消息，他们得知他们恐惧的时刻终于到来了。奇怪的是，街上的人知道的情况比希特勒还多。元首暗堡里，这位领导人仍在呼呼大睡，他凌晨3点前不久才躺下，副官长布格多夫将军下达了严格的指示，不要叫醒元首。

元首暗堡怪异的地下世界，今天早上的模样看上去令人愉快：小小的接待室、走廊休息室、小会议室里摆着好几瓶鲜艳的郁金香。早些时候，帝国总理府的园丁从满目疮痍的花园尚存的几个花坛剪下这些鲜花。布格多夫觉得他干得不错，因为埃娃·布劳恩喜欢郁金香。未婚的帝国第一夫人是昨晚到的，她还带来慕尼黑的老朋友送给元首的礼物。其中一件是前任帝国青年领袖的妻子巴尔杜尔·冯·席拉赫男爵夫人送上的一本书。小说里的主人公经历了种种不幸，始终没有放弃希望，但最后不得不说："乐观主义是情况不妙的时候依然坚信一切都好的躁狂症。"男爵夫人觉得伏尔泰这本《老实人》挺应景。

★　★　★

朱可夫起初简直不敢相信自己听到的报告。他站在屈斯特林的指挥所里，身边簇拥着一群参谋人员，他满腹狐疑地盯着崔可夫，随即大发雷霆。

"您究竟什么意思？敌人压制了您的部队？"朱可夫朝近卫第8集团军司令员吼道，这次没有友好地称呼崔可夫的教名。崔可夫以前见识过朱可夫发火的模样，所以一点也不惊慌，而是平静地说道："元帅同志，无论我们是不是暂时遭到压制，进攻肯定能取得胜利。可敌人眼下的确加强了抵抗，挡住了我们的前进。"

崔可夫解释道，塞洛高地射出猛烈的炮火，击中红军前进中的部队和提供支援的坦克。另外，那里的地形非常复杂，给坦克的前进造成很大妨碍。奥得河湿地遍布沼泽和灌溉渠，坦克和自行火炮苦苦挣扎，很难前进。陷入泥沼的战车一辆接一辆中弹起火。崔可夫指出，近卫第8集团军到目前为止只取得1500码进展。据波佩尔将军说，朱可夫用"一连串强有力的措辞"发泄了怒火。

本该势不可挡的攻势究竟出了什么岔子？波佩尔将军询问朱可夫的几名高级指挥员，很快发现他们对此看法不一。米哈伊尔·沙林将军是近卫坦克第1集团军参谋长，他告诉波佩尔，他确定"德国人在我们发动进攻前就撤出前线，沿塞洛高地部署在第二道防线，所以，我们的大部分炮弹落在开阔地。"突击第3集团军司令员瓦西里·库兹涅佐夫将军尖锐地批评了白俄罗斯第1方面军的进攻计划，他告诉波佩尔："一如既往，我们还是照本宣科，可德国人很清楚我们的打法。他们的部队退却了整整8公里，我们的炮火击中了一切，就是没打着敌人。"安德烈·格特曼将军是近卫坦克第1集团军副司令员，先前当过坦克军军长，是最资深的坦克专家，他不仅愤怒不已，还提出批评意见，尤其是对使用探照灯一事："它们根本没能让敌主力头晕目眩，我来告诉您它们究竟做了什么吧，它们把我方坦克和步兵暴露给敌人的炮兵，绝对的！"

朱可夫从没想过这场进攻能一蹴而就，也料到会遭受重大伤亡，但他确实认为德国人不可能阻挡他的前进。正如他后来指出的那样，他本指望"迅速削弱敌军防御"，这一点没能实现，他轻描淡写地补充道："事实证明，前线第一梯队的打击力量不足。"他毫不怀疑, 仅凭几个集团军的兵力优势就能打垮敌人, 可他现在担心"攻势有可能放缓"。朱可夫决定改变战术, 迅速下达了一连串指令。他要求轰炸机群集中力量打击敌炮兵阵地, 同时, 炮兵也要对塞洛高地实施猛烈炮击。朱可夫还采取了另一个措施。按照原定计划, 待步兵夺取塞洛高地, 几个坦克集团军再投入交战, 但朱可夫现在决定立即投入坦克力量。近卫坦克第1集团军司令员卡图科夫将军此时刚好也在掩体里, 直接接受了命令。朱可夫想实现的目标不言而喻: 不惜一切代价攻克塞洛高地。他打算以猛烈的冲击迫使敌人屈服, 必要的话, 强行打开通往柏林的道路。这位身材敦实的苏联元帅随后带着参谋人员离开指挥所, 他对行动延误的怒火仍未平息。朱可夫不想被敌人寥寥几门瞄得很准的火炮拖缓进军速度, 更不愿让科涅夫抢先攻入柏林。离开掩体时, 其他指挥员毕恭毕敬地站在旁边让他通过, 朱可夫突然扭头对卡图科夫厉声说道: "就这样! 行动吧! "

★ ★ ★

中午刚过, 元首的日训令就送抵特奥多尔·布塞将军的第9集团军司令部。日训令的签署日期是4月15日, 但很明显, 直到希特勒的幕僚确定红军发起主要突击, 才发出这道训令。各级指挥官奉命把元首的日训令立即下发到连一级, 但绝不能披露给报纸。

日训令上写道:

"德国的东线将士, 与不共戴天的犹太—布尔什维克敌人最后决战的时刻到了, 他们率领大批游牧部落发动了进攻。他们企图粉碎德国, 灭绝我们的民族。你们这些身处东线的将士, 早已知道威胁德国妇女、姑娘、儿童的命运……老人和孩子会被杀掉, 妇女和姑娘会沦为军妓, 剩下的人会被送到西伯利亚。

　　"我们早就料到这场进攻，自1月份以来，我们为构设强大的防线采取了一切措施。大批火炮严阵以待，无数新部队弥补了我方步兵的损失。警戒部队、新组建的部队、人民冲锋队正在加强我们的防线。布尔什维克分子这次会遭受亚洲的旧命运，他们必然在德意志帝国的首都门前大败亏输。

　　"此刻不履行职责的人就是我们民族的叛徒。任何一个团或师，擅自弃守阵地的行为都极度可耻，他们有何面目面对我们各座城市经受恐怖空袭的妇女和儿童？要格外警惕一小撮叛变的官兵，为保全可耻的性命，也为了俄国人的酬劳，他们会转而对付我们，甚至有可能穿着德国军装。无论谁命令你们后撤，除非你们非常了解他，否则都要立即逮捕他，必要情况下可以就地处决，无论他的军衔有多高。只要东线每个军人接下来几天和几周恪尽职守，就能粉碎亚洲游牧部落最后的冲击，西线之敌也是如此，尽管他们在各处取得渗透，但最后还是会以失败告终。

　　"柏林依然属于德国，维也纳也会重回德国，^① 欧洲永远不会落入俄国人手里。

　　"庄严地宣誓保卫祖国，这绝非空洞的概念，而是保卫你们的家园，你们的妻子，你们的孩子，以及我们的未来。

　　"东线将士，此时此刻，整个德意志民族正看着你们，只希望凭借你们的忠诚，你们的狂热，你们的武器，你们的领导，让布尔什维克分子的猛烈冲击淹没在他们自己的污血里。命运之神把有史以来最大的战犯^②带离这个世界之际，也决定了此次战争的转折点。"

　　布塞并不需要一道日训令来告诉他必须挡住俄国人。几个月前他对希特勒说过，倘若红军突破奥得河防线，柏林和德国其他地区都会陷落。可

---

① 红军4月13日攻克了维也纳。

② 希特勒指的显然是罗斯福总统。

他气愤的是, 训令里居然说什么"强大的防线", 还说敌人面对"大批火炮"和"无数新部队"。这些大言不惭的话阻挡不了俄国人。希特勒的日训令从很大程度上看纯属自欺欺人。但有一点很明确: 他打算让德军将士在东线和西线战斗到死。

布塞私下里有个想法, 可他守口如瓶, 除了海因里齐和身边关系最亲密的几名指挥官, 他从没对其他人说过。他想在奥得河畔坚守足够长的时间, 好让美国人抢先到达柏林。他对海因里齐说过: "只要我们坚守到美国人到来, 就完成了民族、国家、历史赋予我们的使命。"海因里齐的反应很尖刻, 他问道: "难道您不知道'日食'计划吗?"布塞从没听说过什么"日食"计划, 于是海因里齐把缴获的"日食"计划一事告诉了他, 该计划阐明了盟军分界线和划定的占领区。海因里齐说道: "我觉得美国人甚至不会渡过易北河。"尽管如此, 布塞依然不改初衷。可现在, 他终于放弃了自己的想法。就算艾森豪威尔的军队打算渡过易北河攻往柏林, 可能也为时过晚了。另外, 希特勒显然企图与前进中的美军激烈争夺每一英里地盘, 在他看来, 民主国家和共产党人没什么区别。德国的处境已然无望, 布塞觉得第9集团军同样如此, 可只要希特勒拒不投降, 继续从事战争, 布塞就只能尽力把俄国人阻挡到最后一刻, 就像他目前做的那样。

面对红军的大举进攻, 第9集团军首当其冲, 再也无法承受更大压力, 但布塞的部队仍在各处顽强坚守。他们在法兰克福甚至击退了俄国人。塞洛高地上的火炮和部队遭到红军猛烈轰炸和炮击, 可他们死战不退, 还压制了敌人。不过, 虽说布塞的部下几乎在各处挡住了俄国人, 但也为此付出了高昂的代价。某些地段的指挥官报告, 他们的兵力劣势至少达到1比10。有个师长在电话里汇报道: "成群结队的敌人一拨拨朝我们拥来, 根本不考虑伤亡。我们的机枪经常在近距离开火射击, 一直打到枪管滚烫。我的部下奋战到弹药耗尽, 随后不是被敌人消灭, 就是被彻底打垮。我不知道这种状况还能坚持多久。"各处传来的消息几乎如出一辙, 都拼命请求上级提供支援，需要火炮，需要坦克，最急需的是弹药和汽油。有一项要求根本无法满足：兵力！布塞的预备队寥寥，不是已投入交战，就是正开往前线，大多匆匆投入至关重要的塞洛地域争夺战。

第9集团军坚守这片中央地域的是第56装甲军。该军的番号大名鼎鼎，但仅限于此。第56装甲军多次遭粉碎，又多次重建，眼下又一次经历了重建，军里的原班人马现在只剩一群关键的参谋人员。不过，第56装甲军还有一笔固定资产，就是经验丰富、战功赫赫的军长赫尔穆特·魏德林将军，他的朋友把这位言辞粗鲁的将军称为"破坏者卡尔"。

布塞把至关重要的塞洛地域七拼八凑的部队统归魏德林指挥。魏德林目前有3个师：戈林桀骜不驯、不太靠谱的第9伞兵师，实力严重受损的第20装甲掷弹兵师，兵力严重不足的"明谢贝格"装甲师。第56装甲军两翼各有一个军提供支援，第101军居左，党卫队第11军居右。魏德林第56装甲军眼下正在抗击红军对柏林发起的主要突击。尽管魏德林几天前刚刚到任，率领实力虚弱、缺乏经验的部队在不熟悉的地形交战，但这位54岁的老兵到目前为止击退了敌人的所有进攻。

魏德林现在急需辖内其他部队尽快赶来，可到4月16日上午，他们还没有开抵。魏德林面临的麻烦刚刚开始。本周结束前，他会遭遇远比战场上的情况更严重的危机。"破坏者卡尔"很快会被布塞和希特勒判处死刑：第三帝国的最后时刻，命运的摆弄让魏德林成了柏林的保卫者。

置身西线的第12集团军司令瓦尔特·文克将军既高兴又有点困惑不解。他麾下稚嫩、缺乏经验的部队把敌人逐过易北河，还肃清了对方设在马格德堡南面的登陆场，这番战果远远超出文克的期望。但巴尔比登陆场完全是另一回事。从顺流而下的浮式水雷到蛙人，文克的部下为炸毁巴尔比几座桥梁想尽办法，德国空军在该地区仅剩的几架战机也实施了轰炸，可这些行动都无功而返。美国人此时牢牢建立了登陆场，一连两天，美军步兵和装甲部队不停地拥过易北河。文克困惑不解的是，美国人不断巩固、加强他们对易北河东岸的控制，却没有攻往柏林。他不明白究竟是怎么回事。

美军4月12—15日的猛烈突击，让文克有充分的理由认为，他即将卷入西线激烈的防御作战。可美国人现在流露出停止前进的迹象，文克告诉参谋长赖希黑尔姆上校："坦率地说，我很惊讶，也许他们耗尽了补给物资，现在需要变更部署。"无论对方出于什么原因停止了前进，文克都对获得喘息之机深感高兴。他麾下的部队过于分散，还有不少仍在各处组建。他必须利用一切时间整顿第12集团军，再以他能弄到的一切装甲战车加强辖内部队。有些坦克和自行火炮已运抵，但文克没指望能弄到更多装甲战车。上级承诺为他提供足够的补充兵，补足他实力欠缺的各个师，他对此也没抱太大幻想。文克甚至怀疑再也没有能提供给他的兵力和装备了。但有个问题可以肯定：第12集团军在柏林前方沿易北河稀疏分布，根本无法长时间抵御敌人任何形式的猛烈冲击。他告诉赖希黑尔姆："只要美国人大举进攻，就能轻而易举地粉碎我方阵地。接下来还有什么能阻挡他们呢？这里与柏林之间什么都没有。"

★ ★ ★

卡尔·维贝里听到的消息犹如当头一棒。他难以置信地盯着他的上级、美国战略情报局柏林站站长亨宁斯·耶森-施密特。维贝里问道："您确定吗？您真能确定吗？"

耶森-施密特点点头说道："我收到的消息就是这么说的，没理由怀疑。"两人默默无语地看着对方。几个月来，他们始终坚信艾森豪威尔的军队会攻克柏林。可耶森-施密特冒险穿过市区，带到维贝里公寓的消息打碎了他们的一切希望。间谍网的交通员刚刚从瑞典赶来，带回伦敦方面极为重要的消息，提醒他们别再指望英美军队开抵了。

难挨的这几个月，维贝里以双重身份潜伏在柏林，考虑过各种可能性，就是没想过英美军队不再以柏林为目标。直到现在他都无法完全相信这个消息。计划的改变并不影响他们的工作，至少目前是这样：他们还得继续发送情报，只要上级下达命令，"库管员"维贝里就得给特工分发物资。但据维贝里所知，就算有训练有素的技术专家和破坏者潜入柏林城内，打算使用他这批物资，人数也少得可怜。耶森-施密特等了好几个星期才来了一个人，是个无线电技术员，他把藏在维贝里公寓地下室煤堆里的发射机和接收机组装起来。维贝里情绪低落，很想知道是不是还有其他特工到来，他这些装备是否还能派上用场。藏匿这些东西非常危险，也许会被德国人发现。更危险的是落入俄国人手里。维贝里期盼伦敦方面已通知东方盟友，他们在柏林有个地下间谍小组。否则的话，他很难解释为何要储备这么多军用物资。

维贝里焦虑不安还有个私人原因。鳏居多年后，他最近结识了一个名叫英格·米勒的年轻女子。两人坠入爱河，打算战争结束后完婚。维贝里现在担心，要是俄国人攻入柏林，很难保证英格的安全。维贝里觉得柏林即将成为一口火热的大锅，他这个小小的间谍组难逃厄运。他想克服恐惧，却摆脱不了前所未有的沮丧之情。他们被抛弃了。

★ ★ ★

近卫坦克第1集团军司令员卡图科夫上将砰的一声撂下野战电话，猛然转身，狠狠地踢向司令部房门。他刚刚收到报告，是率领坦克第65旅冲击塞洛高地的指挥员发来的。红军突击部队没能取得进展。伊万·尤舒克将军告诉卡图科夫："我们紧跟在步兵身后，可我们被挡住了。"

待怒火稍稍平息，卡图科夫从门口转过身，面对司令部参谋人员。他双手叉腰，难以置信地摇着头说道："这帮希特勒匪徒！整个战争期间我从没见过这么激烈的抵抗。"他随后宣布，要亲自找出"耽搁我们前进的原因"。不管怎样，上午必须拿下高地，好让朱可夫发起纵深突破。

南面，科涅夫元帅的军队在尼斯河西面18英里长的战线上粉碎了德军的防御。他的部队源源不断地拥过尼斯河。他们现在有20座坦克载运桥（有些桥梁的承载力达到60吨）、21艘渡船和部队渡场、17条轻型突击桥。随着伊尔-2强击机炸开通道，进攻开始后不到8个钟头，科涅夫的坦克兵突破德军防御后取得十多英里进展。科涅夫此时离吕本只剩21英里，那里是斯大林给他和朱可夫军队划定的分界线终点。一旦科涅夫的坦克到达那里，就要转向西北面，赶赴经措森进入柏林的主干道。那条路线在地图上被标为96号帝国公路，格尔德·冯·伦德施泰特元帅称之为 *Der Weg zur Ewigkeit*——通往永恒之路。

★　★　★

当局似乎没做好面对柏林遭受威胁这种事实的准备。虽说苏联红军就在32英里外，可政府部门既没发出警报，也没颁布任何官方公告。柏林人非常清楚俄国人已发动进攻，沉闷的隆隆炮声是第一条线索，现在又通过难民、电话、口口相传，消息迅速传播开来。不过，这些消息零零碎碎，甚至相互矛盾，由于缺乏真实信息，各种匪夷所思的猜测和传言也出现了。有人说俄国人离柏林不到10英里，还有人声称红军已到达柏林东郊。没人知道确切情况，但大多数柏林人认为这座城市时日无多，最后的时刻已然到来。

令人惊讶的是，柏林人的日常生活照旧。他们一个个都很紧张，虽说保持表面的镇定越来越难，可每个人竭力做到这一点。

送奶工里夏德·波加诺夫斯卡每到一站，都有人围上来打听各种消息。他那些客户似乎期盼他知道的情况比别人更多些，可素来笑容满面的波加诺夫斯卡给不了任何答案。和他的客户一样，波加诺夫斯卡也怕得要命。克罗伊茨纳赫大街，阿道夫·希特勒的肖像仍挂在邮政部官员的客厅里，可即便如此，它似乎再也无法让波加诺夫斯卡安心了。

他高兴地见到自己的忘年交在弗里德瑙分区的街角等着他。13 岁的多多·马夸特通常会坐上马车，陪他走上一两个街区，她的陪伴极大地舒缓了波加诺夫斯卡的情绪。此时，多多坐在他的爱犬波尔迪旁边，开心地说个不停，可波加诺夫斯卡今天早上一句也没听进去。该地区几堵半塌的墙壁上出现了新刷的标语，他毫无热情地扫了一眼。其中一条宣称"柏林依然属于德国"，另外几条写的是"不是胜利就是奴役""维也纳会重回德国""相信希特勒就是相信胜利"。在多多以往下车的地方，波加诺夫斯卡把她抱下马车，小姑娘微笑着说道："送奶工先生，明天见。"波加诺夫斯卡答道："多多，明天见！"里夏德·波加诺夫斯卡爬上马车，不知道还剩多少个明天。

阿图尔·莱克沙伊特牧师此时在教堂废墟附近的公墓主持葬礼，他倒没觉得日后还有什么比眼下更加不堪的苦难。自打美丽的梅兰希通教堂毁于空袭后，他就活得了无生趣。最近几周死于空袭的人实在太多，就连他的教区执事都不再登记死亡人数。莱克沙伊特站在群葬墓边上，墓穴里摆着夜间空袭 40 名遇难者的遗体。他作葬礼致辞时，在场的人寥寥。仪式结束后，大多数人匆匆离去，但有个年轻的姑娘留了下来。她告诉莱克沙伊特，她哥哥也是遇难者之一，随后泪流满面地说道："他是党卫队队员，不是教会成员。"她犹豫了一下，终于问道："您愿意为他祈祷吗？"莱克沙伊特牧师点点头，告诉她，尽管他不赞同纳粹和党卫队的做法，但在死亡这件事上，他"不能让任何人听不到上帝的话语"。他垂下头说道："耶和华啊，不要向我掩面……我如日影渐渐偏斜而去……我一生的年数，在你面前如同无有……我终身的事在你手中……"附近的墙壁上，不知道是谁趁夜间潦草地写了一句"德国必胜"。

修女院院长库内贡德斯期盼这一切尽快结束。尽管达勒姆之家是维尔默斯多夫区圣心修女会开办的女修道院和产妇之家，就宗教隐居而言，几乎可以说是个孤岛，但这位身材矮胖、精力充沛的院长不乏外部消息来源。达勒姆新闻俱乐部设在帝国外交部部长约阿希姆·冯·里宾特洛甫的别墅里，那座别墅就在修女院正对面，可新闻俱乐部昨晚关张了。几位报界的朋友跑来道别，她从他们那里得知，末日即将到来，争夺柏林城的战役几天内就会打响。意志坚定的修女院院长只希望这场激战不要持续太久。就在几天前，盟军一架飞机坠毁在她的果园，还炸飞了修女院屋顶，看来危险迫在眉睫。这场愚蠢而又可怕的战争早该结束了。在此期间，她还要照料 200 多人: 107 个新生儿（其中 91 个是私生子）、32 位母亲、60 名修女和庶务修女。[①]

就好像一众修女干的活还不够多似的，库内贡德斯院长又给她们安排了更多工作。在看门人的帮助下，几名修女在修女院的侧墙和覆盖整个二楼（屋顶和三楼都被炸飞了）的新沥青纸屋顶上，用油漆绘出巨大的白色圆环，圆环内画上鲜明的红十字。修女院院长是个现实主义者，她让实习护士把餐厅和娱乐室改成急救站。护士餐厅改为祈祷室，不分昼夜地以蜡烛照明，地下室隔成一间间育婴室和分娩室。院长甚至决定用水泥和砖块把所有窗户封起来，外面堆上沙袋。一如既往，她为有可能发生的情况做好了准备。但有件事她完全不知道如何是好: 和她们的告解神父兼导师伯恩哈德·哈皮希神父一样，她担心这里的女性会遭占领军性侵。哈皮希神父做了安排，打算 4 月 23 日与这群修女谈谈此事。库内贡德斯院长已经从记者朋友那里打听到消息，她现在只希望别等得太久，因为她觉得俄国人随时可能会到来。

等待消息的民众用冷幽默掩饰自己的焦虑。新的问候语席卷全城，素

---

① 译注: 原文如此。

不相识的人握手后相互打气："*Bleib übrig*（活下去）！"许多柏林人故意模仿戈培尔 10 天前的广播讲话，以此取乐。戈培尔信誓旦旦地宣称，德国的命运会突然改变："元首知道它到来的确切时间，命运之神把他派到我们身边，所以我们在这种内外交困的时刻，会见证奇迹的到来。"柏林城内，到处有人重复这些话，通常是以嘲讽的口气模仿帝国宣传部部长引人入胜的演讲风格。另一句话也很流行，民众郑重其事地相互保证："我们一点也不担心，格勒法茨会拯救我们。"格勒法茨是柏林人很久前给希特勒起的绰号，是 *Grösster Feldherr aller Zeiten*（有史以来最伟大的统帅）的缩写。

尽管这座城市几乎笼罩在红军炮火下，但柏林大多数工业企业仍在生产。施潘道区那些工厂生产的炮弹和弹药火速运往前线；设在西门子施塔特的西门子厂忙着制造电气设备；马林费尔德、韦森塞、埃尔克纳生产了大量滚珠轴承和机床；泰格尔区的莱茵金属 - 博尔西希厂生产炮管和炮架；鲁勒本的阿尔克特厂，一辆辆坦克、卡车、突击炮隆隆驶下总装线；滕佩尔霍夫区的克虏伯 - 德鲁肯米勒厂，一辆辆坦克刚修好，工人就把它们直接交付军队。眼下的情况极为紧迫，工厂管理部门甚至要求外籍劳工自愿担任应急驾驶员。从法国强征来的劳工雅克·德洛奈断然拒绝了。那天下午返回工厂的一名应急坦克驾驶员告诉德洛奈："您真够聪明的，您知道我们把那些坦克送到哪里吗？一直送到前线！"

不光是工厂，服务和公用事业也在继续履行职能。波茨坦主气象站，气象预报员例行公事地播报，中午气温 65 华氏度，估计傍晚会降到 40 华氏度左右。天气晴朗，偶尔有零星的云，温和的西南风傍晚前会转为东南风。预计 17 日的天气会有变化：多云，有时有雷阵雨。

柏林各条街道人潮涌动，部分原因是天气晴好。家庭主妇对日后会怎样心里没底，纷纷去她们能买到非配给商品的地方购物。每家店铺似乎都排起长龙。克佩尼克区，罗伯特和汉娜·舒尔策为购买面包排了三个钟头的队，天知道什么时候才能再多买点。和成千上万柏林人一样，舒尔策夫妇也在设法纾解忧愁。当天，他们勇敢地面对变化无常的交通系统，换了6趟公交车和有轨电车才到达夏洛滕堡区的目的地——一家电影院。这是他们本周的第三次冒险。夫妻俩在各个区看了几部电影，一部是《像马克西米利安这样的人》，另一部是《弹琴的天使》，还有一部是《大马戏团》。《大马戏团》是马戏电影，罗伯特觉得它是本周最值电影票钱的一部。

法国战俘雷蒙德·勒加蒂热看见本德勒大街的军事总部混乱不堪，根本没人在意他这个战俘的去向，于是下午溜了出去。最近这段日子，警卫似乎什么都不在乎了。勒加蒂热费尽口舌才弄到张电影票，波茨坦广场附近那家电影院是专为德国军人保留的。戈培尔的宣传部特别重映的电影开始了，勒加蒂热在黑暗中放松下来。这部彩色历史史诗片名叫《科尔贝格要塞》，描绘了拿破仑战争期间冯·格奈森瑙伯爵英勇保卫那座波美拉尼亚城市的传奇。电影和身旁德国军人的举动深深感染了勒加蒂热。他们看得如痴如醉，相互欢呼、鼓掌、呐喊，几乎都对德国传奇性军事人物的不凡经历感同身受。勒加蒂热突然想到，要不了多久，这些军人中的一部分可能就有机会成为他们心目中的英雄了。

信号来得毫无征兆。柏林爱乐乐团包括音乐厅和排练室的那座建筑里，乐团经理格哈特·冯·韦斯特曼博士在办公室收到帝国部长阿尔贝特·施佩尔发来的消息：爱乐乐团今晚举办最后一场音乐会。

冯·韦斯特曼早就料到信号会以这种方式传来：不期而至，而且离音乐会开幕仅剩短短几个钟头。施佩尔指示，愿意疏散的音乐家，演出结束后立即离开。目的地是柏林西南方240英里左右的库尔姆巴赫—拜罗伊特地区，施佩尔早些时候已经把爱乐乐团大部分珍贵的乐器转移到那里。据帝国部长说，美国人过不了几个钟头就会占领该地区。

只有一个问题。施佩尔原本打算疏散整个乐团，可他的计划失败了。

当初为防止疏散计划传到戈培尔耳朵里，冯·韦斯特曼只对值得信赖的部分乐团成员透露了此事。可出乎他意料，出于家庭、情感或与这座城市的另一些关系，大多数人不愿离开。于是，冯·韦斯特曼只好请年轻的小提琴演奏家兼乐团首席小提琴手格哈德·塔施纳把情况告知施佩尔。帝国部长倒是很大度，原先的建议依然有效：演出最后一晚，他的汽车和司机会等在音乐厅外，接走愿意疏散的人。塔施纳夫妇和他们的两个孩子、乐团音乐家格奥尔格·迪布尔茨的女儿肯定是要离开的，但疏散的人就这么多。鉴于投票表决的结果，就连冯·韦斯特曼也觉得自己必须留下，跟众人待在一起。

可只要乐团里还有谁犹豫不决，就得告诉他，这是离开柏林的最后机会。知晓内情的成员仍有可能改变主意，说不定会下决心离开。因此，离今晚的演出还有三个钟头，冯·韦斯特曼修改了曲目。现在已经没时间排练，对疏散计划一无所知的乐团成员肯定会对曲目的变动大吃一惊。但无论知情与否，施佩尔挑选的曲目作为最后一场音乐会的信号，对所有人都有一种阴暗而又动人的意义。冯·韦斯特曼让人摆在谱架上的乐谱是《诸神的黄昏》，这是瓦格纳关于众神之死充满高潮的悲剧性乐曲。

所有柏林人现在都明白了，所谓的"柏林要塞"荒诞不经，就连最不了解情况的人也能看出，柏林城根本没做好抵御敌人进攻的准备。各条主干道和高速公路仍未封闭，能看见的火炮和装甲战车寥寥无几，除了上年纪的人民冲锋队队员，几乎见不到正规部队，这些人民冲锋队队员，有的穿着制服，还有的只是在外套的袖子上戴了个袖章。

路障和简陋的防御障碍随处可见，这倒是真的。各条街巷、院落内、政府大楼周围、公园里都堆放着大批构筑防御工事的材料。偶尔能见到一卷卷铁丝网、大量钢制防坦克障碍物、塞满石块的旧卡车和废弃的电车。一旦市区遭受攻击，就用这些东西封锁主干道。可此类路障能挡住红军吗？当时流传的俏皮话说道："俄国人至少要耽搁2小时15分钟才能突破，因为他们用 2 个钟头笑得前仰后合, 再用 15 分钟粉碎这些路障。" 堑壕、防坦克壕、路障、炮兵阵地构成的防线显然都在郊外, 可正如柏林人清楚见到的那样, 就连那些防线也远远没有完工。

当天驱车离开柏林的某位人士, 发现帝国首都的防御准备工作 "纯属徒劳, 荒唐至极"。马克斯·彭泽尔将军堪称修筑防御工事的专家, D 日那天, 他在保卫诺曼底地区的第 7 集团军任参谋长。由于他的军队没能阻挡住盟军登陆, 自那之后, 彭泽尔和另一些指挥官就被希特勒打入冷宫。上级把彭泽尔打发到北方指挥一个籍籍无名的师, 打那时起, 他就听天由命地待在 "死气沉沉的师部"。

4 月 2 日, 彭泽尔出乎意料地收到约德尔将军的指示, 让他立即飞赴柏林。可天气太恶劣, 他搭乘的飞机在各个地方都延误了, 直到 4 月 12 日才抵达首都。约德尔申斥了姗姗来迟的彭泽尔: "彭泽尔, 您得知道, 本来要任命您为柏林卫戍司令, 可您来得太晚了。" 彭泽尔后来说, 听到这番话, "他心里的一块大石头落了地"。

现在, 没有接掌柏林防务的彭泽尔赶往意大利前线, 约德尔派他去鲁道夫·格拉齐亚尼元帅的意大利集团军任参谋长。彭泽尔觉得这番经历简直像场梦, 格拉齐亚尼的军队是否还存在, 他对此深感怀疑, 可约德尔详细介绍了他的职责, 就好像战事非常顺利, 注定要再持续好几年似的。他提醒彭泽尔: "您的工作非常艰巨, 不仅需要丰富的军事知识, 外交技能也不可或缺。" 无论约德尔的看法多么不切实际, 彭泽尔都很高兴前往意大利。他在途中会经过巴伐利亚, 这样就能见到妻子和家人, 这可是两年来的头一次。待他到达意大利, 说不定战争已经结束了。

彭泽尔离开柏林, 觉得命运和天气都对自己青睐有加。很明显, 柏林城是守不住的。汽车驶过树干、钢钉、锥形水泥块构成的防坦克障碍物, 他难以置信地摇了摇头。再往前, 汽车从一群慢慢挖掘堑壕、年迈的人民冲锋队队员身旁驶过。彭泽尔后来回忆, 他离开这座城市时, "不由得感谢上帝让我与这杯苦酒擦肩而过"。

霍亨索伦路的司令部里，柏林卫戍司令雷曼将军站在巨幅柏林市区图前，看着地图上标绘的一条条防线，他后来回忆，自己当时很想知道"看在上帝的分上，我该做些什么"。雷曼一连三天没怎么合眼，此时累得筋疲力尽。从早上到现在，他接了无数个电话，参加了几场会议，视察了外围防线几处地段，还下达了一连串命令，可他私下里觉得，这些命令中的大多数，恐怕无法在红军到达城区前完成了。

当天早些时候，柏林大区领袖和自封的"柏林守卫者"戈培尔召开了每周例行的"战时会议"。雷曼觉得这些会议现在似乎有点荒唐可笑。当天下午，他向参谋长雷菲奥尔上校介绍了上午召开的会议："他跟我说的还是老生常谈，什么'要是柏林保卫战现在打响的话，您会得到各种坦克和不同口径的火炮、数千挺轻重机枪、数百门迫击炮，外加大量弹药'。"雷曼顿了顿，又告诉雷菲奥尔："据戈培尔说，倘若柏林真陷入合围，我们会得到我们想要的一切。"

戈培尔随后突然转了话题，问雷曼："柏林保卫战一旦打响，您打算把卫戍司令部设在哪里？"戈培尔自己打算去动物园防空塔，还建议雷曼也去那里指挥战斗。雷曼立马明白了大区领袖的心思，他想把雷曼和柏林的防御彻底掌握在自己手里。雷曼尽可能言辞得体地回避了这项提议，他告诉戈培尔："我觉得最好别这样，以免碰巧命中的炮弹把军事和政治领导人一锅端。"戈培尔没再谈这个话题，但雷曼注意到，大区领袖的态度立马冷淡下来。戈培尔很清楚，别说一发炮弹，哪怕几十枚巨型炸弹也很难摧毁动物园防空塔。

雷曼知道，帝国宣传部部长肯定对自己没接受他的建议耿耿于怀。可现在，雷曼忙着准备柏林保卫战这项近乎毫无希望的任务，最不愿意密切接触的人就是戈培尔。这位大区领袖的表态或承诺没法让人相信。就在几天前，他们再次讨论物资供应问题时，戈培尔说，柏林的防御会获得"至少 100 辆坦克"加强。雷曼索要了一份戈培尔承诺的物资供应书面清单，最后得知，所谓的 100 辆坦克，"只有 25 辆完工，另外 75 辆正在制造"。可无论坦克究竟有多少，雷曼知道根本没自己的份儿，奥得河前线会优先获得至关重要的技术兵器。

雷曼觉得只有一位内阁成员真正明白柏林面对怎样的局面，他就是帝国部长阿尔贝特·施佩尔。可有些重要问题，就连施佩尔也不明白。柏林大区领袖的战时会议结束后，雷曼奉命去见施佩尔。巴黎广场上的前法国大使馆，现在成为希特勒战时生产部长的办公室，一向彬彬有礼的施佩尔大发雷霆。他指着地图上穿过市区的主干道，问雷曼"要在东西轴线上做什么"。雷曼惊异地看着施佩尔："我在勃兰登堡门与胜利纪念柱之间修一条临时跑道。"他不解地问道："怎么了？"

施佩尔勃然大怒："怎么了？怎么了？您在拆掉我的灯柱，您说怎么了！您不能这么做！"

雷曼以为施佩尔完全清楚城防计划。布雷斯劳和柯尼斯堡战役期间，红军几乎立即夺取了两座城市郊区的机场。为避免柏林发生类似情况，雷曼决定在政府区中心地带修筑一条临时跑道，沿东西轴线穿过蒂尔加滕。他后来回忆道："出于这个原因，与空军协商后，我们选择在勃兰登堡门与胜利纪念柱之间修筑跑道。这样一来，就得拆除路边的装饰性青铜灯柱，还得砍掉道路两侧纵深 30 米的树木。我把方案告知希特勒，他说灯柱可以拆除，但不能砍树。我竭力说服他，可他就是不同意砍树。我告诉他，不砍树的话，这条临时跑道只能起降小型飞机，可他还是不愿松口。我不知道他拒不批准的原因是什么，但眼下这种时刻，砍掉几棵树对柏林的风光好像没什么影响。"现在，施佩尔又反对他拆除灯柱。

雷曼给施佩尔解释了当前的情况，最后指出，拆除灯柱一事已获得元首批准。可这番话对帝国部长不起作用，他固执己见地说道："您不能拆掉那些灯柱，我坚决反对！"施佩尔随后补充道："您似乎没明白，柏林的重建由我负责。"

雷曼徒劳地劝说施佩尔改变主意，他争辩道："确保我们有一条简易跑道可用，这一点至关重要，特别是在此处。"可帝国部长怎么也听不进去。雷曼回忆道："会谈结束时，施佩尔说他打算把整件事汇报给元首。在此期间，他的灯柱保住了，修筑跑道的工作也停了下来，而俄国人此时正稳步逼近柏林。"

会谈结束前，施佩尔还提到柏林的桥梁。他跟雷曼又吵了起来，与昨天在海因里齐司令部上演的那一幕如出一辙，施佩尔认为炸毁桥梁徒劳无益，许多桥梁上埋有水、电、煤气管线，"炸断这些生命线会让大部分城区陷入瘫痪，也会让我的重建任务变得更加困难"。雷曼知道施佩尔在希特勒面前很能说得上话：他从帝国总理府弄来一道明确的指令，删掉了爆破清单里预定要炸毁的几座桥梁。施佩尔现在又要保留所有桥梁，而雷曼和他一样固执。除非希特勒下达相反的命令，否则雷曼打算执行预定方案，炸毁剩余的桥梁。和施佩尔一样，雷曼也不愿意大肆破坏，可他不想为保留那些桥梁冒上生命和职业生涯的风险。

离开施佩尔的办公室，雷曼快速视察了柏林郊区几处防御地段。各处的状况只是加深了他的看法：柏林的防御纯属瞎胡闹。德国节节胜利的那几年，趾高气扬的纳粹从没想到有朝一日会在首都实施最后的抵抗。他们在各处修筑了防御工事，例如意大利境内的古斯塔夫防线、沿欧洲海岸构筑的大西洋壁垒、德国西部边界的西格弗里德防线，可柏林周围就连一条堑壕也没有。红军以强大的兵力穿过东欧，攻入德国本土，这种情况下，希特勒和他的军事顾问还是没采取措施加强首都的防御。

直到红军 1945 年年初到达奥得河畔，德国人才着手强化柏林的防御。城市东郊渐渐出现了几条堑壕和防坦克障碍物。令人难以置信的是，红军在冰冻的奥得河畔停下来等待春季化冻到来，德国人保卫首都的准备工作居然也停了下来。直到 3 月份，他们才认真考虑柏林的防御问题，可惜为时已晚, 已经没有足够的兵力、物资、装备设立必要的防御工事了。

一连两个月的疯狂忙碌把人累得够呛, 好歹拼凑起一连串临时防线。2月下旬, 首都郊外20~30英里处匆匆建起一道不连贯的障碍带。这条障碍带穿过林区和沼泽地, 沿湖泊、河流、运河延伸, 主要位于城市北面、南面、东面。雷曼出任卫戍司令前, 已经有一连串命令把这些障碍区定为"筑垒地域"。为迎合希特勒的要塞癖, 当地的人民冲锋队接到指令, 必须坚守到底, 奋战到最后一人。要想把这些地方打造成固若金汤的筑垒地域, 需要数量惊人的兵力、火炮、物资, 因为环绕大柏林的这条障碍带长达150英里。

雷曼很快发现, 除了军方直接管辖的障碍区, 所谓的筑垒地域往往只是几条掩护主干道的堑壕、几个稀疏的炮兵阵地, 或者寥寥几座混凝土加固的建筑, 用砖块封砌窗户, 再留几个机枪射孔, 匆匆改成碉堡。这些脆弱的阵地大多无人据守, 但在帝国总理府的防御图上却标为主要支撑点。

主防线设在城内, 三道同心圆构成内部防御模式。第一道圆环周长60英里, 环绕城郊而设。由于缺乏合适的防御工事, 各种东西都用于制造障碍物: 老旧的铁路车辆和车厢、建筑物废墟、巨大的混凝土砌块墙、改造过的防空掩体, 以及天然障碍, 也就是柏林的湖泊和河流。此时, 一群群人夜以继日地干活, 忙着把天然和人工设施连成一道绵亘防线和防坦克障碍带。这些作业全靠徒手完成, 没有任何动力设备。大部分重型土方机械早已运往东面, 用于修筑奥得河前线的防御工事。由于油料短缺, 所剩无几的机械设备发挥不了太大作用, 每一加仑汽油都交给装甲师了。

本该有10万人在几道环形防御圈上干活, 可实际施工人数从没超过3万。就连手工工具也不足, 通过报纸请求市民捐献铁镐和铲子的呼吁收效甚微, 雷菲奥尔上校说得没错: "柏林的园丁似乎认为, 开垦他们的土豆地远比挖掘防坦克壕更重要。"雷曼觉得一切纯属徒劳, 周边环形防御圈根本无法及时完成。这是一项毫无希望的任务。

第二道圆环位于中间，要是以经验丰富的部队扼守，再配以充足的武器，就能成为一道难以克服的障碍。这道圆环周长 25 英里左右，障碍物早已布设就位。柏林的铁路系统改造成致命的陷阱。某些地方有深深的铁路路堑和侧线，其中一些宽达 100~200 码，构成完美的防坦克壕。从俯瞰铁路的筑垒房屋里，炮手可以干掉陷入冲沟的敌坦克。这道防线在其他地段沿高架铁路延伸，犹如城墙般高耸的路堤上，守军获得居高临下的优势。

即便红军攻克这些防御，市中心还有第三道内环防御圈等着他们。这片最后的抵抗地域称为"堡垒"，位于米特区，四周环绕着兰德韦尔运河和施普雷河。几乎所有政府主要建筑都在这座最后的防御岛屿内。以路障和混凝土砌块墙连接而成的这片大型建筑区内，最后的防御力量会在戈林巨大的空军部、本德勒街庞大的后备军司令部、帝国总理府，以及帝国国会大厦空空荡荡、发出回声的废墟里奋战到底。

8 个扇形防御地段从"堡垒"向外发散，穿过三道防御圆环，每个地段都有自己的指挥官。从东面的韦森塞区起，这些地段的代号按顺时针方向标为 A—H。内环防御区的代号是 Z。市区周围有 6 座难以对付的防弹防空炮塔，为三道防御圆环提供支持，分别位于洪堡海因、腓特烈斯海因、柏林动物园的空地上。

但柏林要塞缺乏许多重要环节，其中最关键的是兵力。雷曼认为，就算在理想条件下，守卫柏林也需要 20 万训练有素、作战经验丰富的官兵。可他现在不得不以七拼八凑的部队守卫 321 平方英里的柏林，面积相当于纽约市，而他那些士兵，充斥着从 15 岁的希特勒青年团团员到 70 岁的老人。雷曼手上还有警察、工兵部队、高射炮炮组，但仅有的步兵力量是 6 万名没受过训练的人民冲锋队队员。这些疲惫不堪、上了年纪的人民冲锋队队员，此时要么正在挖掘堑壕，要么就是沿通往柏林的道路慢慢进入阵地，保卫柏林的重任落在他们肩头。军队从没正眼瞅过人民冲锋队，虽然上级指望他们在紧急情况下与国防军并肩作战，却从来没把他们视为军队的一分子。他们和希特勒青年团一样, 都由纳粹党地方官员负责, 战斗打响前, 雷曼甚至无权指挥他们。就连人民冲锋队的武器装备也由党组织负责, 他们没有车辆, 没有战地厨房, 也没有自己的通信设备。

总之, 雷曼三分之一的部下手无寸铁, 其他人也是近期刚刚配发的武器。他后来指出: "他们的武器来自德国每一个盟友或敌国, 除了我们自己分发的武器, 还有意大利、苏联、法国、捷克斯洛伐克、比利时、荷兰、挪威、英国的枪支。"人民冲锋队配发的武器, 包括不下15款不同型号的步枪和10款机枪。为这些五花八门的武器寻找弹药实在很难。有些人民冲锋队营配备意大利步枪, 他们的情况较好, 每人能获得20发子弹。德国人发现, 比利时枪支可以使用某些型号的捷克子弹, 但比利时制造的子弹, 捷克步枪用不了。希腊制造的武器寥寥, 可不知道什么原因, 希腊制造的弹药倒很多。由于弹药奇缺, 有人想出法子, 把希腊生产的子弹重新加工后用于意大利步枪。但疯狂的即兴发挥很难缓解弹药短缺的窘况。红军发动进攻头一天, 每个人民冲锋队队员平均只有5发子弹。

雷曼沿柏林东郊巡视防御阵地之际, 确信俄国人能轻而易举地冲破德军防御。这些地段严重缺乏必要的防御。由于几乎没有可用的地雷, 几处阵地根本没布设对防御至关重要的地雷场。铁丝网堪称最古老、最有效的防御手段, 也没办法弄到。雷曼的炮兵力量除了一些移动式高射炮, 还有几辆半埋的坦克, 这样就能以坦克炮掩护接近地。另外还有部署在巨型高射炮塔的火炮, 威力确实很强大, 可这些高角度射击的炮兵连能发挥的作用很有限。由于发射位置固定, 这些火炮无法转向地面, 击退逼近的敌步兵和坦克。

雷曼知道自己的处境全然无望, 他对其他战线的前景也持悲观看法。他觉得奥得河前线根本守不住, 没指望撤往柏林的部队会提供协助。雷菲奥尔上校同第9集团军司令部人员商讨过援助柏林的可能性, 布塞的参谋长约翰内斯·赫尔茨少将直截了当地告诉他: "别指望我们, 第9集团军会坚守，而且会一直坚守在奥得河畔。必要情况下我们会在那里战斗到最后一人一弹，绝不后撤。"

雷曼很难忘记他在某处防御地段与某个人民冲锋队官员的交谈。雷曼问他："要是您突然看见俄国人的坦克出现在远处，您怎么做？您怎么通知我们呢？比如敌坦克正朝这里驶来，告诉我您会怎么做？"

令雷曼吃惊的是，那个人民冲锋队官员突然转身朝阵地后方的村子跑去。过了几分钟，他又气喘吁吁地跑了回来，沮丧地说道："我没打着电话。"他不好意思地解释道："我忘了，邮局下午 1—2 点不开门。"

驱车返回城内途中，雷曼一动不动地盯着车窗外。他觉得可怕的厄运正在降临，柏林可能会永远消失在它的黑暗中。

面对敌人施加的强大压力，德军防线渐渐破裂。海因里齐一整天都在前线奔波，从一个指挥所赶到下一个指挥所，视察一处处野战阵地，与前线指挥官交谈。布塞的部下几乎没什么胜算，可他们打得非常顽强，这让海因里齐震惊不已。第 9 集团军先是一连三天挡住敌人猛烈的初期冲击，现在又承受了红军主要突击的全部力量，坚守的时间已超过 24 小时。布塞的部队还展开猛烈反冲击，仅在塞洛高地，他们就击毁 150 多辆敌坦克，还击落 132 架敌机，但自身的实力也不断减弱。

海因里齐夜里驱车返回集团军群司令部途中，发觉路上一群群难民减缓了他的车速。这一整天，他在各处都见到难民，有些人拎着包裹，也有些人推着手推车，车上放着他们仅剩的财物，还有些难民坐在马匹或耕牛拉的农用大车上。许多地段的难民人数太多，给海因里齐军队造成的麻烦不亚于俄国人。

集团军群焦急的参谋人员聚在司令部里，聆听海因里齐将军对眼下态势的直观看法。海因里齐神情严肃，总结了他见到的情况："前线官兵累得苦不堪言，恐怕他们坚持不了太久。"他继续说道："尽管如此，我们还是守住了，这是舍尔纳做不到的壮举。面对科涅夫的攻势，那个伟大的军人就连一天都没守住。"

没过多久，陆军总参谋长克雷布斯将军打来电话。他心平气和地告诉海因里齐："我们有充分的理由对目前的战果深感满意。"海因里齐欣然承认这一点，他说道："鉴于敌人这场攻势的规模，我们丢失的地盘并不多。"克雷布斯期待海因里齐做出更乐观的答复，他多次暗示，可海因里齐不为所动，最后才干巴巴地告诉克雷布斯："暮色到来前绝不要赞美白昼，我早就学会了。"

黑暗中，二等兵维利·费尔德海姆把手里笨重的"铁拳"攥得更紧了。他不知道自己此刻究竟在何处，但他听说散兵坑构成的这条防线掩护着克洛斯特多夫地域的三条道路，距离前线18英里左右。

刚才等待俄国人的坦克驶上道路时，维利觉得自己正在从事一场伟大的冒险。他先前想过，待他看见第一辆敌坦克，首次发射"铁拳"反坦克火箭筒会是怎样的情形。据守十字路口的三个连接到命令，尽量让敌坦克靠近些再开火。维利的教官说过，60码射程挺合适。他很想知道敌人什么时候到来。

维利蜷伏在湿漉漉的散兵坑里，想起自己当号手的日子。最让他记忆犹新的是1943年阳光灿烂的那天，希特勒当时在奥林匹克体育场发表讲话，维利就在一群号手当中，元首入场时，他们共同吹响号声。他永远忘不了元首对在场的希特勒青年团团员说的话："你们是未来的保证……"众人齐声高呼："元首的命令！元首的命令！"那是维利一生中最难忘的日子。那天下午他毫不怀疑地认为，帝国有最优秀的军队、最精良的武器、最杰出的将领，更重要的是，有世界上最伟大的领导人。

突如其来的闪光照亮夜空，美梦消散了。维利探头朝前方望去，再次听到他暂时忘却的隆隆炮声，他觉得有点冷。他的胃隐隐作痛，想放声大哭。15岁的维利·费尔德海姆怕得要命，所有崇高的目标和激动人心的话语此时对他都起不到任何作用。

鼓声低得几乎难以察觉，大号轻柔地应答，沉闷的鼓声又一次响起，伴以大号低沉而又不祥的回应。一群男低音的歌声响起，柏林爱乐乐团奏出《诸神的黄昏》，乐曲声壮丽辉煌而又令人生畏。黑暗中，贝多芬音乐厅里的气氛似乎和音乐一样悲怆，唯一的照明出自乐谱架上的灯光。音乐厅里很冷，观众都穿着大衣。冯·韦斯特曼博士和他的妻子、兄弟坐在包厢里。乐团指挥罗伯特·黑格尔的妹妹和三个朋友坐在附近。帝国部长阿尔贝特·施佩尔还是坐在前排他的老位置上。

塔施纳演奏完贝多芬小提琴协奏曲，就带着家人和格奥尔格·迪布尔茨的女儿离开了音乐厅。此时他们正前往安全处，但整个乐团只有他们疏散了。施佩尔信守承诺，他的汽车在音乐厅外等候，他甚至派自己的副手护送这群人顺利前往目的地。为希特勒打造可怕的战争机器的这位设计师，此时聆听着暴风骤雨般的乐声，这段乐曲描绘了众神的恶行，西格弗里德躺在葬礼的火床上，布伦希尔德策马登上柴堆，陪他共赴死亡。伴随钹声和鼓声，雷鸣般的乐曲到达高潮：可怕的浩劫摧毁了瓦尔哈拉神殿。整个音乐厅内充斥着悲壮的音乐，听众都大为悲痛，一个个欲哭无泪。[①]

---

① 关于柏林爱乐乐团的最后一场演出可谓众说纷纭，乐团幸存者的说法各不相同。他们对这场演出的日期、曲目，甚至对演奏者的说法都不一致。对施佩尔的计划一无所知的人，根本不相信有过疏散方案。本书的记述基于冯·韦斯特曼博士的叙述和记录，再以格哈德·塔施纳提供的信息为补充。

2

昔日强大的第三帝国，如今已不剩什么了。它遭到来自东西两面的碾压，现在从地图上看就像个沙漏：北海和波罗的海构成沙漏顶部，巴伐利亚、捷克斯洛伐克、奥地利部分地区，以及德国依然占领的意大利北部，构成沙漏下半部分。这些地区之间狭窄的颈部，美国军队与苏联红军仅隔90英里左右。北部地区的交战依然激烈，相比之下，南部地区的战斗烈度低得多。中央地区，威廉·辛普森将军的美国第9集团军只是沿易北河据守阵地，肃清攻往易北河途中绕开的敌支撑点，同时击退德军偶尔对美军登陆场发起的猛烈反冲击。有个地方给第9集团军造成很大麻烦，那就是马格德堡。守军指挥官一次次拒不接受美国人要求他投降的呼吁。辛普森终于受够了，他召来轰炸机群，把马格德堡三分之一的城区夷为平地，随后以地面部队发起冲击。

4月17日下午，第30步兵师和第2装甲师辖内部队进攻之际，布拉德利将军来到辛普森的司令部。电话响了，辛普森拎起听筒听了片刻，随即捂住话筒对布拉德利说道："看来我们终于在马格德堡拿下一座桥梁，布拉德，接下来该怎么做？"

这座公路桥是通往柏林最直接、最快的路线，布拉德利非常清楚辛普森想听他说些什么。可他摇了摇头，对辛普森说道："见鬼，我们在易北河对岸不需要更多登陆场了。我觉得要是你再夺得一座登陆场的话，还得往对岸派一个营。但愿德国佬在你摊上这些麻烦事前把桥梁炸掉吧。"

盟国远征军最高统帅部给布拉德利下达的指示非常明确，他没办法给予辛普森继续前进的希望。指令里写道："采取必要措施，避免部队发起大规模进攻，包括在易北河—穆尔德河一线以东设立新登陆场……"辛普森的军队继续摆出威胁柏林的姿态，但仅此而已。

几分钟后，第二个电话解决了问题。辛普森放下电话告诉布拉德利："再也不用担心了，德国佬刚刚炸毁了桥梁。"

马格德堡公路桥被炸毁，彻底终结了"大傻"辛普森的梦想，他先前一直期盼率领实力强大的第9集团军攻入柏林，盟国远征军最高统帅当初说那座城市"显然是主要目标"。

★ ★ ★

易北河畔博伊岑堡北面的小村子里，远处传来的凄厉声响把村民吓了一跳。这种怪异的声音越来越响，令人难以置信的场面很快出现在他们眼前，两名苏格兰风笛手吹着风笛沿道路走来。绰号"迪克西"的皇家空军准尉迪恩斯率领12000多名战俘跟在他们身后，这些战俘在寥寥几名德国警卫看押下列队而行。战俘身上的军装破烂不堪，身上背着捆扎起来的少量随身物品。他们瘦削憔悴，又冷又饿，但一个个昂首挺胸。这是意志坚定的迪恩斯意料之中的，他告诉过他们："途中经过村庄，哪怕身上再疼也要意气风发，让那些该死的超人看看，究竟是谁打赢了这场战争。"

迪恩斯的交通工具是一辆随时可能散架的老旧自行车，前胎还有一大块鼓起的补丁。尽管骑起来颠得要命，可迪恩斯还是对自己获得的"机动性"心存感念。他骑着自行车，不停地从一支队列赶到下一支队列，看护他的同伴，留意行走在队列两侧的德国警卫。每条道路都挤满战俘，每支纵队有近2000人，虽然迪恩斯很想把整片地区查看一番，可这活儿实在太累人。经历了近10天看似漫无目的的行军，这群盟军战俘的身体状况很不好。确实有几辆德国补给卡车跟随队伍一同行进，可大多数人不得不在乡村就

292 最后一战: 决胜柏林, 1945年4月16日—5月9日

地觅食。战俘营指挥官奥斯特曼上校似乎对漫长的跋涉和食物短缺有点尴尬，但他告诉迪恩斯："我对此无能为力。"迪恩斯相信他说的是实情，他告诉同为战俘的皇家空军准尉罗纳德·莫格："我觉得他也不知道我们这样一天天往前走究竟要去哪里。"

自打离开法灵博斯特尔附近的战俘营，这群盟军战俘就像游牧部落那样四处游荡。他们此时赶往格雷瑟镇，据说载有红十字会食物的卡车在那里等候。迪恩斯期盼停在格雷瑟镇，别再往前走了。他告诉奥斯特曼，这场跋涉毫无意义，因为英国军队很快会追上来。迪恩斯希望自己没猜错。战俘把几部宝贵的收音机偷偷带离战俘营，他们从广播里得知，盟军的进展非常顺利。莫格是个速记专家，每天两次记录下 BBC 广播电台的消息。只要能找到电源插座，他们就使用藏在留声机里的收音机，而行军途中，他们使用电池供电的收音机。绰号"查理"的德国警卫贡巴赫下士是奥斯特曼的翻译，他觉得约翰·布里斯托中士天天背着那部沉重的老式留声机蠢透了，于是建议道："你干吗不把这玩意儿丢掉呢？"布里斯托一本正经地说道："查理，我越来越离不开它了。不管怎么说，要是晚上听不到音乐的话，这帮小伙肯定不会原谅我的。"布里斯托狐疑地看看身旁的德国警卫，问道："查理，难道你不喜欢跳舞吗？"贡巴赫无奈地耸耸肩，觉得这帮英国佬都疯了。

迪恩斯的纵队沿道路转向下一个村子，风笛手再次吹响风笛，队伍里疲惫的战俘挺直腰杆，步调一致地向前走去。莫格紧走几步，凑到骑着自行车的迪恩斯身旁说道："我们至少给当地人留下了很好的印象。"

★ ★ ★

东线，崔可夫的近卫军将士和卡图科夫的坦克兵凭借兵力优势终于在塞洛高地夺得立足地。波佩尔将军后来回忆，4 月 16 日午夜前不久，"[我们]终于拿下塞洛镇北郊头三栋房屋……那是场激烈的交战"。16 日一整

晚，德军高射炮的抵近火力一次次粉碎红军的冲击。波佩尔称："德国人甚至用不着瞄准，只要朝大致方向开火就行了。"4月17日中午前后，崔可夫亲自赶到塞洛镇，发现德军抵抗得非常激烈，他不无悲观地估计："突破从奥得河到柏林的每条防线都要一天时间。"直到17日夜里，红军才拿下塞洛高地。攻克头两条防线，他们耗费的时间确实超过了48个钟头。红军认为，柏林前方至少还有三条类似的防线。

波佩尔打算赶往卡图科夫的司令部，那里离塞洛镇有点远，他在途中见到激战造成的混乱场面。到处是部队和坦克，挤满各个角落、巷口、街道、花园。德国人的火炮仍在射击。为攻克塞洛高地，朱可夫的军队已不成建制，现在不得不重组后才能继续前进。朱可夫怒不可遏，他很清楚科涅夫的进军速度，因而要求部下全力以赴。

战斗期间，为抵御"铁拳"发射的超口径反坦克火箭弹，红军坦克兵想出个巧妙的办法。尤舒克将军惊异地看见，他的坦克兵把他们在德国人家里找到的每一个弹簧床垫都拿走了。他们把盘绕着钢丝弹簧的床垫绑在坦克正面，以此减缓钝头火箭弹的冲击力。借助弹簧床垫的掩护，红军现在打算以坦克炮率领向柏林的突击。

科特布斯附近，俯瞰施普雷河的中世纪城堡内，科涅夫元帅正等待接线员接通莫斯科的电话。孤零零的一个敌炮兵连仍在射击，科涅夫听着有条不紊、定时响起的炮弹爆炸声，觉得这是典型的德军炮火。他不知道对方到底朝哪里开炮，可能是这座城堡，也可能是他司令部电台竖起的天线。无论对方的目标是什么，这种炮火都无法阻挡他的战车。乌克兰第1方面军的坦克当天中午渡过施普雷河，目前取得数英里进展，打垮了一股士气低落的敌军，正隆隆驶向吕本，逼近他与朱可夫方面军分界线的终点。科涅夫觉得是时候致电斯大林，请求他批准乌克兰第1方面军的坦克转身向北攻往柏林了。

科涅夫有充分的理由高兴。尽管某些地域的交战相当激烈，伤亡很大，可他的坦克兵以始料未及的速度攻击前进。4月17日一大早，科涅夫驱车赶往前线，亲自查看强渡施普雷河的情况，这才发现此次交战是多么艰巨。他的汽车穿过闷燃的森林，沿布满弹坑的田野向前驶去。科涅夫后来回忆道："大批损毁或烧毁的坦克和技术装备陷入溪流、沼泽地，到处是一堆堆扭曲的钢铁，尸体随处可见，是在此与敌人遭遇、战斗、通过的部队留下的。"

科涅夫早就料到，强渡施普雷河绝非易事，这条河流的部分河段宽达180英尺。待他到达雷巴尔科的近卫坦克第3集团军司令部，几辆坦克已渡过施普雷河，但摆渡速度太慢。必须尽快突破施普雷河一线。侦察巡逻队报告，有个地方可以涉水渡河，科涅夫和雷巴尔科匆匆赶了过去。这处河段近150英尺宽，但科涅夫查看地形后，决定冒险派一辆坦克试渡。雷巴尔科从先遣支队挑了个技术最好的车组，解释了要他们执行的任务。坦克驶入河里，冒着西岸袭来的炮火慢慢驶向对岸。河水才漫过履带，这里的水深只有3.5英尺。雷巴尔科的坦克一辆辆驶入河里，缓缓驶向对岸，很快粉碎了德军的施普雷河防线。科涅夫军队大举渡河，全速攻击前进。

此时在科特布斯城堡里，元帅打给莫斯科的电话接通了，副官把无线电话递给科涅夫。科涅夫按照斯大林一贯要求的军事礼仪说道："我是乌克兰第1方面军司令员。"斯大林答道："我是斯大林，请说。"

科涅夫汇报道："这里的战术态势如下，我的坦克力量目前位于芬斯特瓦尔德西北方32公里，我的步兵力量在施普雷河两岸。"他顿了顿，继续说道："我建议立即以我的几个坦克军团向北攻击前进。"科涅夫很谨慎，没有提到柏林。

斯大林说道："朱可夫遇到些困难，仍在突破塞洛高地的防御。敌人在那里的抵抗似乎很顽强，一时间难以克服。"他稍稍停顿了一下，继续说道："干吗不让朱可夫的坦克力量穿过您前方打开的缺口，从那里攻往柏林呢？这一点能做到吗？"

科涅夫迅速回答道："斯大林同志，这会耽误许多时间，还会造成很大混乱。没必要抽调白俄罗斯第1方面军的坦克力量，我这里的作战行动非常顺利。"他冒了把险，大胆地说道："我有足够的兵力，目前的态势极为有利，完全可以把几个坦克集团军转向柏林。"

科涅夫解释道，他可以派麾下兵团取道措森攻往柏林，措森就在柏林以南25英里。斯大林突然问道："您用的地图是多大比例？"科涅夫答道："二十万分之一。"斯大林查阅自己的地图，电话里沉默了片刻，他随后问道："您知道措森是德国陆军总参谋部所在地吗？"科涅夫说他知道，电话里又沉默了一会儿。斯大林最后说道："很好，我同意，让您的几个坦克集团军攻往柏林。"苏联大元帅补充道，他随后会给两个方面军划定新分界线，说罢突然挂断电话。科涅夫放下电话，对此非常满意。

朱可夫从斯大林那里得知科涅夫获准攻往柏林的消息，此次交谈显然让这位苏联元帅很不愉快。没人知道斯大林对他说了些什么，可司令部工作人员能看出这番交谈给司令员造成的影响。军方《红星报》的资深记者帕维尔·特罗扬诺夫斯基中校后来回忆起这起事件："进攻停滞不前，斯大林申斥了朱可夫。这是个严重的情况，斯大林往往会以不太温和的措辞斥责属下。"特罗扬诺夫斯基清楚地看到，"朱可夫这个满脸流露出坚定的意志、不愿同任何人分享荣誉的人，此时的情绪异常激动"。波佩尔将军更简洁地描述了朱可夫的精神状态，他告诉几位同僚："待在我们身旁的是一头狮子。"这头狮子很快露出利爪。当天傍晚，朱可夫神情严肃地给整个白俄罗斯第1方面军下达了命令："现在夺取柏林！"

★ ★ ★

此时的德军战线一片混乱，各处防线什么都缺。运输工具严重缺乏，油料几乎一点也没有，各条道路挤满难民，致使德军难以大规模调动部队。缺乏机动性造成严重后果：部队转移阵地时，不得不遗弃技术装备，包括宝贵的火炮。通信网不畅，有些地方甚至已没有通信联络。结果，一道道命令送抵目的地，甚至刚刚发出时，就已经不符合实际情况。奉命接掌部队的军官，到达前线才发现没什么可以接掌的，因为各指挥部不是被消灭就是被敌人俘获，这种状况进一步加剧了混乱。某些地区，缺乏经验的士兵无人率领，既不知道自己究竟在何处，也不清楚翼侧是否有友军在战斗。老兵组成的部队也没好到哪里去，各指挥部被迫频频变更位置，通常导致部队不知道指挥所在何处，也不知道如何联系上级。

一支支部队不是陷入包围后被俘，就是被打垮后全军覆没。其他部队士气低落，土崩瓦解，四散奔逃。维斯瓦河防线只有两处依然完好。朱可夫的大规模突击没有落在哈索·冯·曼陀菲尔将军第3装甲集团军扼守的北部地域，但冯·曼陀菲尔估计康斯坦丁·罗科索夫斯基元帅的白俄罗斯第2方面军随时会发动进攻。南面，布塞第9集团军部分力量仍在坚守，但开始受到总崩溃的影响：面对朱可夫雪崩般拥来的坦克，第9集团军左翼土崩瓦解，右翼被科涅夫在柏林南面势不可挡的猛烈突击半包围。不出海因里齐所料，混乱不堪的维斯瓦集团军群支离破碎，目前处于分崩离析的覆灭状态。

和海因里齐一样，冯·曼陀菲尔从来没有低估红军，此前他也同对方多次打过交道。此时他乘坐"鹳式"侦察机，在奥得河上方察看敌情。罗科索夫斯基的部下毫不掩饰他们的进攻准备，炮兵和步兵部队肆无忌惮地开入预设阵地。冯·曼陀菲尔对俄国人的自大深感震惊。数日来，他每次飞越对方的战线，俄国人甚至懒得抬头瞅上一眼。

冯·曼陀菲尔知道，一旦对方发动进攻，他根本无法坚守太久。他是个装甲兵将领，可手里没有坦克。为阻止朱可夫对第9集团军防区的突击，海因里齐调离第3装甲集团军寥寥无几的装甲师，严重削弱了冯·曼陀菲尔的作战力量。这几个师隶属党卫队第3装甲军，原本在埃伯斯瓦尔德森林据守冯·曼陀菲尔防区南部边缘。国防军军官把费利克斯·施泰纳视为最优秀的党卫队将领之一，据施泰纳说，虽然装甲力量调离，可他获得另一些支援力量。他煞有介事地告诉冯·曼陀菲尔："我刚刚得到5000名空军飞行员，每个人的脖子上都戴着枚小小的铁十字勋章，请问我该如何使用他们？"

冯·曼陀菲尔告诉身边的参谋人员："我敢保证，希特勒的地图上肯定会插一面标明第7装甲师的小旗，哪怕该师没有一辆坦克，没有一辆卡车，没有一门火炮，甚至没有一挺机枪。我们只有一支幽灵军队。"

此时，冯·曼陀菲尔从侦察机上俯瞰红军的准备工作，觉得对方很可能会在4月20日前后某个时刻发起主要突击。他很清楚届时该如何行事。他打算尽可能长时间坚守阵地，而后"率领部下手挽手、肩并肩地逐步退却，一路向西后撤"。冯·曼陀菲尔不想让哪怕是一个部下落入俄国人手里。

第9集团军此时濒临崩溃，但集团军司令没考虑退却。特奥多尔·布塞将军认为，没接到命令擅自后撤无异于叛国，因为希特勒的命令是坚守到底。朱可夫的坦克在塞洛高地达成突破后迅猛推进，在第9集团军北翼撕开个缺口，白俄罗斯第1方面军以惊人的速度攻往柏林。由于通信几乎已中断，布塞无法评估这场突破的规模，甚至不知道反突击能否封闭防线上的缺口，他只知道朱可夫的坦克离柏林郊区已不到25英里。更令人惊恐的是，科涅夫正沿第9集团军南翼疾进。乌克兰第1方面军目前越过吕本，迂回第9集团军身后，正火速向北攻往德国首都。布塞想知道，第9集团军会不会像鲁尔区的莫德尔集团军群那样遭隔断。就这一点而言，莫德尔很幸运，因为他是被美国人合围的。[①]

魏德林将军的处境尤为严峻，他指挥的第56装甲军承受了朱可夫突

---

① 到4月18日，美军彻底肃清鲁尔合围圈，三天后莫德尔自杀身亡。

破塞洛高地的全部冲击。该军一连两天挡住朱可夫的进攻, 遭受的损失相当惨重。他焦急地等待党卫队"诺德兰"师和齐装满员、实力强大的第18装甲掷弹兵师到来, 可上级承诺的这股预备力量没有及时开抵, 更谈不上发起有可能挡住朱可夫坦克的反突击了。

"诺德兰"师确实有个人赶来了, 他就是该师师长、武装党卫队少将约阿希姆·齐格勒。齐格勒驱车来到魏德林设在明谢贝格北面的军部, 镇定地宣称他的师就在几英里外, 可油料耗尽了。魏德林气得脸色铁青, 每个装甲师都应该为眼下这种紧急状况携带备用油料。但齐格勒不愿听命于国防军指挥官, 显然没考虑过自己的师需要紧急开赴前线。现在, 补充油料耽误了宝贵的20个钟头, 齐格勒的师仍未进入阵地。本该昨天(4月17日)到达魏德林麾下的第18装甲掷弹兵师此时刚刚到来。计划以这股力量发起的反突击流产了, 刚开抵的这个师刚好赶上后撤。

魏德林似乎厄运缠身。朱可夫一支支实力强大的坦克纵队冲出高地之际, 遭受最猛烈打击的德军兵团恰恰是海因里齐最担心的那股力量: 戈林的第9伞兵师。该师刚投入高地争夺战就士气低落, 面对红军猛烈的炮火和冲入防线的坦克, 戈林的伞兵惊慌失措, 四散奔逃。魏德林的新任炮兵指挥官汉斯-奥斯卡·韦勒曼上校, 红军强渡奥得河那天刚刚到任, 目睹了随之而来的溃败。据他说, "像疯子那样奔逃"的士兵随处可见, 哪怕他拔出手枪威吓, 也无法阻止惊恐万状的伞兵。韦勒曼看见第9伞兵师师长"孤身一人, 对部下的溃逃绝望至极, 竭力阻止剩下的官兵逃亡"。这场惊慌失措的溃逃终于被遏止, 但用韦勒曼上校的话来说, 戈林大肆吹嘘的伞兵, "依然是整个战役进程的隐患"。至于海因里齐, 他一得知消息就打电话给卡琳庄园的戈林, 语带讥讽地说道: "有件事要告诉您, 您当初坚守卡西诺的部队, 那些著名的伞兵, 嗯, 他们逃跑了。"

魏德林想方设法竭力阻挡红军的坦克突击, 但第56装甲军已无法守住防线。魏德林的参谋长特奥多尔·冯·杜夫芬上校发现, 俄国人"以强大的压力迫使我们后撤，他们采取某种钳形机动打击我军翼侧，一次次包围我部"。第 56 装甲军还遭到猛烈空袭，冯·杜夫芬 4 个钟头内被迫隐蔽了 30 次。红军的钳形战术迫使魏德林自中午起两次转移军部，结果与布塞的集团军司令部失去联系。

傍晚前后，魏德林来到明谢贝格西北面瓦尔德西费尔斯多夫一间点着蜡烛的地下室。帝国外交部部长约阿希姆·冯·里宾特洛甫不期而至，他看上去紧张不安，忧心忡忡。韦勒曼回忆道："他一直用焦虑、悲哀的眼神满怀期待地盯着我们。"第 56 装甲军眼下的真实状况"似乎给他造成毁灭性影响"。帝国外交部部长操着沙哑、平静的嗓音，期期艾艾地问了几个问题，没过多久就离开了。韦勒曼和军部其他人员多多少少期盼冯·里宾特洛甫"会告诉我们，与英国人和美国人的谈判已经开始了。值此最后关头，这也许能给我们带来些希望"。可他什么也没说。

帝国外交部部长刚离开，希特勒青年团 32 岁的独臂领袖阿图尔·阿克斯曼紧接着走了进来。他觉得自己带来的消息肯定会让魏德林深感欣慰。阿克斯曼宣称，希特勒青年团的小伙准备投入战斗，目前甚至正据守第 56 装甲军后方各条道路。听到这个消息，魏德林的反应完全出乎阿克斯曼预料。据韦勒曼回忆，魏德林气得几乎说不出话来，过了一会儿"才以极其粗鲁的言辞"斥责了阿克斯曼的计划，他愤怒地告诉这位青年领袖："您不能为已然失败的事业牺牲那些孩子。我不会使用他们，我要求撤销让他们投入战斗的命令。"身材矮胖的阿克斯曼赶紧向魏德林保证，马上撤销指令。

就算他下令撤销原先的指令，柏林接近地数百名枕戈待旦的希特勒青年团团员也没收到。他们仍守在阵地上，接下来 48 小时，红军的猛烈突击把他们彻底打垮了。维利·费尔德海姆和连里 130 名小伙被红军大潮淹没，他们仓促退却，最后停了下来，企图利用沟渠和掩体据守防线。恐惧感把维利折腾得筋疲力尽，战斗间歇，他躺在长椅上睡着了。

几个钟头后他醒了过来，有种怪异的感觉，总觉得有什么不对之处。他听见有人说道："究竟怎么回事？太安静了！"

这群小伙冲出掩体，见到的场面"怪异、令人难以置信，就像一幅拿破仑战争的旧油画"。灿烂的阳光下，到处是尸体。没有任何东西依然伫立，一座座房屋沦为废墟，损毁、遗弃的车辆随处可见，有些还在燃烧。最令人震惊的是死者，一堆堆尸体构成"奇特的画面，他们的步枪和铁拳扔在一旁。太疯狂了！我们随后觉察到，这里就只剩我们这群人"。

红军进攻期间，他们一直在呼呼大睡。

柏林城内的紧张气氛不断加剧。雷曼将军寥寥无几的兵力据守各条外环防线，上级提醒他们，柏林遭受攻击的信号"克劳塞维茨"随时会到来。各种应急措施已付诸实施，这让所有柏林人得知，决定性时刻即将到来。除此之外，沿各条主干道和街道布设的路障现在开始封闭。

就连戈培尔也不敢对迫在眉睫的威胁视若无睹了。帝国宣传部炮制出大量歇斯底里的消息和口号。纳粹党官方的《人民观察家报》宣布了红军强渡奥得河的消息，还指出："全新的重大考验摆在我们面前，也许是最严峻的一次。"报上继续写道："敌人不得不为争夺每一平方米土地付出代价，掷弹兵、人民冲锋队队员、希特勒青年团团员今天击毁的每一辆敌坦克，都比战争期间的任何时候更有意义。今天的口号是：咬紧牙关！殊死奋战！绝不轻易放弃哪怕一英尺土地！决定性时刻要求我们付出最后的、最大的努力！"戈培尔还提醒柏林人，城内居民的命运已然掌握在俄国人手里。他告诫道，不在街垒战中牺牲的人，日后会遭到敌人清算，"作为奴工流放出去"。

4月18日下午，雷曼将军收到帝国总理府发来的命令，戈培尔随后亲自打来电话，确认了这道命令。命令里指出："根据第9集团军的要求，所有可用兵力，包括人民冲锋队，都应据守第二道防线上的阵地。"换句话说，必须把城内兵力调去守卫外围防线。雷曼震惊不已。10 个人民冲锋队营和"大德意志"警卫团一支防空部队匆匆集合。经过几个钟头的搜寻和征用，他们召集了一支七拼八凑的车队，载上人员向东驶去。雷曼看着他们离开，转身对戈培尔的副手气冲冲地说道："告诉戈培尔，再也无法保卫帝国首都了，城内居民根本没有防御能力。"

★ ★ ★

卡尔·维贝里的脸上毫无表情，但他发觉自己的双手在颤抖。经历了几个月的漫长打探，他简直不敢相信自己听到的消息。此时他和另一些顾客站在黑市食品店的主柜台旁边，他俯下身子，轻轻拍拍两条小腊肠犬，此举是为了听得更清楚，但身边两位衣着考究的妇女并没有刻意保密。

大多数柏林人对这家存货充裕的店铺一无所知，它只为特定顾客服务，包括纳粹各阶层有权有势的人物。维贝里光顾此处已经有很长一段时间，仅仅聆听某些顾客——例如这两位衣食无忧的妇女的交谈，就能获得许多出色而又准确的情报。维贝里觉得，她们说的情况应该很可靠，因为她们的丈夫都是身居要职的纳粹高官。

维贝里觉得听够了，就把买的东西收起来，脱下小礼帽向老板致意，随即离开店铺。走到街上，他匆匆加快脚步去找耶森-施密特。

几个钟头后，经过长时间讨论，两人一致认为维贝里听到的消息真实可靠。4 月 18 日，星期三，下午，这条消息发往伦敦。虽说其他希望都已破灭，但维贝里热切期盼盟国会根据这份报告采取相应的行动。他在食品店里无意间听到，希特勒绝对在柏林地区，就在贝尔瑙一处指挥部，位于首都东北方 14 英里左右。1945 年 4 月 20 日是希特勒 56 岁寿辰，除了大规模空袭，他们还能奉上什么更好的礼物呢？

★ ★ ★

国防军指挥参谋部参谋长阿尔弗雷德·约德尔将军, 4 月 20 日凌晨 3 点才回家, 满面愁容, 疲惫不堪。他告诉妻子路易丝, 危机已到来, "你最好收拾东西, 做好离开的准备。"路易丝说她想留在红十字会继续工作, 但约德尔坚持己见, 他告诉妻子: "就凭你的名字, 俄国人立马会把你送到卢比扬卡监狱, 一天都不会耽搁。"路易丝问她该去哪里, 约德尔耸耸肩说道: "去北面或南面, 谁知道呢, 但我希望我们共同面对末日的到来。"夫妻俩商讨了大半夜, 上午 10 点前不久, 空袭警报响起, 约德尔说道: "我敢打赌, 柏林今天会落下更多炸弹, 希特勒的生日总是发生这种事。"

约德尔匆匆上楼刮胡子, 随后就得返回元首暗堡。元首的 56 岁寿辰和他以往的生日没什么不同, 一如既往, 政府官员和内阁成员列队到来, 给希特勒祝寿, 约德尔也得出席。待他从楼上下来, 路易丝把军帽和皮带递给他, 约德尔拎起地图包与妻子吻别, 还说了句: "我得赶紧去祝寿了。"路易丝每天都牵肠挂肚, 生怕一别后再无相见之日。约德尔钻入汽车, 她在丈夫身后喊道: "保重！"

希特勒统治集团的另一名心腹也准备参加元首的生日庆典。帝国元帅赫尔曼·戈林出席此次典礼只是为证明自己依然忠心耿耿, 但典礼结束后他就要南下了。戈林已下定决心, 是时候向柏林西北方 50 英里左右他那座庞大的城堡和卡琳庄园道别了。红军清晨 5 点 30 分发起空袭后没多久, 他就做出了决定。戈林随即致电海因里齐设在普伦茨劳附近的司令部, 得知红军在北面发动了进攻: 罗科索夫斯基的白俄罗斯第 2 方面军终于对冯·曼陀菲尔的第 3 装甲集团军下手了。戈林当然知道冯·曼陀菲尔的兵力严重不足。这位帝国元帅前几周多次视察过前线, 还厉声申斥一个个前线将领, 由于 "你们的部下游手好闲, 没做好任何准备, 俄国人会一路大笑着穿过你们的防线"。

戈林本人倒是为这一刻做好了准备。卡琳庄园门外的主干道上停着德国空军的 24 辆卡车，载满庄园里的物品：他那些古董、油画、银器、家具。车队马上要驶往南方。德国空军司令部身处柏林的大部分人员，当天晚些时候会带上设备，搭乘其他车队撤离。[1]

戈林站在庄园大门口，对卡车车队指挥官叮嘱了最后几句。车队在摩托车簇拥下出发了。戈林站在那里，看着这座配有宏伟的飞翼和扶壁的庞大城堡。一名空军工兵军官跑过来，报告一切准备就绪。在几名部下和当地村民注视下，戈林走到马路对面，朝引爆器俯下身子，按下引爆把手。伴随剧烈的轰鸣，卡琳庄园灰飞烟灭。

没等尘埃落定，戈林就朝自己的汽车走去。他扭头对工兵军官平静地说道："是啊，这就是身为王储有时候不得不做的事情。"他猛地关上车门，动身赶往柏林，去参加元首的生日庆典。

希特勒上午 11 点才起床，从中午起，他就收到一众亲信的祝贺，其中有约瑟夫·戈培尔、马丁·鲍曼、约阿希姆·冯·里宾特洛甫、阿尔贝特·施佩尔，还有他的军事领导人卡尔·邓尼茨、威廉·凯特尔、阿尔弗雷德·约德尔、汉斯·克雷布斯、海因里希·希姆莱。随后到来的是柏林地区的党务领导人、工作人员、秘书。伴随着远处传来的隆隆炮声，希特勒随后在亲信陪同下走出元首暗堡。在帝国总理府被炸得满目疮痍的花园里，他检阅了两支部队的人员：近期从库尔兰集团军群调来的党卫队"弗伦茨贝格"装甲师[2]，以及阿克斯曼一小群自豪的希特勒青年团团员。阿克斯曼若干

---

① 戈林手里的卡车可能不止 24 辆，海因里齐认为他有 "4 支车队"。但海因里齐说的 "4 支车队" 可能包括当天晚些时候离开柏林的另外几支空军车队。这个荒诞的事实表明，由于缺乏油料，飞机无法起飞、车辆无法行驶之际，戈林手里不仅有卡车，还有足够的油料补给。

② 库尔兰集团军群被彻底包围在波罗的海诸国，部分部队最终乘船疏散，4 月初到达斯维讷明德。集团军群的 18 个师，只有几船官兵回到德国本土，还没有武器装备。

年后回忆道："每个人都对元首的模样震惊不已。他走路时弯着腰，双手不停地颤抖。可令人惊讶的是，他依然焕发出强大的意志力和决心。"元首与这群小伙握手，阿克斯曼介绍了几名"近期在前线表现出色的希特勒青年团团员"，希特勒亲手为他们颁发了勋章。

元首随后检阅了列队的党卫队人员，和他们逐一握手，还自信地预测，敌人没等接近柏林就会大败亏输。党卫队全国领袖海因里希·希姆莱陪在他身旁。自4月6日起，希姆莱就不时与瑞典红十字会主席福尔克·贝纳多特伯爵秘密会晤，闪烁其词地向对方试探了与盟国谈判和平条款的可能性，可他此时挺身而出，向希特勒重申了他本人和党卫队的忠诚。过几个钟头，他就要同贝纳多特再次会面。

检阅仪式刚刚结束，希特勒就召开军事会议。戈林此时已到来。虽说在场的人都很清楚目前的形势，但克雷布斯将军还是做了情况简报。柏林很快会陷入包围，就算不是几个钟头，恐怕最多就是几天的事。这种情况发生前，布塞第9集团军会陷入重围，除非命令他们后撤。希特勒身边的军事顾问觉得，有一点很明确：元首和政府重要部门，以及仍在柏林的行政机构，必须离开首都撤往南方。凯特尔和约德尔竭力主张南迁，可希特勒坚称眼下的情况没那么严重。元首的空军副官尼古劳斯·冯·贝洛上校后来回忆道："希特勒说柏林保卫战是避免彻底战败的唯一机会。"但他确实也做出让步：万一美军与红军在易北河会师，帝国北部地区的抵抗就由海军总司令邓尼茨元帅指挥，南部地区交给阿尔贝特·凯塞林元帅。同时，政府各部门获准立即撤离首都。

希特勒没透露自己的想法，但元首暗堡内，至少有三个人确信他绝不会离开柏林。约翰娜·沃尔夫小姐是希特勒身边的秘书，几天前她听元首说过："要是他觉得局势全然无望的话，会自行了断。"冯·贝洛也认为："希特勒已下定决心留在柏林，他打算死在这里。"约德尔回家后告诉妻子，希特勒私下里聊天时对他说过："约德尔，只要身边还有忠诚之士，我就会战斗到底，然后吞枪自尽。"①

大多数政府部门早已离开柏林，帝国剩下的行政机构数日来似乎也在为这一刻积极准备，就好像等待发令枪响的赛跑运动员。真正的大逃亡开始了，一直持续到柏林最终陷入重围。德国空军总参谋长卡尔·科勒将军在日记里写道，戈林已离开，"当然，他把我留在柏林，是让我承受希特勒的怒火"。大大小小的官员逃之夭夭，菲利普·昂贝尔是个年轻的法国强制劳工，在卡尔·杜斯特曼博士的事务所当绘图员，杜斯特曼是托特劳工组织的建筑师，他突然送给昂贝尔一份价值1000马克的礼物，随后离开市区，此举把昂贝尔惊呆了。

玛格丽特·施瓦茨在夏洛滕堡的公寓花园里朝街上瞟了一眼，看见专职司机驾驶的蓝色大型轿车停在附近一栋房屋外。邻居奥托·佐利曼凑了过来，两人站在一起，看着"一名勤务兵身着整洁的白色短外套，陪同一位军装上缀满金质勋章的海军将领"离开那栋房屋。一件件行李很快塞满汽车，他们上车"全速驶离"。佐利曼告诉玛格丽特："老鼠正逃离沉船，刚才那个人是雷德尔海军元帅。"

柏林卫戍司令部签发了2000多份离开首都的许可证。参谋长汉斯·雷菲奥尔后来回忆道："许多党和政府官员请求离开首都，他们提出的理由近乎滑稽可笑。尽管戈培尔下过命令，'能拿起武器的人不得离开柏林'，可我们一点没刁难那帮想拿到通行证的'本土战士'。干吗要阻拦这些卑劣的家伙呢？他们都觉得逃跑能保住他们宝贵的性命。大多数居民只能留在城内，由于缺乏运输工具，他们根本没办法逃离这座城市。"

选帝侯大街213号的牙科诊所里，金发碧眼的克特·霍伊泽尔曼接到老板打来的电话。纳粹领导人的首席牙医胡戈·J. 布拉施克教授即将离开

---

① 路易丝把希特勒对约德尔说的话记在她详尽的日记里。日记条目接下来的一段话如下："我丈夫说：'我前妻去世后，除了另一次，这是希特勒唯一对我说过的私密话。'"

柏林。布拉施克几天前指示克特，把所有牙科病例、X 光机、牙齿模具和其他设备装箱，好集中运往南方。布拉施克说，他估计"总理府那些人随时会撤离，我们跟他们一起走"。克特说她打算留在柏林，布拉施克怒不可遏地问道："您知道一旦俄国人到来会发生什么吗？他们会强奸您，再把您绞死，您知道俄国人都是什么人吗？"但克特"怎么也不相信情况会坏到那种地步"。她后来回忆道："我不知道事态的严重性，也许很蠢，可我当时太忙了，根本没觉察到一切已变得如此绝望。"布拉施克坚持自己的看法，他敦促克特："收拾行李，赶紧离开，总理府那些人正带着家人撤离柏林。"克特怎么也不愿离开，她想待在柏林。布拉施克最后说道："好吧，您记住我对您说的这些话。"说罢挂了电话。

克特突然想起布拉施克几天前托她办的事。要是他离开柏林而她留下来的话，就用暗语提醒他的某个朋友，纳粹高层正在逃亡，之所以用暗语，是因为布拉施克说"电话可能被监听了"。如果随行人员悉数离开的话，她就在电话里说"齿桥昨晚拆掉了"。要是只有部分人员撤离，她就说"昨晚只拔了一颗牙"。克特不知道布拉施克的朋友究竟是谁，"他的名字好像是加尔维茨还是格拉维茨教授，我记得布拉施克提过，对方是党卫队的资深牙医"。布拉施克只给了她一个电话号码，克特此时觉得"总理府全体人员"已撤离，于是拨通了那个号码。电话那头有人接听时，克特说道："齿桥昨晚拆掉了。"

几个钟头过后，当天傍晚，海因里希·希姆莱的朋友、德国红十字会主席恩斯特·格拉维茨教授坐下来准备和家人吃晚饭。等家人就座后，格拉维茨把手伸到餐桌下，拔掉两枚手雷的保险栓，把自己和家人一起炸死了。①

---

① 纽伦堡审判期间的证词表明，格拉维茨不仅是希姆莱的首席外科医生，还批准在集中营囚犯身上从事医学试验。

柏林人会永远记住政府和党内人员这场大规模疏散，他们称之为"锦鸡逃亡"。但大多数人当天更关心不断挺进的红军，而不是逃窜的纳粹。海伦娜·伯泽是电影导演卡尔·伯泽的妻子，她后来回忆，当时她唯一关心的是"如何活下去"。苏联红军已到达明谢贝格和施特劳斯贝格，就在东面15英里左右；城内还流传着另一个消息，第二股红军从南面发动进攻，取道措森攻往首都。住在滕佩尔霍夫区的格奥尔格·施勒特尔是个电影编剧，得知了红军这场进攻的一手消息。他的女朋友名叫特露德·贝利纳，是个歌舞艺术家，住在柏林南部郊区，施勒特尔很担心她的安危，于是给她家里打电话。她接了电话，随后说了句"稍等"，过了片刻她又说道："这里有个人想跟你聊聊。"施勒特尔随后听见，电话那头是个德语非常流利的红军上校，他告诉震惊不已的施勒特尔："看着吧，我们两三天内就能到达您那里。"

北面、南面、东面，各处的德军防线都在收缩。遭受重创的大都市柏林遍地废墟，几乎所有机构不是放缓了运作速度，就是彻底瘫痪。一座座工厂停工，有轨电车停止运营，就连地铁也停了，只运送必不可少的工人去上班。伊尔莎·柯尼希是柏林卫生部门的实验室技术员，她记得自己拿到了红色通行证，可以骑车去上班。城内的垃圾无人清理，邮件无法投递。格特鲁德·埃弗斯在奥拉宁堡大街的邮政总局上班，她记得"无法投递的食物包裹变质后发出令人作呕的恶臭，充斥了整栋大楼"。大多数警察不是编入战斗部队就是加入人民冲锋队，各条街道上无人巡逻。

许多柏林人觉得，4月20日发生的一件事让他们真正感受到事态的严重性：动物园关门了。当天上午10点50分，动物园停电，导致园内的水泵无法泵水。供电4天后才恢复，而且只维持了19分钟，这场停电一直持续到战役结束。但从4月20日起，动物园饲养员就知道，园里许多动物肯定会死掉，尤其是池塘里的河马，以及早些时候从水族馆救出的动物。鸟类饲养员海因里希·施瓦茨早就对珍稀的阿布·马尔库布鹳的健康状况担心不已，此时它在施瓦茨的卧室里挨饿，再这样下去肯定会饿死，施瓦茨想知道, 没有水的话, 怎样才能让阿布活下去。63岁的施瓦茨打定主意, 一桶桶拎水, 直到自己累趴下, 此举不仅是为了阿布, 也是为了大河马罗莎和她2岁的宝宝克瑙施克。

动物园园长卢茨·黑克陷入进退两难的窘境。他知道最后必须射杀园里的危险动物, 特别是动物园宝贵的狒狒, 可他一直推延这一刻的到来。心烦意乱的黑克想放松片刻, 于是做了件他这辈子从来没做过的事情: 和一名饲养员去兰德韦尔运河钓鱼。在运河边"仔细考虑问题"期间, 他们钓上来两条梭子鱼。

当天, 柏林地铁负责人弗里茨·克拉夫特与市长尤里乌斯·利珀特会晤。市长给克拉夫特和召集起来的地铁经理下达了很务实的指示, 他告诉众人: "要是西方盟军先到达, 就把地铁设施完好无损地移交给他们。倘若抢先到来的是俄国人……"他顿了顿, 耸耸肩说道: "那就尽可能破坏地铁设施。"小型自动电话交换局也收到类似指示。布科电话交换局的技术人员接到通知, 宁可破坏这些设备, 也不能让它们落入俄国人手里。但维修工赫伯特·马格德突然想到, 没人收到过如何破坏电话设施的相关指示。据马格德所知, 没有一台交换机遭破坏。整个战役期间, 几乎所有交换机都在正常工作。

为贯彻希特勒的焦土令, 一座座工厂也得夷为平地。格奥尔格·亨内贝格教授是夏洛滕堡区先灵化工厂化学部主任, 他记得厂长把厂里所有化学家召集起来, 宣读了他刚刚收到的命令。命令里写道, 敌人日益逼近, 必须摧毁厂里的供水、供气、供电、锅炉设施。读罢命令, 亨内贝格的老板停了片刻, 随即说道: "诸位, 你们现在知道哪些是不该做的了。"他随后与众人告别, 原封不动地关闭了工厂。亨内贝格回忆道: "我们彼此道别, 重逢说不定要下辈子了。"

出于另一个原因, 柏林人多年来一直记得4月20日那一天。究竟是为了庆祝元首的寿辰, 还是因为战役顶点即将到来, 不得而知, 反正政府当天给饥肠辘辘的市民提供了额外配给口粮, 据说是"紧急口粮"。25岁

的独臂老兵于尔根 - 埃里希·克洛茨记得，额外配给口粮是 1 磅培根或香肠，半磅大米或燕麦片，250 个干扁豆、豌豆或菜豆，1 盒蔬菜罐头，2 磅糖，大约 1 盎司咖啡，一小包咖啡代用品，还有些油脂。虽然柏林当日遭受的空袭持续了近 5 个钟头，但一个个家庭主妇冒着炸弹的风险，排队购买额外配给口粮。这些食物要维持 8 天，就像安妮 - 莉泽·拜尔对丈夫说的那样："有了这些口粮，我们现在就能升入天堂了。"抱有同样想法的市民显然大有人在，他们把额外的食物称为 *Himmelfahrtsrationen*——耶稣升天节口粮。

★ ★ ★

易北河北面的格雷瑟镇，迪克西·迪恩斯准尉的 12000 名战俘收到了红十字会的包裹。迪恩斯为此做出各种安排，甚至说服战俘营指挥官奥斯特曼上校批准皇家空军战俘前往吕贝克的国际红十字会中心，然后开着卡车返回，好更快地交付包裹。此时，一支支战俘纵队挤满了镇子周围的各条道路，一个个包裹迅速分发给他们。迪恩斯宣布："每人两个包裹！"空军上士卡尔顿·扬格回忆道："这些东西极大地鼓舞了战俘的士气，包裹的到来简直就是奇迹，我们觉得迪恩斯犹如圣人般高尚。"

迪恩斯骑着那辆轮胎鼓了个大包的破旧自行车，从一支纵队赶往下一支纵队，查看战俘是否都得到了食物包裹。饥肠辘辘的战俘大多数时候靠生蔬菜充饥，他提醒他们别吃得太多，还得"尽量节省点，因为我们不知道德国佬还有什么对付我们的花招"。尽管如此，迪恩斯还是看见大多数战俘"吃得就像是他们的最后一餐"。空军上士杰弗里·威尔逊狼吞虎咽地消灭了他的包裹：咸牛肉、饼干、巧克力，特别是 120 根香烟。他"拼命地吃，一根接一根地吸烟，因为我宁可当个饱死鬼，也不想沦为饿死鬼"。

战俘坐在地上吃东西时，皇家空军 9 架"台风"式战斗轰炸机不期而至，先是在空中盘旋, 随后就像威尔逊记得的那样, "以梦幻般的迷人方式"散开编队俯冲而下。有人喊道: "天哪, 他们朝我们扑来了!"战俘四散奔逃, 有人企图摊开彩色识别布条, 他们带着这些布条, 就是为应对这种紧急情况。另一些人跳入沟渠, 趴在墙壁后, 躲入谷仓或隐蔽到镇内。可许多战俘的动作还是太慢了, 一架架"台风"战斗轰炸机俯冲袭来, 发射火箭弹, 还朝战俘队列投掷了杀伤弹。地面上的战俘喊道: "自己人! 自己人!"8架战机发起攻击, 第九架战机可能觉察到出了岔子, 迅速拉起。空袭没过几分钟就结束了。60名战俘丧生, 数十人负伤, 其中有些人后来死在德国医院里。

骑车走在路上的迪恩斯目睹了这场屠杀, 绝望得恶心欲吐。他赶紧下令确认死者的身份。有些尸体面目全非, 根本无从辨认, 迪恩斯后来回忆道: "就剩下一点尸块, 我们只好用铁锹将其铲入墓穴。"

安葬了死者, 把伤员送入德国医院后, 冷静而又坚定的迪恩斯骑车来到奥斯特曼上校的临时指挥部。这次没有任何军事礼节, 迪恩斯直截了当地说道: "奥斯特曼, 绝不能再发生这种事了, 我得去英军战线, 请您给我写张通行证。"

奥斯特曼惊愕地看着对方说道: "迪恩斯先生, 我不能这样做。"

迪恩斯紧紧盯着奥斯特曼, 提醒道: "我们不知道谁会追上我们, 可能是英国人, 也可能是俄国人, 我们倒不在乎谁解放我们, 可您想投降哪一方呢?"迪恩斯盯着战俘营指挥官说道: "不知怎么回事, 我总觉得您落入俄国人手里没什么好处。"他停了停, 让对方仔细体会这句话, 随后平静地说道: "上校, 写通行证吧。"

奥斯特曼坐在桌子旁, 用国防军的信笺写了张便条, 好让迪恩斯通过德军防区。他告诉迪恩斯: "我不知道您要如何穿过战线, 可这张便条至少能让您到达那里。"迪恩斯说道: "我想带上警卫查理·贡巴赫。"奥斯特曼想了想, 说道: "同意。"他又给贡巴赫写了张通行证。迪恩斯说道: "我还需要一辆不会散架的自行车。"奥斯特曼看看他, 耸耸肩说他会安排好。

离开办公室时，迪恩斯说了最后一句："我向您保证，我会和查理一同回来，把我的人带走。"他干净利落地敬了个礼："上校，谢谢您！"上校回礼后说道："谢谢您，迪恩斯先生。"

意志坚定的迪克西·迪恩斯当晚在德军下士查理·贡巴赫陪同下骑车出发，开始了赶往英军战线的长途跋涉。

★　★　★

黄昏前，朱可夫的坦克朝柏林疾进之际，科涅夫焦急地看着地图，不断敦促部下加快速度。他告诉近卫坦克第3集团军司令员雷巴尔科将军："帕维尔·谢苗诺维奇，别担心您的翼侧，也别担心与步兵脱节，继续前进！"科涅夫多年后回忆道："我当时知道我那些坦克指挥员是怎么想的：'您把我们投入缺口，迫使我们在没有翼侧掩护的情况下前进，万一德国人截断我们的交通线，从后方施以打击怎么办呢？'"身材高大的科涅夫拍拍肩上的元帅肩章，告诉几位坦克指挥员："你们不必担心，我跟你们一起行动，我的指挥所就设在突破部队中间，和你们一同前进。"雷巴尔科和近卫坦克第4集团军司令员D.D.列柳申科将军的表现非常出色，这场突击与美国第2、第5装甲师攻往易北河类似，尽管雷巴尔科指出，"几个没被消灭的德国师仍在我们身后"，但红军坦克兵顺利分割了敌军。不到24小时，一路冲杀的雷巴尔科取得38英里进展，列柳申科的坦克也前进了28英里。雷巴尔科兴冲冲地打电话给科涅夫："元帅同志，我们正在措森郊外激战。"乌克兰第1方面军辖内部队此时离柏林只剩25英里。

★　★　★

措森的警报响了。现在看来，红军24小时内就可能到达这里，德国陆军总司令部下达了转移的命令。重要岗位的军官已赶赴波茨坦附近的新指挥所，司令部其他人员忙着把办公室里的打字机、译码机、保险柜、一箱箱文件装上大巴车和卡车。打包、装载工作进行之际，许多人焦急地走来走去，急于离开此地。接替克雷布斯担任陆军副总参谋长的埃里希·德特勒夫森将军说道，那一刻"我们给敌空军提供了深具价值的打击目标"。天黑前不久，一支支车队出发，动身赶往巴伐利亚。德特勒夫森驱车前往柏林，去参加元首的夜间军事会议，他高兴地看见一群德国战机从上方掠过，朝南面飞去。随后召开的简报会上，他听一名空军军官向希特勒汇报道："为保卫遭攻击地域，空军成功打击了攻往措森的敌坦克力量。"德国空军的轰炸机干得简直太成功了，所谓的敌坦克其实是德国陆军总司令部驶往南方的大巴车和卡车纵队，德国空军误击了己方车队。

4月20日午夜，海因里齐神情严肃地查看着地图，想捋清目前的态势。几个钟头前，他担心的事情终于发生了：他现在不仅要指挥维斯瓦集团军群，柏林的防务也纳入他的指挥范畴。他刚接到命令就打电话给雷曼，告诉他不得炸毁城内桥梁。雷曼抱怨道，不管怎样，这座城市毫无防御能力，他那些人民冲锋队，最精锐的部分都被抽去据守防线了。海因里齐对此心知肚明，但他要求雷曼把剩下的人民冲锋队也派往前线。他在电话里疲惫地说道："雷曼，您明白我的意图吗？我正设法确保战斗在城外进行，尽量不波及城内。"

海因里齐知道，眼下这种状况，根本无法守住柏林，他也不想让自己的军队退入城内。坦克无法在市区机动，由于建筑物林立，火炮也派不上用场，根本没有射界。另外，一旦城内爆发激战，肯定会给平民百姓造成重大伤亡。海因里齐下定决心，要不惜一切代价避免激烈的巷战。

此刻，布塞第9集团军最让海因里齐牵肠挂肚，他知道，要是不迅速后撤，该集团军肯定会陷入重围。海因里齐当天一早动身赶往前线，还给参谋长留了口信，让他转告克雷布斯："不批准布塞集团军立即后撤的话，我无法承担由此造成的后果和责任，让他把这一点告知元首。"

他随后驱车巡视整条战线。防御瓦解的迹象随处可见。他看见"各条道路上挤满难民的车辆，队列里经常夹杂着军车"。通往埃伯斯瓦尔德的路上，海因里齐首次遇到明显在后撤的部队，他后来指出："我遇到的每个军人，无不声称他们接到命令，去后方获取弹药、油料或其他东西。"海因里齐震惊不已，立即采取了措施。他在埃伯斯瓦尔德北面"发现许多官兵朝西北方跋涉，说他们师要在约阿希姆斯塔尔附近重建"，海因里齐拦下他们，在埃伯斯瓦尔德附近重组。他在同一地区的几个运河渡口看见"党卫队第4警察师部分官兵正在卸载，都是刚刚编入部队的年轻人，可只有部分人员手里有武器，他们也得到消息，在埃伯斯瓦尔德会获得武器装备"。该地区南面，海因里齐看见路上挤满平民和军人。海因里齐下车，命令队伍里的士官率领部下，掉转方向"返回前线"。

舍恩霍尔茨镇内，他看见"许多年轻军官无所事事，站在那里东张西望，我不得不严令他们构设防线，收容溃败的部队"。舍恩霍尔茨与特兰珀之间的森林里，"挤满一群群士兵，不是在休息就是忙着后撤，所有人都说没接到命令，也没有任何战斗任务"。海因里齐在另一处发现，"一支装甲侦察队把车辆停下，待在旁边休息"。他命令这支部队"立即赶往比森塔尔，夺回非常重要的十字路口"。海因里齐事后回忆，埃伯斯瓦尔德附近混乱不堪，"没人能告诉我那里是否还有战线"。但午夜前，他终于恢复该地区的秩序，还下达了新命令。

很明显，海因里齐的军队兵力不足，武器不足，通常也没有称职的指挥官，他知道战线再也维持不下去了。冯·曼陀菲尔的第3装甲集团军部署在北面，面对罗科索夫斯基的猛烈冲击，该集团军取得些防御战果，但被迫后撤只是时间问题。

0点30分，海因里齐打电话给克雷布斯，告诉他局势逐渐失控。他还特别提到第 56 装甲军, "尽管他们一次次对俄国人发起反冲击, 可还是被敌人逼得节节后退"。他说目前的状况岌岌可危, "已到崩溃边缘"。海因里齐一天内两次对克雷布斯谈到第 9 集团军迅速恶化的态势, 克雷布斯每次都祭出元首的决定: "布塞必须坚守在奥得河畔。"海因里齐现在又一次为布塞而战了。

他告诉克雷布斯:

"第 9 集团军的机动自由一直不掌握在我手里, 我现在要求获得授权, 否则就太晚了。我必须指出, 我不是出于固执己见或不合理的悲观情绪而违抗元首的命令。以我在东线的作战记录看, 您知道我不会轻易放弃阵地, 可现在采取行动至关重要, 这样才能挽救第 9 集团军。

"我收到的命令要求集团军群据守当前阵地, 还要投入一切可用力量, 封闭第 9 集团军与南翼舍尔纳集团军群之间的缺口。我对我要说的话深表遗憾, 但还是要指出, 这道命令无法执行, 根本没有成功的希望。我要求批准我后撤第 9 集团军的请求。我提出的这个请求, 完全符合元首本人的利益。

"其实我应该去见元首, 告诉他: '我的元首, 这道命令会危及您的利益, 毫无胜算, 根本无法执行, 我请求您解除我的职务, 把指挥权交给其他人。我可以作为人民冲锋队队员履行自己的职责, 与敌人血战到底。'"

海因里齐彻底摊牌了, 他告诉上司, 他宁愿作为普通士兵投入战斗, 也不愿执行只会徒劳牺牲将士性命的指令。

克雷布斯问道: "您真想让我把这番话转告元首吗?"海因里齐简短地答道: "没错, 我的参谋长和作战处处长是见证人。"

过了一会儿, 克雷布斯回电: 第 9 集团军必须坚守阵地, 与此同时, 集团军群务必以一切可用力量封闭与南翼舍尔纳集团军群之间的缺口, "这样就能再次构成一道绵亘防线"。海因里齐当时就知道, 第 9 集团军完了。

元首暗堡里, 希特勒每晚召开的军事研讨会凌晨 3 点结束了。希特勒在会上厉声申斥第4集团军，科涅夫发动进攻首日，第4集团军土崩瓦解，引发了一连串问题。希特勒怒斥第4集团军叛国。德特勒夫森将军震惊地问道："我的元首，您真认为集团军司令部犯了叛国罪吗？"希特勒"用同情的眼神"看看德特勒夫森，"就好像只有傻瓜才会问出这么愚蠢的问题"。他随后说道："我们在东线遭受的挫败，都是背叛造成的，没有其他原因。"

德特勒夫森刚要离开会议室，冯·里宾特洛甫派驻元首暗堡的外交部代表瓦尔特·黑韦尔大使走了进来，脸上带着关切，问道："我的元首，您有什么指示给我吗？"黑韦尔顿了顿又说道："要是我们想在外交层面有所作为的话，现在是时候了。"据德特勒夫森回忆，希特勒"以彻底改变的温和语气"说道："政治，我跟政治再也没有任何关系了，它只会让我作呕。"德特勒夫森回忆，希特勒朝门口慢慢走去，看上去"疲惫不堪，步态迟缓"。他随后转身对黑韦尔说道："等我死了，大量政治事务会让您忙得不可开交。"黑韦尔赶紧说道："我觉得我们现在应该做点什么。"希特勒走到门口，黑韦尔郑重其事地补充道："我的元首，眼下是最紧要的时刻。"希特勒似乎什么也没听见。

$$— \quad 3 \quad —$$

此时传来的声音，与柏林人以前听到的任何声响都不同，不是炸弹落下的呼啸，也不是防空火力的砰砰声。赫尔曼广场上，卡尔施塔特百货公司外排队的购物者疑惑地听到，远处某个地方传来一阵低沉的呼啸，这种声音迅速加剧，发出吓人的刺耳尖啸。街上的购物者一时间困惑不解。随后排队的人群突然散开，逃往各个方向。可惜为时已晚，射入柏林城内的首批炮弹覆盖了整个广场，尸块飞溅到商店正面的木板上。倒在街头的男男女女嘶声惨叫，痛苦地扭动。此刻是 4 月 21 日星期六上午 11 点 30 分，柏林沦为前线。

一发发炮弹落在城内各处。整个市中心的屋顶蹿出一道道火舌。先前遭轰炸后摇摇欲坠的房屋倒塌了。炮弹炸翻的一辆辆汽车起火燃烧。勃兰登堡门中弹，一块飞檐落在街上。炮弹把菩提树下大街从一端到另一端犁了一遍，沦为废墟的王宫又一次腾起火焰。帝国国会大厦也没能幸免，支撑穹顶的大梁被炸断，一块块金属雨点般落下。市民丢下手里的公文包和包裹，沿选帝侯大街仓皇奔逃，疯狂地从一处门口跑到下一处门口。大街尽头的蒂尔加滕，炮弹直接命中一间马厩。马匹的嘶鸣与男男女女的哭喊声混杂在一起，过了一会儿，那些马冲出火海，马鬃和马尾烧着了，就这样沿选帝侯大街狂奔。

一轮轮炮火齐射落入城内，按部就班、有条不紊地施以打击。瑞士《联邦报》记者马克斯·施内策尔站在勃兰登堡门旁边，注意到威廉大街的政府区中央地段每隔 5 秒至少就会落下一发炮弹，随后停顿半分钟或一分钟，炮弹再次落下。从他站的地方望去，这位记者看见腓特烈大街车站方向腾起的火焰蹿入空中。他后来写道："烟雾散射了光线，看上去好像云层也烧着了。"

柏林城内其他地区遭受的炮击同样猛烈。维尔默斯多夫区，伊尔莎·安茨、她母亲和妹妹觉得大楼在颤抖。两个姑娘赶紧趴在地上，她们的母亲紧紧攥着门框，尖叫着："天哪！天哪！天哪！"诺伊克尔恩区，多拉·扬森目送担任国防军少校的丈夫沿车道走向他那辆豪华轿车。少校的勤务兵打开车门，突然落下的一发炮弹把他"炸成碎片"。硝烟散开，她看见她丈夫仍站在汽车旁，昂着头，但面孔因疼痛而扭曲。扬森夫人朝丈夫跑去，发现"鲜血浸透了他一条裤腿，沿着军靴流到人行道上"。她后来看着担架员把她丈夫抬走，一种奇特的情绪与她对丈夫安危的挂念交织在一起。她不由自主地想："尽管负了伤，可他站得笔直，不愧是个真正的军官！"

不远处的另一个军官，从没想到俄国人会近在咫尺。狂热的空军会计戈特哈德·卡尔上尉仍以希特勒举手礼问候家人，可他现在越来越绝望。红军兵临城下，但卡尔的军装还是整整齐齐，一丝不苟，甚至有点更显眼了。他妻子格尔达没敢明说，可她觉得卡尔这身军装过于华丽，不仅配有金质袖扣，还有几排毫无意义的勋带，看上去滑稽可笑。这些日子，他也从没褪下手上的印戒，印戒上镶有钻石勾勒的卐字徽标。

但戈特哈德·卡尔很清楚，眼下的情况不太妙。当天中午他从滕佩尔霍夫的办公室回到家里，举起右手，一如既往地用"希特勒万岁"这句话打招呼，随后吩咐了妻子几句。他告诉她："俄国人发起炮击了，你得去地下室，一直待在那里，就坐在地下室入口正对面。"格尔达惊愕地看着他，因为他说的似乎是最不安全的地方。但戈特哈德坚持己见，他告诉妻子："我听说俄国人在其他城市带着火焰喷射器冲入地下室，把里面的大多数人活活烧死。所以我希望你坐在地下室入口对面，这样你会第一个送命，用不着在里面等死。"他没多说什么，而是攥着妻子的手敬了个纳粹礼，随后走出公寓。

格尔达麻木地照办了。她坐在防空洞入口处，远在其他人前面，炮火在上方肆虐时，她不停地祈祷。自结婚以来，这是她第一次没在祷词里提到戈特哈德。当天下午，她丈夫通常要回家的时候，格尔达没理会他的叮嘱，冒着危险上了楼。她心惊胆战地等了一会儿，但戈特哈德没回来。她再也没见到他。

空袭刚结束，炮击就开始了。西方盟国对柏林的最后一场空袭，也是此次战争中的第363次，是美国第8航空队当天上午9点25分实施的。44个月来，美国人和英国人一直在轰炸"大B"，这是美国飞行员给柏林起的绰号。柏林人朝空中的轰炸机挥舞拳头，他们为亲朋好友的丧生、家园遭受的破坏深感悲痛。但他们的怒火和空中落下的炸弹一样，不带个人色彩，针对的是他们永远见不着的人。而炮击完全不同，它来自此时伫立在门外、柏林人很快要直面的敌人。

炮击和轰炸还有另一个区别。柏林人早已学会与轰炸共存，也知道如何预测犹如时钟般规律的空袭。大多数柏林人听见炸弹的尖啸，就知道落点大致在何处，许多人对空袭习以为常，甚至懒得躲入防空洞。而从某种程度上说，炮火更危险，骤然落下的炮弹根本无从预料。锋利的弹片犹如一柄柄四下收割的镰刀，往往从弹着点向外飞溅好几码。

记者汉斯·武勒-瓦尔贝格穿过遭炮击的波茨坦广场，看见到处是死者和奄奄一息的伤者。他觉得有些人死于炮弹爆炸的冲击波，剧烈的冲击波"震碎了他们的肺"。他躲避炮击时突然想到，柏林人以前同仇敌忾地大骂他们共同的敌人，也就是空中的轰炸机，"可现在他们根本顾不上死伤者，每个人都忙着保全自己的性命"。

猛烈的炮击毫无模式可言，漫无目的，没完没了，似乎逐日加剧。迫击炮和喀秋莎火箭炮刺耳的尖啸很快加剧了喧嚣。大部分市民现在多数时候待在地下室、防空洞、高射炮塔掩体、地铁站里，彻底丧失了时间感。

恐惧、迷茫、死亡混淆了日期。4月21日前一丝不苟记录日记的柏林人，笔下的日期突然混乱了。许多人写道，俄国人4月21日或22日攻入市中心，实际上，红军当时仍在城郊作战。柏林人对俄国人的恐惧，往往因为自知罪孽深重而加剧。至少有些德国人对德国军队在苏联境内的所作所为，对第三帝国在一座座集中营里悄然干出的可怕暴行心知肚明。随着红军不断逼近，柏林上空笼罩着一股噩梦般的恐惧，这是自迦太基被夷为平地以来任何一座城市都没有经历过的。

埃尔弗里德·瓦塞尔曼和她丈夫埃里希躲在安哈尔特火车站旁边巨大的地堡里。埃里希1943年在苏联前线丢了左腿，只能拄着拐杖行走。他迅速识别出炮火究竟是怎么回事，赶紧拉着妻子躲入地堡。埃尔弗里德早就把他们的家当塞入两个手提箱和两个大袋子。她把埃里希的旧军裤套在自己的衣服外，除此之外，她还裹着羊毛和毛皮大衣。由于丈夫双手拄着拐杖，她只好把一个袋子绑在他背后，另一个袋子挂在他胸前。其中一个袋子里装的是食物：一点硬皮面包、几个肉罐头和蔬菜罐头。埃尔弗里德拎的箱子里放着一大罐黄油。

待他们赶到安哈尔特火车站，这里的地堡早已人满为患。埃尔弗里德好不容易在楼梯一处平台找到落脚地。他们的头顶上挂着盏微弱的电灯，昏暗的光线下，他们看见每一英寸地面和每一级台阶都挤得满满当当。地堡内的状况令人难以置信。上层留给伤员，他们的惨叫声昼夜都能听见。地堡里没有水，厕所无法使用，到处是排泄物，恶臭起初令人作呕，但没过多久，埃尔弗里德和埃里希就不再关注了。他们麻木不仁地待了好几个钟头，几乎没说什么话，也不知道外面的情况怎样。

只有一件事让他们心绪不宁：孩子不停的哭叫声。许多父母耗尽了食物和牛奶。埃尔弗里德看见"有人从上面抱下来3个小宝宝，都是饿死的"。有个年轻的母亲坐在埃尔弗里德旁边，抱着3个月大的婴儿。过了一段时间，埃尔弗里德发觉婴儿已不在母亲怀里，而是放在埃尔弗里德身边的水泥地上, 已然死去。年轻的母亲似乎有点茫然, 埃尔弗里德也是, 她后来回忆道: "我只是呆呆地看着死去的婴儿, 心里没有一丝不安。"

波茨坦大街上的旅游事务处也遭到炮击。这里的地下避难所有 44 个房间, 此时挤进去 2000 多人, 避难所负责人玛格丽特·普罗迈斯特忙得不可开交。除了平民, 不久前这里还入驻了两个人民冲锋队营, 他们告诉玛格丽特, 他们转移过来"是因为俄国人离得越来越近了"。玛格丽特忙得筋疲力尽, 但她对不久前接到的电话充满感激。一个闺蜜主动提出给她送点食物过来。玛格丽特巡视整个避难所时, 44 个负伤的平民从街上被抬了进来。她赶紧过去帮忙。其中一人伤重不治, 正是给自己送食物的闺蜜, 玛格丽特静静地坐在她的尸体旁, 甚至有点"羡慕她平静而又安详的笑容, 她至少不用再遭受我们必经的痛苦了"。

激战持续期间, 大多数市民躲入地下之际, 药剂师汉斯·米德作为夏洛滕堡区俾斯麦大街 61 号公共避难所的防空哨, 仍在他负责的街道上巡逻。一发发炮弹在他周围炸开, 他死死盯着避难所对面一座建筑的墙壁上张贴的海报。海报上的宣传语用很大的字体写道: 黎明前是最黑暗的。

鲁道夫·许克尔博士觉得黎明还很遥远。最近几周, 这位著名的病理学家一直让他妻子安娜玛丽担心不已, 她觉得丈夫的神经快要崩溃了。早些时候, 鲁道夫给妻子看了个氰化物胶囊, 他还添了乙酸, 加强了胶囊的致死效力。他告诉妻子, 万一柏林局势恶化, 他们就服毒自杀。自那时起, 许克尔夫人就发觉"这场激烈、毫无意义的战争, 以及我丈夫对希特勒的愤怒, 彻底摧毁了他"。许克尔博士的耐力此时到达极限。一连听了数个钟头炮弹的呼啸, 他突然站起身, 跑到敞开的窗户前扯着嗓门吼道: "*Der Kerl muss umgebracht werden* 〔必须干掉那家伙 (希特勒) 〕!"

希特勒的手指戳着地图, 不停地嚷道: "施泰纳! 施泰纳! 施泰纳!" 元首找到了解决之道。他吼道, 党卫队将军费利克斯·施泰纳和他的军队务必从冯·曼陀菲尔第 3 装甲集团军翼侧的埃伯斯瓦尔德立即发动进攻，向南攻击前进，切断攻往柏林的红军。施泰纳这场进攻，必须封闭布塞第 9 集团军北翼溃败造成的缺口。从希特勒的地图上看，这场行动堪称绝妙。朱可夫的攻势此时看上去像个箭头，尾部在奥得河畔，顶端直指柏林。朱可夫的北翼插着面小旗，上书"施泰纳集团军级集群"。希特勒恢复了信心，觉得施泰纳的进攻肯定能恢复第 3 装甲集团军与第 9 集团军的联系。

元首的如意算盘只有一个错误，那就是施泰纳此时几乎没有可用的兵力。早些时候，海因里齐确实决定把第 9 集团军被俄国人逐向北面的部队交给施泰纳指挥，可惜，由于前线混乱不堪，再加上时间也来不及，根本无法召集足够的兵力让施泰纳集团军级集群展开行动。所以，完全不存在施泰纳集团军级集群。但番号是有的，还标在希特勒的地图上。

希特勒随即打电话给施泰纳。施泰纳后来指出："我记得那通电话，是晚上 8 点 30 分—9 点打来的。希特勒的原话是：'施泰纳，您知道帝国元帅［戈林］在卡琳庄园有一支私人军队吗？立即解散这支军队，把他们投入战斗。'没等我弄明白这句话是什么意思，他又说道：'柏林与波罗的海之间，从斯德丁到汉堡，所有人员都要投入我下令发动的进攻。'我强烈反对，说我手下的官兵缺乏作战经验，我还询问究竟在何处发动进攻，元首没回答我的问题，直接挂断电话。我完全不知道何时在何处以什么发动进攻。"

施泰纳随后致电克雷布斯，解释了自己的处境，还告诉陆军总参谋长，他手头没有可用兵力。"我记得希特勒突然插入交谈，当时我正向克雷布斯解释，我那些官兵根本没有作战经验，而且我们也没有重武器。希特勒滔滔不绝地对我说了一大通，最后说道：'您看着吧，施泰纳，您会看到的，俄国人必然在柏林门前遭受最惨重的失败。'我告诉他，我认为柏林的处境已然无望，可他完全听不进去。"

没过多久，施泰纳接到进攻的正式命令。这道指令的最后几段如下：

> 明令禁止向西退却。各级军官必须无条件执行这道命令，如有违反，立即逮捕、处决。
>
> 您，施泰纳，必须以脑袋负责贯彻执行这道命令。帝国首都的命运取决于您顺利完成预定任务。
>
> 阿道夫·希特勒

与施泰纳谈完后，希特勒又打电话给空军总参谋长科勒将军："北部地区所有可用的空军人员都交给施泰纳指挥，把他们派给他。"希特勒的嗓门越来越大："所有截留人员的指挥官，会在5个钟头内遭处决，必须对他们说清楚这一点。"希特勒随后吼道："您本人必须以脑袋担保，每个人都确凿无疑地投入前线。"

科勒惊呆了，这是他首次听说施泰纳集团军级集群。他赶紧打电话询问陆军总司令部的德特勒夫森将军："施泰纳在何处？我们的人员应该派往哪里？"德特勒夫森也不知道，但他答应尽快弄清情况。

此时一片混乱，而海因里齐却对整个进攻计划一无所知。待他最终得知此事，赶紧打电话给克雷布斯，愤怒地说道："施泰纳根本没有兵力发动进攻，我无法执行这道命令。我坚决主张第9集团军后撤。克雷布斯，如若不然，唯一能保卫柏林和希特勒的部队会损失殆尽。我现在告诉您，要是不批准这个最后的要求，我只能请求解除我的职务。"海因里齐还提出与希特勒当面讨论当前境况。克雷布斯断然否决了他的想法："这不可能，元首太累了。"

为记录在案，海因里齐在战时日记里写下此次交谈的结果："我呼吁高级将领牢记他们对部队的责任，可他们不愿接受，还说'这个责任应该由元首承担'。"

维斯瓦集团军群时日无多，海因里齐知道，这支军队最多只能再坚持几天。而他的职业生涯似乎也到了尽头。海因里齐非常清楚，这场战役正在输掉，而他对如何从事战役的固执态度，早就被克雷布斯视为最严重的失败主义。果然，海因里齐 4 月 21 日夜里得知，维斯瓦集团军群参谋长埃伯哈德·金策尔将军毫无征兆地被解除了职务。接替他的是蒂洛·冯·特罗塔少将，此人是希特勒最狂热的信徒之一。海因里齐觉得克雷布斯故意派冯·特罗塔担任这项职务，企图左右自己的决策。倘若真是这样，那么此举毫无意义。海因里齐告诉艾斯曼上校："我了解这个冯·特罗塔，也许他挺聪明，可他总是粉饰现实，有一种华而不实的乐观主义，一点也不脚踏实地。"海因里齐下定决心，待冯·特罗塔到任就架空他，只跟艾斯曼打交道。这样对待希特勒宠信的人很危险，可海因里齐现在已经顾不得这么多了。

4 月 22 日拂晓前，海因里齐又收到另一个消息。柏林卫戍司令雷曼打来电话，告诉海因里齐："我被撤职了。"雷曼离职后发生的事情简直就是一出闹剧。接替他的是个纳粹党高级官员，这个姓克特尔的上校是个籍籍无名的小人物，至于他的名字是什么，早已湮没在历史长河里。克特尔跳过少将一级，直接被擢升为中将。当天剩下的时间里，他忙着打电话，把消息告诉他那些朋友。但傍晚前后，克特尔被解除职务，又降为上校，因为希特勒决定暂时亲自指挥柏林防务。

在此期间，个人前途与柏林最后几天的命运紧密相连的那个人，陷入了严重的麻烦。魏德林将军与所有指挥部彻底失去联系，包括他的顶头上司布塞将军。魏德林第 56 装甲军遭到重创，一次次被卡图科夫将军的近卫坦克第 1 集团军包围，已经无法联系上友邻部队。一时间传言四起，据说魏德林是故意后撤的。希特勒和布塞也听到这些说法，他们又等待了近 24 小时，想进一步确认消息，最终都下令立即逮捕、处决魏德林。

★ ★ ★

　　贝尔瑙郊区的硝烟散尽后，谢尔盖·戈尔博夫上尉看见第一批俘虏走出防御工事。这里的战斗极为激烈。崔可夫的部队耗费近半天时间，才在柏林东北面 14 英里的这片地区取得 5 英里进展。贝尔瑙镇部分地方起火燃烧，但红军坦克穿过镇子，朝西南方攻往柏林潘科区和韦森塞区。戈尔博夫坐在他刚刚缴获的摩托车上，看着迎面走来的俘虏，觉得这帮家伙看上去愁容满面，一个个"脸色苍白，满身灰尘，累得筋疲力尽"。戈尔博夫环顾四周，人工制品与大自然的杰作深深震撼了他。一棵棵果树开花了，"花朵就像洁白的雪球，郊区每个小花园里都有鲜花，但一部部庞大的黑色战争机器随后到来，那些坦克径直穿过花园，反差太大了！"

　　戈尔博夫从军装衣兜里掏出一张叠起来的《红星报》，小心翼翼地撕下一条，往上面撒了些烟丝，卷了根香烟。红军战士喜欢用《红星报》卷烟，因为它比《真理报》或《消息报》薄些，更易燃烧。他刚点上烟卷，就看见一个德军少校跟跟跄跄地朝他走来。

　　"别碰我妻子！"德军少校用波兰语喊道，"别碰我妻子！"戈尔博夫困惑地看着这名目光疯狂的军官跌跌撞撞地走了过来。待他凑近些，戈尔博夫跳下摩托车朝对方走去，看见少校的手腕上汩汩流出的鲜血。对方举起血迹斑斑的双臂，戈尔博夫这才发觉他割破了手腕。少校喘着粗气说道："我快要死了，您看，我已经自杀了！您能别碰我妻子吗？"

　　戈尔博夫盯着他说道："您真是个蠢货，我还有其他事情要做，哪有时间关心您妻子。"他赶紧派人去叫卫生员，然后握着少校的手腕替他止血，直到急救人员赶来。卫生员带着少校离开时，戈尔博夫觉得可能为时已晚。那个德国人不停地喊着："别碰我妻子！别碰她！"戈尔博夫背靠摩托车，重新点燃烟卷。他觉得戈培尔的宣传工作很到位，他们把我们看作什么了，妖魔鬼怪吗？

★ ★ ★

布鲁诺·扎日茨基站在街头，泪流满面地看着他期待已久的解放者列队通过。柏林以东 12 英里，诺伊恩哈根 - 霍珀加滕地区的这位共产党领导人兴奋不已，因为每个人都看清了他早就知道的事实：戈培尔关于苏联人的那些宣传全是最恶毒的谎言。精锐的红军部队排着整齐的队列进入诺伊恩哈根，他们迅速通过，向西赶往柏林韦森塞区和利希滕贝格区。镇内几乎没发生战斗，当地大部分纳粹分子早在 4 月 15 日就逃之夭夭了。布鲁诺对镇长奥托·施奈德说过："等我看见第一批俄国人到来，就打着白旗冲出去迎接他们，抵抗是没有用的。"镇长同意了。只有一个人顽抗了一番，他是纳粹党社会福利部门负责人、狂热的赫尔曼·舒斯特。他在家门口设置路障，朝首批到达的红军侦察部队开火射击。这场战斗毫无悬念，俄国人用手榴弹干净利落地消灭了舒斯特和他的房子。布鲁诺和另外几名共产党员烧掉人民冲锋队的袖章，打着白旗迎接红军。他这辈子还没这么快活过，不仅把自己掌握的情况告知红军官兵，还告诉他们，他和他那些朋友"是反法西斯主义者，一直都是"。布鲁诺几周前就料到，红军开抵肯定会给他带来神奇的疗效，果不其然，他的胃溃疡好了。吃东西的时候，他没犯恶心，也没觉得疼痛，这么长时间来还是第一次。

可惜神奇的疗效很短暂。过了几周，布鲁诺把日后建立社会主义镇政府的详尽计划呈报征服者，却被否决了。一名红军军官听完他的话，只回应了一个字："不！"布鲁诺·扎日茨基当初自豪而又惊奇地看着他的偶像到来，没想到 3 个月后的今天，他一直声称是"法西斯造成的"胃溃疡又复发了，而且比先前更严重。

莱尔特街监狱里，被判处死刑的赫伯特·科斯奈下士不知道自己的好运还能保持多久。民政当局通知他，死刑判决仍有待军事法庭核实确认。

他现在活的每一天都是赚来的。赫伯特4月20日接到通知, 军事法庭次日审理他的案子。他知道最终判决是什么, 自己很可能被立即处决。可第二天早上, 看守押着他来到普勒岑湖法院大楼, 却发现这里空无一人: 所有人都逃入避难所躲了起来。

虽说红军突如其来的炮击救了他, 可缓刑只是暂时的。赫伯特现在得知, 对他的审判改为4月23日星期一。红军成了他最后的希望, 要是他们23日前还没攻到监狱的话, 他肯定没命了。

由于炮火不时袭来, 监狱里的囚犯被转移到地下室。赫伯特注意到, 那些看守突然变得友善了。有传言说, 部分犯人已获释, 其他囚犯可能接下来几个钟头会获准离开监狱。赫伯特觉得自己肯定出不去, 但他希望哥哥库尔特能获释。

库尔特也听到那些传言, 他还知道些赫伯特不了解的情况, 这些情况至少有一部分是真实的。耶和华见证会的部分信徒出于宗教信仰的缘故拒服兵役, 结果被定罪, 在监狱里从事各种粗活, 狱方点名后给他们颁发了释放证, 批准他们离开监狱。库尔特注意到, 有个耶和华见证会的信徒似乎不急于离开。他坐在地下室里的桌子旁, 仔细地吃着餐盘里的最后几口食物。库尔特问道: "您干吗不跟其他人一同离开呢?" 这名信徒回答得很简单: "我家在莱茵兰, 在西方盟军战线后方, 我根本没办法去那里, 倒不如老老实实待在这里, 等待战争彻底结束。"

库尔特瞟了眼对方的释放证, 要是这名信徒不打算使用的话, 他倒是知道有个人很需要。这名囚犯继续吃东西, 库尔特跟他聊个没完, 悄然凑近那张意味着自由的黄色释放证。两人又亲密地聊了一会儿, 库尔特偷偷把释放证塞入衣兜, 趁对方没发现, 赶紧离开了。

他很快找到赫伯特, 递上宝贵的释放证, 可令他惊讶的是, 赫伯特不要。赫伯特告诉哥哥, 他判的是死刑, 就算逃出去也会被盖世太保逮住。而库尔特入狱仅仅是因为有共产党员嫌疑, 没受到任何指控。赫伯特对哥哥说道："你逃出去的机会更大，你走吧。"他随后故作振奋地说道："不管怎样，说不定我们今天都能出去，所以你先走一步好了。"

没过多久，库尔特·科斯奈肩上扛着铺盖卷来到底楼警卫室，排入正办理出狱手续的耶和华见证会信徒队列。有个看守名叫巴特，是个党卫队中士，他认识库尔特，正直勾勾地盯着他。库尔特吓坏了，觉得对方马上会扑过来逮住他，把他拖回牢房。可巴特视而不见地转过身去。坐在桌子后面的人说道："下一个！"库尔特递上释放证。5分钟后，他攥着盖了印戳的释放证，站在监狱外的街道上。他自由了。炮火在街头肆虐，"空中飞舞着弹片"，但库尔特·科斯奈根本顾不上这些，他"欣喜若狂，仿佛喝了20杯白兰地似的"。

★ ★ ★

红军攻入措森。雷巴尔科将军的近卫坦克兵完好无损地占领了德国陆军总司令部，还俘虏了几名工程师、士兵、技术人员。德国陆军总司令部的其他人早已撤离。

雷巴尔科疲惫不堪、满身尘埃的坦克兵惊异地盯着庞大地下空间刺眼的灯光。他们穿过一道道走廊、一个个起居室和办公室，司令部仓促撤离的迹象随处可见。鲍里斯·波列伏依少校是科涅夫司令部的政工人员，他看见地上散落着各种地图和文件。某个房间的桌上放着件晨袍，旁边的皮箱里塞满家庭照片。

500型交换站是个庞大的电话处理系统，完好无损地落入红军手里。红军官兵站在门口，目瞪口呆地盯着控制台上闪烁的灯光，这里无人值守。电话接线板上摆着几块很大的标牌，上面用课本教的俄文写道："士兵们！别破坏这件设备，它对红军很有价值。"波列伏依和另外几名军官猜测，逃离的德国工人"摆上这些标牌，目的是保全自己的性命"。

红军在指挥中心俘虏了汉斯·贝尔托，他是总工程师，负责维护这些复杂的电气系统，此时带着俄国人参观500型交换站。贝尔托通过几名苏联女口译员解释道，有个接线员一直待到最后一刻才逃离。钢丝录音机播出他最后的接线对话时，俄国人就站在宽敞、整洁的房间里听着。措森仍控制在德国人手里的最后时刻，电话不停地从迅速缩小的帝国各地打来，对话内容都记录在录音机上。

"我有个紧急情况要通知奥斯陆。"某人用德语说道。

"很抱歉，"措森的接线员说道，"可我们没办法转接了，这里就剩我一个。"

"天哪，出什么事了……"

又一通电话打了进来："注意，注意，我有个紧急消息……"

"我们不再转接任何消息了。"

"能联系上布拉格吗？柏林的情况如何？"

"伊万就要到门口了，我得关机了。"

措森就此陷落。除了这场简短的巡视，科涅夫的军队在那里几乎没有停顿。一股坦克力量攻往波茨坦，另一股渡过努特运河，到达柏林滕佩尔霍夫区南面的利希滕拉德。其他坦克朝泰尔托攻击前进，此时正突破泰尔托运河南面的防御工事，策伦多夫区和施泰格利茨区就在运河对岸。

到4月22日傍晚，科涅夫几个集团军已突破柏林的南部防御，率先攻入柏林，比朱可夫快了一天多。

★ ★ ★

例行军事会议当天下午3点在元首暗堡召开。第三帝国12年历史上，从来没有哪个日子像今天这般狼狈，往日的乐观情绪荡然无存。奥得河战线彻底瓦解，第9集团军几乎陷入重围。集团军辖内实力最强的第56装甲军不知去向，一时间无法找到。① 施泰纳无力发动进攻。柏林差不多陷入包围。几乎每个钟头都有指挥官遭撤换。帝国处于覆灭的阵痛，而造成这一切的人现在也听天由命了。

希特勒彻底失控，他的讲话以一连串粗野的谩骂达到高潮，他厉声申斥他的将领、他的顾问、他的军队和被他领向灾难的德国人民。希特勒气急败坏地吼道，末日已到，一切都分崩离析，他再也坚持不下去了，他决定留在柏林，亲自接掌柏林防务，到最后一刻就自杀成仁。克雷布斯将军和空军代表埃克哈特·克里斯蒂安将军听了希特勒的话后惊恐万状，觉得希特勒的神经似乎彻底崩溃了。只有约德尔平静如常，因为希特勒两天前对他说过这番话。

与会人员纷纷劝说近乎神经错乱的元首，战争还没有彻底输掉，他得继续执掌帝国，现在必须离开柏林，因为从首都再也无法掌控各种事务。当初把他们团结在一起的那个人，现在粗暴地否决了他们的建议。希特勒说，他要留在柏林，其他人想去哪里随意。在场的人都惊呆了。为强调自己的决定，希特勒说他打算公开宣布自己仍在柏林。他随后口述了一份声明，下令立即广播出去。众人竭力劝说，他才改变主意，决定次日播出。在此期间，暗堡里的军官和副官纷纷打电话给城外的同僚，请他们设法规劝元首。希姆莱、邓尼茨、戈林都打来电话，和其他人一样，他们也劝说希特勒改变主意。但希特勒不为所动。

有人叫约德尔去接电话，趁此机会，凯特尔想劝说元首，他请求与希特勒私下谈谈。会议室里的人离开了。据凯特尔说，他当时告诉希特

---

① 海因里齐的战时日记，用速记法一字不差地记录下所有电话交谈的内容，其中有个惊人的条目："4月21日12点30分，布塞告诉海因里齐：'刚刚得知，第56装甲军昨晚没接到明确命令，就从霍珀加滕转移到奥运村，请求逮捕……'"布塞从哪里获知的消息不得而知，但这个消息是错的，因为奥运村位于柏林西侧的德贝里茨，而魏德林在柏林东郊作战。

勒仍有两条路可走: 一是"在柏林沦为战场前投降", 二是安排"希特勒飞赴贝希特斯加登, 从那里立即展开停战谈判"。据凯特尔说, "没等我说完, 希特勒就打断了我的话, 声称'我已做出决定, 决不离开柏林。我会保卫这座城市到最后一刻, 要么赢得帝国首都保卫战, 要么作为帝国的象征倒下'"。

凯特尔觉得这项决定愚蠢至极, 他告诉希特勒: "我必须坚持自己的意见, 您今晚就离开柏林去贝希特斯加登。"希特勒不想再听任何劝告, 他叫来约德尔, 与两名亲信私下里交流了一番, "他命令我们飞往贝希特斯加登, 在那里与他指定的接班人戈林一同接掌政权"。

凯特尔抗议道: "7 年来, 我从未拒绝过您下达的任何一道命令, 可这道命令我不执行。您不能在困境中抛弃国防军。"希特勒答道: "我得留在这里, 这一点不容置疑。"约德尔随后提出, 可以命令文克集团军从易北河畔攻往柏林。[①]凯特尔说他马上去西线找文克将军, "撤销他先前受领的一切任务, 命令他率领军队开赴柏林, 与第 9 集团军会合"。

希特勒终于听到了他可以批准的建议。凯特尔觉得这项建议"在目前极为严峻的情况下带给希特勒一丝慰藉"。没过多久, 凯特尔就动身赶往文克的司令部。

有些军官没参加会议, 例如空军总参谋长卡尔·科勒将军, 他们不免对元首情绪失控的消息深感震惊, 甚至无法相信与会代表发回的报告。科勒匆匆赶到波茨坦东北方 5 英里约德尔设在克兰普尼茨的新指挥部, 这才得知详情。约德尔对科勒说道: "您听到的消息一点没错。"他还告诉这位空军总参谋长, 希特勒心灰意冷, 打算在最后一刻自杀。"希特勒说, 由于身体原因, 他不会亲自参加战斗, 之所以不这样做, 是因为存在落入

---

① 约德尔仔细研究过缴获的"日食"文件, 觉得美军不会阻止文克挥师向东, 他确信美军会停在易北河畔。

敌人手里的危险，特别是在他负伤的情况下。我们竭力劝说。希特勒说他再也无法继续下去，接下来就看帝国元帅了。有人说军队不会为戈林而战，希特勒答道：‘现在还谈什么战斗，没太多战斗了，很快就要谈判了，帝国元帅在这方面比我强。’”约德尔又补充道：“希特勒说军队不再战斗，柏林的坦克路障已敞开，整个城市根本无人据守。”

此时元首暗堡里的情况表明，希特勒说的每句话都是真的。他用几个钟头挑了些文件和信函，让人拿到外面的院子里烧掉。随后他派人请来戈培尔夫妇和他们的孩子，打算同他们在暗堡里待到最后一刻。戈培尔的助手维尔纳·瑙曼博士早就知道，“戈培尔觉得最终崩溃到来时，唯一的体面做法是倒在战场上，要么就是自行了断”。帝国宣传部部长的妻子玛格达也这么看。瑙曼获悉戈培尔一家即将搬入元首暗堡，就知道“他们会一同死在那里”。

戈培尔对“叛国者和卑劣分子”的鄙夷，几乎和希特勒如出一辙。元首情绪失控前一天，戈培尔把宣传部工作人员召集起来，告诉他们：“德国人民失败了，他们在东面四散奔逃，在西面打出白旗迎接敌人。德国人民自行选择了自己的命运。我没有强迫任何人与我同行，你们为什么要跟我合作呢？你们的小喉咙马上要被割断了！不过，请你们记住我的话，我们告别时，大地会为之震颤。”

以希特勒的标准看，好像只有打算自杀成仁者才算忠诚的德国人。当天傍晚，一群群党卫队队员逐屋搜查逃兵，相应的惩处迅速而又无情。16岁的埃娃·克诺布劳赫是个刚刚逃到柏林的难民，她在附近的亚历山大广场上看到，有个国防军士兵的尸体吊在灯柱上，看上去很年轻。死者的腿上绑着块很大的白纸板，上面写着：“叛徒！我抛弃了我的人民！”

深具决定性的这一天，海因里齐一直在等待他觉得肯定会到来的消息，也就是希特勒批准第9集团军后撤。布塞集团军几乎已陷入重围，与翼侧的友邻集团军失去联系, 很快就要全军覆没, 可克雷布斯仍要求他们坚守既有阵地, 甚至建议第9集团军以部分兵力向南突击, 设法与舍尔纳元帅的军队会合。布塞本人的态度让事态更加复杂, 海因里齐想让他在没接到命令的情况下率领部队退却, 可布塞拒不考虑后撤, 除非收到元首明确的指令。

4月22日上午11点, 海因里齐提醒克雷布斯, 第9集团军傍晚前后就会被敌人分割成几段。克雷布斯自信地认为舍尔纳元帅会向北突击, 与布塞会合, 一举扭转态势。海因里齐更了解情况, 他告诉克雷布斯: "舍尔纳要准备好几天才能发动进攻, 到那时, 第9集团军早就不复存在了。"

随着时间流逝, 战场上的态势越来越绝望, 海因里齐一再敦促克雷布斯尽快采取措施。他怒气冲冲地吼道: "您把我的军队钉在原地, 现在又告诉我必须全力避免元首被包围在柏林的耻辱。我请求解除我的指挥权, 可您没答应, 还禁止我撤出唯一能用于保卫元首和柏林的部队。"元首大本营不仅给布塞集团军制造难题, 现在又要求冯·曼陀菲尔的第3装甲集团军把罗科索夫斯基的军队逐过奥得河, 这道命令根本无法执行, 海因里齐收到指令, 气得直喘粗气。

中午12点10分, 海因里齐提醒克雷布斯: "我认为这是撤出第9集团军的最后时刻。"两个钟头后, 他又打了个电话, 但克雷布斯去元首暗堡参加军事会议了。海因里齐告诉德特勒夫森将军: "我们必须做出决定了!"下午2点50分, 克雷布斯终于回电海因里齐, 说元首批准第9集团军部分部队可以沿北翼外围后撤, 弃守法兰克福。海因里齐嗤之以鼻, 这只是权宜之策, 对改善整体局势几乎起不到什么作用。他没有告诉克雷布斯, 比勒尔上校一直牢牢守卫法兰克福, 而希特勒却断定他"不是格奈森瑙式的人物"。比勒尔现在很难脱离交战。不管怎么说, 批准后撤的命令下得太晚, 第9集团军已陷入重围。

又过了快两个钟头, 克雷布斯再次打来电话。他告诉海因里齐, 元首在会议上决定把文克将军的第 12 集团军调离西线。文克随后会朝东面和柏林发动进攻，缓解红军施加的压力。这个决定令人惊愕，海因里齐冷淡地评论道："眼下急需这股力量。"不过，批准第 9 集团军撤出全部作战力量的命令还没有下达。虽说该集团军陷入重围，可海因里齐觉得布塞的军力依然强大，足以向西转进。海因里齐此前从没听说过文克，但第 12 集团军转身向东的消息创造了新的可能性。海因里齐后来指出："这个消息给我们带来希望，处境岌岌可危的第 9 集团军说不定能获救。"海因里齐随即致电布塞："克雷布斯刚刚告诉我，文克集团军马上要掉转方向，朝您那里攻击前进。"他指示布塞，抽调实力最强的师冲破红军包围圈，向西突围，与文克集团军会合。布塞连声反对，说这样一来会让他失去麾下主力。海因里齐受够了，他打断布塞的话，冷冰冰地说道："这是给第 9 集团军下达的命令，抽出一个师立即突围，同文克会合。"说罢挂断电话。

城市边缘，一道红光染红夜空。炮击持续不停，几乎每个区都腾起火焰。但莱尔特街监狱的地下室里，欢呼雀跃的兴奋之情一直在稳步加剧。当天下午已经有 21 名犯人获释，晚些时候狱方归还了其他囚犯的私人物品。据几名看守说，此举是为加快释放犯人的速度。剩下的囚犯估计自己随时会获释，有些人认为第二天早上就能到家，就连赫伯特·科斯奈也觉得自己死里逃生了。

一名看守拿着名单走入地下室，迅速读出名单上的姓名。在场的囚犯紧张地听着他宣读每个名字。名单里有个共产党员，有个苏联战俘，科斯奈还认出几个牵涉进 1944 年刺杀希特勒事件的犯人。看守读出一个个名字："……豪斯霍费尔……施莱歇……蒙青格尔……佐西诺夫……科斯奈……莫尔……"满怀期盼的赫伯特突然听到，对方读到他的名字。

看守挑出大约 16 名囚犯，清点人数后把他们带到警卫室。他们等在门外，一个个轮流进去。轮到赫伯特时，他看见警卫室里有 6 个党卫队队员，都喝得醉醺醺的。其中一人核实了赫伯特的姓名，归还了他被捕时被收缴的个人物品，东西少得可怜：军饷簿、一支铅笔，还有个打火机。赫伯特在个人物品的收据上签了名，又签了张说明他获释的表格。有个党卫队队员对他说道："好了，您很快就能同妻子团聚了。"

回到地下室，看守告诉获释者赶紧收拾行李。赫伯特简直不敢相信自己的好运气，他匆忙收拾物品，小心翼翼地叠好结婚四周年纪念日妻子送给他的那套好西装。待他整理完毕，又去帮助狱友豪斯霍费尔。豪斯霍费尔的物品里有些食物，包括一瓶葡萄酒和一条黑麦粗面包。他没办法把面包塞入背包，干脆把它送给赫伯特。接下来就是长时间的等待。差不多一个半钟头后，看守让16名犯人排成两行，领着他们踏上地下室台阶，穿过房门，进入一间黑黢黢的大厅。房门突然在他们身后砰然关闭，这群囚犯站在黑暗中。一支手电筒随即拧亮，待赫伯特的眼睛逐渐适应昏暗的光线，他看见电筒挂在一名党卫队军官的皮带上。这名军官是一级突击队大队长，戴着钢盔，手里拎着枪，他告诉这群囚犯："马上把你们送走，倘若有谁企图逃跑的话，就地处决。把你们的东西放到外面的卡车上，我们步行去波茨坦火车站。"

赫伯特的希望破灭了，有那么一刻，他甚至想躲入旁边的牢房。他敢肯定，红军过不了几个钟头就会到达这里。就在他盘算如何躲藏起来的时候，他看见另外几个端着冲锋枪的党卫队队员站在屋内各处。

党卫队队员押着囚犯走出监狱，来到莱尔特街，随后朝伤残军人街的方向走去。此时下着雨，赫伯特翻起夹克衣领，把毛巾紧紧扎在脖子上，以此充当围巾。沿着街道刚走了一半，党卫队队员就把他们拦下，重新搜查了一遍，又一次没收了不久前刚刚归还他们的个人物品。队伍再次出发，每个囚犯旁边都有个背挎冲锋枪、手里攥着手枪的党卫队队员。待他们到达伤残军人街，有个党卫队中士建议抄近路，穿过被炸毁的乌拉普展览馆。他们踏着碎石瓦砾走入这座庞大建筑的废墟，此处光秃秃的，只剩几根粗大的水泥柱。突然，每个党卫队队员都拽住身边囚犯的衣领，把一群犯人拉到左侧，另一群拉到右侧，押着他们走到建筑物墙壁旁，每个囚犯相隔6~7英寸。现在，他们都知道接下来会发生什么了。

有些囚犯祈求饶命。赫伯特旁边的犯人喊叫起来："饶了我吧！我什么都没做过！"就在这时，赫伯特感觉到冰冷的手枪枪管抵住自己的后颈。党卫队中士喊了声"开枪"，赫伯特扭了扭头。刺耳的齐射声响起，他遭到重重一击，随即瘫倒在地，一动不动地躺在那里。

一级突击队大队长沿着倒下的囚犯队列走过，朝每个犯人的头部补上一枪。走到赫伯特身边，他嘟囔了一句："够这头猪猡受的。"他随后说道："伙计们，走吧，咱们得快点，今晚的活儿太多了。"

赫伯特不知道自己在地上躺了多久。过了一阵子，他小心翼翼地摸摸脖子和脸颊，血流得很多，但他扭头的动作救了自己的命。他随后发觉右臂和右腿动弹不得。赫伯特慢慢爬过废墟，好不容易爬到伤残军人街。他站起身，这才发觉自己能行走了，他用毛巾更紧地裹住负伤的喉咙，缓慢而又痛苦地朝沙里泰医院方向走去。他几次瘫倒在地，途中还被一群希特勒青年团团员拦下，他们先是要他出示身份证，可看他身负重伤的惨状又放行了。

赫伯特途中脱掉鞋子，因为他"觉得脚上的鞋子太重了"，随后遭遇猛烈的炮火。这段时间他始终神志不清，不知道自己走了多远，但最终到达了弗兰泽基街附近的家。赫伯特·科斯奈，这位莱尔特街监狱大屠杀唯一幸存的目击者，用尽最后的力气，一次次敲响房门。开门的是他妻子黑德维希。站在门外的身影难以辨认，脸上和衣襟上沾满血迹。黑德维希吓坏了，战战兢兢地问道："您是谁？"赫伯特吃力地说了句"我是赫伯特"，随后瘫倒在地。①

---

① 另外15名犯人的尸体三周后才被发现。阿尔布雷希特·豪斯霍费尔手里仍攥着他在监狱里写的几首十四行诗，其中一首写道："某些时期是由疯狂引导的，就连最优秀的人也为之羞愧。"

4月23日凌晨1点, 第12集团军司令瓦尔特·文克将军设在维森堡森林的司令部里, 电话响了。德国国防军这位最年轻的将领穿着军装, 坐在扶手椅里打盹。他的指挥所位于马格德堡以东35英里左右的"旧地狱", 以前是猎场看守人的住处。

文克拎起听筒, 手下一名指挥官报告, 威廉·凯特尔元帅刚刚穿过防线, 正前往集团军司令部。文克马上打电话给参谋长京特·赖希黑尔姆上校: "有访客要来, 是凯特尔。"文克向来不喜欢希特勒这位亲信, 可以说凯特尔是文克在这世上最不想与之交谈的人。

最近几周, 文克见到的悲伤、困厄、苦难, 远远超过他在昔日所有战役中所目睹的。随着德国的疆域日益萎缩, 他的防区沦为庞大的难民营。道路旁、田野中、村庄和森林里, 到处是无家可归的德国百姓, 他们睡在大车上、帐篷中、抛锚的卡车里、火车车厢内, 还有人干脆躺在露天场所。文克把防区内每座能住人的建筑, 包括房屋、教堂, 甚至乡村舞厅, 都改成难民收容所。他后来回忆道: "我觉得自己就像个到访的牧师, 每天四处奔波, 竭力为难民做点什么, 特别是那些孩子和病人。我们一直想知道, 美国人多久会从易北河对岸的登陆场发动进攻。"

他的军队现在每天要养活50多万人。从帝国各地驶来的一列列火车, 到达易北河与柏林之间这片狭窄地域, 再也无法继续前行。对第12集团军而言, 这些火车运抵的物资既是福利又是负担。从飞机零配件到整车的黄油, 各种能想到的物资都能在火车上找到。几英里外的东线, 冯·曼陀菲尔的坦克因缺乏油料动弹不得, 而文克手里的汽油多得用不完。他已经向柏林报告了物资盈余, 可上级到现在也没做出相应安排, 甚至没人确认收悉他的报告。

等待凯特尔到来时, 文克不无担心地想到, 要是OKW参谋长得知他把大批物资分发给难民, 肯定会反对。以凯特尔的军人道德准则看, 文克的做法简直不可思议。文克随后听见汽车驶来的声音, 手下一名参谋说道: "凯特尔来扮演英雄了。"

凯特尔穿着陆军元帅全套服饰，佩戴着各种勋章，手里攥着权杖，走入这座小小的指挥部，他的副官和助手跟在身后。"凯特尔这帮人傲慢自大，盛气凌人，一个个趾高气扬，就好像他们刚刚拿下巴黎似的。"文克觉得这番做派很丢人，因为"每条道路都讲述着悲惨的故事，德国战败了"。

凯特尔正式见礼，用元帅权杖轻轻碰了碰军帽。文克立即觉察到，凯特尔拘谨的举动暴露出他的焦虑不安。凯特尔的副官取出地图摊在桌上，凯特尔没多废话，俯身敲敲地图上的柏林，说道："我们必须解救元首。"

凯特尔或许觉得自己过于唐突，随即改变话题，请文克简要汇报第12集团军的状况。文克没提军队为照料难民采取的种种措施，而是汇报了易北河地域的大体情况。勤务兵端上咖啡和三明治，凯特尔的情绪依然紧张，而文克也没费心思纾解他的不安。他后来解释道："我们的心态很超然，凯特尔又能告诉我们什么我们不知道的情况呢？难道他会对我们说末日来临了吗？"

凯特尔突然站起身，在房间里来回踱步，一脸严肃地说道："希特勒的情绪彻底失控了，更要命的是，他似乎不愿采取任何措施。鉴于这种状况，您必须率领军队掉转方向开赴柏林，与布塞第9集团军会合。"凯特尔介绍总体情况时，文克静静地听着。凯特尔继续说道："柏林保卫战打响了，这场战役关乎德国和希特勒的命运。"他板着脸盯着文克："发动进攻解救元首是您的职责。"文克突然不合时宜地想到，这或许是凯特尔这辈子最靠近前线的一次。

文克以前同凯特尔打过交道，早就知道"与对方争辩的话，只会有两种结果：要么被厉声斥责两个钟头，要么被解除职务"。所以他机械地答道："元帅阁下，我们当然会遵照您的命令行事。"

凯特尔点点头，指着第12集团军战线东北方12英里左右的两个小镇说道："您从贝尔齐希—特罗伊恩布里岑地域攻往柏林。"文克知道这根本做不到。凯特尔说的计划，完全建立在强大军力的基础上，需要足够的兵力、坦克、齐装满员的师，可一个个作战兵团不是灰飞烟灭，就是根本不存在。文克手上几乎没有坦克或突击炮，兵力也寥寥，根本无法在易北河据守防线抵御美军的同时朝柏林发动进攻解救元首。不管怎么说，向东北方攻入柏林非常困难，这条突击路线上的湖泊和河流太多了。凭借手头有限的兵力，他只能从北面进入柏林。文克建议："第12集团军可以取道瑙恩和施潘道，从湖区北面攻往柏林。"他又补充道："我觉得两天内可以发动进攻。"凯特尔默默地站了片刻，随后冷冷地说道："我们等不了两天。"

文克还是没争辩，他不想浪费时间，所以很快同意了凯特尔的计划。凯特尔元帅离开第12集团军司令部时，转身对文克说道："祝您的作战行动圆满成功。"

凯特尔的座车驶离后，文克召集参谋人员，对他们说道："听好了，接下来要这样做，我们得尽量靠近柏林，但不能弃守易北河畔的阵地。我们把翼侧置于河畔，就确保了逃往西面的通道畅通无阻。攻往柏林毫无意义，只会被俄国人包围。我们得设法同第9集团军取得联系，把突围出来的军人和平民送到西面去。"

至于希特勒，文克只是说了句："个人的命运已不再重要。"他为随后的进攻下达命令时，突然想到夜间这番长谈期间，凯特尔一次也没提到柏林的居民。

★ ★ ★

马格德堡的拂晓来临时，三个德国人偷偷渡过易北河，向美国第30步兵师投降。其中一个是54岁的库尔特·迪特马尔中将，这位国防军将领负责每日播报前线最新公报，在整个德国以"最高统帅部的喉舌"著称。一同投降的是他16岁的儿子埃伯哈德和维尔纳·普卢斯卡特少校，普卢斯卡特是个经历过 D 日的老兵，目前指挥马格德堡的炮兵力量，为阻止辛普森将军的美国第 9 集团军强渡易北河发挥了重要作用。

所有德国军事播音员里，迪特马尔可以说是消息最准确的一位，因而有很多忠实听众，别说德国人，就连盟军监听人员也定时收听他的节目。美国人立即把他送到第 30 步兵师师部接受讯问。迪特马尔提供的情报让美军情报官大吃一惊，他言辞凿凿地指出，希特勒仍在柏林。这个消息让盟军军官豁然开朗，到目前为止，谁都无法确定元首的去向。①大部分传言说他躲在国家堡垒，但迪特马尔对自己的说法非常肯定。他告诉审讯者，元首不仅在柏林，而且他相信"希特勒要么阵亡，要么自杀"。

有个审讯者催促道："跟我们说说国家堡垒。"迪特马尔看上去困惑不解。他说他对国家堡垒唯一的了解，是今年 1 月份从瑞士报纸上读到的。迪特马尔认为北方地区确实有零星抵抗，"包括挪威和丹麦，另外就是南方的意大利阿尔卑斯山地区"。他补充道："可这些抵抗与其说是蓄意而为，倒不如说是命运所迫。"审讯者催他交代国家堡垒的问题，迪特马尔摇了摇头："国家堡垒？那是个浪漫的幻想，纯属子虚乌有。"

事实就是如此，所谓的国家堡垒就是个幻想。第 12 集团军群司令奥马尔·布拉德利将军后来写道："国家堡垒纯粹是几个狂热的纳粹分子想象出来的产物，最终发展成夸大其词的计划，令我震惊的是，我们居然天真地相信了。可这个传说的存在……决定了我们的战术思维。"

★ ★ ★

柏林东部的利希滕贝格区郊外，一辆辆德军坦克隆隆驶过卡尔斯霍斯

---

① 伦敦方面收到维贝里的情报，显然还没来得及发布下去。

特的鹅卵石街道, 扬起阵阵尘埃。埃莉诺·克吕格尔惊异地看着这一幕, 而她的犹太未婚夫约阿希姆·利普席茨就躲在她家的地窖里。这些坦克是从哪里来的? 要去何处? 它们没有驶入城内, 而是向南赶往舍内韦德, 似乎正逃离柏林。俄国人就在后面吗? 如果真是这样, 那么约阿希姆就能获得自由了。可德国军队为何要离开柏林? 他们弃守这座城市了吗? 难道说他们正在退却?

埃莉诺百思不得其解, 她见到的其实是魏德林将军失去联系、损失惨重的第56装甲军残部, 他们正设法与集团军主力恢复联系。魏德林的部下被红军驱赶到城郊, 以最间接的方式与布塞陷入重围的第9集团军重新建立联系: 他们刚刚到达柏林边缘, 就用公用电话打给柏林的最高统帅部, 这才同第9集团军建立无线电联络。第56装甲军立即收到开赴柏林南面的指令, 任务是穿过红军包围圈, 在距离首都15英里左右的柯尼希斯武斯特豪森和小基尼茨地域与第9集团军会合, 在那里投入交战, 设法切断科涅夫的军队。

但魏德林首先要处理些未了结的事务。他听说有人指控他蓄意逃离战场, 导致第56装甲军群龙无首, 布塞的司令部和希特勒大本营都派了军官来逮捕他。魏德林怒不可遏, 命令部下继续前进, 他亲自去柏林城内找克雷布斯对质。

几个钟头后, 魏德林穿过市区赶到帝国总理府, 经地下室来到所谓的副官暗堡, 克雷布斯和布格多夫的办公室就在那里。两人态度冷淡地接待了他。魏德林质问道: "怎么回事? 为什么要枪毙我?"他情绪激动地指出, 从战役开始的那一刻起, 他的军部就一直设在前线, 怎么能说他逃跑了? 有人提到德贝里茨的奥运村。魏德林吼道, 第56装甲军根本不在德贝里茨附近, 真去那里的话, "就是最愚蠢的做法"。克雷布斯和布格多夫的态度渐渐缓和, 两人很快保证, 他们"马上"向元首澄清这件事。

魏德林随后简要汇报了部队的状况, 告诉他们第56装甲军即将攻往柏林南部，"我顺便提了一句，离开部队前我收到报告，说俄国人的坦克先遣力量已到达鲁多附近"。鲁多就在柏林东南部诺伊克尔恩区外围，克雷布斯立即觉察到危险。他指出，这种情况下，第 56 装甲军不能再执行第 9 集团军的命令，魏德林的部队必须留在柏林。克雷布斯和布格多夫匆匆去找希特勒汇报此事。

没过多久，魏德林得知希特勒要见他。前往元首暗堡的路挺远，必须穿过魏德林后来说的"地下城"。魏德林从克雷布斯的办公室出发，先是沿地下通道行进，随后穿过厨房和餐厅，最后走下楼梯，来到元首的住处。

魏德林后来写道，克雷布斯和布格多夫向元首引见他的时候，"帝国元首坐在摊放着地图的桌子后面。我走入房间，他扭过头，我看见他浮肿的脸和焦虑不安的眼神。他想起身迎接，我震惊地注意到他的手和腿抖个不停，费了好大力气才站起来，脸上带着扭曲的微笑同我握手，还用低不可闻的声音问我，我们以前是不是见过"。魏德林答道，见过一次，一年前元首给他颁发过勋章。希特勒说道："我确实记得您的名字，可您的模样我记不清了。"希特勒就座，魏德林发现他就算坐在那里，"左腿也不停地颤抖，膝盖像钟摆那样晃动，只是速度更快些"。

魏德林向希特勒汇报了第 56 装甲军的状况。希特勒随即确认了克雷布斯的指示，命令第 56 装甲军留在城内。元首随后阐述了保卫柏林的计划。他打算从西面调来文克集团军，从东南面调来布塞集团军，再从北面调来施泰纳集团军级集群，一举切断俄国人。魏德林后来写道："元首的豪言壮语听得我越来越震惊。"他愈发清楚地认识到："除非发生奇迹，否则我们距离最终战败的日子屈指可数了。"

当天傍晚，损失惨重的第 56 装甲军设法与南面的红军脱离接触，掉转方向开入柏林。24 小时后，魏德林震惊地获悉，希特勒任命他为柏林卫戍司令。

★ ★ ★

斯大林发给朱可夫和科涅夫的 11074 号训令，把柏林城一分为二。训令里写道，自 4 月 23 日起，白俄罗斯第 1 方面军与乌克兰第 1 方面军的分界线"从吕本起，经托伊皮茨、米滕瓦尔德、马林多夫，直抵柏林安哈尔特火车站"。科涅夫不敢有怨言，但他失望至极，看来最后的殊荣归朱可夫了。这条分界线径直穿过柏林，把科涅夫的军队置于帝国国会大厦西面 150 码左右，而苏联人一直把帝国国会大厦视为柏林的皇冠，都期盼率先在那里升起苏联国旗。

★ ★ ★

这座城市的末日到了。大部分城区断水断气。报纸停刊，就连纳粹官方的《人民观察家报》也在 4 月 26 日停止发行，取而代之的是戈培尔授意发行的《装甲熊报》，该报号称"大柏林保卫者的战斗报"，可这份 4 个版面的报纸只出版了 6 天。由于各条街道无法通行，汽油短缺，再加上车辆损坏，市内所有交通逐渐停运。物资配发工作陷入停顿，城内几乎没有任何递送手段。一座座冷库停止运作。4 月 22 日，城内百年历史的电报局关张，这可是有史以来的首次。电报局收到的最后一封电报发自东京，上面写道："祝你们所有人好运。"同一天，最后一架飞机从滕佩尔霍夫机场起飞，载着 9 名乘客飞往斯德哥尔摩，柏林 1400 名消防队员奉命撤往西面。[1]

此时，柏林的警察不是编入军队就是加入人民冲锋队，城内秩序渐渐

---

[1] 两项业务始终没有中断：一是波茨坦气象站的气象记录，整个1945年一天不缺；二是城内17家啤酒厂中的11家一直在生产啤酒，根据政府法令，他们生产的是"必需品"。

失控。民众开始劫掠。光天化日就有人抢夺停在编组车场的货运列车。玛格丽特·普罗迈斯特不顾猛烈的炮击，冒着风险去了趟铁路站场，拿走一块熏猪肉，她后来说道："事后回想起来，我觉得简直是发疯。"埃莱纳·马耶夫斯基和薇拉·翁格纳德跑到莫阿比特的铁路货场，看见许多人争抢一箱箱杏子、李子、桃子罐头。这里还有一袋袋奇怪的豆子，两个姑娘没加理会，因为她们根本不认识绿色的咖啡豆。两人拿了一箱标有"杏子"的罐头，回家后才发现里面装的是苹果酱，可她俩都不爱吃这玩意儿。罗伯特·舒尔策比她们更倒霉：他和一群暴民打算从某个大型食品店搞点土豆，折腾了整整 5 个钟头，轮到他时，土豆都被抢完了。

不愿交出物资的店主，往往被迫把店里的东西白送。希特勒青年团团员克劳斯·屈斯特和姑妈走入某家店铺索取食物，店主说只剩麦片了。屈斯特拔出手枪威逼，店主赶紧取出各种食品，确切地说是从柜台下面拿出来的。屈斯特把他能拿走的东西搜罗一空，带着震惊不已的姑妈离开店铺。待他们走到外面，他姑妈吼道："你真是个无法无天的小兔崽子，竟然用美国歹徒的手段！"屈斯特答道："别说了，眼下是生死攸关的时候！"

埃尔弗里德·迈加特听说赫尔曼广场的卡尔施塔特百货公司遭劫掠，她匆匆赶到那里，发现百货公司人满为患。她后来回忆道："每个人都推推搡搡、争先恐后地挤入店门，根本没人排队，里面没有售货员，看上去也没人管事。"众人忙着抢夺他们看见的各种商品。要是发现抢到手的东西没什么用处，他们就直接丢在地上。食品部乱成一锅粥，炼乳、橘子酱、面条、面粉、蜂蜜在地上形成的黏稠软泥足有几英寸厚，都是暴民打翻或扔掉的。

百货公司好歹还有几个管理员，不时有人站出来大声吼道："出去，快出去！商店马上要被炸掉了！"没人听他的，肯定是骗人的。好多女人在服装部争抢外套、连衣裙、鞋子。其他人从货架上把被子、床单、毛毯拖下来。埃尔弗里德在糖果部看见某个男人从一个小男孩手里抢过一盒巧克力，男孩大哭起来，随后叫道："我得再弄一盒。"还真让他弄到了。

但许多人在百货公司出口大失所望，两名管理员拦下企图带着赃物离开的人。拿点食品没问题，其他东西不行。门旁边很快堆满了商品。众人推推搡搡地绕过这些东西，企图从管理员身边冲过去。埃尔弗里德拿着她抢来的外套通过时，管理员一把夺过她手里的外套。埃尔弗里德哀求道："还给我吧，我冷。"对方耸耸肩，从商品堆里取回外套递给她，吼了句："快滚！"暴民挤挤攘攘，争先恐后地抢夺他们见到的一切商品时，一直有人不停地喊叫着："出去，快出去！商店马上要被炸掉了！"

莱克沙伊特牧师目睹了卡尔施塔特百货公司遭劫掠的场面，他置身现场的原因令人称奇。他的教区有个教徒生了个死胎，婴儿的尸体火化了。悲痛欲绝的母亲想妥善安葬孩子的骨灰瓮，尽管要冒着持续不停的炮火走上好几英里，才能到达这位母亲想把孩子安葬的诺伊克尔恩区墓地，但莱克沙伊特牧师还是答应到场主持仪式。他们迈着沉重的步伐一路跋涉，哭泣的母亲把小小的骨灰瓮放在购物袋里，从卡尔施塔特百货商店门前经过时，他们见到一群群暴民正在劫掠。那名母亲看得瞠目结舌，突然说了句："等我一会儿！"莱克沙伊特牧师惊愕地站在那里，看见她"从我身边冲出去，拎着购物袋和骨灰瓮消失在百货公司里"。没过多久她回来了，得意扬扬地挥着双结实的靴子，扭头对莱克沙伊特说道："走吧。"

回来的路上莱克沙伊特留了神，不想让那名母亲再靠近卡尔施塔特百货公司。此举救了她的命。当天下午，预先埋设的炸药炸毁了百货公司，庞大的建筑持续震颤。有报告称，党卫队在百货公司的地下室里贮存了价值2900万帝国马克的物资，为了不让这批物资落入俄国人手里，他们炸毁了百货公司。一些妇女和孩子在爆炸中丧生。

面对劫掠者，许多店主直截了当地交出各种商品。他们没有让无法无天的暴民捣毁店铺，而是清空货架，把东西分发出去，既不要票据也不要钱。他们这么做还有另一个原因：这些店主听说，要是俄国人发现他们囤积物资，会把店铺烧掉。诺伊克尔恩区的电影放映员京特·罗塞茨一周前想买点橘子酱，滕格尔曼杂货铺没卖给他。可罗塞茨现在看见，滕格尔曼杂货铺正在抛售一桶桶橘子酱、燕麦、糖、面粉，所有东西只卖10马克一磅。这家店铺惊慌失措地抛售商品，仅仅是为了赶紧清空库存。亚历山大·克尔姆简直不敢相信自己的眼睛，兴登堡大街拐角处的卡斯帕里酒铺，把一瓶瓶葡萄酒送给所有赶过来的人。希特勒青年团团员克劳斯·屈斯特在他那个街区又干了一票，从某处弄到200支免费香烟，从另一处搞到两瓶白兰地。屈斯特那个街区的酒铺老板对他说道："拿着！您倒不如把它喝掉，苦日子要来了！"

就连劫掠者也很难弄到肉类。起初有几个肉贩把手里的肉分发给特定顾客，但很快就分光了。现在，整个柏林城内的居民开始瓜分马肉，这些马匹被炮火炸死在街头。夏洛特·里希特和她妹妹看见一匹灰白色的马死在布赖滕巴赫广场上，许多人拎着刀子分割马肉。夏洛特看见"那匹马没有倒向一侧，而是蹲坐在地上，高高地昂着头，双眼圆睁，几名妇女用刀子割取它腿上的肉"。

鲁比·博格曼发现用香槟刷牙挺好，这东西能让牙膏产生大量泡沫。海因里希·舍勒时尚的格鲁班-苏谢餐厅奢华的地下室里，鲁比和她丈夫埃伯哈德过着近乎异国情调的日子。舍勒信守承诺，红军刚刚发起炮击，他就邀请博格曼夫妇和他一同待在华丽的地下住处。餐厅备用的银制餐具、水晶制品、精美的瓷器存放在这里，舍勒为他们提供了物质享受。地上铺着东方地毯，地下室入口两侧，睡觉的地方用厚厚的灰绿色帷幕隔开。这里摆着几把豪华的软垫座椅，一张沙发，还有几张小桌，桌上铺着从餐厅取来的米黄色和铁锈色亚麻桌布。自来水断了好几天，但地下室里香槟很多。鲁比回忆道："我们从早到晚喝香槟，没有自来水，可香槟酒就像自来水那样源源不断。"

真正的问题是食物。博格曼夫妇的好友皮娅·范赫芬有时候会来地下室享受一番，偶尔送来些面包，甚至还有肉。但住在地下室里的人主要靠金枪鱼和土豆维持生计。鲁比很想知道这些食物究竟有多少种做法。餐厅喜怒无常的法国主厨莫普提还没重复过他的菜谱，但不可能一直有新花样。不管怎么说，既然美国人率先攻入柏林的希望似乎已荡然无存，地下室里这群人决定享受一番，天知道什么时候会送命。

"孩子他爸"森格尔死了。

四年的轰炸和最近几天的炮击，始终没吓倒这位 78 岁的一战老兵。埃尔娜·森格尔好不容易才说服丈夫康拉德不要出门，别去参加一战战友的例行聚会。她派"孩子他爸"去花园挖个浅坑，把她腌制的果酱藏起来。康拉德也觉得，把他的旧军刀跟果酱藏在一起是个不错的主意，以免俄国人在他们家里搜出武器。

可这项工作刚干完，"孩子他爸"就不顾全家人的劝阻上了街。他们后来在马丁·尼默勒牧师烧成废墟的房屋外面的灌木丛里找到了"孩子他爸"被弹片炸得千疮百孔的尸体，此处离他们家没多远。全家人不顾覆盖整片区域的炮弹，用手推车把"孩子他爸"的遗体运回家里。埃尔娜走在手推车旁，不由得想起夫妻俩的最后一次交谈，关于《圣经》里哪句话更切合眼下的情况，她当时跟康拉德的看法稍有不同。"孩子他爸"坚称："人只能靠诗篇第 90 章活着，特别是第 4 节，'在你看来，千年如已过的昨日，又如夜间的一更'。"埃尔娜不这么看，她告诉他："我个人觉得那篇赞美诗过于悲观了，我更喜欢第 46 章，'上帝是我们的避难所，是我们的力量，是我们在患难中随时的帮助'。"

城内找不到棺材，去墓地的话，无论如何都太危险了。可他们不能把"孩子他爸"的遗体放在家里，屋内的温度太高了。他们只好把遗体放在门廊里，埃尔娜找了两根小木条，钉起来充当十字架。她轻轻地把十字架塞入丈夫手里。埃尔娜俯视着"孩子他爸"，很想告诉他，他当初说得没错，因为诗篇第 90 章继续写道："我们因你的怒气而消灭，因你的忿怒而惊惶。"

伯恩哈德·哈皮希神父低头看着他的布道笔记。柔和的烛光照亮了达勒姆之家的小教堂，但外头，维尔默斯多夫区东面的天空一片血红，而当日凌晨 3 点就把修女惊醒的隆隆炮声，持续了近 12 个钟头，此时仍未停息。附近某处传来玻璃的破碎声，剧烈的冲击波震动着楼房。哈皮希神父听见街上传来叫喊声，随后又听到捷克造高射炮猛烈的轰鸣从马路对面的妇产院和孤儿院传来。

坐在他面前的那些修女一动不动。哈皮希神父朝她们望去，发现她们按照修女院院长库内贡德斯的吩咐，摘掉了日常佩戴的沉甸甸的银质十字架，取而代之的是小小的金属十字架，一点也不起眼，这种所谓的"死亡十字架"挂在她们的法衣上。她们把银质十字架、戒指、手表都藏了起来。

哈皮希神父自己也做了些准备，他在达勒姆区的别墅里装了个大箱子，里面放了些医疗器械、几个小药箱，以及麻醉剂、绷带和邻居捐献的白床单。哈皮希神父以前获得过医学学位，后来才当了牧师，现在又得在这两个行业里操劳了。他每天要照料炮火炸伤的人，看护各种事故的受害者，还得抚慰精神崩溃的市民。他现在穿医用白大褂的时间，几乎与他穿牧师法袍的时间一样多。

他又看了看眼前这群修女、护士、庶务修女，默默地祈祷上帝赋予自己得体的话语，随后开始布道。

他说道：

"过不了多久，估计红军就会占领这里。关于俄国人恶行的各种说法已经传播开来，从某种程度上说，事实证明那些传言确有其事，但也不能一概而论。

"要是你们在场的哪位经历了不好的事情，请记住小圣阿格尼丝的故事。12岁那年, 有人让她崇拜伪神, 她举手画了个十字, 向耶稣致敬。结果她的衣服被剥掉, 在一群异教徒面前备受折磨。可她没有屈服, 就连那些异教徒也为之动容。她的遭遇公之于众, 有些人百般讨好, 还有人要娶她, 可她说'耶稣才是我的配偶'。最后她被判处死刑, 她站在那里祈祷了一会儿, 随后被斩首, 天使立即把她领入天堂。"

哈皮希神父顿了顿, 又说道: "你们要记住, 就像圣阿格尼丝那样, 倘若你们的身子受到玷污, 想抛弃皮囊的话, 那么你们在天堂会获得双倍的永恒赏赐, 会戴上殉道者的桂冠, 所以不要有负罪感。"他停了停, 随即强调道: "你们都是无罪的。"

他沿着走道返回时, 会众唱起退场赞美诗: "我深需主, 时刻需主眷顾, 除却主恩, 试探何能驱除?"这是古老的赞美诗《求主同住》里的词句。

红军的进攻隔断了柏林外围社区, 舍讷贝格区温特费尔德大街的长途电话局里, 总机上的灯一个接一个地熄灭。但电话局工作人员依然忙得不可开交。总机主管伊丽莎白·米尔布兰德和接线员夏洛特·布尔梅斯特没有躲入地下避难所, 而是把折叠椅、床垫、枕头带进办公室, 她俩打算在置放主机的五楼尽可能长时间坚守岗位。

楼内的扬声器突然响了起来, 播出的消息让避难所医院里的接线员海伦娜·施罗德欣喜若狂。五楼的接线员米尔布兰德和布尔梅斯特记录下这个消息, 好通知电话局仍能联系上的各个地区。播音员说道: "注意! 注意! 不要惊慌失措。文克将军的军队与美国人合兵一处, 正朝柏林发动进攻。鼓起勇气, 柏林不会沦陷!"

★ ★ ★

红军突破了柏林外围防御圈, 杀开血路攻入第二道防御圈。他们蹲伏在T-34坦克和自行火炮后面, 在一条条大街、道路、林荫道上战斗,还穿过一片片公园绿地。为首的是科涅夫和朱可夫久经沙场的近卫突击部队，4 个庞大的坦克集团军戴着皮帽的坦克兵与他们并肩战斗，一排排步兵紧跟其后。

这是一支奇怪的军队，来自苏联各加盟共和国，除了一个个军容整齐的近卫团，他们的面貌和军装差别很大。他们操着各种不同的语言和方言，就连红军军官往往也无法同某些部下顺利交流。[①] 队伍里有俄罗斯人、白俄罗斯人、乌克兰人、卡累利阿人、格鲁吉亚人、哈萨克人、亚美尼亚人、阿塞拜疆人、巴什基尔人、莫尔德维亚人、鞑靼人、伊尔库茨克人、乌兹别克人、蒙古人、哥萨克人。有些官兵穿着深棕色军装，也有人穿着卡其色或灰绿色军装，还有人穿着深色军裤和高领军上衣，这些军上衣的颜色各不相同，有黑色的，也有米黄色的。他们戴的军帽也多种多样，既有带折叠护耳的皮革帽，也有毛皮帽，还有汗迹斑斑、破旧的卡其帽。红军官兵似乎都配备自动武器，或骑马，或步行，或驾驶摩托车，或搭乘马车和缴获的各种车辆，就这样朝柏林拥去。

★ ★ ★

舍讷贝格区的电话局里，有人通过扬声器下达了命令："所有人请注意，摘掉你们的党徽，取出党员证，脱掉制服，把这些东西丢到院子里的大沙堆上，或者交到机房统一烧毁。"

送奶工里夏德·波加诺夫斯卡停下运奶车，目瞪口呆地盯着 5 辆红军坦克在步兵簇拥下，隆隆驶上街道。他赶紧驾驭马车掉头，返回达勒姆奶

---

① 本书作者记得，1944 年在诺曼底，两个身着德国军装的士兵被俘后，给美国第 1 集团军情报部门的审讯者造成个奇怪的问题，没人能听懂他们的语言，本书作者当时也在场。两个俘虏被送回英国，情况最终搞清了，他俩是西藏的牧羊人，被强行征入军队后在东线被俘，德国人又强迫他们加入德国军队。

牛场, 和家人躲入地窖。

他们等了一会儿, 房门突然被踢开, 几个红军士兵闯了进来。他们默默地环顾四周, 随即离去。没过多久, 又来了几个红军士兵, 命令波加诺夫斯卡和奶牛场其他员工去行政楼集合。波加诺夫斯卡等待之际, 发现奶牛场的马匹都不见了, 但奶牛还在。一名红军军官操着流利的德语, 命令众人回去干活。他吩咐大家, 要照料好牲畜, 还得给奶牛挤奶。波加诺夫斯卡简直不敢相信, 他还以为会大难临头呢。

柏林外围地区的市民遇到首批红军官兵, 发生的情况如出一辙。风尘仆仆的红军先遣部队作风顽强, 军纪严明, 行为举止无可挑剔, 与惊恐不安的市民预料的完全不同。

当晚 7 点, 皮娅·范赫芬坐在舍讷贝格区公寓的地下室里削土豆。同住一座公寓楼的几名妇女在旁边闲聊, 背对地下室敞开的房门。皮娅突然抬起头, 张着嘴巴惊恐地盯着两个红军士兵手里的冲锋枪黑洞洞的枪口。她后来回忆道: "我默默地举起双手, 一手持刀, 另一只手攥着土豆。"另外几名妇女瞥见她的举动, 转过身来, 也高高举起双手。令皮娅惊异的是, 一个红军士兵用德语问道: "这里有军人吗? 有没有人民冲锋队队员? 有枪械吗?"几名妇女摇摇头。那个红军士兵赞许地说道: "好德国人。"他们走上前来, 摘走她们的手表, 随后就离开了。

随着夜幕降临, 皮娅见到越来越多的俄国人。她回忆道: "他们隶属战斗部队, 许多人会说德语, 可他们似乎只关心不断前进、继续战斗。"皮娅和公寓楼里的其他妇女得出结论, 戈培尔称红军掠夺成性的说法纯属谎言。她告诉几个朋友: "要是俄国人的举止都是这样, 那么我们就没什么可担心的。"

玛丽安娜·邦巴赫也有同感。某天早上, 她走出维尔默斯多夫区的地下室, 看见红军在她家后门外搭起战地厨房。隶属作战部队的红军官兵在黑地公园宿营过夜, 正把食物和糖果分给住在附近的孩子。他们的举止给玛丽安娜留下了很好的印象。红军士兵把方形垃圾桶翻过来充当餐桌。每个垃圾桶上铺了块垫子，显然是从附近的别墅拿来的。他们坐在空地中间的直背椅上，吃着摆在垃圾桶上的食物。俄国人对孩子和善可亲，但对其他居民视而不见。他们只待了几个钟头，很快就开拔了。

多拉·扬森和她丈夫勤务兵的遗孀既震惊又害怕。突然落下的炮弹炸死勤务兵、炸伤扬森少校后，多拉就邀请勤务兵的遗孀搬过来和自己住在一起。两人毫无自保能力，悲伤和恐惧让她们天天提心吊胆，只好躲在扬森夫妇那座公寓的地下室里，多拉随后看见"墙上出现了一个巨大的身影"。身影的手里端着枪，在多拉看来，这个幽灵"就像大猩猩爪子里攥着一门火炮，士兵的头颅看上去大得有点变形"。她吓得差点喘不过气来。俄国人走了进来，身后跟着另一个士兵，命令她俩离开地下室。多拉觉得这回难逃厄运了。俄国人把她俩领到外面，塞给她们两把扫帚，又指指人行道上的瓦砾和碎玻璃。两个女人目瞪口呆，惊异、如释重负的神情引得几个俄国人哈哈大笑。

另一个市民也遇到刚刚开抵的红军前线部队，但她的遭遇挺吓人。伊丽莎白·埃伯哈德差点被枪毙。她是天主教主教康拉德·冯·普莱辛雇用的社会福利工作者，几年来一直帮着藏匿犹太人。她去看望朋友时，首次遇到两个俄国人，是个年轻的金发军官和一名女翻译。两人全副武装地闯了进来，女翻译手里端着冲锋枪。他们刚进来，电话突然响了。伊丽莎白的朋友拎起话筒，没等她说话，先前举止得体的红军军官一把夺过话筒，女翻译对她们说道："你们都是坏分子，跟敌人有联系。"俄国人把她俩推出房间押到花园里，命令她们靠墙站立。年轻的红军军官说要枪毙她们。伊丽莎白吓得双膝发颤，不顾一切地朝他喊道："我们一直在等你们！我们从来都是反对希特勒的！我丈夫是政治犯，在牢里关了12年！"

女翻译把这番话翻译给那名军官，他慢慢放下枪，神情非常尴尬。他朝伊丽莎白走去，抓起她的右手亲吻了一下。投桃报李，伊丽莎白的举止也很优雅。她鼓起勇气，尽量以随意的口气彬彬有礼地问道："你们愿意跟我们喝上一杯吗？"

首批到达的红军部队纪律严明，秩序井然，所有遇见他们的市民无不感到惊异。药剂师汉斯·米德注意到，红军士兵"似乎尽量避免朝屋内开枪，除非他们确信德国守军埋伏在里面"。海伦娜·伯泽一直对俄国人的到来惴惴不安，她在地下室台阶上与一个红军士兵迎面相遇。他"年轻帅气，穿着整洁的军装"。海伦娜走出地下室，他只是站在一旁看着，随后做了个善意的手势，塞给她一根绑着白手帕的木棍，以此作为投降的标志。维尔默斯多夫区同一处，伊尔莎·安茨一直以为柏林人"会像饲料那样被抛给俄国人"，她在公寓地下室里呼呼大睡，第一个走进来的俄国人惊醒了她。伊尔莎惊恐地盯着对方，可这个一头黑发的年轻士兵朝她绽露笑容，还用磕磕巴巴的德语说道："干吗要害怕呢？一切都很好，睡吧。"

有些柏林人一点也不害怕红军到来。他们是犹太人，对恐惧早就习以为常。莱奥·施特恩费尔德以前是滕佩尔霍夫区的商人，后来沦为垃圾清理工，被迫替盖世太保干活，一直在苦苦等待红军早日到来。他有一半犹太血统，整个战争期间过得提心吊胆，不知道自己和家人何时会被送入集中营。战争期间大多数时候，他的犹太名字让他和家人在防空洞里不受欢迎。但红军发起炮击后，莱奥发现邻居的态度有了明显的变化，他后来回忆道："楼里的居民几乎是把我们拽入避难所的。"

莱奥在滕佩尔霍夫区见到首批红军部队到来欣喜若狂，红军官兵秩序井然，态度和善，在莱奥看来，他们就是解放者。红军营长问莱奥，能不能使用他的一个房间办场庆祝活动，莱奥告诉他："我这里的东西随便您用。"几天前，附近的邮局被炸毁，莱奥的屋子也塌了一半，可好歹还剩三个房间。他告诉俄国人："你们可以用那间有屋顶的。"作为回报，对方邀请他和他的家人及朋友参加聚会。俄国人来了，带着好几篮食物和饮料。莱奥说道："我一度觉得整个苏联军队都来参加聚会了。"俄国人喝了好多伏特加，随后在手风琴伴奏下，营长引吭高歌，入伍前他是个歌剧明星。莱奥坐在那里听得如痴如醉，这么多年来，他首次觉得自由了。

约阿希姆·利普席茨在卡尔斯霍斯特走出克吕格尔夫妇的地下室，赶去迎接红军部队。几个月藏匿期间，他自学了俄语，于是用缓慢、磕磕巴巴的俄语向红军官兵解释自己的身份，表达他对获得解放的感激之情。令他惊异的是，面前的俄国人笑得前仰后合。他们嘻嘻哈哈地拍着他的背，说他们也很高兴，但又说约阿希姆的俄语太烂了，一个个笑得喘不过气来。约阿希姆一点也不介意，他和埃莉诺·克吕格尔觉得漫长的等待终于结束了，他们会成为战争结束后第一对结婚的新人。正如埃莉诺后来指出的那样，只要他们领到结婚证，就标志着"我们个人对纳粹的胜利，我们赢了，再也没有什么能伤害我们"。①

随着红军占领柏林一个个地区，各处都有犹太人从藏身处走出来。但有些犹太人还是心惊胆战，直到纳粹政权覆灭很久后，他们仍躲在秘密藏身地。20 岁的汉斯·罗森塔尔就在利希滕贝格区 6 英尺 ×5 英尺的小隔间里一直躲到 5 月份，总共躲藏了 28 个月。某些地区的犹太人自由了，可德国守军在各处发起猛烈的反冲击，暂时击退了红军，这些犹太人不得不再次躲藏起来。

韦尔特林格尔夫妇躲在潘科区，他们的经历相当离奇。夫妻俩很早就获得了解放。一名红军军官走入他们在默林夫妇公寓里的藏身处，西格蒙德这辈子都忘不了他，视他为"天使长米迦勒的化身"。红军军官一看见韦尔特林格尔夫妇，就用蹩脚的德语喊道："俄国人不是野蛮人，我们会善待你们的。"原来他当初在柏林留过学。

可接下来的气氛突然紧张起来，这名军官带着部下搜查了整栋公寓，

---

① 约阿希姆·利普席茨后来成为西柏林最著名的官员之一，1955 年当上西柏林内务局局长，掌管城内警察力量。1961 年去世前，他一直是东德政权最顽强的对手。

找到 6 把左轮手枪。他把楼里的居民召集起来，说他们居然藏匿丢弃的军装。他随即命令全体居民离开公寓，靠墙站成一排。西格蒙德上前说道："我是犹太人。"年轻的红军军官笑着摇了摇头，做了个割喉的手势，说道："不可能还有犹太人活着。"西格蒙德一再重申自己是犹太人。他看看靠墙站立的居民，几周前要是知道他的下落，许多人肯定会告发他。但西格蒙德现在却以清晰洪亮的声音说道："他们都是好人，都在这栋楼里庇护过我们，我求您别伤害他们，这些武器是人民冲锋队队员丢弃的。"

这番话救了全楼居民的性命。俄国人同德国人相互拥抱。西格蒙德后来回忆道："我们陶醉在幸福和喜悦中。"红军军官赶紧派人给韦尔特林格尔夫妇送来食物和饮料，还站在一旁焦急地看着他们，催他们多吃点。韦尔特林格尔夫妇的肠胃很难适应这么油腻的食物，吃得差点吐出来。西格蒙德后来说道："楼内居民立即对我们友善起来，让我们住进一套空房间，还送来食物和衣物，我们第一次得以站在清新的空气中，走在街道上。"

党卫队随后发起反扑，把红军逐出该地区，西格蒙德昨日救下的居民突然改变态度，再次对他们充满敌意。西格蒙德指出："真是令人难以置信。"红军次日夺回这片地区，又一次解放了韦尔特林格尔夫妇，但这次来的是另一支部队，俄国人这回没相信西格蒙德是犹太人。他们把楼里所有居民押上卡车，送去接受审讯。西格蒙德与妻子道别时，不知道这些年颠沛流离的藏匿生涯是否会换来毫无意义的结局。红军把他们带到东北郊，在地下室里逐一过审。有人把西格蒙德领入房间，坐在明亮的灯光下，几名红军军官坐在暗处的长桌子后面。西格蒙德再次声称自己是犹太人，在柏林城内藏匿了两年多。暗处传来一个女人的声音："向我证明您是犹太人。""怎么证明呢？"于是她让西格蒙德背诵希伯来人的《信经》。

屋内一片寂静，西格蒙德看着前方暗处几张模糊不清的面孔，随后用右手遮住自己的头部，满怀深情地背了段最古老的祷文《以色列啊，你要听！》，用希伯来语慢慢诵道：

以色列啊，你要听！

耶和华我们的神是独一的主。

　　那个女人的声音再次响起："走吧，您的确是犹太人，是个好人。"她说她也是犹太人。西格蒙德次日与妻子重逢。他后来说道："任何话语都无法描述我们重逢的感受。"两人手拉手走在阳光下，"无拘无束，快活得就像孩子"。

　　就算修女院院长库内贡德斯心怀恐惧，她那张安详的圆脸上也没流露出丝毫迹象。激烈的战斗在达勒姆之家周围肆虐。坦克每次开炮，整栋房屋都在震颤，就连沙袋封堵的地下室也能感觉到剧烈的冲击。但库内贡德斯院长不再理会略略作响的机枪射击声和炮弹的呼啸。枪炮声加剧时，她在改为祈祷室的小餐厅里祷告，有那么一刻，激战声似乎消退了，但库内贡德斯院长仍跪在地上。一名修女走入祈祷室，低声对院长说道："俄国人来了。"

　　库内贡德斯院长默默地为自己祷告了几句，跪拜后跟着那名修女匆匆走出祈祷室。俄国人先是从后方逼近达勒姆之家，随后穿过花园，出现在厨房的窗户外面，他们咧嘴而笑，用枪口指着修道院的修女和庶务修女。此时，一名年轻的中尉带着10个红军士兵等待院长到来。厨娘列娜是乌克兰人，库内贡德斯院长匆匆派人把她叫来充当翻译。库内贡德斯觉得那名红军军官"看上去很聪明，举止也很得体"。

　　他询问达勒姆之家的情况，库内贡德斯院长告诉他，这里是留产院，是医院，也是孤儿院。列娜补充道，这里只有"修女和婴儿"。红军中尉似乎明白了，又问道："那么这里有军人或武器吗？"库内贡德斯院长答道："没有，当然没有，楼里没有这些东西。"几个红军士兵索要手表和首饰，中尉厉声斥责了几句，他们羞愧地退开了。

　　院长随后告诉这名年轻军官，达勒姆之家都是孩子、孕妇、修女，所以需要获得些保护。中尉耸耸肩, 他是个战士, 感兴趣的只是肃清敌人继续前进。

俄国人离开时, 几个士兵停下来观看巨大的圣米迦勒塑像, 圣米迦勒是"上帝对付一切邪魔的武士"。他们围着塑像走来走去, 抚摸长袍上雕刻出来的皱褶, 抬头仰望圣米迦勒的面孔。中尉同院长道别, 似乎有些话让他欲言又止。他盯着塑像旁的几个部下看了一会儿, 随后对库内贡德斯院长说道: "他们都是优秀的军人, 讲纪律, 作风正派, 可我得告诉您, 跟在我们后面的那帮家伙全是猪猡。"

向前奔涌的红军大潮势不可挡。随着苏联军队不断分割帝国和帝国首都剩下的部分, 元首暗堡里精神错乱的那个人发出一道道绝望的指令。截然相反的命令取代了原先的命令, 随后又撤销, 取而代之的是新命令。魏德林的参谋长冯·杜夫芬中校总结道: "混乱进一步加剧了混乱, 随命令而来的是截然相反的命令, 最后一切乱了套。"

德军指挥体系几近崩溃。西线盟军与苏联红军逐渐靠拢之际, 负责西线战事的 OKW 与指挥东线军务的 OKH 彻底混杂在一起。OKH 副总参谋长埃里希·德特勒夫森将军接到德累斯顿城防司令绝望的电话, 科涅夫的坦克逼近该城, 正一路向西, 企图与美军会师。德特勒夫森告诉他, 把所有兵力部署在穿城而过的易北河东岸。10 分钟后, OKW 又命令这位城防司令把兵力置于西岸。

各处的情形如出一辙。通信联络几乎不复存在。OKW 总部目前设在柏林西北方 50 英里左右的莱茵斯贝格, 通信全靠固定在阻塞气球上的一根发射天线。而在柏林, 希特勒的一道道指令根本无法用电话传达, 只能以动物园两座防空炮塔中较小那座炮塔的通信设施中转, 再用无线电发出。L 防空炮塔巨大的通信室里, 空军中尉格尔达·尼迪克坐在电传打字机和译码机前, 发现希特勒此时发来的电文只有一个主题: 疯狂地询问相关信息，大多是关于那些已不复存在的集团军。无线电电传打字机一遍遍打出他的电文："文克的位置在哪里？""施泰纳在何处？""文克在哪里？"24岁的格尔达有时候觉得自己再也应付不来了，她用电传打字机发出希特勒的一份份电报、一个个威胁、一道道指令，有时候会潸然泪下，这些指令要让垂死的德国战斗到最后一人。

OKW 和 OKH 当初各自指挥的军队相距 3000 英里，经过 6 年战争，两个指挥机构终于合并了。威廉·凯特尔元帅随即对 OKH 和 OKW 整合的军官发表讲话，他言辞凿凿地指出："我们的军队不仅有意志，也有能力继续战斗。"他在新指挥部里踱来踱去，国防军指挥参谋部参谋长阿尔弗雷德·约德尔将军、陆军副总参谋长埃里希·德特勒夫森将军警惕地盯着他。4 月 24 日，凯特尔在希特勒面前也描绘过同一幅光明前景，希特勒随后命令几名亲信离开首都，从城外展开行动解救柏林。那是德特勒夫森最后一次到访元首暗堡的地下世界。他到达那里，发觉一切乱了套。入口处没有警卫。他惊异地看见 20 个工人躲在暗堡门后：由于炮火猛烈，他们奉命"挖掘一条堑壕，从停车场直达暗堡入口"，可炮弹不停地落下，他们没法干活儿。德特勒夫森走下暗堡楼梯，发现接待室也没有警卫人员。没人检查他的公文包，也没人"搜查他是否携带了武器"。他不由得产生了"彻底崩溃感"。

希特勒那间小小的简报室外面的小厅里，"摆着空玻璃杯和半满的酒瓶"。德特勒夫森觉得，"保持冷静，防止恐慌蔓延的军人原则已荡然无存"。每个人都紧张不安，焦躁易怒，但暗堡里的女人除外，"女秘书、女职员……埃娃·布劳恩、戈培尔夫人和她的孩子……一个个亲切友好，堪称典范的言行举止足以让许多男人蒙羞"。

凯特尔向希特勒简短汇报了一番。德特勒夫森后来回忆道："他以乐观的话语报告了文克第 12 集团军的意图，以及解救柏林的前景。"德特勒夫森觉得难以判断"凯特尔对自己这番话究竟相信几分，他的乐观说辞也许只是基于这种愿望——他不愿加剧元首的负担”。

但此时在远离希特勒的地方，面对 OKW 和 OKH 的工作人员，凯特尔仍是这套论调。他跛着步说道：“我们之所以失败，完全是缺乏勇气、高级和中级指挥部门丧失意志造成的。”这番话与希特勒的论调如出一辙，德特勒夫森觉得凯特尔不愧是“他主子的得意门徒”。凯特尔满怀热情，大谈柏林会如何获救，由此可见，他“显然对军队的困境一无所知”。凯特尔不停地说道：一切都会好转，很快就能打破俄国人迅速形成的柏林合围圈，顺利解救元首……

身处巴伐利亚的帝国元帅赫尔曼·戈林发觉自己落入荒唐的境地：党卫队人员居然把他软禁了。

希特勒 4 月 22 日那场重要的会议结束后，德国空军总参谋长科勒将军飞赴巴伐利亚面见戈林。科勒告诉戈林，“希特勒的神经彻底崩溃了”，再加上希特勒先前说过，“很快就要谈判了，帝国元帅在这方面比我强”，于是戈林采取了行动。他给元首发了封措辞相当谨慎的电报，在电报里写道：“我的元首，鉴于您决定留在柏林要塞，请问您是否同意我根据您1941 年 6 月 29 日的法令，立即接掌帝国的全部领导权，代表您在国内外充分自由地展开行动？如果到今晚 10 点仍未收到您的答复，我就认为您丧失了行事自由，义不容辞地执行您上述法令的条件已具备，我会为我们国家和民族的最大利益采取措施……”

戈林很快收到复电，希特勒的答复无疑受到马丁·鲍曼怂恿，此人是戈林的主要竞争对手。希特勒在电报里斥责戈林犯有叛国罪，要求戈林立即辞职，否则就处决他。4 月 25 日傍晚，柏林广播电台郑重播报：“帝国元帅戈林的心脏病非常严重，因而请求辞去空军总司令和一切相关职务……元首批准了他的请求。”戈林告诉妻子埃米，他觉得整件事荒唐透顶，不管怎么说，最后都是他去同敌人谈判。埃米后来告诉冯·席拉赫男爵夫人，戈林想知道"他与艾森豪威尔首次会面时该穿哪套制服"。

★　★　★

柏林在燃烧，帝国濒临灭亡之际，希特勒从没怀疑过会背叛的那个人，却在攫夺权力方面干得比戈林更过分。

4月25日下午，美国华盛顿，负责作战事务的陆军副参谋长约翰·埃德温·赫尔将军奉命去五角大楼陆军参谋长乔治·C. 马歇尔的办公室。马歇尔告诉他，杜鲁门总统正从白宫赶过来，要用加密电话与温斯顿·丘吉尔通话。盟国从瑞典红十字会主席福尔克·贝纳多特伯爵那里收到德国人的投降提议。发出和平试探的不是别人，恰恰是希特勒常说的"忠实的海因里希"，也就是海因里希·希姆莱。

美国驻瑞典大使正用加密电报发送希姆莱的秘密提议。马歇尔吩咐赫尔把电话室布置好，再问问国务院有没有收到电报。赫尔事后回忆道："我打电话给国务院的迪安·艾奇逊，他告诉我，他不知道希姆莱投降提议的电报。实际上，那封电报当时正传送到国务院，但还没人看见。"

杜鲁门总统随后到来，美国时间下午3点10分，他在五角大楼的电话室里与英国首相通话。赫尔回忆道："总统拿起电话时，甚至不知道德国人投降提议的内容是什么。"据赫尔说："（丘吉尔）直截了当地问道：'你怎么看那封电报？'总统答道：'电报刚刚送抵。'"

于是丘吉尔读了英国驻瑞典大使维克托·马利特爵士发给他的电报。他告诉杜鲁门，希姆莱想会晤艾森豪威尔将军，商谈投降事宜。据党卫队头子说，希特勒病入膏肓，也许已经死了，就算没死也活不了几天。希姆莱显然想投降，但只向西方盟国投降，绝不向俄国人输诚。贝纳多特问过希姆莱："要是西方盟国不接受您的提议怎么办呢？"希姆莱答道："那我就接掌东线，战死在那里。"赫尔在另一部电话上聆听着对话，他听见丘吉尔问道："就这些，你怎么看？"

刚刚接任13天的美国新总统毫不犹豫地答道："我们不能接受，这么做很无耻，因为我们与俄国人有协议，绝不单独媾和。"

丘吉尔深表赞同。他后来写道："我告诉他[杜鲁门]，我们确信投降应该是无条件的，而且要同时向三大国投降。"丘吉尔和杜鲁门随后把希姆莱的提议和英美两国的回复告知斯大林，苏联大元帅对他们的态度深表赞赏，还在复电里承诺，红军会"为我们共同事业的利益，继续对柏林施加压力"。

美国第69步兵师的艾伯特·科茨布中尉坐在吉普车上，从远处望着前方的农场，觉得那里过于安静了。他跳下吉普车，走在26人的巡逻队最前方，打算独自凑近农场的房屋。

易北河附近的整片乡村静得有点怪异。一个个村庄飘扬着投降的白旗，但没有任何动静，村民闭门不出。科茨布与几名镇长谈过，他们的说法大同小异：俄国人就要来了，肯定会把村民杀掉，还会强奸村里的女人。

科茨布小心翼翼地走到房子前面，他站在旁边，用步枪推开半敞的房门。伴随嘎吱嘎吱的声音，房门开了，科茨布朝屋内望去，农夫和妻子及他们的3个孩子围坐在餐桌旁。这幅场景平静而又温馨，只是他们都死了。他们肯定吓坏了，因为一家人是服毒自尽的。

巡逻队里的其他人跟了上来，中尉返回自己的吉普车。他们加快速度朝易北河驶去，抵达河畔前，艾伯特·科茨布创造了历史。他在莱克维茨村看见个相貌奇特的家伙，穿着他从没见过的军装，骑着匹矮种马。对方在马鞍上扭头望着科茨布，科茨布也盯着他。为了这一刻，科茨布和马背上的人征战数年，跨越了半个世界，科茨布觉得自己遇到了首个俄国人。

有个会说俄语的美国兵询问对方，骑马的士兵答道，没错，他是俄国人。科茨布吩咐道："问问他的部队在哪里？"对方简短地答道："就在易北河畔。"美军巡逻队再次动身赶往易北河。骑马的士兵看着他们离去。科茨布和几名部下在河边找到条小船，于是以步枪为桨划到对岸。迈出小船时，科茨布看见数百码的河岸上满是平民百姓的尸体，既有男人也有女人，还有孩子。到处是翻倒的马车和大车、散落的行李和衣物。看不出这些人惨遭屠戮的原因。过了片刻，美国人遇到首批红军，科茨布敬礼，红军士兵还礼。这里没出现会师的欢乐场面，双方既没有拍背示好，也没有相互拥抱，只是站在那里面面相觑。此时是 4 月 25 日下午 1 点 30 分，东西线盟军终于在施特雷拉小镇会师了。

当天下午 4 点 40 分，北面 20 英里左右，易北河畔的托尔高，第 69 步兵师的威廉·D. 罗宾逊中尉遇到另一群红军官兵。他带着 4 名红军战士返回指挥部，这场相遇日后作为东西线盟军正式会师被载入史册。不管怎么说，无论是 1 点 30 分还是 4 点 40 分，希特勒帝国已被霍奇斯将军的美国第 1 集团军和科涅夫元帅的乌克兰第 1 方面军的将士切成两段。同一天，柏林陷入重围，确切的时间谁也说不清。

★ ★ ★

德国第 9 集团军的整个北翼土崩瓦解。彻底陷入合围的第 9 集团军遭到红空军轰炸机不分昼夜的猛烈轰炸，补给状况岌岌可危。德国空军企图空投，但错漏百出。他们既没有足够的飞机，也没有充足的油料执行这项任务，投下的许多物资落在错误的地点。尽管如此，第 9 集团军仍在顽强战斗，朝文克第 12 集团军靠拢。

海因里齐现在彻底弄清了文克的实际情况：与克雷布斯的说法相反，第 12 集团军几乎没什么兵力。他心怀不忿地打电话给克雷布斯，埋怨对方故意提供虚假信息。海因里齐恼火地说道："该集团军有名无实，根本没有兵力朝第 9 集团军的方向发动进攻，与他们会合后向北攻击前进解救柏林。待两个集团军会合，他们的兵力也所剩无几了，您很清楚这一点。"

维斯瓦集团军群的作战力量，其实只剩冯·曼陀菲尔的第3装甲集团军。该集团军顽强据守，但防线中央不祥地突了出来。更要命的是，朱可夫的坦克沿第3装甲集团军南翼攻击前进，此时准备转身向北，包围曼陀菲尔集团军。只有一股德军挡住他们去路，就是党卫队将领费利克斯·施泰纳纯属乌合之众的"集团军级集群"。

希特勒解救柏林的计划，要求施泰纳向南进攻，从柏林一侧穿过红军进军路线，第9和第12集团军从另一侧共同向北攻击前进。这个计划从理论上说完全可行，但实际上是做不到的，问题之一在于施泰纳。海因里齐后来称："他找出种种借口，就是不愿发动进攻，我逐渐觉察到情况不太对头。"

维斯瓦集团军群司令知道施泰纳没有足够的兵力，无法按照希特勒的要求前出到施潘道区，但海因里齐还是希望施泰纳按计划发动进攻。施泰纳的兵力最起码能破坏朱可夫的突击势头，要是他做到这一点，也许能阻止红军包围曼陀菲尔集团军。这样就能给海因里齐争取到时间，把冯·曼陀菲尔的军队逐步撤到易北河畔。帝国彻底崩溃显然无法避免，就是这几天的事，他现在能做的不过是尽量挽救自己的部下。海因里齐手里有张地图，他在图上由北向南画了5条从奥得河畔退往西面的路线。第一条后撤路线名为"沃坦"，第二条叫作"于克尔"，剩下的3条以数字编号，各条路线相距15~20英里。冯·曼陀菲尔此时就在"沃坦"路线上，问题是他在那里能坚持多久。

4月25日上午，海因里齐找到冯·曼陀菲尔。两人在第3装甲集团军司令部后面的小花园里散步，冯·曼陀菲尔平静地说道："我坚持不下去了。"他神情严肃地指出："没有坦克，没有反坦克炮，经验丰富的部队都溃败了，还能指望我坚持多久呢？"

"您还能坚持多久？"

冯·曼陀菲尔摇了摇头。

"也许还能再坚持一天。"

一架飞机在饱受摧残的柏林城上空飞来飞去，抛撒的传单穿过火焰和炮火引起的烟雾飘向下方。维尔默斯多夫区的夏洛特·里希特捡起一张传单，上面写道："顶住！文克和施泰纳将军正赶来解救柏林！"

眼下最重要的是弄清楚施泰纳在做什么。海因里齐在纳森海德的第25装甲掷弹兵师师部找到施泰纳，约德尔也在场，他俩刚刚商讨过如何发动进攻。海因里齐到来后，他们三人又研究了一番。施泰纳随后谈起麾下部队的状况，问道："你们见到我的部队了吗？"

约德尔说道："他们的状态是一流的，士气很高。"

施泰纳惊愕地看着约德尔。

海因里齐平心静气地问道："施泰纳，您为何不发动进攻？为什么再次推延行动？"

施泰纳答道："原因很简单，我手头缺乏兵力，一点胜算都没有。"

海因里齐耐心地问道："那您手里有什么呢？"

施泰纳解释道，他只有6个营的兵力，包括党卫队警察师部分人员，外加第5装甲师和第3海军步兵师。施泰纳指出："海军人员就别提了，我敢说他们在军舰上都是好样的，可他们从没接受过地面作战训练。我几乎没有火炮，坦克寥寥无几，就连高射炮也少得可怜。"他停了停又说道："我告诉您我有什么吧，一群乌合之众，根本没办法从格尔门多夫攻到施潘道区。"

海因里齐冷冷地说道："好吧，施泰纳，您得为您的元首发动进攻！"施泰纳盯着他吼道："他也是您的元首！"

海因里齐和约德尔离开时非常清楚，施泰纳根本不想发动进攻。

几个钟头后，比肯海恩的维斯瓦集团军群司令部里的电话响了。海因里齐拎起听筒，是冯·曼陀菲尔打来的，他以绝望的口气汇报道："我得请求您批准撤离斯德丁和施韦特，我再也顶不住了。再不后撤的话，我们会陷入重围。"

海因里齐想起希特勒1月份给高级将领下达的指令。他们要"亲自对元首负责"，撤出部队或弃守阵地前，必须提前告知希特勒，好让他亲自做决定。但海因里齐顾不了这么多，他告诉冯·曼陀菲尔："后撤！听清楚了吗？我说，后撤！曼陀菲尔，听好了，后撤的同时弃守斯德丁要塞！"

海因里齐穿着羊皮外套，扎着一战时期的绑腿，站在办公桌旁思忖自己的所作所为。他当兵整整40年了，当然知道刚才下达的命令是多么严重，就算不被枪毙，自己的职业生涯也完了。他随后叫来艾斯曼上校和参谋长，吩咐他们："通知OKW，我已命令第3装甲集团军后撤。"他想了想又说道："等他们得知此事，想撤销命令也来不及了。"

他看看希特勒的忠实信徒冯·特罗塔，又看看老朋友艾斯曼，明确阐述了从现在起他打算采取的策略：他再也不会让麾下部队毫无必要地暴露在外，宁可后撤也不愿无谓牺牲部下的性命。海因里齐问道："你们怎么看？"艾斯曼立即提出，应该下达命令，"撤到于克尔一线后方，待在梅克伦堡湖区等待投降"。冯·特罗塔听到这番话跳了起来："别说使用'投降'这个词，就连想到投降，也是对军人荣誉的玷污。"他气急败坏地吼道："有权下达命令的是OKW，不是我们！"

海因里齐平静地说道："我再也不会执行那些自杀式命令了。我有责任代表麾下将士拒不执行此类命令，而且我打算这样做。我也有责任向德国人民解释我的所作所为。"他随后加了一句："特罗塔，最重要的是向上帝阐明一切。"

"诸位，晚安！"

凯特尔48小时后得知海因里齐已命令冯·曼陀菲尔后撤，他甚至目睹了这场后撤。凯特尔驱车穿过第3装甲集团军作战地域，惊愕地看见各处的部队都在退却。他怒不可遏，立即命令海因里齐和冯·曼陀菲尔去菲尔斯滕贝格附近的十字路口见他。

冯·曼陀菲尔的参谋长布克哈特·米勒-希勒布兰德将军得知这项安排，先是吃了一惊，随后担心起来。干吗要在十字路口？为何要暴露在野外？他赶紧找来司令部几名参谋。

海因里齐和冯·曼陀菲尔在十字路口下车，看见凯特尔和他的随行人员已到达。希特勒的参谋长怒不可遏，他脸色铁青，用元帅权杖反复敲打戴着手套的手掌。冯·曼陀菲尔同凯特尔打了招呼，海因里齐敬礼。凯特尔再也按捺不住，厉声吼道："您为何要下令后撤？您的任务是据守奥得河！元首命令您坚守到底！他命令您不得后撤！"他指着海因里齐吼道："可是您，您却下令后撤！"

海因里齐一言不发。据冯·曼陀菲尔说，待凯特尔发作完，"海因里齐才心平气和地解释了自己的处境，他的理由完全合乎逻辑"。海因里齐说道："告诉您，凯特尔元帅，我没办法以手头的部队守住奥得河防线，我也不打算牺牲他们的性命。另外，我们必须撤到后方更远处。"

冯·曼陀菲尔随后发言，竭力阐明迫使他后撤的战术态势，最后说道："我很遗憾地告诉您，海因里齐将军的决定没错。得不到援兵的话，我还得继续后撤。我来这里是想知道到底有没有援兵。"

凯特尔又发作了，厉声吼道："没有预备队了！这是元首的命令！"他用元帅权杖敲打戴着手套的手掌："您得守住既有阵地！"他又敲敲手掌："马上让您的军队掉转方向！"

海因里齐说道："凯特尔元帅，只要我还是集团军群司令，就不会给冯·曼陀菲尔下达这种命令。"

冯·曼陀菲尔说道："凯特尔元帅，第3装甲集团军听命于哈索·冯·曼陀菲尔将军。"

凯特尔彻底失控了。冯·曼陀菲尔事后回忆道："他大发雷霆，海因里齐和我都不明白他说了些什么。"凯特尔最后吼道："你们要在历史面前为自己的所作所为负责！"

冯·曼陀菲尔再也按捺不住怒火："冯·曼陀菲尔家族为普鲁士效忠了200年，始终对他们的所作所为负责。我，哈索·冯·曼陀菲尔，欣然承担这份责任。"

凯特尔扭头对海因里齐吼道："始作俑者是您！是您！"

海因里齐转身指着道路上冯·曼陀菲尔正在后撤的部队，厉声答道："凯特尔元帅，我想说，要是您打算让他们回去送死的话，干吗不动手呢？"

冯·曼陀菲尔觉得凯特尔"似乎带着威胁的意味朝海因里齐迈了一步"，随后厉声说道："海因里齐大将，即刻起解除您维斯瓦集团军群司令的职务，请您回司令部等待继任者到来。"

说罢，凯特尔转身钻入汽车离开了。

就在这时，米勒-希勒布兰德将军带着几名司令部人员走出树林，每个人都端着冲锋枪。他解释道："我们以为这里会遇到些麻烦。"

冯·曼陀菲尔觉得仍有可能发生意外，他提出保护海因里齐"到最后一刻"，但海因里齐没接受。他朝在场的几名军官敬礼，随后钻入自己的汽车。经历了40年的戎马生涯，战争的最后时刻，他却很不光彩地被解除了职务。海因里齐竖起旧羊皮外套衣领，吩咐司机返回司令部。

红军从四面八方拥来，击败了柏林城内薄弱的守卫力量，夺得一个个行政区。某些地方，装备拙劣的人民冲锋队望风而逃。希特勒青年团、人民冲锋队、警察、消防队并肩奋战，但缺乏统一指挥。他们为坚守同一个目标殊死抵抗，可各自接到的命令往往相互矛盾。还有好多人根本不知道他们的指挥官是谁。为加强人民冲锋队和希特勒青年团，新上任的柏林卫戍司令魏德林将军把遭受重创的第56装甲军所剩无几的老兵分散到城内各防区，但此举收效甚微。

策伦多夫区几乎立即失陷了。希特勒青年团和人民冲锋队企图在区政厅沦陷前殊死抵抗，区长挂出白旗，随后自杀身亡。希特勒上台前，韦森塞区一直是共产党的地盘，这里的许多社区迅速投降，打出一面面红旗，不少首鼠两端的社区匆匆扯掉黑色卐字徽标，换上红旗。潘科区坚守了两天，韦丁区抵抗了三天。德国人在一个个小包围圈内顽强奋战到最后一刻，但城内已没有绵亘的防御。

一道道街垒像火柴棒那样化为齑粉。俄国人的坦克迅速开进，用炮火炸毁一座座建筑，而不是派步兵进去搜寻狙击手。红军毫不浪费时间，遇到某些障碍，例如有轨电车和塞满石块的大车，直接以火炮抵近射击，一举摧毁。倘若遭遇更顽强的抵抗，他们就绕开这些支撑点。维尔默斯多夫区和舍讷贝格区，遭遇抵抗的红军士兵从封锁的街道两侧冲入一栋栋房屋，用火箭筒在一个个地下室里炸开通道，随后出现在德国人身后，一举消灭对方。

红军集中大批火炮，一码接一码地把柏林中心区域夷为平地。他们刚刚占领某些地区，就把当初用于奥得河和尼斯河的大批火箭炮调了上来。滕佩尔霍夫和加托机场，火炮密密麻麻地排列着。格鲁讷瓦尔德、泰格尔森林、一座座公园和广场上，甚至公寓楼的花园里，也布满各种火炮。一排排"斯大林管风琴"塞满主干道，不停地射出大批磷弹，引燃一片片地区。人民冲锋队队员埃德蒙·黑克舍回忆道："火焰四起，完全没有夜晚可言，要是您有报纸的话，甚至能在夜里读报。"威廉·诺尔特博士是个化学家，现在加入消防部门，[①]他看见红军几架炮兵校射机指引炮火，射向他那些竭力灭火的消防队员。赫尔曼·黑尔里格尔原先是旅行社销售员，近期刚

---

① 4月22日离开柏林的消防车，其中一部分遵照柏林消防局局长瓦尔特·戈尔巴赫的命令返回城内。据战后报告称，戈培尔命令消防车离开柏林，以免落入俄国人手里。戈尔巴赫得知自己因撤销戈培尔的命令即将被逮捕，企图自杀，但没能成功。党卫队队员随后把满脸是血的戈尔巴赫带出去处决了。

刚加入人民冲锋队，被一发炸开的炮弹掀入旁边的弹坑。他惊恐地看见自己倒在 3 名阵亡士兵身上，这名 58 岁的人民冲锋队队员从弹坑里爬出来，朝家里飞奔而去。

随着红军深入柏林城区，人民冲锋队队员四散奔逃，军装和袖章扔在街上。有些指挥官干脆解散了自己的部队。帝国体育场的奥林匹克体育馆，经过一番激烈战斗，人民冲锋队营长卡尔·里特尔·冯·哈尔特把幸存的部下召集起来，让他们赶紧回家。营里半数人员反正也派不上用场，他们领到德国步枪，配发的却是意大利制造的子弹。冯·哈尔特说道："现在唯一能做的就是打发他们回家，否则只好让他们朝俄国人扔石块了。"

遍布全城的军人也开了小差。赫尔穆特·福尔克中士觉得自己没理由为元首捐躯。他原本是德国军事情报局的会计，突然有人塞给他一支步枪，命令他去格鲁讷瓦尔德执勤。待福尔克听说他那支部队奉命开往帝国总理府地区，就开了小差，逃回了乌兰德大街的家里。家人见他回来不是太高兴，因为他的军装会危及全家人。福尔克赶紧换上便衣，把脱下的军装藏在地下室里。他干得很及时，不到一个钟头，红军就占领了这一地区。

弗赖桥附近的指挥所里，二等兵维利·塔姆听说了某些事情，故而决定跟自己的部队待到最后一刻。当时有个中尉走进来向塔姆的上尉汇报情况，他喝着咖啡和烈酒说道："您看看，到处是想开小差的步兵！今天有三个家伙没跟我请假就离开了。"塔姆的上尉盯着他问道："那么您是怎么做的？"中尉啜了口咖啡说道："我把他们全毙了！"

一群群党卫队队员在城内逡巡，四处搜寻逃兵，自行行使裁决权。他们在街上拦下几乎每个身着军装的人，盘查他们的身份和所属部队，草草处决任何涉嫌逃离部队的人，或把他们吊死在树上、灯柱上，以儆效尤。16 岁的阿里贝特·舒尔茨是希特勒青年团团员，奉命去施皮特尔市场废弃的电影院报到，他的部队把指挥所设在那里。舒尔茨在路上看见个身材瘦削、满头红发的党卫队队员，端着步枪把某人押到街上。舒尔茨上前询问怎么回事，对方告诉他，此人是国防军中士，却穿着便衣。党卫队队员押着国防军中士走上莱比锡大街，舒尔茨跟在后面。党卫队队员突然猛推了中士一把，对方竭力站稳之际，党卫队队员端起步枪，朝他后背开了一枪。

舒尔茨当晚再次见到那个红发党卫队队员。他当时和部队里另外几个小伙站在路障旁放哨，看见红军一辆 T-34 坦克沿库尔大街驶来。就在这时，它被"铁拳"直接命中后爆炸，炮塔仍在慢慢转动，坦克里唯一的幸存者随即被俘。几名希特勒青年团的小伙从他兜里搜出几张柏林重要地标的照片。被俘的红军坦克兵在指挥所受审，随后被移交给一名端着步枪的士兵，还是那个红发党卫队队员。他押着俘虏走到外面，但他这次友好地拍拍对方的肩膀，示意他往前走。俄国人咧嘴而笑，朝前面走去，红发党卫队队员又朝他后背开了一枪。年轻的舒尔茨突然明白过来，这个身材瘦削的射手是指挥所指定的死刑执行者。

柏林城内各处的守军现在被迫退守中心区域的废墟。为拖缓红军的前进速度，城里的 248 座桥梁被炸毁了 120 座。魏德林将军负责的整片防区，炸药所剩无几，不得不以航空炸弹替代。部分狂热分子破坏了其他设施，根本不考虑会造成什么后果。党卫队队员炸毁了施普雷河河湾和兰德韦尔运河下方 4 英里长的隧道。这条隧道恰好是铁路连接线，数千名平民百姓在这里躲避战火。河水灌入隧道，众人争先恐后地沿着铁轨逃往高处。隧道里不仅挤满了人，还停着四列满载伤员的医院列车。埃尔弗里德·瓦塞尔曼和她丈夫埃里希从安哈尔特火车站旁边的地堡来到此处，打算穿过隧道时，听见列车上的伤员喊道："把我们弄出去！把我们弄出去！我们要淹死了！"没人停下来救助伤员。水势很快涨到埃尔弗里德的腰部，埃里希的情况更糟糕，不得不拄着拐杖蹒跚而行。隧道里的人争抢着，吼叫着，推推搡搡，相互践踏，拼命朝安全处逃去。埃尔弗里德几乎要绝望了，可埃里希不停地喊道："往前走！往前走！快到了！我们就要出去了！"夫妻俩确实出去了，但埃尔弗里德永远不知道究竟有多少人跟他们一样逃了出来。

到 4 月 28 日, 红军已逼近市中心。包围圈越收越紧。夏洛滕堡区、米特区、腓特烈斯海因区边缘爆发了殊死战斗。此时仍有条狭窄的路线通往施潘道区, 魏德林有作战经验的部下所剩无几, 他们竭力确保这条走廊畅通无阻, 好在最后时刻突出重围。伤亡很大, 各条街道都堆满尸体。由于炮击持续不停, 民众只好躲在避难所, 没办法救助负伤后倒在附近的亲朋好友, 还有不少人在柏林老式的街头水泵前排队打水时被炮弹击中。军人的情况也没好到哪里去。能自己走到急救站的伤员算幸运的, 丧失行动能力的人只好躺在负伤倒下的地方, 最终死于失血过多。

人民冲锋队队员库尔特·博格被弹片削掉一只脚后跟, 他跟跟跄跄, 连滚带爬地走了好几英里。最后他再也走不动了, 只得趴在街上大声呼救, 但敢于冒着炮击的危险离开避难所的人寥寥无几, 而且他们忙着保全自己的性命。

博格躺在排水沟里, 看见一名路德会修女从一处门廊跑到下一处门廊, 赶紧喊道: "嬷嬷, 嬷嬷, 能救救我吗? "修女停了下来, 问道: "您能爬到教堂旁边的公理堂吗? 从这里过去只要 5 分钟, 到了那里我会帮您的。"博格好不容易爬了过去。所有房门都开着, 他爬入走廊, 又爬进接待室, 最后昏了过去。待他苏醒过来, 发觉自己躺在血泊里, 他慢慢地抬头探寻究竟是哪里来的血。他朝房间对面看了看, 那里通向花园。房门开着, 一头黑白相间的荷斯坦奶牛卡在门框处, 身子扭曲着, 正用温柔的目光望着他, 嘴里流出好多血。他俩一言不发, 就这样同情地望着对方。

红军隔断了柏林市中心, 困住魏德林部队的包围圈越来越小。守军耗尽了各种物资, 魏德林绝望地请求上级空投补给, 结果收到 6 吨物资和 16 发反坦克火箭弹。

令人难以置信的是, 激烈的战斗中, 一架飞机不期而至, 降落在东西轴线上, 这条宽阔的街道从西面的哈弗尔河一路延伸到东面的菩提树下大街。驾驶轻型鹳式侦察机到来的是冯·格赖姆骑士将军和著名的女飞行员汉娜·赖奇。高射炮火击中飞机，汽油从机翼油箱喷涌而出。降落前，驾驶飞机的冯·格赖姆脚部负伤。汉娜赶紧抓住操纵杆和油门杆，驾驶飞机完美着陆。两人奉希特勒的命令来到帝国总理府，待他们到达，希特勒立即擢升冯·格赖姆为空军元帅，替代"叛国的"戈林出任德国空军总司令，尽管这股作战力量已不复存在。

元首暗堡处于炮火打击下，但暂时还算安全。市中心还有另一个安全岛，就是动物园里的两座防空炮塔。高达 132 英尺的 G 塔挤满避难的民众，没人说得清这里究竟有多少人。德国空军的瓦尔特·哈格多恩医生估计，躲入 G 塔的难民和守军多达 3 万人。防空塔每层楼梯和楼梯平台上都有人坐着或站着，人满为患，根本动弹不得。红十字会人员，例如 19 岁的乌尔苏拉·施塔拉，竭力缓解民众遭受的苦难。她永远忘不了防空塔内令人作呕的气味："汗水、臭烘烘的衣物、婴儿的尿布，与医院消毒剂的味道混杂在一起。"在防空炮塔里待了几天，好多人快疯了，还有些人干脆一死了之。并排坐在一楼楼梯平台上的两名老妇服毒自尽，但没人知道她们是什么时候死的，由于身旁挤满了人，她们死的时候笔直地坐着，几天后才有人发现。

一连 5 天，哈格多恩医生一直在他那所小小的医院里给伤员动手术。他眼下面临的难题是如何掩埋死者。炮火持续不停，根本无法离开防空炮塔。他后来回忆道："我们想趁炮火间歇把尸体和截除的肢体运出去掩埋，但很难做到。"此时，四面八方袭来的炮弹击中炮塔坚不可摧的墙壁，弹片飞溅到一扇扇钢制百叶窗上，哈格多恩医生手里有 500 名死者和 1500 名伤员，以及数量不详的精神错乱者。到处都有人自杀，可炮塔内过于拥挤，根本无法统计具体人数。哈格多恩医生记得，尽管如此，炮塔里仍有人说："我们能坚持到文克或美国人到来。"

炮塔下方是动物园的大片荒原。动物惨遭屠戮的场景触目惊心。只要一发炮弹落下，就能看见各种鸟类四散飞逃。几头狮子被射杀，大河马罗莎在水池里被炮弹炸死。鸟类饲养员施瓦茨绝望至极，他先前把珍稀的阿布·马尔库布鹳养在家中的浴室里，可不知怎么回事，阿布居然逃掉了。动物园园长卢茨·黑克接到防空炮塔指挥官的命令，要他杀掉动物园里的狒狒，因为炮弹炸毁了笼子，这头危险的动物有可能逃到外面。

黑克拎着步枪朝猴笼走去。那只狒狒可以说是他的老朋友，此时缩着身子坐在笼子的栅栏旁。黑克端起步枪，把枪口凑近狒狒的头部，它轻轻推开枪管。黑克惊讶不已，再次举起步枪。狒狒又一次推开枪管。黑克动摇了，他强忍内心的不适，又试了一次。狒狒一声不吭地看着他。黑克随后扣动了扳机。

激烈的战斗持续之际，另一场野蛮的攻击也在进行，极为冷酷，而且针对的是个人。红军纪律严明的前线老兵身后，蜂拥而至的后方官兵要求获得征服者应得的权利：被征服的女人。

四个俄国人用枪托砸门时，乌尔苏拉·克斯特和她父母、她6岁的双胞胎女儿英格丽德和吉塞拉、7个月大的儿子贝恩德正睡在策伦多夫区一间地下室里。几个俄国人搜查了避难所，找到个空手提箱，于是把几个水果罐头、钢笔、铅笔、手表、乌尔苏拉的钱包放入手提箱。有个红军士兵还找到瓶法国香水，他拧开盖子闻了闻，随后把瓶里的香水倒在自己的军装上。另一个士兵以枪口威逼，把乌尔苏拉的父母和孩子推入小房间。四个俄国人随后强奸了她。

第二天早上6点左右，饱受摧残的乌尔苏拉给儿子喂奶时，又有两个俄国人闯入地下室。她抱着儿子想夺门而出，可她的身子太虚弱了，根本逃不掉。一个士兵夺过她怀里的孩子，把他放在婴儿车上。另一个士兵看着她咧嘴而笑。两个俄国人脏兮兮的，身上的军装粗陋不堪，靴筒里揣着匕首，头上戴着毛皮帽，还有个家伙的衬衫下摆拖在裤子外面。两人强奸了她。俄国人离开后，乌尔苏拉抓起她能找到的几条毛毯，抱起儿子，带着两个女儿，逃入街对面的花园住宅区。她在那里找到个浴缸，是从某座房屋丢出来或是被炮火炸出来的。乌尔苏拉把浴缸反扣在地上，带着几个孩子钻了进去。

赫尔姆斯多夫，18岁的尤利亚妮·博赫尼克听见俄国人到来，一头钻入地下室后方的沙发下。她父亲是个语言学家，会说俄语，她听见父亲大声抗议对方贸然闯入。几个红军士兵询问尤利亚妮在哪里，她父亲吼道："我要找政委告发你们！"对方以枪口逼迫，把她父亲推到街上。尤利亚妮一声不吭地趴在沙发下，暗自期盼俄国人赶紧离开。她已经涂黑了脸和一头金发，想让自己看上去苍老些。尽管如此，她还是不敢冒险，继续躲在沙发底下。

毗邻的地下室里有两个老人，尤利亚妮突然听见其中一人用恐惧的声音喊道："她在那里！在那里！就在沙发下面！"尤利亚妮从藏身处被拽了出来，吓得瑟瑟发抖。几个俄国人交谈了一番，随即离开，只留下一个。尤利亚妮后来回忆道："他是个年轻的军官，借助电筒的光线，我看见他外表整洁，衣着也很得体。"他打了几个意思明确无误的手势，尤利亚妮吓得不断后退，他凑上前来，面带微笑，"温柔而又有力地"脱掉尤利亚妮的衣服。尤利亚妮竭力挣扎，她后来回忆道："我没让他轻易得手，他手里攥着电筒，带着俄国人典型的疑心，一直留意身后，生怕遭到突然袭击。"

尤利亚妮不断挣扎，但红军军官还是逐一脱掉她的衣服。她想哀求，可又不会说俄语。最后她失声痛哭，跪在地上求他放过自己。年轻的红军军官只是看着她。尤利亚妮停止哭泣，控制住自己的情绪，采用了另一个策略，语气坚定而又不失礼貌地说了起来。她事后回忆道："我告诉他这么做是错的，是个人都不会这么干。"他起初看上去很恼火，随后，由于身上的衣服差不多都被剥掉，尤利亚妮又失控了，哭着喊道："我根本不爱您！这么做毫无意义！我根本不爱您！"俄国人突然用厌烦的口气嘟囔了一句，随即冲出地下室。

第二天早上，尤利亚妮和另一个姑娘逃入多明我会女子修道院，接下来四周一直躲在修道院屋檐下。她后来得知，她的朋友罗茜·霍夫曼和罗茜的母亲，当初发过誓，待俄国人到来就自尽，结果两人都遭到强奸，事后服了毒。①

格尔德·布赫瓦尔德是个教师，看见红军官兵肆无忌惮地在赖尼肯多夫区胡作非为。红军女兵把他居住的那座公寓洗劫一空，"我妻子的衣物像磁铁那样吸引了她们，她们拿上想要的东西，随即离去"。布赫瓦尔德把剩下的东西付之一炬，又把手枪拆解埋入花园。当天傍晚，一群俄国人跑来了，个个喝得酩酊大醉，朝布赫瓦尔德喊道："女人！女人！"他面带友好的微笑接待了他们："我两天没刮胡子，头发乱蓬蓬的，看上去很苍老，这让我的说辞更加可信。我站起身，摊开双手告诉他们：'女人死了。'"俄国人显然明白了：此人的妻子死了。布赫瓦尔德随后躺在沙发上，几个俄国人环顾四周，拿上他的吊裤带转身离去。俄国人走后，布赫瓦尔德锁上房门，移开沙发，扶着妻子埃尔沙从水泥地上3英尺见方的坑里爬出来。接下来几个星期，她每晚都躲在坑里。

威廉皇帝纪念教堂的牧师格哈德·雅各比博士，也在俄国人的眼皮下把妻子藏了起来。虽然俄国人把地下室里的许多女人带出去强奸，但雅各比博士巧妙地用毛毯藏匿了妻子。他睡在窄窄的长躺椅外侧，妻子侧身躺在内侧，把脚搁在他头侧，再盖上厚厚的毛毯，几乎没人能发现她。

维尔默斯多夫区，伊尔莎·安茨、她妹妹安内莉泽和她母亲起初对红军颇有好感，一段时间内也没受到骚扰。某天夜间，就在拂晓前，有个红

---

① 她俩都活了下来，一名医生及时采取措施救了她们的命。

军军官把安内莉泽从她和母亲睡的床上拽下来，不顾她连声尖叫，把她拖入楼上的房间，野蛮地强奸了她。完事后，俄国人抚摸着她的头发说道："好德国人。"他吩咐她，不得向任何人说她被红军军官强奸了。第二天，有个红军士兵给她送来一包食物。

没过多久，另一个俄国人盯上伊尔莎。他闯了进来，两只手里各拎着一把手枪。伊尔莎后来回忆道："我坐在床上，想知道他打算用哪支枪杀掉我，是左手那支还是右手那支。"地下室里很冷，伊尔莎穿着好几件毛衣和滑雪裤。俄国人扑了上去，开始撕扯她的毛衣。他突然困惑地说道："您是个德国兵？"伊尔莎后来说道："他这么想，我一点也不惊讶，那时候我饥肠辘辘，瘦得皮包骨，看上去一点不像女人。"红军士兵很快发觉自己搞错了，随即强奸了她，走的时候说了句："德国人在苏联就是这么干的。"过了一会儿，他又回来了，出乎伊尔莎意料，当晚剩下的时间，他一直待在床边保护她，不让其他欲火焚身的红军士兵侵犯她。

自那以后，安茨一家一次次经历了残暴的行径。有一次，俄国人把她们押到外面，让她们靠着墙，似乎要枪毙她们。还有一次，伊尔莎又遭到强奸。她们开始考虑自杀。伊尔莎回忆道："就拿我来说吧，要是有毒药的话，肯定会自杀。"

俄国人肆无忌惮地强奸、劫掠，自杀者随处可见。仅潘科区，三周内就有215人自杀身亡，大多是女性。夏洛滕堡区圣卡尼修斯教堂的耶稣会会士约瑟夫·米夏尔克神父和阿尔方斯·马茨克尔神父看见众人从哈弗尔河里打捞出一位母亲和两个孩子，这才觉察到俄国人的暴行把城里的女人逼迫到怎样的程度。这位母亲把两个装满砖块的购物袋绑在胳膊上，腋下夹着两个孩子跳入河里。

17岁的姑娘汉内洛蕾·冯·克穆达是米夏尔克神父教区的教徒，一群醉醺醺的红军士兵几次强奸了她，完事后朝她连开三枪。汉内洛蕾身负重伤，但没有丧命，有人用婴儿车把她送到教区活动中心，这是仅有的运输工具。米夏尔克神父当时不在，待他回来，却发现那个姑娘不见了。接下来 24 小时，他到处寻找汉内洛蕾，最后在圣希尔德加德医院找到了她。他主持了最后的圣礼，次日晚上在她的病床旁坐了一整夜，不停地告诉她别害怕。汉内洛蕾活了下来。（一年后，她和她母亲被一辆卡车撞死。）

希特勒青年团团员克劳斯·屈斯特，此时穿着便装，同两个坐在吉普车里的红军军官聊得很投机。有个军官会说德语，而且很健谈，这让屈斯特鼓起勇气，问了个不合时宜的问题："报上说红军士兵四处劫掠、强奸，是真的吗？"红军军官慷慨地塞给他一包香烟，说道："我以军官的名誉向您保证，苏联军人绝不会碰任何人。报上写的都是谎言。"

屈斯特次日看见三个俄国人在巴比将军大街上抓住个女人，把她拖入旁边的过道。一名士兵端着冲锋枪示意屈斯特退后，另一个士兵按住不断尖叫的女人，第三个俄国人强奸了她。屈斯特随后看见施暴者走出过道，喝得酩酊大醉，泪流满面地喊着 *Ja bolshoi swinja*。屈斯特问旁边的俄国人，这句话是什么意思。对方笑着用德语说道："意思是，我是头大肥猪。"

玛格丽塔·普罗布斯特待在克罗伊茨贝格区的避难所，这里还有个狂热的纳粹分子，名叫默勒，躲在上锁的房间里。俄国人得知了他的藏身处，正打算破门而入，默勒喊道："稍等一下，我马上自杀。"俄国人刚想踹开门，默勒又喊道："等等！枪卡壳了。"房间里随后传来一声枪响。

接下来几个钟头，一拨拨俄国人闯入避难所搜寻姑娘。和其他女人一样，玛格丽塔尽量把自己装扮得毫无吸引力。她把一头长长的金发盘在帽子下，戴上墨镜，脸上涂了碘酒，还在脸颊上贴了一大块膏药。没人骚扰她，但很多女人倒了大霉。玛格丽塔后来回忆道："俄国人逮住那些姑娘，直接把她们带到楼上的房间。我们一整晚都能听见她们的尖叫，叫声甚至一直传到地下室。"后来，有个 80 岁的老妇告诉玛格丽塔，两个俄国人用黄油塞住她的嘴，以防她大喊大叫，另外几个士兵强奸了她。

多拉·扬森和她丈夫勤务兵的遗孀，本以为逃过了一劫，可她们眼下的处境也不太好。在她们藏身的地下室里，有个红军士兵野蛮地强奸了寡妇英格，他说德国军队入侵苏联后，强行把他母亲送到柏林，自那之后没人知道她的下落。多拉得以幸免是因为她说她患了肺结核，她发现俄国人似乎很怕结核病。但英格又被强奸了一次，受到的伤害相当严重，甚至无法走路。多拉跑到街上，找到个看上去像是军官的红军军人，把这里发生的事情告诉了他。对方冷漠地看着多拉说道："德国人在苏联境内干的事情比这坏得多，这不过是报复罢了。"

17岁的埃莱娜·马耶夫斯基和19岁的薇拉·翁格纳德既看见俄国人好的一面，也见到他们坏的一面。劫掠和强奸在蒂尔加滕地区肆虐时，一名年轻的红军士兵睡在她俩藏身的地下室门外，不让他的同胞闯进去。他离开后第二天，七八个红军士兵来到她们的住处，请她们参加隔壁举办的聚会。两个姑娘别无选择，只得接受，她们起初认为没什么可怕的。举办聚会的地方原先是卧室，屋里约有30个红军士兵，但这里的一切看上去没什么危险。几张床铺推到墙边，给一张长桌腾出空间，桌上摆放着银质烛台、亚麻桌布、玻璃器皿。有个年轻的金发红军军官正用留声机播放英语唱片，他笑着对两个姑娘说道："尽情吃喝吧。"埃莱娜坐在桌子旁，可薇拉突然想离开，不知怎么回事，她觉得这场聚会的目的显然不那么单纯。

她刚想出去，几名士兵笑着拦住她。有个俄国人告诉她："跟30个当兵的待在一起您就完蛋了，留在我身边的话包您没事。"薇拉现在彻底明白聚会的目的了。她答应跟那个士兵离开：一个人总比30个人好对付，哪怕逃跑也更容易些。她熟悉这片街区的边边角角，只要能逃脱，他们肯定找不着她。可俄国人没给薇拉机会，他揪着她的头发，不顾她的挣扎、尖叫、抓挠，拖着她朝空房间走去。薇拉途中挣脱开来，还设法绊倒了对方。为加快奔逃速度，她脱掉高跟鞋，光脚踩着碎玻璃和瓦砾穿过后院，一直跑到普特利茨大街的一片废墟。她在泥地上拼命挖了个坑，还找了个废弃的水桶盖在头上，决心在这里待到死。

埃莱娜仍在聚会现场，她心神不宁，但也饥肠辘辘。桌上摆满鱼子酱，一条条白面包和巧克力，还有俄国人生吃的大块牛肉。他们一杯杯喝着伏特加，醉得越来越厉害。埃莱娜瞅准机会，从桌子旁悄然起身朝外面走去，令她高兴的是，没人跟着她。但在隔壁房间，有个相貌凶狠、留着翘八字胡的士兵抓住她，把她拖入小房间摁倒在地，扯开她的连体工作服。薇拉晕了过去，过了好久才醒来，推开身上酩酊大醉、呼呼大睡的俄国人，艰难地爬出房间。和薇拉一样，埃莱娜也躲了起来。她在附近某栋房子的大炉灶后面找到个藏身处。

年轻的鲁道夫·雷施克，就是斩首希特勒玩具兵的那个孩子，随时准备解救自己的母亲，不让她遭受性侵。有个俄国人企图拖走雷施克太太，却发现自己卷入与鲁道夫和他妹妹克丽斯塔的拔河比赛。他越是拽雷施克太太的胳膊，鲁道夫和克丽斯塔就越用力地抓住母亲的裙子，还大声哭喊："妈妈！妈妈！"俄国人只好放手。

有些女人没遭受强奸，完全是因为她们的激烈反抗迫使红军士兵悻然放弃，转而寻找其他目标。有个俄国人把约伦塔·科赫骗入空房子，说里面有人负了伤。房子里还有另一个士兵，他抓住约伦塔，想把她摁在床上。约伦塔激烈反抗，两个俄国人最后只好放她离开。

她的邻居舒尔茨太太就没这么幸运了。俄国人以枪口威逼，当着她无助的丈夫和15岁儿子的面强奸了她。几个俄国人刚一离开，精神错乱的丈夫就开枪打死了妻子和儿子，随后吞枪自尽。

达勒姆之家的修女院院长库内贡德斯听说，俄国人把某位有三个幼子的母亲当着她家人的面拖走，强奸了一整晚。第二天早上，这位母亲获释后跑回家里，却发现母亲和弟弟勒死三个孩子后上吊身亡，于是她也割腕自杀了。

达勒姆之家的修女此时没日没夜地忙碌着。蜂拥而至的难民和俄国人的兽行令她们不知所措。有个俄国人企图强奸乌克兰厨娘列娜，库内贡德斯院长上前阻止，俄国人暴跳如雷，掏出手枪朝她开了一枪，所幸他喝得大醉，这枪射偏了。另一些士兵闯入产房，尽管在场的修女全力阻止，可他们还是多次强奸了孕妇和刚刚生产的妇女。一名修女称："她们的惨叫声昼夜不停。"库内贡德斯院长指出，社区遭强奸者包括 70 岁的老妇和 10~12 岁的小姑娘。

库内贡德斯院长根本无法制止俄国人的暴行，但她把楼里的修女和另一些女性召集起来，重复了哈皮希神父对她们说过的话。她随后说道："这里还有其他东西，就是圣主的救助。尽管发生了这一切，可他还是把圣米迦勒留在了这里，别害怕。"除此之外，她给不了她们其他安慰。

维尔默斯多夫区，盟军间谍卡尔·维贝里和他的上级亨宁斯·耶森-施密特已经向红军表明了自己的身份，他俩在维贝里的公寓外与一名红军上校交谈时，另一个红军军官企图在地下室里强奸维贝里的未婚妻英格。听见未婚妻的尖叫，维贝里冲了进去，几个邻居喊道，俄国人把姑娘拖入另一个房间，还把房门锁上了。维贝里和红军上校砸开门，看见英格的衣服被扯破，红军军官也脱掉了衣服。上校一把揪住那个军官，厉声吼道："美国人！美国人！"他把这家伙拽到外面，用手枪枪柄狠狠揍他，随后命令他靠墙而立，打算毙了他。维贝里赶紧冲过去，请求上校饶对方一命。他说道："您不能就这样杀了他。"上校最后松了口，让人逮捕那名军官后押走。

俄国人肆无忌惮地强奸、劫掠期间，最具讽刺意味的性侵事件无疑发生在市区南郊的普罗里斯村。科涅夫的先遣部队绕过该村，一段时间内，红军没占领这个村子。但俄国人最终到来，除了村内的德国人，他们还发现住在大木箱里的两个女人。埃尔泽·克洛普奇和"家里的男人"希尔德加德·拉杜施，为等待这一刻的到来差点饿死。希尔德加德早已决定毕生致力于推行马列主义，红军到来意味着梦想的实现。俄国人进入村内，首先干的一件事情是野蛮地强奸了希尔德加德·拉杜施。

俄国人此时变得无法无天。波茨坦附近巴伯斯贝格的国际红十字会仓库，英国战俘在这里干活，醉醺醺的红军士兵开枪取乐，破坏了数千个包裹，提供给伤病战俘的这些包裹里装有药物、医疗用品、各种营养食品。约翰·埃亨下士回忆道："他们闯了进来，进入地下室，看见一大堆包裹，于是端起冲锋枪扫射。各种液体涌出破碎的包裹，简直令人难以置信。"

仓库旁边是乌发电影公司的摄影棚。柏林的外国留学生亚历山大·科拉布看见数百个醉醺醺的红军士兵闯入服装部，"随后穿着各种奇装异服跑上街头，既有带白色皱褶领的西班牙紧身短上衣，也有拿破仑时期的军装和军帽，还有各种衬裙，就这样在手风琴伴奏下，在街上跳起舞来，还朝空中开枪，而激烈的战斗此时仍在肆虐"。

成千上万的红军士兵此前似乎从没见识过大城市。他们拧下一个个电灯泡，小心翼翼地装起来，打算带回家，他们觉得灯泡里有光，随时随地都能点亮。出于同样的理由，他们还从墙上拆下一个个水龙头。许多人觉得浴室里的水暖设备神奇至极；他们有时候用抽水马桶洗土豆，削土豆皮，却不知道如何使用浴缸，于是把成千上万的浴缸抛出窗外。红军士兵不会使用卫生间，也找不到户外厕所，结果把粪便和尿液搞得到处都是。有些俄国人挺讲卫生，格尔德·布赫瓦尔德发现，"妻子的十几个罐头瓶里盛满尿液，还拧紧了玻璃瓶盖"。

夏洛滕堡区的先灵化工厂，格奥尔格·亨内贝格教授惊恐地看见俄国人闯入他的实验室，拿起实验用的鸡蛋抛来抛去，这些鸡蛋都感染了斑疹伤寒病菌。亨内贝格吓坏了，赶紧找红军上校汇报情况，上校命令士兵离开实验室，还把大楼锁上了。

肆无忌惮的劫掠和暴行发生之际，激烈的战斗仍在继续。元首暗堡和暗堡里的人置身激战中心，而压力重重的守军和备受骚扰的市民早已忘了他们。

　　暗堡里的日子过得浑浑噩噩，简直就像一场梦。希特勒的女秘书格特鲁德·荣格后来回忆道："留在暗堡里的人仍期盼元首会做出某个决定，可什么都没有。一张张桌子上摊放着地图，一扇扇房门开着，谁都睡不着，也没人知道此时的日期和时间。希特勒忍受不了独处，不停地走来走去，穿过一个个小房间，与留在暗堡里的每个人交谈。他说自己即将赴死，还谈到正到来的末日。在此期间，戈培尔一家搬入元首暗堡，他们的几个孩子玩耍着，还给'阿道夫叔叔'唱歌。"

　　现在似乎没人怀疑希特勒打算自杀，因为他一再谈到此事。所有人都很清楚，玛格达和约瑟夫·戈培尔也做好了带着6个孩子——黑尔佳、霍尔德、希尔德、海德、黑达、赫尔穆特自行了断的准备。唯一不知情的是这些孩子，他们告诉暗堡里的侍者埃尔温·雅库贝克，他们马上要坐飞机离开柏林长途飞行了。戈培尔最大的孩子黑尔佳说道："我们还要打针，以免晕机。"

　　戈培尔夫人有颗牙齿发炎，于是派人请来在总理府地下大型医院暗堡里工作的牙医赫尔穆特·孔茨。他拔掉了发炎的臼齿，戈培尔夫人随后说道："我的孩子绝不能活着落入俄国人手里，万一发生最坏的情况，我们无法离开的话，您得帮帮我。"

　　埃娃·布劳恩听说孔茨医生替玛格达拔了牙，也想请他给自己看看牙。可她突然想起什么，对孔茨说道："哎呀，您看我都忘了。还有什么必要呢？再过几个钟头，一切都要结束了！"

　　埃娃打算服毒自尽，她掏出个氰化物胶囊说道："太简单了，只要咬一下，一切都结束了。"希特勒的医生路德维希·施通普费格尔刚好也在场，他问道："可您怎么知道这东西会奏效呢？您能确定里面有毒药吗？"这句话让在场的人吃了一惊，有人赶紧牵来希特勒的爱犬布隆迪，拿了颗胶囊试了下。据孔茨说，施通普费格尔用钳子夹碎了布隆迪嘴里的胶囊，这头牧羊犬当即毙命。

4月29日下午, 8000英里外的旧金山市, 坐在打字机前的某人无意间给予希特勒最后一击。这名路透社记者名叫保罗·斯科特·兰金, 来旧金山报道联合国成立大会。当天他从英国新闻处负责人杰克·威诺库尔那里得知, 希姆莱向西方盟国提出投降, 威诺库尔是从英国外交大臣安东尼·艾登那里直接获悉的消息。兰金报道了此事, 没过几分钟, 这个消息在全世界传播开来。

兰金的报道让希特勒首次得知了希姆莱的背叛。当天傍晚消息传来时, 希特勒正同魏德林、克雷布斯、布格多夫、戈培尔、戈培尔的副手维尔纳·瑙曼开会。据魏德林回忆: "有人请瑙曼出去接电话, 他过了一会儿回来了, 告诉我们, 斯德哥尔摩一家广播电台报道, 党卫队全国领袖希姆莱已经同英美高级将领展开谈判。"

希特勒吃力地站起身, 脸色苍白。据魏德林说, 元首"盯着戈培尔博士看了好一阵子, 随后低声嘟哝了几句, 谁都没听明白"。他似乎惊呆了。格特鲁德·荣格回忆道: "我后来看见他, 他脸色惨白, 目光呆滞, 看上去似乎失去了一切。"的确如此。埃娃·布劳恩告诉格特鲁德和希特勒另一名女秘书: "今晚我们肯定要流泪了。"

党卫队地区总队长赫尔曼·费格莱因是希姆莱派驻元首暗堡的联络官, 娶了埃娃·布莱恩的妹妹, 希特勒立即怀疑他是希姆莱叛国的同谋。费格莱因几天前离开了暗堡, 希特勒派人去找他, 结果发现费格莱因身着便衣躲在家里, 准备逃离柏林。警卫人员把他带回暗堡拘押, 希特勒得出结论, 企图逃离柏林的费格莱因与希姆莱的叛国绝对脱不了干系。据党卫队二级突击队大队长奥托·京舍说: "军事法庭审判了费格莱因, 28日夜里枪毙了他, 他的大姨子没替他说情。"

希特勒现在很清楚, 末日即将到来。他拂晓前口述了个人遗嘱和政治遗嘱, 把统治权交给海军元帅卡尔·邓尼茨和约瑟夫·戈培尔, 指定邓尼茨担任总统, 戈培尔出任帝国总理。他还娶了埃娃·布劳恩。格特鲁德·荣格回忆道："婚礼仪式结束后，希特勒和他的新娘，同戈培尔夫妇、克雷布斯将军、布格多夫将军、瑙曼博士、空军上校尼古劳斯·冯·贝洛坐了一个钟头。"格特鲁德·荣格和这群人只待了15分钟，这段时间足以"向两位新人表达她最美好的祝愿"。据荣格说："希特勒谈到纳粹主义的终结，他现在觉得纳粹主义难以轻易复兴，还说'在我看来，死亡让我摆脱了忧虑的、艰难的生命，最好的朋友欺骗了我，我遭受了背叛'。"

希特勒当天还获知了更多坏消息：游击队俘虏了墨索里尼和他的情妇，不仅处决了他们，还把两人的尸体倒吊起来。希特勒当晚向暗堡里的每个人道别。次日，红军坦克距离元首暗堡不到半英里，希特勒知道最后的时刻到了。他和两名女秘书、他的素食厨师共进午餐。侍者埃尔温·雅库贝克记得，他的最后一餐是"配有淡酱汁的意大利面"。吃罢午饭，希特勒同众人再次道别，他对格特鲁德·荣格说道："事已至此，一切都结束了，再见！"埃娃·布劳恩抱了抱这名女秘书，说道："代我向慕尼黑致以问候，把我的毛皮大衣拿去留个纪念吧，我一向喜欢衣着得体的人。"说罢，两人走入寝室。

奥托·京舍站在通往希特勒寝室的接待室门外。他后来回忆道："这是我这辈子做过的最艰难的事情。此刻大概是3点30分或3点40分。我竭力抑制自己的情感。我知道他不得不自杀，除此之外别无选择。"

等待之际，发生了一件简短而又令人扫兴的事情。悲痛欲绝的玛格达·戈培尔突然冲到他面前，请求见元首一面。京舍劝阻不住，只好敲敲希特勒的房门。

"元首站在书房内，埃娃不在房间里，但浴室的水龙头开着，传来流水声，所以我觉得她在里面。希特勒对我贸然闯入很不高兴。我请示他是否想见见戈培尔夫人，他说道：'我再也不想同她说话了。'于是我出去了。

"5分钟后，我听见一声枪响。

"鲍曼第一个进去。我随后跟着希特勒的贴身侍从林格走了进去。希特勒坐在椅子上，埃娃躺在沙发上。她脱了鞋，还把鞋子整齐地放在沙发一端。希特勒满脸是血。房间里有两支手枪，其中一支是希特勒的瓦尔特PPK手枪，另一支较小的手枪是他一直揣在兜里的。埃娃穿着件带有白色衣领和白色袖口的蓝色连衣裙，眼睛睁得很大。房间里有一股强烈的氰化物臭味，味道很重，我觉得衣服上沾染的气味几天都去不掉，不过这也许是我的想象。

"鲍曼什么都没说，但我随即走入会议室，戈培尔和布格多夫坐在那里，另外几个人我现在记不清了，我告诉他们：'元首死了。'"

过了一会儿，众人用毛毯裹着两具尸体搬出暗堡，放在入口外的浅坑里，旁边有一台废弃的混凝土搅拌机。他们把汽油浇在尸体上点火焚烧。希特勒的司机埃里希·肯普卡觉得，即便尸体点燃后，"希特勒似乎依然存在，对我们仍有约束力"。暗堡进气口吸入尸体焚烧的气味，传到各个房间。肯普卡回忆道："我们无法摆脱这股气味，闻上去就像燃烧的熏肉。"

夜幕降临，新任帝国总理约瑟夫·戈培尔做出了他就职后的首个重大决定：按照他自己提出的条件，就柏林投降事宜与俄国人谈判。德国守军立即以苏联红军的通信频率发了份电报，请求会面。红军没过多久就回复，同意接待特使，还指定了具体地点，好让德方人员穿过红军战线。

午夜前不久，汉斯·克雷布斯和魏德林刚刚被擢升为上校的参谋长特奥多尔·冯·杜夫芬在一名翻译和两个士兵陪同下穿过废墟瓦砾，进入红军防线。几个红军士兵要求查看他们的证件，还想收缴他们的手枪。克雷布斯的俄语很流利，他生硬地说道："勇敢的对手有权在谈判期间保留自己的武器。"几个俄国人尴尬不已，同意他们携带随身武器。

俄国人用汽车把他们送到滕佩尔霍夫区某栋公寓，领他们进入一间小小的餐室。室内摆放的家具表明，这里原先是平民百姓的住处，一张长桌子，一个靠墙而立的大衣柜，几把椅子，对面的墙上挂着列奥纳多·达·芬奇《最后的晚餐》的印制画。室内还摆着几部野战电话。克雷布斯和冯·杜夫芬觉得这里似乎挤满了高级军官。双方没有互致问候，俄国人也没自我介绍，所以克雷布斯不知道，坐在他对面的红军将领就是斯大林格勒的保卫者、近卫第 8 集团军司令员、大名鼎鼎的瓦西里·伊万诺维奇·崔可夫上将。他也不知道，旁边几名红军"军官"其实是两个战地记者、崔可夫的副官（也是崔可夫的小舅子）、两名口译员。① 之所以如此，是因为德国人突然提出谈判，崔可夫措手不及，根本来不及召集司令部人员。

克雷布斯先是要求与"苏联首席谈判代表"私下会晤。崔可夫从面前的烟盒里拿了根长长的俄国烟，他点上香烟，轻快地挥挥手，指指坐在身旁的人说道："他们都是我的参谋人员，是我的军事委员会。"

克雷布斯连声反对，但最终让步了。他说道："我的使命是递交个非常重要、目前依然保密的消息。我想告诉您，您是第一个获知此事的外国人，希特勒 4 月 30 日自杀了。"

崔可夫的确不了解这个情况，但他面不改色地说："我们知道这件事。"

克雷布斯大吃一惊，不由得问道："您是怎么知道的？希特勒几个钟头前刚刚自杀。"希特勒 4 月 29 日与埃娃·布劳恩完婚，她也自杀身亡，两人的尸体焚毁后掩埋了。克雷布斯说，这件事发生在元首暗堡。崔可夫再次掩饰了惊讶之情，他和司令部人员都不知道元首暗堡，也从没听说过埃娃·布劳恩。

双方随后展开艰难的谈判。克雷布斯告诉崔可夫，希特勒留下遗嘱，在遗嘱里指定了继承人，随后他把遗嘱副本交给俄国人。克雷布斯称，眼

---

① 崔可夫召集两名战地记者参加谈判时，到访的苏联作曲家马特维·伊萨科维奇·布兰特也在场，斯大林派他来这里采风，创作一部纪念柏林战役胜利的交响曲。两名战地记者问崔可夫，那个作曲家该怎么做，崔可夫说道："把他也请来吧。"可布兰特到来时身着便装，显然无法冒充红军军官。仓促间，崔可夫把他推入会议室旁边的衣橱，随后的谈判期间，他一直待在衣橱里。德国人即将离开时，布兰特因缺氧而晕倒，从衣橱跌入房间，让几个德国人大吃一惊。

下的问题是无法全面投降，因为帝国新总统邓尼茨目前不在柏林。克雷布斯提出，现在要做的是停火或部分投降，邓尼茨政府随后也许可以同俄国人直接谈判。崔可夫匆匆致电朱可夫，朱可夫断然否决了德国人分裂盟军的企图，莫斯科随后确认了这项决定。

谈判持续了一整晚，拂晓前，克雷布斯仅仅得到俄国人提出的要求：柏林必须立即无条件投降，暗堡内的人员也得投降。

克雷布斯继续与崔可夫争论之际，冯·杜夫芬冒着风险穿越火线返回元首暗堡，结果遭到党卫队枪击，一名红军中校赶紧把他拉回安全处。冯·杜夫芬好不容易回到元首暗堡，告诉戈培尔，俄国人执意要求无条件投降。戈培尔情绪激动地吼道："我绝不同意这一点。"

由于双方都不肯让步，谈判破裂了。元首暗堡里一片恐慌。红军部署在该地区的每一门火炮，现在似乎都瞄准帝国总理府，冯·杜夫芬后来猜测，可能是克雷布斯泄露了暗堡的位置。困在元首暗堡内的人，眼下只有两个选择：要么自杀，要么突围。众人立即制订计划，打算分成几个小组，穿过帝国总理府大楼和花园下方的隧道及掩体。他们可以从那里沿地铁系统逃往弗里德里希大街车站，但愿随后能加入某个战斗群逃往北面。戈培尔的副手维尔纳·瑙曼后来回忆道："一旦我们在施普雷河北面突破俄国人的封锁线，也许就能安全逃往任何方向。"

也有些人做出其他选择。

戈培尔一家决定自杀。几周来，维尔纳·瑙曼一直在劝阻玛格达·戈培尔，可她不为所动。最后的时刻终于到来。5月1日晚上8点30分左右，瑙曼与戈培尔夫妇交谈时，玛格达突然"站起身，走入几个孩子的房间，没过多久她又回来了，脸色惨白，浑身发颤"。几乎是同时，戈培尔开始道别。瑙曼后来回忆道："他对我说了几句话，没涉及政治，也没谈到将来，仅仅是道别。"戈培尔离开暗堡时要求他的副官京特·施韦格曼，待他死后烧掉他和家人的尸体。随后，约瑟夫·戈培尔和玛格达·戈培尔在瑙曼注视下，慢慢走上楼梯，来到花园里。戈培尔戴着帽子和手套，玛格达"颤抖得厉害，几乎没办法走上楼梯"。后来再也没人见到活着的戈培尔夫妇。

他们的几个孩子也死了，死在最不可能伤害他们的人手里。瑙曼回忆道："约瑟夫·戈培尔和玛格达·戈培尔自杀前最后一刻，只有一个人进入过几个孩子的房间，就是玛格达本人。"

从元首暗堡突围的那些人，情况也没好到哪里去。有些人送了命，还有些人几个钟头后就落入红军手里，希特勒的保镖奥托·京舍被俘，后来在苏联关押了 12 年。还有些人很快负了伤，例如飞行员汉斯·鲍尔，他带着希特勒送给他的腓特烈大帝小幅画像逃离，结果被炮弹炸飞一条腿，醒来后发觉自己躺在俄国人的医院里，那幅画像也不见了。马丁·鲍曼和另外几个人神秘地失踪了。也有些人确实逃脱了，或者说几乎跟逃脱一样，他们落入了英国人和美国人手里。

还有三个人在暗堡里自杀身亡：希特勒的副官长布格多夫将军、陆军总参谋长汉斯·克雷布斯将军、负责暗堡警卫工作的党卫队一级突击队大队长弗朗茨·舍德尔。

所有当权者都不在了，确保柏林城、城内守军和民众安全的千钧重任落到魏德林将军肩头。此时的柏林已沦为烈焰四起的炼狱，守军被挤压到城内最中心区域。红军坦克沿菩提树下大街和威廉大街前进，整个蒂尔加滕区和动物园爆发了激烈交战。红军炮兵从东西轴线猛烈轰击城区，一支支部队到达亚历山大广场和弗里德里希大街的地铁站，帝国国会大厦里的战斗异常激烈。除了投降，魏德林觉得别无出路。尽管如此，他还是觉得投降与否应该让自己的部下来决定。于是他召集麾下指挥官开会，阐明了眼下的态势。魏德林后来说道："我把过去 24 小时发生的事情和我的计划告诉他们，最后让他们自行选择出路，可他们提不出其他解决方案。不过，打算突围的人也可以试试。"

5 月 2 日凌晨 1 点前不久，红军近卫步兵第 79 师收到无线电呼叫。德国人在电台里喊道: "注意, 注意, 这里是第56装甲军。柏林时间0点50分, 我们会派停战谈判代表前往波茨坦桥, 识别标志是一面白旗。等待答复。"

红军回复道: "收到, 明白! 正把您的请求呈报参谋长。"

崔科夫将军得知消息, 立即下令停火。5月2日0点50分, 魏德林的参谋长冯·杜夫芬上校和另外两名军官打着白旗到达波茨坦桥。红军士兵把他们领到崔可夫的司令部。魏德林没过多久也来到这里。当天晚些时候, 城内各处用功率强大的扬声器宣布战斗结束。魏德林将军的命令里写道: "交战持续的每一个钟头, 都加剧了柏林市民和我方伤员遭受的苦难……我命令立即停止战斗。"虽说零星的交火还要持续几天, 但柏林战役正式结束了。当天下午冒险进入共和国广场的人, 看见红旗在帝国国会大厦上方飘扬。4月30日下午1点45分, 激烈的交战仍在持续之际, 这里就升起了红旗。

虽然俄国人知道元首暗堡就在帝国总理府下方, 可还是用了几个钟头才找到。搜寻元首暗堡的红军官兵从街上抓了几个向导, 命令他们带路。摄影师格哈德·门策尔也成了向导, 尽管他从没听说过元首暗堡, 可还是带着一群士兵赶往废墟遍地的帝国总理府。迷宫般的地下室和通道里, 红军工兵以探雷器开路。他们刚刚肃清一个房间或一条过道, 其他士兵就把文件、档案、地图收集起来。几个俄国人突然把他们找到的一副望远镜塞给门策尔, 命令他离开。他们已到达元首暗堡。

俄国人首先找到克雷布斯和布格多夫将军的尸体。走廊休息室里, 两人坐在摆满酒杯和酒瓶的长桌旁。他俩是吞枪自尽的, 从军装衣兜里找到的证件证实了他们的身份。

鲍里斯·波列伏依少校跟随首批搜索队中的一支进入元首暗堡, 迅速检查了整座暗堡。在墙上装有普尔曼式床铺的小房间里, 他发现了戈培尔一家人。约瑟夫和玛格达的尸体摆在地上。波列伏依回忆道: "两具尸体都被烧毁，只有约瑟夫·戈培尔的脸还能辨认出来。"俄国人后来一直没搞清戈培尔夫妇的尸体是怎么弄到这里的，可能是尸体部分火化后，有人又把他们搬入暗堡，但俄国人始终不知道究竟是谁干的。几个孩子的尸体也在小房间里。波列伏依少校回忆道："见到这些孩子的尸体实在太可怕了，似乎只有最大的孩子黑尔佳挣扎过，她身上满是瘀紫。几个孩子都死了，但其他孩子都很平静地躺在床上。"

几名苏联医生立即检查了孩子的尸体。几个孩子的嘴里都有灼痕，由此推断，他们先是服了安眠药，睡着后，有人把氰化物胶囊塞入他们嘴里，在牙齿间夹碎后毒死了他们。医生从黑尔佳身上的瘀伤推断，她中毒时醒了，不停地挣扎，下毒者不得不按住她。俄国人把几具尸体抬出暗堡，送到帝国总理府荣誉法庭拍照备案，还加上识别标签。波列伏依最后看了眼这个死亡房间，地上丢着几个孩子的牙刷，还有一管压扁的牙膏。

专家组成的特别小组几乎立即找到了希特勒的尸体，被埋在一层薄薄的土下。苏联历史学家 B.S. 捷利普霍夫斯基将军确信这就是德国元首的尸体。他后来指出："尸体严重烧焦，尽管子弹打碎了后脑勺，但头颅基本完整无损。脱落的牙齿放在头颅旁。"

随后出现了几个疑问。俄国人在同一地点又找到几具尸体，有些也焚烧过。捷利普霍夫斯基指出："我们找到一具穿着制服的尸体，模样很像希特勒，可他脚上的袜子是补过的。我们确定他不是希特勒，因为很难想象帝国元首会穿补过的袜子。那里还有具尸体，此人刚刚死掉，尸体还没被焚烧过。"

两具极为相似的尸体并排放在一起，究竟谁是希特勒，俄国人更加迷惑了，于是把希特勒身边的警卫和工作人员押来，让他们辨认元首的尸体。可他们不是识别不出就是不愿辨识。几天后，瓦西里·索科洛夫斯基大将下令检查每具尸体的牙齿。于是，他们找到弗里茨·埃希特曼和克特·霍伊泽尔曼，两名牙科技师都在希特勒的牙医布拉施克开设的诊所工作。俄国人把埃希特曼带到柏林东北方 25 英里左右埃伯斯瓦尔德附近的菲诺, 命令他画一幅希特勒牙齿的素描图。他画完后, 几个审问者带着素描图走入另一个房间。没过多久他们回来了, 告诉埃希特曼: "对上了。"俄国人随后给埃希特曼看了希特勒的整个下颚和齿桥。

俄国人 5 月 7 日找到克特·霍伊泽尔曼, 让她辨识希特勒的下颚和齿桥。她和布拉施克教授几个月前干的活儿很容易辨认。俄国人给了克特一包食物, 还开车送她回柏林。两天后, 他们又找到她, 这次把她领到埃尔克纳镇。林间空地里有一排敞开的坟墓, 能看见墓里摆放的尸体。克特身边的俄国人让她识别几具尸体。克特立即认出约瑟夫·戈培尔和他几个孩子的尸体。她后来指出: "几个小姑娘仍穿着法兰绒睡衣, 睡衣上印着小小的红玫瑰和蓝花。"可这里没见到玛格达·戈培尔的尸体。

很显然, 由于克特·霍伊泽尔曼辨认出希特勒的牙齿, 接下来 11 年她在苏联监狱里度过, 大多数时候是单独囚禁。

希特勒残余的尸体呢? 俄国人说在柏林郊外火化了, 可他们不愿透露具体地点。他们说一直没找到埃娃·布劳恩的尸体, 肯定是彻底烧光了, 红军对政府建筑的猛烈炮击, 无疑炸毁或炸碎了可供识别的遗体部分。①

4 月 30 日上午, 戈特哈德·海因里齐穿过司令部走廊, 准备永远离开此地时, 一名年轻的上尉走到他面前: "将军, 您不认识我, 我在作战处工作。我和其他人都知道您被解职了, 奉命去普伦报到。"

海因里齐没吱声。

年轻的上尉又说道: "我恳请您, 别急着去那里。"

海因里齐问道: "您究竟想说什么?"

---

① 本书作者认为, 俄国人对埃娃·布劳恩不感兴趣, 没花太多工夫识别她的遗体。苏联人首次确认希特勒死亡, 是1963年4月17日瓦西里·索科洛夫斯基元帅对本书作者和约翰·埃里克森教授做出的, 几乎是事件发生18年后。

上尉说道："几年前，施瓦本格明德每逢周日都要举行教堂游行，我经常走在团乐队后面。长官，那时候您是少校，我后来和您那位副官非常熟悉。"

海因里齐说道："哦，隆美尔。"

上尉继续说道："没错，长官，希望您原谅我接下来要说的话，我不想让隆美尔元帅遭遇的事情落到您头上。"

海因里齐目光犀利地盯着对方，问道："您这话什么意思？隆美尔是战死的。"

上尉答道："不是的，长官，他没有战死，而是被迫自杀的。"

海因里齐盯着他，厉声问道："您怎么知道的？"

上尉告诉他："因为我是隆美尔元帅的副官，我的名字是赫尔穆特·朗。我恳请您，开车去普伦时尽量慢点，这样的话，等您到达那里，说不定战争已经结束了。"

海因里齐犹豫了一下，随后握住朗的手，生硬地说道："谢谢您，太感谢了。"

海因里齐沿走廊走出大楼，他这个规模不大的司令部，全体工作人员在外面列队等候。有人喊出口令，全体人员朝海因里齐敬礼。海因里齐走到他们面前说道："我得感谢你们所有人。"副官冯·比拉上尉拉开车门，海因里齐上车，冯·比拉坐在副驾驶座上，对司机说了句："去普伦。"

海因里齐从后座探过身子，拍拍司机的肩膀说道："慢点开，我们不着急。"

次日夜里，海因里齐到达普伦兵营。他走入房间，屋里的收音机开着。广播突然中断，一阵低沉的鼓声过后，电台里宣布元首去世了。此时是 5 月 1 日晚上 10 点。

★　★　★

　　迪克西·迪恩斯准尉坐在德国警卫查理·贡巴赫身旁听着新闻报道。这是他很长一段时间以来听到的最好的消息。播音员郑重宣布: "……抵抗布尔什维克的战斗中, 元首奋战到最后一息。"迪恩斯看看四周。他和贡巴赫此时位于劳恩堡东面某个地方, 躲在德军防线后方一栋房屋的地下室里。房主一家也在, 听到元首去世的消息, 女主人泪流满面。迪恩斯按捺住喜悦之情。虽说元首也许真死了, 可战争还没结束。德军防线就在前方, 迪恩斯必须越过火线, 这可不容易, 因为炮火非常猛烈。

　　他们在不太舒适的地下室里过夜, 迪恩斯很快睡着了。这几天他一直骑着自行车, 设法穿越德军防线进入英军阵地。运气好的话, 他也许能做到, 只要说服下一批德国兵让他通过就可以了。这就是他进入梦乡前思忖的事情。

　　几个钟头后, 有人把他推醒, 一支冲锋枪抵着他的肋部。有个家伙说道: "伙计, 站起来。"迪恩斯抬起头, 看见一张相貌凶狠的面孔, 对方是英国第 6 空降师的伞兵。迪恩斯他们沉睡时, 英军夜间占领了这里。他欣喜若狂地跳了起来, 向对方表明自己的身份。英国伞兵押着他和查理返回连部, 随后把他们送到师部, 很快又交到军部, 最后他们见到第 8 军军长伊夫林·H. 巴克中将。

　　迪恩斯赶紧解释了眼下的情况, 焦急地说道: "12000 名皇家空军战俘朝前线跋涉, 我们的飞机正朝他们开火!"他还把自己与其他战俘分手的地点告知巴克将军。巴克大吃一惊, 赶紧拿起电话, 取消了对该地区再次发动空袭的计划, 随后如释重负地说道: "放心吧, 用不了 48 小时我们就能占领那里, 你最好休息一下。"

　　迪恩斯说道: "长官, 那可不行, 我答应过奥斯特曼上校, 我得回去。"

　　巴克惊异地盯着他, 问道: "这么做是不是有点傻? 不管怎么说, 再过几个钟头我们就能到达那里。"

但迪恩斯坚持己见。巴克将军说道:"那好吧,我给你一辆车,再插上红十字会会旗,这样你就可以穿越火线了。告诉你遇到的德国佬,他们最好放下武器。"

迪恩斯敬礼后离开。路过参谋长的办公室时,他朝周围看了看,问道:"我的德国警卫查理·贡巴赫在哪里?"有人说道:"把他送去战俘营了。"迪恩斯火了,吼道:"他不回来我就不走,我用自己的名誉保证过的。"查理很快被送了回来,两人乘坐缴获的梅赛德斯车出发,汽车引擎盖上插着红十字会会旗。

两天后,迪克西·迪恩斯领着他的战俘步行进入英军战线,几个风笛手走在最前方。英军官兵站在路边,看着这群骨瘦如柴、疲惫不堪的皇家空军战俘昂首挺胸地走入英军防区。奥斯特曼上校和他的部下现在身陷囹圄。迪恩斯和一群战俘陪着他们来到英军战俘营,两群人面对面列队立正。奥斯特曼上前一步,与迪恩斯互致军礼。迪恩斯说道:"奥斯特曼上校,再见!"奥斯特曼答道:"迪恩斯先生,再见,希望有重逢的那一天。"迪恩斯随后重复道:"立正!"奥斯特曼带着部下列队走入英军战俘营,查理·贡巴赫经过时,不停地挥手致意。

★ ★ ★

猛烈的火力从四面八方袭来。布塞来回奔波,不停地朝部下喊道:"站起来!继续前进!就剩几英里了!文克在等着我们!"他疲惫至极,不知道现在是几点,甚至不记得今天是星期几。第9集团军一直朝文克集团军的方向冲杀,似乎已战斗了好几周。他们的弹药所剩无几,几乎没有火炮,只剩几门迫击炮,寥寥无几的机枪也射光了子弹。布塞放眼望去,瘫倒在地、再也无力前行的部下随处可见。他和手下的军官倾尽全力,不停催促部下继续前进。雪上加霜的是，成千上万的难民加入德军纵队。食物严重短缺，就连布塞的部下也没有足够的配给。

文克就在几英里外，可红军的抵抗相当顽强。布塞召来仅剩的一辆坦克，他一直留着这辆战车，就是为应对眼下的状况。布塞命令沃尔夫·哈格曼中将杀开血路。哈格曼跳入坦克，命令驾驶员全速前进。坦克颠簸着向前冲去，隆隆驶过沟渠，碾过崎岖的地面。哈格曼突然看见前方的红军士兵四散奔逃，他四下寻找可供射击的目标。坦克上的机枪耗尽了弹药，他抓起冲锋枪，朝逃离的俄国人开火射击。

他随后听见对面传来枪炮声，火力来自俄国人身后，是文克的部下。这场会合来得如此突然，事后没人记得突围行动究竟是怎样结束的。精疲力竭的德军官兵拥抱在一起。文克和布塞终于会合了。

文克后来回忆道："第9集团军的将士疲惫至极，损失很大，状况很不好，简直令人难以置信。"就在他驻足观望时，有人离开行军纵队朝他走来。文克定神细看，来的是个面容憔悴、满身征尘、胡子拉碴的军人。直到对方走到面前，文克才认出是特奥多尔·布塞将军。两人默默地握手，文克随后说了句："感谢上帝，你们终于冲出来了。"

5月7日，两个集团军退到易北河畔，十来万人渡河到西岸，当了美军的俘虏。布塞原先有20万部下，只有4万人活了下来。

德国半官方通讯社"海通社"用法语发出最后一条消息："*Sauve qui peut.*"——各自逃命吧！柏林人听从了建议。坦克、士兵、婴儿车、汽车、马车、运兵车、自行火炮、骑马者、成千上万的步行者穿过通往施潘道区的各座桥梁，潮水般涌出柏林城。这场规模庞大的逃亡已经持续了好几个钟头。德国政府也许签署了降书，可枪炮声并未停息，难民现在只想尽快逃离。逃亡的人潮偶尔遭到炮击，部署在城市南北两面的红军炮兵显然还没接到停火令。

年轻的布丽吉特·韦伯坐着她公公的司机驾驶的汽车离开柏林，她穿着毛皮大衣，脚下的篮子里放着祖传的银器。汽车随后陷入逃往施潘道区的人潮，10个半钟头只行进了几英里。布丽吉特最后不得不下车，和成千上万的难民一样，艰难地向西步行跋涉。

16岁的阿里贝特·舒尔茨惊异地发现，自己再次见到那个负责执行死刑的红发党卫队队员。急救掩体内，舒尔茨就躺在他旁边，那个身材瘦削的党卫队射手，腹部挨了几颗子弹，惨叫了16个钟头才死去。

潮水般的人群挤满了通往各座桥梁的道路，炮弹一次次落在他们当中。希尔德加德·潘策尔与库尔特·阿赫上尉同行，库尔特帮着照料她的两个孩子，但拥挤的人潮中，9岁的沃尔夫冈和5岁的黑尔佳走失了，希尔德加德再也没见到这双儿女。这场疯狂的逃亡，估计死伤了2万人。

炮火终于停息了，逃亡的难民总算把枪炮声甩在身后。为确保脱离险境，他们竭力向西跋涉，最后累得瘫倒在地。男男女女、老老少少倒在田野里、沟渠内、空房子里、废弃的车辆内、道路旁和道路上，就这样睡着了。他们终于安全了。最后一战就此结束。

海因里希·施瓦茨穿过动物园满目疮痍的废墟，不停地喊着："阿布！阿布！"他觉得这里什么都没剩下，动物园再也无法恢复原貌了。死去的动物和碎石瓦砾随处可见。他朝池塘走去，不停地喊着："阿布！阿布！"

一阵拍打翅膀的声音传来。空荡荡的池塘边缘，那只珍稀的阿布·马尔库布鹳单足而立，瞅着施瓦茨。他绕过池塘抱起这只大鸟，不由自主地说道："阿布，一切都结束了。"说罢，他抱着阿布离开了。

5月4日，伊尔莎·安茨慢慢走出维尔默斯多夫区的地下室，自4月24日以来，这是她第一次白天走出来。各条街道静得有点离奇。"起初我无法适应亮光，什么也看不见，眼前只有一个个黑圈。但我随后环顾四周，阳光明媚，春天来了。微风轻拂，树木开了花。即便在这座饱受摧残、奄奄一息的城市，大自然也让生命复苏了。此时没有什么能触动我，所有情感早已离我而去。可我眺望远处的公园，看见到来的勃勃春意，再也无法控制自己。自这一切开始以来，我第一次泣不成声。"

伤亡小计

即便 20 年后，也没人能说清柏林战役期间平民究竟伤亡了多少。时至今日，废墟、花园、公园、万人坑里仍能挖出战役期间匆匆掩埋的尸体。但相关的统计称，这场战役可能造成近 10 万平民百姓丧生。至少 2 万人死于心脏病发作，6000 来人自杀身亡，其他人不是死在炮火下或巷战中，就是后来死于伤重不治。最后几天逃离柏林，死在德国其他地方的人也从没准确估算过。如果说至少 52000 人死于空袭，上述估算大致准确的话，那么死亡总数就超过 15 万，这个数字还不包括伤者。

遭强奸的人有多少？没人知道。几名医生告诉我，估计有 2 万~10 万人。堕胎得到默许，但出于显而易见的原因，别说统计，甚至没人愿意猜测堕胎的数字。

至于德国军人的伤亡，和平民百姓一样，没人知道确切的数字。导致问题更加复杂的是，这个伤亡数被纳入德国整个战争期间的伤亡总数，所以根本没办法弄清柏林战役期间德军的伤亡人数。苏联人倒是能确定他们的伤亡数。苏联国防部称，从奥得河到最终攻克柏林，他们此次战役的阵亡人数"超过 10 万"。我觉得这个数字似乎太高了，很可能是故意夸大，以此渲染他们赢得的胜利。但另一方面，科涅夫元帅告诉我，仅他的军队，"从奥得河攻往柏林的整个战役期间，再加上我以南翼攻往易北河……就阵亡了 15000 人"。由此看来，朱可夫和科涅夫的军队为攻克柏林至少阵亡了 10 万人。奇怪的是，美国第 12 集团军群司令奥马尔·N. 布拉德利将军提醒过艾森豪威尔，要想夺取德国首都，可能要付出伤亡 10 万人的代价，但布拉德利说的是阵亡、负伤、失踪总数。

《最后一战》的军人和平民

他们今天在做什么？

　　以下这份名单列出了"最后一战"涉及的所有人员，他们都为本书提供了相关信息。首先是盟国军方人员，其次是与他们交战的德军人员，最后是 1945 年 3 月和 4 月居住在城内或周边地区的柏林人。遵照波恩政府的要求，名单里删除了德国军人和平民的住址。自本书出版以来，相关人员的职业可能有变动，名字后面附有星号（*）者，表明提供信息者已去世。名单里列出的军衔截止到 1945 年。

美国人

德怀特·戴维·艾森豪威尔	盟国远征军最高统帅，五星上将，美国总统（1952—1960 年）；宾夕法尼亚州葛底斯堡。
奥马尔·纳尔逊·布拉德利	第 12 集团军群司令，五星上将；宝路华手表公司董事长，纽约州纽约市。
亨利·查尔斯·阿布	第 30 步兵师，上尉；项目建筑师，纽约市皇后区。
查尔斯·M.亚当斯	第 69 步兵师，上校；美国陆军上校（退役），加利福尼亚州拉梅萨市。
切斯特·P.阿德里安	第 83 步兵师，中尉；西北相互人寿保险公司特别代理人，俄亥俄州贝尔方丹市。
詹姆斯·R.奥尔曼德	第 82 空降师，中尉；职业不详，墨西哥索诺拉省埃莫西约市。
杰拉尔德·J.安德森	第 30 步兵师，一等兵；新泽西州机动车辆考官，新泽西州格伦罗克市。
格伦·H.安德森	第 30 装甲师，上校；汽车旅馆老板，佛罗里达州代托纳比奇市。
彼得·安德森	第 30 步兵师，中士；州长官邸管理员，纽约州奥尔巴尼市。
卡尔·J.安杰莱里	第 30 装甲师，四级技术兵；房地产经纪人，纽约市森林山。
威廉·阿拉勒	第 30 步兵师，技术军士；联邦税务局税务员，新泽西州西奥兰治。
肯尼斯·李·艾尔斯	第 84 步兵师，中尉；美国陆军少校（退役），佛罗里达州塔拉哈西市。
克莱德·贝克	第 30 步兵师，一等兵；邮局职员，亚拉巴马州皮德蒙特市。

詹姆斯·H. 巴尔吉	第30步兵师, 上士; 纽约州国民警卫队军士长; 卡车司机, 纽约州伦斯勒市。
罗伯特·霍华德·巴纳德	第9航空队, 中尉; 商人, 新墨西哥州图克姆卡里市。
查尔斯·约瑟夫·巴雷特	第84步兵师, 准将; 美国军事学院上校, 纽约州西点市。
克利夫顿·布鲁克斯·巴彻尔德	第2装甲师, 中校; 美国支票簿公司经理, 内布拉斯加州奥马哈市。
约翰·托马斯·贝里	第82空降师, 少校; 第101空降师, 上校, 肯塔基州坎贝尔堡。
弗卢尔·伍德罗·贝里曼	第5装甲师, 四级技术兵; 木匠, 亚拉巴马州汤溪。
阿里·D. 贝斯特布罗尔特耶	第82空降师, 上尉; 牧师, 肯塔基州路易斯维尔市。
克拉伦斯·E. 贝思克	第84步兵师, 上尉; 职业不详, 亚利桑那州图森市。
威廉·谢泼德·比德尔	第83步兵师, 上校; 美国陆军少将(退役), 宾夕法尼亚军事学院院长, 宾夕法尼亚州切斯特市。
查尔斯·比林斯利	第82空降师, 上校; 美国陆军少将, 作战发展司令部副司令, 弗吉尼亚州贝尔沃堡。
小威廉·M. 布莱尔	第84步兵师, 中尉; 殖民银行和信托公司副财务主管, 康涅狄格州沃特伯里市。
彼得·布莱克	第5装甲师, 少尉; 建筑师兼作者, 纽约州纽约市。
唐纳德·保罗·布洛泽	第30步兵师, 上尉; 医学博士, 宾夕法尼亚州伊诺拉市。
亚历山大·R. 博林 *	第84步兵师, 少将。
杰克·L. 博默尔	第82空降师, 五级技术兵; 职业不详, 俄亥俄州哥伦布市。
小里奇利·B. 邦德	第84步兵师, 中校; 美国陆军准校, 马里兰州卡顿斯维尔市。
J. 埃德温·布思	战俘, 卢肯瓦尔德战俘营; 邮局职员, 内布拉斯加州弗里蒙特市。
埃尔默·威廉·博韦	第30步兵师, 一等兵; 博韦派递公司老板, 纽约州艾迪生市。
埃尔莫·哈伯德·博伊德	第83步兵师, 上尉; 厂商代表, 南卡罗来纳州夏洛特。
哈罗德·R. 布罗克利	第82空降师, 四级技术兵; 邮局职员, 印第安纳州康纳斯维尔市。
德怀特·马里昂·布鲁克斯	第69步兵师, 中尉; 美国陆军中校, 弗吉尼亚州贝尔沃堡。
马塞尔·F.J. 布鲁诺	第2装甲师, 中校; 美国陆军上校(退役), 缅因州贝尔法斯特市。
多伊尔·R. 邦奇	第83步兵师, 上尉; 阿马洛公立中学校长, 得克萨斯州阿马里洛市。
尤金·盖尔·伯内特	第30步兵师, 技术军士; 美国陆军监察长, 上士; 富尔曼大学, 南卡罗来纳州格林维尔市。
斯坦利·E. 伯恩斯	第84步兵师, 上尉; 海明威运输公司地区经理, 宾夕法尼亚州费城。
爱德华·J. 伯顿	第82空降师, 一等兵; 卡车司机, 加利福尼亚州卡迈克尔市。
德尔蒙特·K. 伯恩	第30步兵师, 上尉; 密歇根大学教育学教授, 密歇根州安阿伯市。
小约翰·帕特里克·卡宾	第30步兵师, 少校; 美国陆军中校, 新泽西州托伦顿市。
诺尔曼·D. 卡恩斯	第84步兵师, 中校; 美国陆军上校(退役), 科罗拉多州丹佛市。
威廉·J. 卡罗西奥	第5装甲师, 中尉; 警察, 纽约州埃尔迈拉市。
查尔斯·B. 卡拉尔	第30步兵师, 上尉; 牧师, 纽约州霍索恩市。
克劳德·埃德温·卡森	第5装甲师, 上尉; 美国陆军中校(退役), 亚拉巴马州亨茨维尔市。
柯蒂斯·梅森·克拉克	第2装甲师, 少校; 诺顿公司法务顾问, 马萨诸塞州伍斯特市。
弗朗西斯·J. 克利里	第82空降师, 上士; W.S. 罗克韦尔公司生产部经理, 康涅狄格州费尔菲德市。

马尔德温·M.格洛斯	第5装甲师，上士；邮局职员，内布拉斯加州怀莫尔市。
埃德温·莫顿·科茨	第5装甲师，中校；美国空军测试规划员，加利福尼亚州兰开斯特市。
约翰·豪厄尔·科利尔	第2装甲师，准将；美国陆军中将（退役），得克萨斯州圣安东尼奥市。
理查德·约翰·康兰	第69步兵师，中校；美国陆军防空司令部上校，俄克拉何马州俄克拉何马市。
安吉洛·詹姆斯·康特	第84步兵师，少校；美国陆军后备役部队中校（退役），新泽西州莱维敦市。
朱利安·亚伦·库克	第82空降师，中校；美国大西洋司令部上校，弗吉尼亚州诺福克市。
蒂姆·O.库克	第83步兵师，中校；银行高级职员，得克萨斯州拉梅萨。
富兰克林·哈罗德·科普	第5装甲师，中尉；美国陆军后备役部队中校，弗吉尼亚州福尔斯彻奇市。
小沃纳·G.科斯格罗夫	第13军，少校；希尔兹公司合伙人，纽约州纽约市。
詹姆斯·帕特里克·科斯特洛	第30步兵师，上尉；纽约警察局中士，纽约州贝塞德市。
诺尔曼·D.科塔	第29步兵师，少将；美国陆军少将（退役），宾夕法尼亚州布林莫尔市。
埃德温·B.克拉比尔	第83步兵师，上校；美国陆军上校（退役），佛罗里达州里维拉比奇市。
伯蒂·爱德华·克雷格	第84步兵师，中校；美国陆军上校（退役），华盛顿州塔科马市。
托马斯·迪拉德·克罗斯比	第30步兵师，上士；美国陆军运输兵军邮局中士，纽约州纽约市。
丹尼尔·T.切阿克	第30步兵师，一等兵；面包店经理，俄亥俄州坎顿市。
小亨利·马丁·卡洛姆	第84步兵师，上尉；瓦利轮胎公司经理，田纳西州南匹兹堡市。
弗朗西斯·S.柯里	第30步兵师，技术军士；退伍军人局医院，办公室文员，纽约州奥尔巴尼市。
唐纳德·C.丹尼尔斯	第5装甲师，中尉；职业不详，密苏里州堪萨斯城。
约瑟夫·罗伯特·达里戈	第84步兵师，中尉；工人，康涅狄克州达里恩市。
威廉·霍尔特·戴维斯	第84步兵师，上尉；中校，佐治亚军事学院，佐治亚州伊斯特波因特市。
约翰·R.迪恩	美国驻莫斯科军事代表团团长；美国陆军少将（退役），加利福尼亚州旧金山市。
贝尼·迪尔	第30步兵师，一等兵；职业不详，亚拉巴马州格洛弗斯维尔市。
查尔斯·库珀·德沃	第50装甲师，中校；房地产经纪人，弗吉尼亚州马里昂市。
约翰·J.德文尼	第83步兵师，上尉；陆军部文职人员，宾夕法尼亚州斯普林菲尔德市。
多米尼克·迪巴蒂斯塔	第82空降师，一等兵；承包商，新泽西州加伍德市。
格伦·吉尔默·迪肯森	第5装甲师，中校；美国陆军上校（退役），律师，佐治亚州奥古斯塔市。
查尔斯·迪利奥讷	第30步兵师，二等兵；卡车司机，新泽西州锡布赖特市。
纳尔逊·丁利三世	美国地面部队司令部，上校；美国陆军准将（退役），佛罗里达州维罗比奇市。
保罗·A.迪斯尼	第2装甲师，上校；美国陆军少将（退役），弗吉尼亚州阿灵顿市。
乔治·罗伯茨·多尔蒂	第84步兵师，上尉；大西洋钣金公司经理，佐治亚州亚特兰大市。
奥托·埃利斯	第30步兵师，上校；退役，佛罗里达州布雷登顿市。
约翰·L.法里斯	第30步兵师，上尉；百货公司副经理，南卡罗来纳州罗克希尔市。
爱德华·吉尔伯特·法兰德	第5装甲师，上校；美国陆军少将（退役）；圣约翰军校校长，威斯康星州德拉菲尔德市。

马尔科姆·阿龙·费尔曼	第 30 步兵师，中尉；贝奇公司商品部，纽约州纽约市。
路易斯·詹姆斯·菲卡拉	第 30 步兵师，下士；压光机操作工工长，新泽西州加菲尔德市。
劳伦斯·弗莱施曼	第 30 步兵师，上尉；职业不详，纽约州布法罗市。
梅尔文·拉马尔·弗劳尔斯	第 9 航空队，中尉；美国空军少校（退役），亚拉巴马州亨茨维尔市。
文森特·丰德里科	第 30 步兵师，下士；市水务局检查员，纽约州罗斯代尔市。
梅里特·杜安·弗朗西斯	第 5 装甲师，中尉；公司飞行员，爱荷华州基奥卡克市。
罗伯特·弗兰考	第 82 空降师，上尉；外科医生，华盛顿州里奇兰市。
沃尔特·L. 弗兰克兰	第 30 步兵师，中校；汽车零件店老板，田纳西州杰克逊市。
阿瑟·阿诺德·弗朗索瓦	第 82 空降师，四级技术兵；邮局职员，罗得岛州克兰斯顿市。
韦恩·W. 加尔文	第 82 空降师，二等兵；油漆工，内华达州拉斯维加斯市。
查尔斯·G. 加文	第 30 步兵师，上尉；县推广代理，俄勒冈州拉格兰德市。
詹姆斯·M. 加文	第 82 空降师，少将；美国陆军中将（退役），阿瑟·D. 利特尔公司董事长，马萨诸塞州波士顿市。
迈克·加兹达伊卡	第 5 装甲师，中士；旧金山观察家报雇员，加利福尼亚州卡马里洛市。
利奥·约瑟夫·格佩特	第 84 步兵师，少校；海军陆战队上校，布鲁克综合医院，得克萨斯州萨姆·休斯敦堡。
小阿尔万·卡洛姆·吉勒姆	第 13 军，少将；美国陆军中将（退役），佐治亚州亚特兰大市。
劳埃德·H. 戈梅斯	第 84 步兵师，中校；美国陆军中校，华盛顿特区。
托马斯·沃伦·格罗斯	第 5 装甲师，上尉；切萨皮克与俄亥俄州铁路公司主管，密歇根州萨吉诺市。
阿瑟·T. 哈德利	第 2 装甲师，中尉；纽约州纽约市。
斯图尔特·L. 霍尔	第 30 步兵师，中校；西方人寿保险公司副总裁助理，加利福尼亚州洛杉矶市。
丹尼尔·惠特尼·哈勒戴	第 83 步兵师，上尉；亚拉巴马大学训导主任，亚拉巴马州费耶特维尔市。
威廉·弗朗西斯·汉德伯格	第 30 步兵师，一等兵；商业艺术家，明尼苏达州明尼阿波利斯市。
托马斯·T. 汉迪	少将；退役，美国陆军副参谋长，作战部，华盛顿特区。
威廉·B. 哈丁	第 30 步兵师，军士长；美国陆军军士长，俄亥俄州阿克伦市。
哈里·埃卡斯·哈斯林格	第 13 军，中校；美国陆军上校，退伍军人管理局，马里兰州科利奇帕克市。
马丁·M. 海尔布伦	第 30 步兵师，下士；斯特恩公司变更项目经理，纽约州纽约市。
弗朗西斯·泽维尔·亨尼西	第 30 步兵师，下士；律师，纽约市布朗克斯区。
尼尔·A. 赫斯	第 9 航空队，少校；美国空军中校，得克萨斯州卡斯维尔空军基地。
丹尼尔·E. 希金斯	第 5 装甲师，中尉；美国氰胺公司公关专员，新泽西州林登市。
杰拉尔德·J. 希金斯	第 101 空降师，准将；美国陆军少将（退役）；研究分析公司，海外业务经理，华盛顿特区。
爱德华·米切尔·希尔	第 30 步兵师，上尉；美国陆军中校，弗吉尼亚州阿灵顿市。
约翰·G. 希尔	第 5 军，上校；美国陆军准将（退役），弗吉尼亚州阿灵顿市。
沃尔特·W. 希伦迈尔	第 5 军，少校；希伦迈尔托儿所合伙人，肯塔基州列克星敦市。
唐纳德·S. 海姆斯	第 84 步兵师，中校；美国陆军上校，纽约州纽约市。

哈罗德·希梅尔斯坦	第 30 步兵师，一等兵；联邦税务局工作人员，纽约州纽约市。
查尔斯·F. 海因兹	第 2 装甲师，四级技术兵；肯塔基州档案管理员，肯塔基州法兰克福市。
西德尼·R. 海因兹	第 2 装甲师，准将；美国陆军准将（退役）；国防供应局督查员，弗吉尼亚州福尔斯彻奇市。
利兰·S. 霍布斯	第 30 步兵师，少将；美国陆军少将（退役），华盛顿特区。
莫顿·D. 霍夫曼	第 30 步兵师，中士；东部各州电气承包商负责人，纽约州纽约市。
詹姆斯·F. 霍林斯沃思	第 2 装甲师，少将；美国陆军上校，代理国防部长副助理，华盛顿特区。
哈罗德·诺尔曼·霍尔特	第 9 航空队上校；美国空军上校，亚拉巴马州麦克斯韦尔空军基地。
理查德·K. 霍普曼	第 30 步兵师，中尉；化学研究院，新泽西州奥克兰市。
弗兰克·利奥·豪利	美国军政府上校；纽约大学副校长，纽约州纽约市。
查尔斯·E. 霍伊	第 84 步兵师，上校；美国陆军少将（退役），佛罗里达州温特帕克市。
小艾伦·哈伯德	第 30 步兵师，上尉；休斯、哈伯德、布莱尔、里德公司律师，纽约州纽约市。
哈里·J. 哈伯德	第 84 步兵师，中校；职业不详，得克萨斯州马尔法市。
克拉伦斯·拉道夫·许布纳	第 5 军，少将；美国陆军中将（退役），华盛顿特区。
赫伯特·E. 许布申	第 82 空降师，上士；联邦税务局工作人员，威斯康星州伯洛伊特市。
谢利·G. 休斯	第 83 步兵师，中校；差速器钢动车公司总经理，俄亥俄州芬德利市。
约翰·埃德温·赫尔	五角大楼作战部，上将；美国陆军上将（退役），华盛顿特区。
丹尼尔·H. 亨德利	第 9 集团军，上校；美国陆军上校（退役），华盛顿大学副教授，密苏里州圣路易斯市。
埃默森·斯诺·亨特	第 102 步兵师，中尉；美国陆军后备役部队少校（退役），康涅狄格州威尔顿市。
克里斯蒂安·O. 胡辛	第 30 步兵师，上士；加油站老板，密苏里州罗克波特市。
戈登·D. 英格拉哈姆	第 69 步兵师，中校；美国陆军上校（退役），加利福尼亚州奥克兰市。
威利·B. 厄比	第 30 步兵师，上尉；奶农兼美国农业部土壤保育员，弗吉尼亚州布莱克斯通市。
马文·勒罗伊·雅各布斯	第 20 步兵师，中校；孟菲斯州立大学教授，田纳西州孟菲斯市。
罗伯特·富特·詹姆斯	第 5 装甲师，少将；汽车经销商，宾夕法尼亚州黎巴嫩市。
罗兰·詹姆斯	第 30 步兵师，一等兵；百事可乐公司产品控制经理，纽约州贝肖尔市。
布里亚德·波兰·约翰逊	第 2 装甲师，中校；美国陆军少将，弗吉尼亚州门罗堡。
克拉伦斯·J. 约翰逊	第 30 步兵师，上尉；美国陆军后备役部队少校；公立中学教师，亚利桑那州菲尼克斯市。
唐纳德·R. 约翰逊	第 83 步兵师，中尉；加油站销售主管，威斯康星州莫斯顿市。
詹姆斯·埃尔莫·琼斯	第 82 空降师，上士；工业塑料公司总经理，北卡罗来纳州格林斯伯勒市。
理查德·哈里斯·琼斯	第 5 装甲师，中校；休斯敦中学副校长，得克萨斯州休斯敦市。
威廉·奥斯卡·乔丹	第 30 步兵师，中士；L & M 公司员工，宾夕法尼亚州霍舍姆市。
亨利·鲁道夫·卡佐夫卡	第 30 步兵师，少校；职业不详，宾夕法尼亚州温尼伍德市。
莫里斯·埃文斯·凯泽	第 13 军，中校；美国陆军上校，五角大楼，华盛顿特区。
哈罗德·戴维·科姆	第 9 集团军，上校；美国陆军上校（退役），马里兰州贝塞斯达市。

托马斯·J.凯利	第7装甲师，下士，国会荣誉勋章获得者；美国文官委员会律师，纽约市布鲁克林区。
哈罗德·W.O.金纳德	第101空降师，上校；美国陆军少将，第11空中突击师，佐治亚州本宁堡。
乔·H.克莱巴	第30步兵师，技术军士；牧场主，怀俄明州谢里登市。
哈利·尤斯蒂斯·科勒	第83步兵师，少校；美国陆军中校（退役），干洗店老板，路易斯安那州莱克查尔斯市。
罗兰·L.科尔布	第84步兵师，中校；美国陆军上校，五角大楼，华盛顿特区。
亚当·安东尼·科莫萨	第82空降师，上尉；美国陆军中校（退役），印第安纳州布卢明顿市。
阿瑟·F.科尔夫	第84步兵师，上尉；科尔夫第六大街股份有限公司总经理，威斯康星州基诺沙市。
亚历山大·科罗列维奇	第30步兵师，一等兵；福特汽车公司员工，新泽西州沃德维克市。
威廉·爱德华·科塔里	第82空降师，中尉；保险公司代理部门，宾夕法尼亚州韦恩市。
艾伯特·科策布	第69步兵师，中尉；美国陆军中校，威斯康星州麦迪逊市。
赫伯特·H.克雷默	第5装甲师，中士；美国海岸警卫队文职人员，密苏里州杰斐逊城。
马丁·卢瑟·库尔曼	第83步兵师，中校；信诺钢带公司办公室经理，伊利诺伊州芝加哥市。
理查德·汉密尔顿·莱西	第30步兵师，一等兵；文特乳品公司杀菌员，纽约州尼亚加拉瀑布城。
塞缪尔·S.拉丁	第30步兵师，专业技术军士；安保维护公司员工，纽约州长岛城。
约翰·罗斯·兰迪斯	第30步兵师，一等兵；木匠，新泽西州伍德伯里市。
戴尔·C.劳伦斯	第84步兵师，上尉；马赛克瓷砖公司销售代表，华盛顿州斯波坎市。
爱德华·J.利里	第69步兵师，中校；美国陆军后备役部队上校（退役），新泽西州托伦顿市。
乔治·阿诺德·利特	第26步兵师，上尉；全国劳资关系委员会律师，华盛顿特区。
哈罗德·约瑟夫·利维	第2装甲师，中士；邮递员，纽约州马马罗内克市。
威廉·T.洛德	第30步兵师，一等兵；T.N.帕尔默公司生产经理，纽约州纽约市。
格伦·E.洛夫兰	第82空降师，上士；教育委员会员工，俄亥俄州谢尔比市。
李·尤金·勒德洛	第5装甲师，五级技术兵；职业不详，印第安纳州拉波特市。
约瑟夫·安东尼·马卡卢索	第83步兵师，上尉；建筑承包商，路易斯安那州新奥尔良市。
保罗·威廉·麦克法兰	第83步兵师，中尉；梦境制造公司总经理，佛罗里达州圣彼得斯堡。
埃尔温·L.麦金宁	第5装甲师，一等兵；承包公司财务总监，马萨诸塞州奥兰治市。
罗伯特·昌西·梅肯	第83步兵师，少将；美国陆军少将（退役），马里兰州加利福尼亚市。
詹姆斯·林登·麦克韦恩	第30步兵师，中士；美国陆军军士长（退役），纽约州勒鲁瓦市。
文森特·马乔	第30步兵师，下士；邮递员，纽约州亨廷顿市。
瑟奇·A.曼尼	第30步兵师，一等兵；杜罗国际测试中心，副总经理，纽约州里弗埃奇市。
威廉·S.马丁	第5装甲师，中尉；金属加工场老板，科罗拉多州戈尔登市。
安东尼·麦考利夫	第101空降师，少将；美国陆军中将（退役），华盛顿特区。
琼·雷蒙德·麦克劳德	第5装甲师，上士；巡警，西弗吉尼亚州马林顿市。
弗雷德里克·麦克斯温·麦康奈尔	第84步兵师，中尉；美国陆军中校，教官团，南卡罗来纳州克莱姆森市。

哈尔·D．麦考恩	第 30 步兵师，中校；美国陆军上校，华盛顿特区。
理查德·W．麦克纳	第 5 装甲师，少校；费里 - 莫尔斯种子公司总经理，加利福尼亚州芒廷维尤市。
诺尔曼·埃德温·麦克尼斯	第 5 装甲师，中尉；乔治·M．贝尔父子公司销售员，加利福尼亚州埃尔森特罗市。
格雷迪·麦克尼尔	第 30 步兵师，一级军士长；《美国纽约日报》邮递员，纽约州纽约市。
罗伯特·E．门诺夫	第 5 装甲师，上士；文具雕刻师，宾夕法尼亚州匹兹堡市。
惠勒·G．梅里亚姆	第 2 装甲师，中校；美国陆军准将，华盛顿特区。
乔治·阿尔文·米莱内尔	第 9 集团军，上校；美国陆军上校（退役），田纳西州诺克斯维尔市。
小威廉·斯科特·米勒	第 84 步兵师，中尉；律师，阿肯色州小石城。
小约翰·E．米利特	第 5 装甲师，中尉；职业不详，堪萨斯州明尼奥拉市。
阿道夫·雷蒙德·米拉	第 30 步兵师，一等兵；韦斯切斯特国立银行助理出纳，纽约州怀特普莱恩斯市。
赫伯特·H．米特尔曼	第 30 步兵师，五级技术兵；朔尔茨·霍梅斯公司预制件经销商，纽约州扬克斯市。
詹姆斯·E．摩尔	第 9 集团军，少将；美国陆军上将（退役），华盛顿特区。
约翰·霍尔·莫拉瓦	第 84 步兵师，中校；美国钢铁制品公司总经理，伊利诺伊州芝加哥市。
小赫尔曼·A．蒙特	第 83 步兵师，上尉；美国陆军后备役部队中校；汉伯尔石油和炼制公司总经理，科罗拉多州杜兰戈市。
约瑟夫·那不勒斯	第 30 步兵师，五级技术兵；喷塑厂经理，新泽西州卡尼市。
劳埃德·乔治·尼布利特	第 9 航空队，中校；职业不详，俄克拉何马州塔尔萨市。
亨利·尼尔森	第 83 步兵师，上校；美国陆军上校，得克萨斯州萨姆·休斯敦堡。
克拉伦斯·A．纳尔逊	第 5 装甲师，中尉；油漆店老板，内布拉斯加州弗里蒙特市。
罗伯特·E．尼科迪默斯	第 5 装甲师，中尉；美国陆军中校，弗吉尼亚州尔斯彻奇市。
约翰·诺顿	第 82 空降师，上校 美国陆军少将，步兵学校副校长，佐治亚州本宁堡。
托马斯·爱德华·诺顿	第 84 步兵师，上尉；会计，爱达荷州博伊西市。
理查德·埃梅尔·纽金特	第 29 战术航空兵司令部，准将；国防部任职，佛罗里达州梅里特岛。
伦斯福德·奥利弗	第 5 装甲师，少将；退役，马萨诸塞州威廉斯堡。
戈德温·奥德韦	第 12 集团军群，上校；美国陆军上校（退役），马里兰州切维蔡司市。
理查德·保罗·奥恩斯坦	第 30 步兵师，五级技术兵；萨沃伊针织公司员工，纽约州纽约市。
布拉克斯顿·克雷格·帕克	第 84 步兵师，中尉；美国陆军上尉（退役）；公务员，科罗拉多州科罗拉多斯普林斯市。
弗洛伊德·L．帕克斯 *	盟国远征军最高统帅部，少将。
亚历山大·罗斯·帕特洛	第 82 空降师，技术军士；标准石油公司持股人记录经理，俄亥俄州克利夫兰市。
马文·E．皮尔西	第 2 装甲师，上尉；雷尼尔公司维修计划员，华盛顿州霍奎厄姆市。
乔治·佩特科夫	第 30 步兵师，二级军士长；国际纸业公司主管，纽约州纽约市。
亚伯拉罕·彼得斯	第 30 步兵师，一等兵；联合办公用品公司副总经理兼财务主管，新泽西州泽西市。
小阿尔塞·拉斐特·彼得斯	第 84 步兵师，少校；美国陆军中校，华盛顿特区。
厄尔·威廉·彼得斯	第 9 航空队，少校；美国空军中校，加利福尼亚州麦克莱兰空军基地。

小马丁·马克西米兰·菲利普斯博恩	第5装甲师, 少校; 哈里森批发公司副总经理, 伊利诺伊州芝加哥市。
托雷·伊莱亚斯·普兰廷	第30步兵师, 一等兵; 成本估算员, 纽约州贝思佩奇市。
莫里斯·普克尔	第30步兵师, 一等兵; 职业不详, 纽约市布鲁克林区。
克利福德·T. 波因德克斯特	第5装甲师, 下士; 职业不详, 阿肯色州费耶特维尔市。
约瑟夫·波洛夫斯基	第69步兵师, 二等兵; 保险推销员, 伊利诺伊州芝加哥市。
伯纳德·S. 普拉特	第30步兵师, 二等兵; 职业不详, 纽约州莱克卢泽恩市。
R.O. 普伦德加斯特	第82空降师, 中尉; 第42国民警卫队师少校, 纽约州纽约市。
威廉·G. 普雷斯内尔	第30步兵师, 二级军士长; 服装生产监督员, 北卡罗来纳州阿什伯勒市。
沃伦·詹姆斯·皮策	第84步兵师, 中尉; 轮胎公司合伙人, 俄勒冈州科瓦利斯市。
迈克尔·R. 普格列西	第30步兵师, 上士; 自由职业者, 康涅狄格州斯坦福德市。
柯蒂斯·李·拉姆齐	第5装甲师, 中尉; 纺织厂监督员, 北卡罗来纳州劳林堡。
保罗·刘易斯·兰塞姆	第5集团军, 准将; 美国陆军少将(退役), 弗吉尼亚州汉普顿市。
布鲁斯·C. 拉特雷	第30步兵师, 一等兵; 职业不详, 纽约州长岛城。
爱德华·P. 赖利	第82空降师, 中士; 博格华纳公司售后工程师, 得克萨斯州休斯敦市。
埃米尔·F. 莱因哈特	第69步兵师, 少将; 美国陆军少将(退役), 得克萨斯州圣安东尼奥市。
小威廉·格雷戈里·伦诺兹	第83步兵师, 少校; 南方各州合作社人事总监, 弗吉尼亚州里士满市。
弗雷德·E. 雷塞吉厄	第5装甲师; 贝克特尔公司总经理, 加利福尼亚州旧金山市。
马修·B. 李奇微	第18军, 少将; 美国陆军上将(退役), 宾夕法尼亚州匹兹堡市。
弗兰克·爱德华·罗宾逊	第30步兵师, 一级军士长; 职业不详, 田纳西州奥尔图市。
小霍华德·弗农·罗宾逊	第2装甲师, 五级技术兵; 自由职业者, 佛罗里达州迪兰市。
朱利叶斯·罗克	第30步兵师, 少校; 医学博士, 纽约州罗切斯特市。
本·莱西·罗斯	第83步兵师, 上尉; 联合神学院教授, 弗吉尼亚州里士满市。
温弗雷德·A. 罗斯	第84步兵师, 中校; 美国陆军上校(退役), 威斯康星州森普雷里市。
查尔斯·鲁宾斯坦	第30步兵师, 一等兵; 房地产经纪人, 纽约州纽约市。
伊莱亚斯·A. 萨达拉	第2装甲师, 上尉; 汉华实业银行副总经理, 纽约市布鲁克林区。
斯蒂德-施特雷芬·圣西尔	7B战俘营战俘; 摄影师, 俄亥俄州托莱多市。
约翰·施密德迈斯特	第30步兵师, 一等兵; S. 布利克曼公司员工, 新泽西州西纽约市。
弗朗西斯·克里斯蒂安·朔默	第83步兵师, 上尉; 玩具批发商, 威斯康星州希博伊根市。
阿瑟·B. 舒尔茨	第82空降师, 二等兵; 私家侦探, 加利福尼亚州圣地亚哥市。
理查德·H. 斯科特	第102步兵师, 中尉; 职业不详, 阿拉斯加州安克雷奇市。
威廉·丹·谢里拉	第82空降师, 中士; 特技跳伞员, 密歇根州罗亚尔奥克市。
格兰维尔·阿塔韦·夏普	第83步兵师, 中校; 美国陆军上校, 高级研究学会, 宾夕法尼亚州卡莱尔兵营。
斯坦利·A. 斯维尔斯基	第5装甲师, 上士; 装配工, 威斯康星州拉辛市。
詹姆斯·德米特里·肖纳克	第83步兵师, 上尉; 约翰·汉考克人寿保险公司高管, 马萨诸塞州波士顿市。
威廉·H. 辛普森	第9集团军, 中将; 美国陆军上将(退役), 得克萨斯州圣安东尼奥市。

乔治·B. 斯隆 第 19 军，上校；美国陆军上校（退役）；麦克唐纳飞机公司生产计划高级分析师，密苏里州圣路易斯市。

戴维斯·梅特兰·史密斯 第 84 步兵师，上尉；美国陆军少校，弗吉尼亚州鲍灵格林市。

沃尔特·比德尔·史密斯 * 盟国远征军最高统帅部，中将。

理查德·J. 斯默思韦特 第 82 空降师，一等兵；通用电气公司导弹航天部产品评估经理，宾夕法尼亚州费城。

哈罗德·所罗门 第 30 步兵师，中尉；钣金工，纽约州霍华德比奇市。

索尔·索洛 第 30 步兵师，中尉；美国陆军后备役部队中校；名高刹车片公司总经理，纽约州纽约市。

肯尼斯·索尔斯 第 84 步兵师，中校；美国陆军上校牧师，华盛顿特区。

莱斯利·E. 斯坦福 第 30 步兵师，上尉；美国陆军中校，加利福尼亚州旧金山市。

杰克·W. 斯塔林 第 30 步兵师，上尉；麦卡蒂公司广告主管，华盛顿州西雅图市。

保罗·斯托布 第 69 步兵师，一等兵；邦德公司销售员，纽约州莱维敦市。

理查德·W. 斯蒂芬斯 第 30 步兵师，上校；美国陆军少将（退役），佛罗里达州森城。

托马斯·勒罗伊·斯蒂芬斯 第 30 步兵师，五级技术兵；加油站老板，新泽西州富兰克林市。

厄尔·M. 史蒂文斯 第 30 步兵师，中校；工厂总监督员，新泽西州康文特站。

卡尔顿·E. 斯图尔特 第 30 步兵师，中校；木匠，建筑工，马萨诸塞州西牛顿市。

卡罗尔·理查德·斯图尔特 第 30 步兵师，一等兵；公立中学管理员，纽约州卡纳斯托塔市。

特勒尔·尤金·斯图尔特 第 82 空降师，下士；莱诺铸排机操作员，佐治亚州哥伦布市。

理查德·C. 斯托克韦尔 第 2 装甲师，少尉；城市规划总监，加利福尼亚州康科德市。

杰克·斯托拉克 第 30 步兵师，四级技术兵；邮局职员，纽约州贝塞姆市。

小约翰·M. 萨瑟兰 第 76 步兵师，五级技术兵；保险推销员，马萨诸塞州伍斯特市。

乔治·F. 塔拉里科 第 30 步兵师，二等兵；奇华顿公司生产主管，新泽西州纳特利市。

伯纳德·L. 泰尔 第 30 步兵师，下士；医学博士，新泽西州波普顿普莱恩斯市。

约翰·B. 图尔 第 30 步兵师，五级技术兵；通用电气公司成本会计师，新泽西州哈得孙福尔斯市。

艾伯特·M. 托里诺 第 30 步兵师，五级技术兵；总统建筑公司工头，康涅狄格州纽黑文市。

路易斯·沃森·杜鲁门 第 84 步兵师，上校；美国陆军中将，弗吉尼亚州门罗堡。

S.H. 塔克 第 82 空降师，上校；美国陆军少将（退役）；军校生指挥官，南卡罗来纳州查尔斯顿市城堡。

约翰·E. 图利瓦内 第 30 步兵师，中尉；美国国家红十字会现场主管，纽约州纽约市。

奥雷斯特·V. 瓦尔桑贾科莫 第 84 步兵师，上尉；职业不详，佛蒙特州巴里市。

戴维·B. 文森 陆航队，中尉；德克萨斯生命科学进步学院负责人，得克萨斯州休斯敦市。

迈克尔·N. 武克切维奇 第 82 空降师，一等兵；机修工，俄亥俄州佩里市。

托马斯·贝茨·沃尔森 第 5 装甲师，中尉；美林、林奇、皮尔斯、芬纳、史密斯公司经理，田纳西州纳什维尔市。

伊斯雷尔·布伦特·沃什伯恩 第 5 装甲师，中校；美国陆军上校（退役），弗吉尼亚州麦克莱恩市。

斯坦利·罗杰·韦伯 第 30 步兵师，上士；木匠，纽约州纽约市。

阿尔文·温斯坦 第 30 步兵师，一等兵；A.I.C 建筑公司员工，纽约州蒂尔登堡。

爱德华·N.韦勒姆斯	第82空降师, 中校; 美国陆军上校, 弗吉尼亚州斯普林菲尔德市。
古斯塔夫斯·威尔科特斯·韦斯特	第2装甲师, 上校; 退役, 科罗拉多州乔治敦市。
R.B.惠特克	第5装甲师, 中尉; 办公设备及用品零售商, 堪萨斯州莱文沃思市。
艾萨克·戴维斯·怀特	第2装甲师, 少将; 美国陆军上将(退役), 夏威夷州檀香山市。
迈伦·A.怀特	第82空降师, 下士; 农民, 爱荷华州格林内尔市。
罗伯特·H.韦内克	第82空降师, 上校; 美国陆军少将, 华盛顿特区。
小沃特·E.威廉斯	第5装甲师, 中尉; 邮局职员, 得克萨斯州布朗斯维尔市。
小沃伦·R.威廉斯	第82空降师, 中校; 美国打击司令部, 佛罗里达州麦克迪尔空军基地。
埃利斯·W.威廉姆森	第30步兵师, 中校; 美国陆军少将, 华盛顿特区。
坎德勒·R.怀斯洛格勒	第83步兵师, 中尉; 美国陆军后备役部队中校, 加利福尼亚州旧金山市。
埃尔温·斯蒂芬·沃尔斯基	第30步兵师, 上士; 美国空军二级军士长, 佛罗里达州霍姆斯特德市。
威廉·爱德华·沃尔茨	第30步兵师, 四级技术兵; 美国陆军后备役部队二级军士长, 新泽西州帕利塞兹帕克市。
乔治·B.伍德	第82空降师, 少校; 三一教堂牧师, 印第安纳州韦恩堡。
纳撒尼尔·A.赖特	第84步兵师, 四级技术兵; 美国陆军二级军士长, 佐治亚军事学院, 佐治亚州伊斯特波因特市。
雨果·齐默尔曼	第9航空队, 中尉; 美国空军上校, 科罗拉多州美国空军学院。

英国人

伯纳德·劳·蒙哥马利	陆军元帅, 第21集团军群; 阿拉曼的蒙哥马利子爵, 嘉德勋章(退役), 汉普郡。
约翰·埃亨	国王陛下的约克郡轻步兵团, 下士(3A战俘营, 卢肯瓦尔德); 职业不详, 伯明翰。
菲利普·巴克	皇家空军, 前进观察员; 塑料制品公司总经理, 赫特福德郡伯克姆斯特德。
科林·缪尔·巴伯	第12军第15苏格兰师, 少将; 科林·缪尔·巴伯爵士中将, 巴斯勋章(1945年), 杰出服役勋章(1940年), 约克郡里彭。
伊夫林·休·巴克	第8军, 中将; 伊夫林·休·巴克爵士上将, 爵级司令巴斯勋章(1950年), 大英帝国爵级司令勋章(1945年), 杰出服役勋章(1918年), 军功十字勋章(退役), 贝德福德郡布朗厄姆。
弗兰克·巴恩斯	第7装甲师, 中尉; 加油站和车库老板, 伦敦。
罗纳德·F.K.贝尔彻姆	第21集团军群作战处, 准将; 少将, 巴斯勋章(1946年), 大英帝国司令勋章(1944年), 杰出服役勋章(1943年); B.S.A公司伦敦分公司经理, 伦敦。
哈罗德·埃德蒙德·伊舍伍德·贝内特	皇家空军, 准尉(357战俘营, 法灵博斯特尔); 皇家空军上尉, 剑桥郡达克斯福德。
约翰·悉尼·比宁	第6空降师, 上尉; 医学博士, 高级军医, 英国铁路公司, 伦敦东区。
埃里克·路易斯·波尔斯阁下	第6空降师, 少将; 上将, 巴斯勋章(1945年), 杰出服役勋章(1944年), 勋表(1945年); 英国工程公司总经理, 萨塞克斯郡布赖顿。

威廉·肯尼斯·霍普·鲍登	皇家空军，上士（357 战俘营，法灵博斯特尔）；厄普顿·格雷公司广告主管，汉普郡贝辛斯托克。
艾弗·戈登·布鲁姆	皇家空军，中校；皇家空军上校，德国布吕根。
查尔斯·弗雷德里克·钱德勒	第 6 空降师，工兵；煤气公司地区工头，米德尔塞克斯郡海斯恩德。
爱德华·查普曼	皇家空军，上尉（3A 战俘营，卢肯瓦尔德）；葡萄酒运输公司员工，伦敦。
克莱门特·默里·乔恩	皇家空军，中士（357 战俘营，法灵博斯特尔）；商业航空公司飞行员，特立尼达西班牙港。
埃里克·V. 科尔	第 7 装甲师，军士长；机修工，泰恩河畔纽卡斯尔。
约翰·布伦顿·柯林斯	皇家炮兵第 67 中型团，上尉牧师（3A 战俘营，卢肯瓦尔德）；圣公会牧师，肯特郡伊登布里奇。
约翰·康塞尔	盟国远征军最高统帅部，上校；温莎剧院负责人，温莎。
W. 弗雷德里克·考克斯	爱尔兰禁卫步兵团士兵（3A 战俘营，卢肯瓦尔德）；家禽饲养工，伯克郡北瑞丁。
戈登·D. 克雷格	皇家空军，少校（3A 战俘营，卢肯瓦尔德）；律师，诺森伯兰郡科布里奇。
罗伯特·戴维	第 7 装甲师，中尉；旅馆老板，德文郡托基。
格雷厄姆·戴维斯	第 6 空降师，二等兵；钢铁工人，南威尔士格拉摩根郡塔尔伯特港。
威尔弗雷德·戴维森	第 6 空降师，上尉；木材公司经理，汉普郡彼得菲尔德。
哈里·梅尔维尔·阿巴思诺特·戴	皇家空军，上校（357 战俘营，法灵博斯特尔，后转至萨克森豪森）；退役，伦敦。
詹姆斯·亚历山大·格雷厄姆·迪恩斯	皇家空军，准尉（357 战俘营，法灵博斯特尔）；伦敦政治经济学院行政官员，萨里郡阿什特德。
迈尔斯·克里斯托弗·登普西爵士	第 2 集团军，上将；迈尔斯·登普西爵士上将，大英帝国骑士大十字勋章（1956 年），爵级司令巴斯勋章（1944 年），杰出服役勋章（1940 年），军功十字勋章（1918 年），公司董事长，伯克郡亚腾敦。
约翰·芬尼	第 5 步兵师，连军士长；邮政官员，伦敦。
约瑟夫·福斯特	皇家空军，上士；建筑工头，斯塔福德郡特伦特河畔斯托克。
莱斯利·韦斯特·弗里斯顿	第 30 军，二等兵；卡车司机，白金汉郡切舍姆。
亚历山大·雷内尔·加尔布雷斯	皇家空军，上尉；人事经理，萨塞克斯郡克劳利。
威廉·艾伯特·乔治·加利纳	皇家空军，少校；税务员，埃塞克斯郡奇格韦尔。
弗朗西斯·W. 德甘冈爵士	第 21 集团军群，少将；弗朗西斯·德甘冈爵士少将，大英帝国爵级司令勋章（1944 年），巴斯勋章（1943 年），杰出服役勋章（1942 年），公司董事长，南非约翰内斯堡。
A. 哈利	第 5 步兵师，二等兵；鞋库包装工，达勒姆郡泰恩河畔赖顿。
约翰·斯图尔特·哈德曼·希普	皇家空军，准尉（357 战俘营，法灵博斯特尔）；汽油泵制造厂销售经理，白金汉郡乔尔西。
查尔斯·亨内尔	第 7 装甲师，军士长；警督，柴郡威姆斯洛。
迈克尔·格雷厄姆·亨斯曼	第 6 空降师，中尉；I.C.I 公司销售经理，柴郡鲍登。
布莱恩·霍罗克斯爵士	英国第 30 军军长，中将；布莱恩·霍罗克斯爵士上将，爵级司令巴斯勋章，大英帝国爵级司令勋章，杰出服役勋章（退役），伦敦。

休·L. 格林·休斯	第2集团军，准将；休斯准将，大英帝国司令勋章（1945年），杰出服役勋章（1916年），军功十字勋章，皇家外科医师学会会员；医学博士，东南伦敦全科医生中心负责人，伦敦。
托马斯·里斯·休斯	第6空降师，二等兵；新闻记者，萨塞克斯郡海沃兹希思。
威廉·詹姆斯·金克斯	皇家空军，上尉；衡器制造厂高管，沃里克郡萨顿科尔德菲尔德。
吉尔伯特·彼得·琼斯	皇家空军，中士；狱警，怀特岛纽波特。
罗伯特·基	皇家空军，上尉（3A 战俘营，卢肯瓦尔德）；作者，电视制片人，伦敦。
彼得·C. 金伯	皇家空军，上士（3A 战俘营，卢肯瓦尔德）；行政文员，赫特福德郡布希。
路易斯·欧文·莱恩	第7装甲师，少将；莱恩上将，巴斯勋章（1945年），杰出服役勋章（1943年），公司董事长，萨福克郡凯尔西。
肯尼斯·查尔斯·麦克	皇家空军，准尉；英国铁路公司职员，诺福克郡。
约翰·塞西尔·梅因沃林	第5步兵师，二等兵；医院搬运工，谢菲尔德郡希尔斯伯勒。
阿尔弗雷德·欧内斯特·曼	皇家西肯特团，下士（20A 战俘营，托伦）；邮政总局职员，肯特郡达特福德。
J.L. 麦考恩	管制委员会经济部，中校；健力士啤酒公司南方销售经理，赫特福德郡里奇曼斯沃斯。
休·麦克温尼	第6空降师，中士；造纸厂领班，肯特郡坎特伯雷。
爱德华·塞西尔·米特福德	第8军，准将；米特福德准将（退役），伦敦东区指挥司令部。
罗纳德·莫格	皇家空军，准尉（357 战俘营，法灵博斯特尔）；壳牌麦克斯英国石油公司新闻发言人，伦敦。
沃尔特·摩尔	第6空降师，二等兵；纺织机械安装工，约克郡基利。
弗雷德里克·E. 摩根爵士	盟国远征军最高统帅部，中将；弗雷德里克·E. 摩根爵士上将，退役，米德尔塞克斯郡诺斯伍德。
埃德温·阿瑟·莫厄尔	皇家伯克郡团（现在隶属威塞克斯旅），下士（357 战俘营，法灵博斯特尔）；职员，埃塞克斯郡科尔切斯特。
罗伯特·默里	第7装甲师，二等兵；批发药房领班，兰开夏郡纳尔逊。
帕特里克·弗朗西斯·默塔	第3 皇家坦克团，装甲兵（3A 战俘营，卢肯瓦尔德）；钟表维修工，威尔特郡索尔兹伯里。
约翰·纽曼	皇家坦克军，装甲兵（344 战俘营，拉姆斯多夫）；出租车司机，爱丁堡。
托马斯·M. 帕克	皇家陆军医疗队，上尉（357 战俘营，法灵博斯特尔）；医学博士，拉纳克郡康沃斯。
罗伊·杜布拉斯·佩林	皇家空军，前进观察员；安保机械化装置控制员，萨里郡南克罗伊登。
约瑟夫·帕特里克·雷博恩	第6空降师，中尉；司机，伯明翰郡金斯但丁。
肯尼斯·罗伯茨	第5步兵师，二等兵；邮政总局助理检查员，伦敦。
欧内斯特·爱德华·罗德利	皇家空军，中校；英国海外航空公司商业飞行员，伦敦。
菲利普·乔治·罗杰斯	第6空降师，少校；外事处人员，肯特郡奥平顿。
桑迪·罗斯多尔	第12军第15苏格兰师，上尉；外事处人员，伯克郡南阿斯科特。
唐纳德·G. 罗斯	皇家空军，上尉；烟草制造商，瑞士伊韦尔东。
罗伯特·阿瑟·赖克罗夫特	第6空降师，下士；托马斯·库克父子公司广告总监，雷德希尔市米德瓦勒。
詹姆斯·莱默	第7装甲师，二等兵；机修工，约克郡皮克灵。

约翰·L. 希勒	第 6 空降师，上尉；国家济贫局经理，拉纳克郡汉密尔顿。
约翰·迈克尔·凯恩·斯珀林	第 7 装甲师，准将；斯珀林少将，巴斯勋章（1957 年），大英帝国司令勋章（1953 年），杰出服役勋章（1944 年），伦敦大学和南安普顿大学军事史及战术讲师，多塞特郡法伊大黑德内维尔。
肯尼斯·威廉·多布森·斯特朗	盟国远征军最高统帅部，少将；肯尼斯·斯特朗爵士少将，巴斯勋章（1945 年），大英帝国官佐勋章（1942 年），国防部情报总监，伦敦。
伊利亚·苏斯特尔	第 7 装甲师，中士；进口公司经理，伦敦。
迈克尔·弗朗西斯·斯威尼	爱尔兰禁卫军，军士长（3A 战俘营，卢肯瓦尔德）；推销员，北安普顿郡昂德尔。
艾伦·斯韦特	第 7 装甲师，工兵；电影放映员，兰开夏郡莫克姆。
艾伯特·西里尔·托厄尔	第 7 装甲师，上等兵；电子厂包装工，汉普郡滨海海克利夫。
约翰·厄克特	第 6 空降师，上等兵；工业机械操作员，格拉斯哥市贝利斯顿。
伦纳德·M. 沃德	第 12 军，炮兵，司机；医院行政助理，霍恩西。
汤姆·沃德	皇家空军，少尉；建筑工程师，兰开斯特。
约翰·弗朗西斯·马丁·怀特利	盟国远征军最高统帅部，少将；约翰·怀特利爵士上将，大英帝国骑士大十字勋章（1956 年），爵级司令巴斯勋章（1950 年），军功十字勋章（退役），威尔特郡索尔兹伯里。
埃德加·T. 威廉斯	第 21 集团军群情报处长，准将；巴斯勋章（1946 年），大英帝国司令勋章（1944 年），杰出服役勋章（1943 年），贝利奥尔学院研究员，罗德学院学监，牛津。
杰弗里·肯尼斯·威尔逊	皇家空军，上士（357 战俘营，法灵博斯特尔）；师范学院心理学讲师，埃塞克斯郡滨海利。

苏联人

伊万·斯捷潘诺维奇·科涅夫	苏联元帅，乌克兰第 1 方面军司令员；苏联元帅，苏联国防部总监组总监。
康斯坦丁·K. 罗科索夫斯基	苏联元帅，白俄罗斯第 2 方面军司令员；苏联元帅，苏联国防部总监组总监，最高苏维埃代表。
约瑟夫·约瑟夫维奇·阿尼霍夫斯基	近卫步兵第 6 师作战参谋，上尉。
E.A. 博尔京	苏联官方战争史主编，少将。
瓦西里·伊万诺维奇·崔可夫	近卫第 8 集团军司令员，上将；苏联元帅，最高苏维埃代表，最高军事委员会成员，苏联陆军总司令。
尤金·多尔马托夫斯基	《真理报》战地记者，中校；作家，诗人，歌词作者。
谢尔盖·伊万诺维奇·戈尔博夫	第 47 集团军战地记者，上尉（在境外接受采访）。
阿列克谢·安德里亚诺维奇·伊格纳托夫	第 61 集团军，少校。
格奥尔吉·瓦西里耶维奇·伊万诺夫	近卫步兵第 6 师师长，少将；少将（退役）。
伊琳娜·米哈伊洛娃·哈琳娜	游击队特工（奥斯维辛集中营，囚犯）；家庭主妇。
格奥尔吉·弗拉基米罗维奇·基尔切夫斯基	近卫步兵第 6 师，工兵中尉；工兵。

尼古拉·克准	二等兵 (布痕瓦尔德, 战俘)。
米哈伊尔·伊万诺维奇·库尔科夫	反坦克团, 报务员。
阿罗诺维奇·拉扎里斯	近卫步兵第6师, 少校; 作家。
伊琳娜·尼古拉耶夫娜·列夫琴科	机械化第8军, 中尉; 坦克兵中校 (退役), 家庭主妇。
安德烈·费多索维奇·利特文科	近卫坦克第4集团军, 少校。
米哈伊·马利诺夫斯基	空军第16集团军, 团政治委员 (在境外接受采访)。
伊戈尔·米卡约夫	突击第5集团军, 团情报官, 中尉。
尼古拉·格奥尔吉耶维奇·诺维科夫	近卫步兵第6师, 侦察部队中士。
亚历山大·奥尔尚斯基	步兵第58师, 二等兵; 少校。
维索卡·奥斯特罗夫斯基	《红星报》战地记者, 上校; 作家兼新闻工作者。
I.V. 帕罗季京	苏联国防部上校, 历史学家。
N.G. 帕夫连科夫	苏联国防部少将, 历史学家。
S.P. 普拉东诺夫	苏联国防部中将, 历史学家, 档案局局长。
鲍里斯·波列伏依	《真理报》战地记者, 团政治委员, 少校; 小说家, 杂志编辑。
瓦西里·彼得罗维奇·罗戈夫采夫	白俄罗斯第1方面军, 步兵连中士。
弗拉基米尔·帕夫洛维奇·罗扎诺夫	突击第3集团军炮兵第4军, 侦察部队中尉。
约翰·阿姆基耶维奇·萨姆丘克	第32军参谋长, 上校。
康斯坦丁·雅科夫列维奇·萨姆索诺夫	步兵第171师营长, 中尉; 上校。
伊万，谢莫诺维奇·萨穆谢夫	突击第3集团军, 炮兵中士。
格里戈里·阿法纳西耶维奇·斯洛比尤坚尤克	乌克兰第1方面军, 军士长, 苏联英雄。
V.D. 索科洛夫斯基	乌克兰第1方面军参谋长 (到1945年4月14日), 白俄罗斯第1方面军副司令员 (从1945年4月15日起), 大将; 苏联元帅, 苏联国防部总监组总监。
尼古拉·亚历山德罗维奇·斯维晓夫	白俄罗斯第1方面军, 炮长, 中士。
鲍里斯·S.捷尔普乔夫斯基	朱可夫司令部战史官, 少将。
马克·季列维奇	中士 (萨克森豪森, 战俘)。
帕维尔·特罗扬诺夫斯基	《红星报》战地记者, 中校; 作家兼新闻工作者。
伊万·伊万诺维奇·尤舒克	坦克第11军军长, 少将; 坦克兵上将 (退役)。

德国人

戈特哈德·海因里齐	维斯瓦集团军群, 大将; 大将 (退役)。
库尔特·阿赫	柏林城防部队, 动物园防空塔, 上尉; 投资等额外收入。

卡尔·海因茨·安努舍克	第 1 高射炮师，上尉；公司经理。
汉斯 - 维尔纳·阿诺德	空军第 9 伞兵师，中尉；公务员。
维利·本施	党卫队"诺德兰"师，军士长；工人。
海因里希·冯·比拉	维斯瓦集团军群，上尉；种子公司销售经理。
瓦尔特·邦巴赫	柏林城防部队，军士长；看守人。
赫伯特·博纳特	希特勒青年团，二等兵；西德陆军文书。
弗里德里希·伯切尔	第 18 装甲掷弹兵师，中校；国防部。
瓦尔德马尔·布鲁施克	人民冲锋队，连长；推销员。
罗曼·博格哈特	党卫队"诺德兰"师，下士；办公室文员。
特奥多尔·布塞	第 9 集团军，步兵上将；民防主管。
保罗·克劳斯	党卫队"诺德兰"师，下士；商人。
赫特穆特·科茨	国防军上尉（莱尔特街监狱）；调研总监，加利福尼亚州。
埃里希·德特勒夫森	陆军总司令部，少将；经济顾问。
维利·德雷格	柏林消防局，地区中尉；退役。
京特·德罗斯特	柏林消防局，中尉；药剂师。
约瑟夫·杜克	第 18 装甲掷弹兵师，中尉；银行职员。
特奥多尔·冯·杜夫芬	第 56 装甲军，上校；西德国防部。
汉斯·格奥尔格·艾斯曼	维斯瓦集团军群，上校；退役。
维利·费尔德海姆	希特勒青年团团员；进口商。
阿尔贝特·弗里茨	明谢贝格装甲师，中尉；会计。
马丁·加赖斯	第 3 装甲集团军，步兵上将；退役。
瓦尔特·戈尔德	柏林城防部队，中士；退役。
阿图尔·格勒尔	人民冲锋队，下士；退役，鞋匠。
恩斯特·格罗斯	党卫队"诺德兰"师，中士；电工。
奥托·京舍	元首的副官，党卫队二级突击队大队长；公司经理。
奥斯卡·哈夫	人民冲锋队，连长；广播电台节目总监。
弗里茨·哈斯	党卫队"诺德兰"师，下士；葡萄酒销售员。
瓦尔特·哈格多恩	动物园防空塔，空军上尉；医学博士。
沃尔夫·哈格曼	第 9 集团军，中将；退役。
卡尔·里特尔·冯·哈尔特 *	人民冲锋队，营长。
鲁道夫·哈特曼	人民冲锋队，二等兵；公司经理。
埃德蒙·黑克舍 *	人民冲锋队，中士。
海因里希·海因	鲍曼的副手，党卫队旗队长；退役。
赫尔曼·黑尔里格尔	人民冲锋队，二等兵；旅行推销员。
汉斯·亨泽勒	党卫队"诺德兰"师，少尉；独立批发商。
阿尔弗雷德·希尔施	第 9 伞兵师，中尉；火车站快餐店经理。
曼弗雷德·霍克	柏林城防部队，中士；退役。
海因茨·赫内	柏林消防局，上尉；消防局高级官员。

贡纳尔·伊尔卢姆	党卫队"诺德兰"师，少尉；出租车司机。
汉斯·扬森	第9伞兵师，中尉；鞋店经理。
阿尔贝特·容	党卫队"诺德兰"师，二等兵；职员。
埃里希·肯普卡	希特勒的司机，党卫队一级突击队大队长；机修工。
海因茨·基希纳	第1高射炮师，中尉；教会议会成员。
汉斯·科德尔	党卫队"诺德兰"师，二等兵；办公室文员。
海因茨·克拉奇马尔	德国海军，军校学员；机修工。
海因茨·克吕格尔	柏林城防部队，海军中校；退役。
乌尔里希·克吕格尔	柏林城防部队，希特勒青年团团员；教师。
古斯塔夫·克鲁肯贝格	党卫队"查理曼大帝"师、"诺德兰"师，党卫队旅队长；退役。
阿尔弗雷德·屈恩	柏林城防部队，二等兵；退役。
赫尔穆特·孔茨	柏林党卫队诊所，党卫队二级突击队大队长；牙医。
埃里希·兰布拉赫特	柏林城防部队，中尉；退役，职员。
阿尔布雷希特·兰珀	柏林卫戍司令部，中尉；哲学博士，柏林市档案馆馆长。
赫尔穆特·朗	维斯瓦集团军群，上尉；店主。
汉斯-海因里希·洛曼	党卫队"诺德兰"师，一级突击队大队长；保险公司总经理。
哈索·冯·曼陀菲尔	第3装甲集团军，装甲兵上将；退役。
马克斯·迈斯纳	第9集团军，上尉；推销员。
布克哈特·米勒-希勒布兰德	第3装甲集团军，少将；北约中校，巴黎。
格尔达·卡斯特鲁普·尼迪克	女子辅助部队，动物园防空塔；电台节目协调员。
威廉·诺尔特	柏林消防局，上校；行业官员。
赫尔曼·冯·奥佩尔恩-布罗尼科夫斯基	第20装甲师，少将；上将（退役），房地产经理。
海因茨·帕策尔	柏林城防部队，中士；照相雕刻工。
马克斯·彭泽尔	第6山地师，中将；上将（退役）。
阿尔方斯·普福塞尔 *	党卫队托特战斗群，中尉。
京特·皮恩克内	希特勒青年团团员；啤酒厂员工。
维尔纳·普卢斯卡特	马格德堡炮兵指挥官，少校；工程师。
汉斯·雷菲奥尔	柏林卫戍司令部，上校；工业联合体董事。
京特·赖希黑尔姆	第12集团军，上校；公司董事。
汉斯·赖因	第9伞兵师，中尉；行政法庭法官。
汉娜·赖奇	空军上尉；航空顾问。
弗朗茨·罗伊斯	空军少将；企业高管。
赫尔穆特·雷曼	柏林卫戍司令，少将；退役。
霍斯特·勒姆林	柏林城防部队，希特勒青年团团员；二手经销商。
海因茨·罗泽	人民冲锋队，少校；退役。
弗里德里希-奥古斯特·沙克	第32军，步兵上将；退役。
埃里希·舍尔卡	第1高射炮师，下士；房屋油漆工。

布鲁诺·席尔默	柏林警察局，中尉；警官。
汉斯 - 彼得·朔勒斯	党卫队"诺德兰"师，中士；葡萄酒商。
马努埃尔·舒马赫尔	第 9 集团军，中尉；艺术摄影师。
阿里贝特·舒尔茨	希特勒青年团团员；排版工。
维尔纳·舒曼	动物园防空塔，上尉；医学博士。
弗里德里希·西克斯特	第 101 军，中将；退役。
汉斯·施派德尔	波茨坦军事监狱，中将；北约中将。
费利克斯·马丁·施泰纳	施泰纳集团军级集群，武装党卫队上将；退役。
埃尔温·施特劳斯	柏林消防局，地区中尉；退役。
古斯塔夫·施特伦卡	柏林警察局，警察总监；退役。
维利·塔姆	柏林城防部队，二等兵；房屋油漆工。
瓦尔特·蒂姆	党卫队"诺德兰"师，二级突击队中队长；市场调研员。
瓦尔特·乌利施	柏林城防部队，中尉；健康保险局负责人。
奥托·乌斯贝格	第 1 军第 26 装甲师，中士；商人。
马克斯·费尔莱	柏林城防部队，军需官；部长（退休）。
赫尔穆特·福尔克	陆军总司令部，中士；柏林参议院工作人员。
彼得·福斯	第 3 军，中尉；银行职员。
京特·韦德尔	柏林城防部队，中尉；医学博士。
瓦尔特·文克	第 12 集团军，装甲兵上将；公司董事。
弗朗茨·维尔纳	柏林城防部队，出纳；职员（退休）。
汉斯·约阿希姆·韦茨基	希特勒青年团团员；参议员助理。
汉斯 - 约阿希姆·温格	党卫队"诺德兰"师，二等兵；采购经理。
汉斯 - 奥斯卡·韦勒曼	第 56 装甲军，上校；退役。
弗里茨·弗雷德	国防军下士；退役。
库尔特·武拉赫	第 9 集团军，少校；兽医。
莱昂哈特·冯·察贝尔蒂茨	第 1 高射炮师，上尉；庄园主。

柏林市民

伊尔莎·安茨	维尔默斯多夫区；儿童之家负责人。
贝尔塔·阿皮奇	舍讷贝格区；护士（退休）。
玛丽·巴蒂	潘科区；家庭主妇，伦敦。
约翰娜·鲍姆加特	策伦多夫区；家庭主妇。
安妮 - 莉泽·拜尔	维尔默斯多夫区；家庭主妇。
埃伯哈德·贝特格	莱尔特街监狱；部长。
格奥尔格·布兰克	克佩尼克区；退休。
尤利亚妮·博赫尼克	赖尼肯多夫区；演员。
海伦娜·伯泽	维尔默斯多夫区；教师。

库尔特·博格	利希滕贝格区；职业学校副主任。
莉迪娅·博伦森	维尔默斯多夫区；服装设计师。
玛丽安娜·洛伦兹·邦巴赫	维尔默斯多夫区；家庭主妇。
鲁比·博格曼	夏洛滕堡区；家庭主妇。
格尔德·布赫瓦尔德	赖尼肯多夫区；教育委员会理事。
夏洛特·布尔梅斯特	舍讷贝格区；电话主管。
卡斯帕里奥修女	维尔默斯多夫区；圣心修女会传教修女。
尤塔·佐尔格·科茨	莱尔特街监狱；家庭主妇，加利福尼亚州。
弗里茨·库尔特	利希滕贝格区；窗户清洗工。
玛德琳·冯·德恩	米特区；动物学教授。
露特·皮普霍·迪克尔曼	维尔默斯多夫区；演员。
维利·迪特里希	米特区；面包师。
埃米·多恩多夫	滕佩尔霍夫区；退休。
安妮-玛丽·杜兰德-韦弗	舍讷贝格区；医学博士。
伊丽莎白·埃伯哈德	策伦多夫区；家庭主妇。
弗里茨·埃希特曼	夏洛滕堡区；牙医。
克劳斯·芬泽尔	滕佩尔霍夫区；考古学学生。
曼弗雷德·弗洛里	赖尼肯多夫区；排版工。
保罗·弗里德里希斯	波茨坦区；天主教神父。
汉斯·弗勒利希	夏洛滕堡区；警察局长。
埃丽卡·文特·盖斯勒	腓特烈斯海因区；家庭主妇，康涅狄格州。
尤金·格尔茨	夏洛滕堡区；保险公司董事。
库尔特·戈尔茨	滕佩尔霍夫区；面包师。
安娜玛丽·许克尔·哈勒尔	蒂尔加滕区；笔迹学家。
伯恩哈德·哈皮希	策伦多夫区；牧师。
埃瓦尔德·哈恩特	方施洛伊塞；牙医。
卢茨·黑克	蒂尔加滕区；动物学家。
威廉·海姆	蒂尔加滕区；医学博士。
埃里希·海因里希	特雷托普；医院行政管理人员（退休）。
卡特琳娜·海因罗特	蒂尔加滕区；动物学家。
伊丽加德·黑尔贝格	施泰格利茨区；家庭主妇。
阿马莉亚·亨内贝格	夏洛滕堡区；医学博士。
格奥尔格·亨内贝格	夏洛滕堡区；西德卫生部副部长。
玛格丽特·亨尼希	夏洛滕堡区；家庭主妇。
亚历克斯·亨泽尔	腓特烈斯海因区；市政员工。
弗丽达·亨切尔	施泰格利茨区；家庭主妇。
克特·赖斯·霍伊泽尔曼	夏洛滕堡区；牙医技师。
希尔德加德·冯·海德坎普夫	维尔默斯多夫区；家庭主妇。

玛格丽特·霍夫曼	施潘道区；家庭主妇。
伊洛娜·霍恩瑙	滕佩尔霍夫区；音乐家。
卡尔·赫恩	诺伊克尔恩区；面包师。
汉斯·霍尔茨	克罗伊茨贝格区；退休。
阿尔贝特·霍尔蒂茨	夏洛滕堡；市长（退休）。
B．洪斯德费尔	威丁区；医学博士。
格哈德·雅各比	夏洛滕堡；奥尔登堡主教。
埃尔温·雅库贝克	米特区；餐厅老板。
多拉·格拉博·扬森	诺伊克尔恩区；家庭主妇。
洛特·延根特	策伦多夫区；化学家。
路易丝·约德尔	策伦多夫区；家庭主妇。
伊丽莎白·施瓦茨·约斯特	蒂尔加滕区；动物学家。
罗泽·冯·温克尔·凯	施潘道区；家庭主妇，英国约克郡。
亚历山大·克尔姆	维尔默斯多夫区；工程师（退休）。
格特鲁德·克茨勒	夏洛滕堡区；编辑部秘书。
于尔根－埃里希·克洛茨	滕佩尔霍夫区；图书经销商。
黑尔佳·鲁斯克·克隆格	克罗伊茨贝格区；家庭主妇。
约伦塔·科赫	滕佩尔霍夫区；家庭主妇。
玛丽亚·科克勒	夏洛滕堡区；政治协会主席。
英格博格·科尔布	施潘道区；科研工作者。
伊尔莎·柯尼希	舍讷贝格区；医学实验室技术员。
亚历山大·科拉布	巴伯斯贝格；报社记者。
赫伯特·科斯奈	莱尔特街监狱；机修工。
库尔特·科斯奈	莱尔特街监狱；机修工。
乌尔苏拉·克斯特	策伦多夫区；家庭主妇。
弗朗茨·克雷默	维尔默斯多夫区；珠宝商。
弗里茨·克拉夫特	威丁区；退休市议员。
阿尔贝特·克吕格尔	施泰格利茨区；警官。
克劳斯·屈斯特	赖尼肯多夫区；音乐家。
京特·兰普雷希特	维尔默斯多夫区；医学博士。
保拉·朗根	米特区；退休。
阿图尔·莱克沙伊特	克罗伊茨贝格区；牧师。
汉尼·魏森贝格·莱维	舍讷贝格区；家庭主妇。
扎比纳·利茨曼	维尔默斯多夫区；记者。
伊姆加德·罗辛·利尔格	威丁区；速记员。
埃莉诺·克吕格尔·利普席茨	利希滕贝格区；政治经济学博士。
瓦尔特·马尔克	维尔默斯多夫区；退休油漆工。
埃尔弗里德·艾森巴赫·迈加特	克罗伊茨贝格区；家庭主妇。

埃莱娜·维索茨基·马耶夫斯基	蒂尔加滕区；家庭主妇。
阿尔方斯·马茨克尔	夏洛滕堡区；天主教神父。
格哈德·门策尔	夏洛滕堡区；摄影师。
赫伯特·迈尔	诺伊克尔恩区；电话主管。
约瑟夫·米夏尔克	夏洛滕堡区；天主教神父。
汉斯·米德	夏洛滕堡区；药剂师。
伊丽莎白·米尔布兰德	舍讷贝格区；电话主管。
维尔纳·米勒	赖尼肯多夫区；警察。
维尔纳·瑙曼	米特区；公司董事。
西格弗里德·内斯特里普克	维尔默斯多夫区；退休。
埃迪特·诺依曼	克罗伊茨贝格区；家庭主妇。
库尔特·诺依曼	威丁区；警察局长。
希尔德加德·潘策尔	维尔默斯多夫区；广播网员工。
威廉·彭斯	克佩尼克区；部门经理。
埃里希·佩塞克	诺伊克尔恩区；退休。
埃玛·米勒·普费蒂	策伦多夫区；家庭主妇。
瓦尔特·皮奥特罗夫斯基	威丁区；肉贩。
里夏德·波加诺夫斯卡	策伦多夫区；奶牛场工人。
玛格丽塔·普罗布斯特	克罗伊茨贝格区；理疗师。
玛格丽特·普罗迈斯特	蒂尔加滕区；家庭主妇。
希尔德加德·拉杜施	普罗里斯村；公务员，退休。
多罗特娅·劳	蒂尔加滕区；家庭主妇。
莉泽-洛特·拉文内	滕佩尔霍夫区；市政员工。
埃拉·赖内克	滕佩尔霍夫区；行政助理。
克特·赖斯纳	策伦多夫区；家庭主妇。
鲁道夫·雷施克	策伦多夫区；广告撰稿员。
夏洛特·里希特	维尔默斯多夫区；退休。
海伦娜·里希特	诺伊克尔恩区；退休。
古斯塔夫·里德尔	蒂尔加滕区；动物学家，退休。
埃迪特·罗霍尔	策伦多夫区；外交部工作人员。
霍斯特·勒姆林	普伦茨劳贝格区；二手经销商。
约瑟夫·罗森扎夫特	贝尔森集中营；房地产经纪人，纽约。
汉斯·罗森塔尔	利希滕贝格区；广播电视艺人。
京特·罗塞茨	诺伊克尔恩区；退休。
海因茨·吕曼	策伦多夫区；演员。
埃里希·里内克	潘科区；退休。
埃尔娜·森格尔	策伦多夫区；家庭主妇。
英格博格·森格尔	策伦多夫区；社会工作者。

玛戈·绍尔布鲁赫	米特区；医学博士。
埃尔泽·沙德拉克	潘科区；行政管理人员。
伊达·舍韦	克罗伊茨贝格区；退休。
亨丽埃特·赫尔曼·冯·席拉赫	慕尼黑；家庭主妇。
保罗·施密特	舍讷贝格区；牧师。
希尔德·施奈登巴赫	舍讷贝格区；秘书。
格特鲁德·拉德克·舍勒	诺伊克尔恩区；行政管理人员。
海伦娜·施罗德	舍讷贝格区；电话主管。
格奥尔格·施勒特尔	滕佩尔霍夫区；作家。
埃尔娜·舒尔策	腓特烈斯海因区；秘书。
罗伯特·舒尔策	克佩尼克区；经济学家。
威廉·舒尔茨	施泰格利茨区；副警察局长。
海因里希·施瓦茨	蒂尔加滕区；退休。
玛格丽特·施瓦茨	夏洛滕堡区；注册会计师。
阿尔贝特·施韦特费格尔	莱尔特街监狱；退休。
维尔纳·施温斯基	潘科区；纺织厂代表。
约翰内斯·汉内·索贝克	米特区；体育用品商店老板。
乌尔苏拉·默克·施塔拉	蒂尔加滕区；文员。
格特鲁德·施塔默	夏洛滕堡区；办公室文员，退休。
莱奥·施特恩费尔德	滕佩尔霍夫区；电影院老板。
卡米拉·蒂曼	舍讷贝格区；家庭主妇，伦敦。
阿尔布雷希特·蒂策	威丁区；医学博士。
格特鲁德·乌尔里希	施泰格利茨区；家庭主妇。
薇拉·维索茨基·翁格纳德	蒂尔加滕区；技术设计员。
皮娅·范赫芬	舍讷贝格区；演员。
埃里希·福格尔	策伦多夫区；灌装厂工头。
埃尔泽·福勒特	维尔默斯多夫区；退休。
赫尔塔·阿尔维斯·瓦格纳	舍讷贝格区；家庭主妇。
格尔达·卡尔·瓦尔布雷希特	蒂尔加滕区；家庭主妇。
埃尔弗里德·豪本赖塞尔·瓦塞尔曼	克罗伊茨贝格区；家庭主妇。
布丽吉特·韦伯	夏洛滕堡区；家庭主妇。
多罗特娅·韦迈尔	夏洛滕堡区；速记员。
英格·魏甘德-绍特	夏洛滕堡区；演员。
斯特凡尼·魏因齐尔	维尔默斯多夫区；货场公司经理。
露特·韦尔曼	夏洛滕堡区；家庭主妇。
玛格丽特·韦尔特林格尔	潘科区；家庭主妇。
西格蒙德·韦尔特林格尔	潘科区；股票经纪人。

瓦尔特·文特	蒂尔加滕区; 退休。
夏洛特·温克勒	维尔默斯多夫区; 家庭主妇。
阿尔贝特·沃尔格穆特	威丁区; 警察局长。
布里吉德·容米塔格·约格代	普伦茨劳贝格区; 家庭主妇, 伦敦。
弗里茨·扎哈里亚斯	夏洛滕堡区; 警察局长。
布鲁诺·察尔齐基	诺伊恩哈根 - 霍珀加滕; 商人。

法国人

安德烈·布尔多	战俘, 马林费尔德营地; 铁路工人, 利雪。
让·布坦	强制劳工, 施潘道区; 机修工, 巴黎。
雅克·德洛奈	强制劳工, 滕佩尔霍夫区; 建筑师, 埃夫勒。
克洛维斯·德穆兰	战俘, 金克尔营地; 教师, 滨海布洛涅。
索菲·德皮涅特·德帕里	强制劳工, 特雷普托; 作家, 法属西印度群岛。
让·杜安	强制劳工, 潘科区; 工程师, 巴黎。
马克·加斯凯	强制劳工, 马林费尔德营地; 绘图师, 巴黎。
罗贝尔 - 阿尔贝·古热	强制劳工, 潘科区; 推销员, 巴黎。
菲利普·昂贝尔	强制劳工, 策伦多夫区; 建筑师, 巴黎。
雷蒙德·勒加蒂热	战俘, 迪佩尔营地; 香水店经理, 巴黎。
雅克·萨瓦里	强制劳工, 施潘道区; 工程师, 樊尚。

丹麦人

阿克塞尔·B. 耶珀森	大使馆牧师, 策伦多夫区; 牧师, 维堡。

荷兰人

E. 扬·施托费尔斯	荷兰记者, 米特区; 记者, 阿姆斯特丹。

瑞典人

埃里克·姆尔格伦	瑞典教会官员, 维尔默斯多夫区; 牧师, 斯德哥尔摩。
爱德华·桑德贝里	瑞典记者, 策伦多夫区; 记者, 斯德哥尔摩。
埃里克·韦斯特伦	瑞典教会官员, 维尔默斯多夫区; 退休, 斯德哥尔摩。
卡尔·约翰·维贝里	盟国间谍, 维尔默斯多夫区; 制造商。

参考资料

Adlon, Hedda, Hotel Adlon. New York: Horizon Press, 1960.

Anderson, Hartvig, The Dark City. London: The Cresset Press, Ltd., 1954.

Andreas-Friedrich, Ruth, Berlin Underground. New York: Henry Holt, 1947

Baldwin, Hanson W., Great Mistakes of the War. New York: Harper & Bros., 1949.

Belsen. Irgun Sheerit Hapleita Me' haezor Habriti. Israel: 1957.

Bennett, D. C. T., Air Vice-Marshal, Pathfinder. London: Frederick Muller, Ltd., 1958.

Bentwich, Norman, They Found Refuge. London: The Cresset Press, Ltd., 1956.

Berlin: Figures, Headings and Charts. Berlin: Press and Information. Office, 1962.

Bernadette, Count Folke, The Curtain Falls. New York: Alfred A. Knopf, 1945.

Bird, Will R., No Retreating Footsteps. Nova Scotia: Kentville Publishing Co.

Bishop, Edward, The Wooden Horse. London: Max Parrish & Co., Ltd., 1959.

Blake, George, Mountain and Flood "the History of the 52nd (Lowland) Division, 1939-46. Glasgow: Jackson, Son & Co., 1950.

Blond, Georges, The Death of Hitler's Germany. New York: Macmillan, 1954.

Boldt, Gerhard, Die letzen Tage der Reichskanzlei. Hamburg: Rowohlt, 1947.

Bradley, Gen. Omar N., A Soldier's Story. New York: Henry Holt, 1951.

Brereton, Lt. Gen. Lewis H., The Brereton Diaries. New York: William Morrow, 1946.

Bryant, Sir Arthur, Triumph in the West, The War Diaries of Field Marshal Viscount Alanbrooke. London: Collins, 1959.

Bullock, Alan, Hitler: A Study in Tyranny. London: Odhams Press, Ltd., 1952.

Butcher, Capt. Harry C., My Three years with Elsenhower. New York: Simon and Schuster, 1946.

By Air to Battle. Official Account of the British Airborne Divisions. London: H. M. Stationery Office, 1945.

Byford-Jones, Lt. Col. W., Berlin Twilight. London: Hutchinson & Co., 1947.

Cartier, Raymond, Hitler et ses généraux. Paris: Librairie Arthème Fayard, 1962.

Churchill, Peter, Spirit in the Cage. London: Hodder &

Stoughton, 1954.

Churchill, Winston S., The Second World War (Vols. 1-6). London: Cassell & Co., Ltd., 1955.

Clark, Alan, Barbarossa: The Russian-German Conflict, 1941-45. New York: William Morrow, 1965.

Clay, Gen. Lucius, Decision in Germany. New York: Doubleday, 1950.

Cooper, John P., Jr., The History of the 110th Field Artillery. Baltimore: War Records Div., Maryland Historical Society, 1953.

Cooper, R. W., The Nuremberg Trial. London: Penguin Books, Ltd., 1947.

Counsell, John, Counsell's Opinion. London: Barrie & Rockliff, 1963.

Craig, Gordon A., The Politics of the Prussian Army: 1640-1945. New York: Oxford University Press, 1956.

Crankshaw, Edward, Gestapo. New York: The Viking Press, 1956.

Crawley, Aidan, M.P., Escape from Germany. London: Collins, 1956.

Cumberlege, G. (editor), BBC War Report, 6th June, 1944-5th May, 1945. Oxford: Oxford University Press, 1946.

D'Arcy-Dawson, John, European Victory. London: Macdonald & Co., Ltd., 1946.

David, Paul, The Last Days of the Swiss Embassy in Berlin. Zurich: Thomas, 1948.

Dawson, Forrest W., Saga of the All American (82nd Airborne Div.). Privately printed.

Deane, John R., The Strange Alliance. New York: The Viking Press, 1947.

Dempsey, Sir Miles, Operations of the 2nd Army in Europe. London:War Office, 1947.

Djilas, Milovan, Conversations with Stalin. London: Rupert Hart-Davis, 1962.

Doenitz, Admiral Karl, Memoirs. Cleveland: World Publishing Co., 1958.

Donnison, F. S. V., History of the Second World War—Civil Affairs and Military Government, North-West Europe, 1944-46. London: H. M. Stationery Office, 1961.

Duroselle, Jean-Baptiste, From Wilson to Roosevelt. Cambridge: Harvard University Press, 1963.

Ehrman, John, History of the Second World War— Grand Strategy (Vols. V and VI). London: H. M. Stationery Office, 1956.

Eisenhower, Gen. Dwight D., Crusade in Europe. New York: Doubleday, 1948.

Erickson, John, The Soviet High Command, 1918-1941. London: Macmillan & Co., Ltd., 1962.

Essame, Maj. Gen. H. The 43rd Wessex Division at War (1944-45). London: Wm. Clowes & Sons, Ltd., 1952.

Falls, Cyril, The Second World War. London: Methuen & Co., Ltd., 1948.

Farago, Ladislas, Patton: Ordeal and Triumph. New York: Ivan Obolensky, Inc., 1963.

Feis, Herbert, Between War and Peace. Princeton: Princeton University Press, 1960.

Feis, Herbert, Churchill, Roosevelt, Stalin. Princeton: Princeton University Press, 1957.

Fittkan, Msgr. Gerhard A., "Darkness over East Prussia" in A Treasury of Catholic Reading. New York: Farrar, Straus & Cudahy, 1957.

Flower, Desmond, and Reeves, James (editors), The War, 1939-45. London: Cassell & Co., Ltd., 1960.

Folttmann, Josef, and Muller-Wittne, Hans, Opfergang der Generale. Berlin: Bernard & Graefe.

Foreign Relations of the United States, the Conferences at Malta and Yalta, 1945. U. S. Government Printing Office, 1955.

Freiden & Richardson (editors), The Fatal Decisions. London: Michael Joseph, Ltd., 1956.

Fuller, Maj. Gen. J. F. C., The Conduct of War, 1789-1961. London: Eyre & Spottiswoode, 1962.

Gallagher, Matthew P., The Soviet History of World War II . New York: Frederick A. Praeger, Inc., 1963.

Gallagher, Richard F., Nuremberg: The Third Reich on Trial. New York: The Hearst Corp., 1961.

Gaulle, Charles de, The War Memoirs of (Vols. 1-3). New York: Simon and Schuster, 1955.

Gavin, Lt. Gen. James M., Airborne Warfare.Washington:

Infantry Journal Press, 1947.

Gavin, Lt. Gen. James M., War and Peace in the Space Age. New York: Harper & Bros., 1958.

Genoud, François (editor), Le testament politique de Hitler. Paris: Librairie Arthème Fayard, 1959.

Germany Reports. Germany: The Press and Information Office of the Federal German Government, 1955.

Gilbert, Felix (editor), Hitler Directs His War. New York: Oxford University Press, 1950.

Gilbert, G. M., Nuremberg Diary. New York: Farrar, Straus & Cudahy, 1947.

Gill, R., and Groves, J., Club Route in Europe. Hanover: British Army of the Rhine, 1945.

Gisevius, Hans Bernd, To the Bitter End. London: Jonathan Cape, 1948.

Goerlitz, Walter, History of the German General Staff. New York: Frederick A. Praeger, 1953.

Guderian, Gen. Heinz, Panzer Leader. New York: E. P. Dutton & Co., 1952.

Guingand, Maj. Gen. Sir Francis de, Generals at War. London: Hodder & Stoughton, 1964.

Guingand, Maj. Gen. Sir Francis de, Operation Victory. London: Hodder & Stoughton, 1947.

Hagemann, Otto, Berlin the Capital. Berlin: Arnai, 1956.

Harriman, Averell, Our Wartime Relations with the Soviet Union. Statement submitted to a Joint Senate Committee, 1951.

Harriman, Averell, Peace with Russia? New York: Simon and Schuster, 1959.

Hausser, Paul, Waffen SS im Einsatz. Gottingen: Plesse, 1953.

Hechler, Ken, The Bridge at Remagen. New York: Ballantine Books, 1957.

History of the 4th Armoured Brigade, The. Privately published.

Hollister, Paul, and Strunsky, Robert (editors). Columbia Broadcasting System War Correspondents' Reports: Edward R. Murrow, Quentin Reynolds, William Shirer,Winston Burdett, Charles Collingwood, Joseph C. Harsch, Eric Sevareid, Bill Downs, Howard K. Smith, Larry Lesueur, Quincy Howe, Richard C. Hottelet, Maj. George Fielding Eliot, George Hicks. From D-Day through Victory in Europe. New York: CBS, 1945.

Horrocks, Lt. Gen. Sir Brian, A Full Life. London: Collins, 1960.

Howley, Brig. Gen. Frank, Berlin Command. New York: G. P. Putnam' s Sons, 1950.

Inkeles, Alex, Public Opinion in Soviet Russia. Cambridge: Harvard University Press, 1950.

Irving, David, The Destruction of Dresden. London: William Kimber, 1963.

Ismay, Gen. Lord, The Memoirs of New York: The Viking Press, 1960.

Jackson, Lt. Col. G. S., Operations of Eighth Corps.

London: St. Clements Press, 1948.

Joslen, Lt. Col. H. F., Orders of Battle, Second World War, 1939-45. London: H. M. Stationery Office, 1960.

Kesselring, Field Marshal, Memoirs. London: William Kimber, 1953.

Kindler, Helmut, Berlin. Germany: Kindler, 1958.

Kronika, Jacob, Der Untergang Berlins. Flensburg: Christian Wolf, 1946.

Leahy, William D., I Was There. London: Gollancz, 1950.

Lederry, Col. E., Germany's Defeat in the East—1941-45. London: War Office, 1955.

Leonhard, Wolfgang, Child of the Revolution. London: Collins, 1957.

Liddell Hart, B. H., The German Generals Talk. New York: William Morrow, 1948.

Liddell Hart, B. H. (editor), The Red Army. New York: Harcourt, Brace, 1948.

Liddell Hart, B. H., The Tanks. London: Cassell & Co., Ltd., 1959.

Life (editors of), Life's Picture History of World War Ⅱ. New York: Time, Inc., 1950.

Lippmann, Walter, U.S. War Aims. Boston: Little, Brown, 1944.

McMillan, Richard, Miracle Before Berlin. London: Jarrolds Publishers, Ltd., 1946.

Mander, John, Berlin: Hostage for the West. Baltimore:

Penguin Books, 1962.

Marshall, S. L. A., Men Against Fire. New York: William Morrow, 1947.

Martin, H. G., History of the 15th Scottish Division 1939-45. London: William Blackwood & Sons, Ltd., 1948.

Matloff, Maurice, Strategic Planning for Coalition Warfare, 1943-44. Washington, D.C.: Office of the Chief of Military History, Dept. of the Army, 1954.

Members of the 224th Parachute Field Ambulance, Over the Rhine, A Parachute Field Ambulance in Germany. London: Canopy Press, 1946.

Mission Accomplished. The Story of the Fighting Corps, A Summary of Military Operations of the XV III Corps (Airborne) in the European Theatre of Operations, 1944-45. Schwerin, Germany: XV III Corps.

Montgomery, Field Marshal Sir Bernard, An Approach to Sanity—A Study of East-West Relations. Lecture to the Royal United Service Institution. London: 1945.

Montgomery, Field Marshal Sir Bernard, The Memoirs of Field-Marshal The Viscount Montgomery of Alamein, K.G. London: Collins, 1958.

Montgomery, Field Marshal Sir Bernard, Normandy to the Baltic. Privately published by Printing & Stationery Service, British Army of the Rhine, 1946.

Moorehead, Alan, Eclipse. New York: Coward-McCann, 1945.

Moorehead, Alan, Montgomery. London: Hamish Hamilton, 1946.

Morgan, Gen. Sir Frederick, Overture to Overlord. London: Hodder & Stoughton, 1950.

Morgan, Gen. Sir Frederick, Peace and War—A Soldier's Life. London: Hodder & Stoughton, 1961.

Morison, Samuel Eliot, The Invasion of France and Germany, 1944-45. Boston: Little, Brown, 1959.

Mosely, Philip E., The Kremlin and World Politics. New York: Vintage Books, Random House, 1960.

Mosley, Leonard, Report from Germany. London: Gollancz, 1945.

Murphy, Robert, Diplomat among Warriors. New York: Doubleday, 1964.

Musmanno, Michael A., Ten Days to Die. New York: Doubleday, 1950.

Nobécourt, Jacques, Le dernier coup de Dès de Hitler: la bataille des Ardennes. Paris: Robert Laffont, 1964.

North, John, North-West Europe, 1944-45. London: H. M. Stationery Office, 1953.

Oldfield, Col. Barney, Never a Shot in Anger. New York: Duell, Sloan and Pearce, 1956.

Parker, Col. T. W., Jr., and Col. Thompson, Conquer, The Story of the Ninth Army. Washington, D.C.: Infantry Journal Press, 1947.

Paths of Armor. History of the 5th U.S. Armored Division.

Atlanta: Albert Love Enterprises, 1945.

Patton, Gen. George S., Jr., War As I Knew It. Boston: Houghton Mifflin, 1947.

Phillips, R. (editor), The Belsen Trial. London: William Hodge & Co., Ltd., 1949.

Poelchau, Harald, Die letzten Stunden. Berlin: Volk und Welt, 1949.

Pogue, Forrest C., "The Decision to Halt on the Elbe, 1945" in Command Decisions. Greenfield, Kent (editor). London: Methuen & Co., Ltd., 1960.

Pogue, Forrest C., The Supreme Command. Washington, D.C.: Office of the Chief of Military History, Dept. of the Army, 1954.

Radcliffe, Maj. G. L. Y., History of the 2nd Battalion. The King's Shropshire Light Infantry in the Campaign NW Europe, 1944-45. London: Basil Black-well & Mott, Ltd., 1957.

Ridgway, Gen. Matthew B., Soldier: Memoirs. New York: Harper & Bros., 1956.

Riess, Curt, The Berlin Story. London: Frederick Muller, Ltd., 1953.

Rollins, Alfred B., Jr. (editor), Franklin D. Roosevelt and the Age of Action. New York: Dell Publishing Co., 1960.

Roosevelt, Elliott, As He Saw It. New York: Duell, Sloan & Pearce, 1946.

Roosevelt, Franklin D., Nothing to Fear, The Selected Addresses of Franklin D. Roosevelt, 1932-45. Boston: Houghton Mifflin, 1946.

Royce, Hans (editor), Germans against Hitler. Bonn: Berto, 1952.

Rumpf, Hans, The Bombing of Germany. London: Frederick Muller, Ltd., 1963.

Russell, Lord, of Liverpool, The Scourge of the Swastika. London: Cassell & Co., Ltd., 1954.

Russell, William, Berlin Embassy. New York: E. P. Button, 1941.

Salmond, J. B., The History of the 51st Highland Division, 1939-1945. Edinburgh and London: William Blackwood & Sons, Ltd., 1953.

Saunders, Hilary St. George, The Fight Is Won. Official History Royal Air Force, 1939-1945 (Vol. III). London: H. M. Stationery Office, 1954.

Saunders, Hilary St. George, The Red Beret. London: Michael Joseph, Ltd., 1950.

Schoenberner, Gerhard, Der gelbe Stern. Hamburg: Rutten & Loening, 1960.

Scholz, Arno, Outpost Berlin. Berlin: Arani, 1955.

Shabad, Theodore, Geography of the U.S.S.R. New York: Columbia University Press, 1951.

Sherwood, Robert E., The White House Papers of Harry L. Hopkins (Vols. I and II). London: Eyre & Spottiswoode, 1948.

Shirer, William L., Berlin Diary. New York: Alfred A. Knopf, 1943.

Shirer, William L., End of a Berlin Diary. New York: Alfred

A. Knopf, 1947.

Shirer, William L., The Rise and Fall of the Third Reich. New York:Simon and Schuster, 1960.

Short History of the 7th Armoured Division, June 1943-July 1945, A. Privately published.

Shulman, Milton, Defeat in the West. London: Secker and Warburg, 1947.

Smith, Jean Edward, The Defense of Berlin. Baltimore: The Johns Hopkins Press, 1963.

Smith, Gen. Walter Bedell (with Stewart Beach), Eisenhower' s Six Great Decisions. New York: Longmans Green, 1956.

Snyder, Louis L., The War. A Concise History, 1939-1945. London: Robert Hale, Ltd., 1960.

Stacey, Col. C. P., The Canadian Army: 1939-45. Ottawa: Kings Printers, 1948.

Stein, Harold (editor), American Civil-Military Decisions. University of Alabama Press, 1963.

Steiner, Felix, Die Freiwilligen. Gottingen: Plesse, 1958.

Stettinius, Edward R., Roosevelt and the Russians: The Yalta Conference. New York: Doubleday, 1949.

Stimson, Henry L., and Bundy, McGeorge, On Active Service in Peace and War. New York: Harper & Bros., 1948.

Strang, Lord, Home and Abroad. London: Andre Deutsch, 1956.

Studnitz, Hans-Georg von. While Berlin Burns. London:

Weidenfeld and Nicolson, 1964.

Tassigny, de Lattre de, Marshal. Histoire de la première armée française. Paris: Plon, 1949.

Taurus Pursuant: A History of the 11th Armoured Division. Privately published.

Taylor, Telford, Sword and Swastika. New York: Simon and Schuster, 1952.

Thorwald, Juergen, Flight in the Winter. London: Hutchinson & Co., 1953.

Tidy, Maj. Gen. Sir Henry Letheby (editor), Inter-Allied Conferences on War Medicine, 1942-45, Convened by the Royal Society of Medicine. London: Staples Press Ltd., 1947.

Toland, John, Battle. New York: Random House, 1959.

Trevor-Roper, H. R., The Last Days of Hitler. London: Macmillan & Co., Ltd., 1947.

Trial of German Major War Criminals, The (Vols. 1-26). London: H. M. Stationery Office, 1948.

Tully, Andrew, Berlin: Story of a Battle. New York: Simon and Schuster, 1963.

The 12th Yorkshire Parachute Battalion in Germany, 24th March—16 May, 1945. Privately published.

United States Division Histories: XIII Corps—One Hundred and Eighty Days; 117th Inf., 1st Btn., 30th Div.—Curlew; 83rd Inf. Div.— Thunderbolt; 84th Inf. Div., The Battle for Germany by Lt. Theodore Draper; 113th Cavalry Group—Mechanized "Red Horse"; 119th Infantry; 30th Artillery Div.; 331st Infantry—

We Saw It Through by Sgt. Jack M. Straus; 329th Infantry—Buckshot; XIXth Corps; 102nd Division; 34th Tank Btn., 5th Armored Div.; 30th Inf. Div.; 120th Inf. Regt.; Fire Mission—The Story of the 71st Armored F.A. Btn. in the ETO; History of the 67th Armored Regt. 1945; History of the 117th Infantry, 1944-45. Washington, D.C.: Dept. of Defense.

Verney, Maj. Gen. G. L., The Desert Rats, The History of the 7th Armoured Division. London: Hutchinson & Co., 1954.

Verney, Maj. Gen. G. L., The Guards Armoured Division. London: Hutchinson & Co., 1955.

Victory Division in Europe, The. A History of the 5th U.S. Armored Division. Gotha, Germany: privately printed, 1945.

Wallace, Sir Donald MacKenzie, Russia on the Eve of War and Revolution. New York: Random House. 1961.

Warlimont, Walter, Inside Hitler' s Headquarters. 1939-45. New York: Frederick A. Praeger, 1964.

Webster, Sir Charles, and Frankland, Noble, The Strategic Air Offensive against Germany, 1939-45 (Vols. 1-4). London: H. M. Stationery Office, 1961.

Wellard, James, General George S. Patton, Jr.: Man under Mars. New York: Dodd, Mead, 1946.

Werth, Alexander, Russia at War, 1941-45. New York: E. P. Dutton & Co., 1964.

Wheeler-Bennett, J., Nemesis of Power—The German Army in Politics 1918-45. London: Macmillan & Co., Ltd., 1953.

White, D. F., The Growth of the Red Army. Princeton:

Princeton University Press. 1944.

White, W. L., Report on the Germans. New York: Harcourt, Brace, 1947.

Wilmot, Chester, The Struggle for Europe. London: Collins. 1957.

Windsor, Philip, City on Leave. London: Chatto & Windus, 1963.

Woodward, Llewellyn. British Foreign Policy in World War II. London: H. M. Stationery Office, 1962.

Younger, Carlton, No Flight from the Cage. London: Frederick Muller, Ltd., 1956.

苏联书籍、官方文件和档案

Andronikov, N. G., and others (collective authorship), Bronetankovye I mekhanizirovannye voiska Sovetskoi Armii (Tank and mechanized forces of the Soviet Army). Moscow: Ministry of Defense of the U.S.S.R., 1958.

Batov, Gen. P. I., V pokhodakh i boyakh (Campaigns and battles). In the series Voennye Memuary. Moscow: Ministry of Defense of the U.S.S.R., 1962: History of the 65th Army. Moscow: Military Publishing House, Ministry of Defense of the U.S.S.R., 1959.

Boltin, Gen. E. A., and others (collective authorship), Istoriya Velikoi Otechestvennoi Voiny Sovetskovo Soyuza, 1947-1945 (History of the Great Patriotic War of the Soviet Union. 1941-1945). Vols. 1-6. Moscow: Dept. of History, Institute of

Marxism-Leninism, and Ministry of Defense of the U.S.S.R., 1960-64.

Chuikov, Col. Gen. V. I., and Gen. Krebs, Stenographic record of conversations between Berlin: 30 April—1 May, 1945. Document. Moscow: Soviet privatearchives, individual possession; "Shturm Berlina" in Literaturnaya Rossiya ("The Storming of Berlin" in Literary Russia). Moscow: March 27, 1964; The Beginning of the Road. London: MacGibbon & Kee, 1963.

Correspondence 1941-45: Winston Churchill; Franklin Roosevelt; Josef V. Stalin; Clement Atlee (Vols. 1-2). Moscow: Foreign Languages Publishing House, 1957.

Ehrenburg, Ilya, We Come As Judges. London: Soviet War News, 1945; "Lyudi, gody, zhizn" in Novyi Mir ("People, Years, and Life" in New World). Moscow: 1962-63.

Gladkii, Lt. Col., 8 Guards Army, Interrogations Report of. Opisanie peregovorv s nachalnikom Generalnovo shtaba Sukhoputnykh Voisk Germanskoi Armii generalom pekhoty Gansom Krebsom I komanduyushym oboronoi goroda Berlin generalom artillerii Veidlingom o kapitylyatsii nemetskikh voisk v Berline (Record of conversations with the Chief of the General Staff of the Land Forces of the German Army, General of Infantry Hans Krebs, and the Commander of the Defense of the City of Berlin, General of Artillery Weidling, on the capitulation of German Forces in Berlin). Document. Moscow: Ministry of Defense Archives.

Gvardeiskaya tankovaya (History of the 2nd Guards Tank Army). Collective authorship. Moscow: Ministry of Defense of the U.S.S.R., 1963.

Kochetkov, Col. D., S zakrytymi lyukami in the series Voennye Memuary (With Closed Hatches). Moscow: Ministry of Defense of the U.S.S.R., 1962.

Krivoshein, Gen. S. M., Ratnaya byl' (This Was War). Moscow: Military Publishing House, Ministry of Defense of the U.S.S.R., 1959.

Neustroyev, Lt. Col. S. A., Put' k Reikhstagu (The Road to the Reichstag) in series, Voennye Memuary. Moscow: Military Publishing House, Ministry of Defense of the U.S.S.R., 1948; "Shturm Reikhstagu" (The Storming of the Reichstag) in Voenno-istoricheskii Zhurnal, 1960.

Platonov, Lt. Gen. S. P. (editor), Vtoraya mirovaya voina 1939-1945 gg. Voennoistoricheskii ocherk (The Second World War, 1939-1945, Military-historical outline). Moscow: Military Publishing House, Ministry of Defense of the U.S.S.R., 1958.

Popiel, Lt. Gen. N., "Vperedi—Berlin!" (Forward—Berlin!) in Zvezda (Star). Personal memoir. Moscow: Military Publishing House, Ministry of Defense of the U.S.S.R., 1958.

Poplawski, Gen. S. G. (editor), Boevye deistviya Narodnovo Voiska Pol' skovo, 1943-1945 gg (Combat operations of the Polish National Army, 1943-45). Moscow: Ministry of Defense of the U.S.S.R., 1961.

Samchuk, I. A., 13-ya Gvardeiskaya (13th Poltava Rifle

Division). Moscow: Ministry of Defense of the U.S.S.R., 1962.

Shturm Berlina (The Storming of Berlin). Collective authorship (Soviet participant accounts). Moscow: Ministry of Defense of the U.S.S.R., 1948.

Simonov, K., Front Ocherki i rasskazy 1941-1945 (The Front. Sketches and stories, 1941-1945). Moscow:Ministry of Defense of the U.S.S.R., 1960.

Smakotin, M. P., Ot Dona do Berlina (From the Don to Berlin). Combat history of the 153rd Rifle Division, later 57th Guards Rifle Division. Moscow: Ministry of Defense of the U.S.S.R., 1962.

Solomatin, Col. Gen. M. D., of Tank Troops, Krasnogradtsy (1st Krasnograd Mechanized Corps). Moscow: Ministry of Defense of the U.S.S.R., 1963.

Soviet War News (Vols. 1-8, 1941-1945). London: Soviet Embassy Press.

Stavka Directives: 2-23 April, 1945. Document. Moscow: Ministry of Defense of the U.S.S.R.

Sychev, Gen. K. V., and Malakbov, Col. M. M., The Rifle Corps Offensive. Moscow: Ministry of Defense of the U.S.S.R., 1958.

Telpukhovskii, Boris Sejonovitsch, The Soviet History of the Great National War, 1941-45. Moscow: Military Publishing House, Ministry of Defense of the U.S.S.R., 1959.

Troyanovskii, Lt. Col. P., Poslednie dni Berlina (The Last Days of Berlin). Moscow: Ministry of Defense of the

U.S.S.R., 1945.

Vyshevskii, V., Dnevniki voennykh let (Diary of the War Years). Vol. 4. Moscow: Publishing House for Artistic Literature, 1958; Sobranie sochinenii(Collected Works). Moscow: Publishing House for Artistic Literature, 1958.

Weidling, Gen., Interrogation of. By representative of the Soviet commander, Maj. Gen. Trusov. Document. Moscow: Ministry of Defense Archives, May, 1945.

What We Saw in Germany with the Red Army to Berlin. Thirteen Soviet war correspondents. London: Soviet Embassy Press, 1945.

Yedenskii, P. I., The Berlin Operation of the 3rd Shock Army. Moscow: Military Publishing House, Ministry of Defense of the U.S.S.R., 1961.

Yuschuk, Maj. Gen. I. I., of Tank Troops, Tank Operations and the Storming of Berlin. Moscow: Military Publishing House, Ministry of Defense of the U.S.S.R., 1962.

Zhilin, Col. P. A., Vazhneishie operatsii Velikoi Otechestvennoi Voiny 1941-1945 gg (The Most Important Operations of the Great Patriotic War 1941-1945). Moscow: Ministry of Defense of the U.S.S.R., 1956.

苏联政府和各部门提供给本书作者的战斗序列、地图、情报评估、审讯记录摘要和其他大量文件没有在上文列出。

德国手稿、军事研究及缴获的文件

Adjutantur der Wehrmacht beim Führer, Beurteilung der

Feindlage vor deutscher Ostfront im grossen—Stand 5.1.45 (Estimate of Soviet intentions). Document. German Military Archives.

Arndt, Lt. Gen. Karl, 39th Panzer Corps, 22 April—7 May, 1945. Office of the Chief of Military History (hereafter referred to as OCMH), Dept. of Army, U.S.A., MS B-221.

Blumentritt, Gen. Guenther, The Last Battles of the AOK Blumentritt, 10 April—5 May, 1945. OCMH, MS B-361; Battles Fought by the 1st Parachute Army, 29 March—9 April, 1945. OCMH, MS B-354.

Busse, Gen. Theodor, The Last Battle of the 9th German Army (Vol. 5). German Military Research Studies, Military Science Review, April, 1955.

Edelsheim, Gen. Freiherr von, Capitulation Negotiations between the 12th German Army and the Ninth U.S. Army, 4 May, 1945. OCMH, MS B- 220.

Eismann, Col. Hans Georg, Eismann Papers: Diary, Narrative and Personal Notes by the Chief of Operations, Army Group Vistula, 14 January—7 May, 1945. Also, letters, battle sketches and other military studies prepared for Col. Gen. Heinrici. German sources.

End of Army Group Weichsel (Vistula) and Twelfth Army, The, 27 April—7 May, 1945, and Ninth Army' s Last Attack and Surrender, 21 April—7 May, 1945. Research studies by Magna E. Bauer, 1956. Foreign Studies Branch, OCMH.

Estor, Col. Fritz, The 11th Army, 1-23 April, 1945.

OCMH, MS B-581.

Feindkrafteberechnungen (FHO): Feb. 19—Apr. 15, 1945 (Estimates of enemy strength). Document. German Military Archives.

FHO: "Wesentliche Merkmale des Feindbildes" for April 23-28 1945(Enemy order of battle; telegrams). Document. German Military Archives.

Fighting Qualities of the Russian Soldier, The (German estimates of). Vol. II, No. 8.OCMH, MS D-036.

Gareis, Gen. Martin, Personal Papers and Diary of the Commander of the 46th Panzer Corps, 1945. German sources.

Gehlen, Gen. Reinhard, Gedanken zur Feindbeurteilung 2.2.45 (Estimate of Soviet intentions). Document. German Military Archives; Vermutliche Weiterführung der souwj. russ.— Operationen ⋯ (Fremde Heere Ost): Stand: 2.2.45. Document. German Military Archives.

Gen. StdH/Abt. FHO (Chef): "Befehle Op.-Abt." (Operational Orders: 7 March—25 April, 1945). Document. German Military Archives.

Heeresarzt/OKH: (German casualties, July 1943—April 1945 for German Army central military medical authorities). Document. German Military Archives.

Heinrici, Col. Gen. Gotthard, Account by the Commander of the Army Group Vistula of the Last Battle of the Reich, 1945. Translated by Susanne Linden; Heinrici Papers and Diary. Translated by Professor John Erickson, 1964; Heinrici: Army

Group Vistula War Diary, March- April, 1945. Translated by Dr. Julius Wildstosser, 1963; Heinrici Telephone Log, as recorded in Army Group Vistula War Diary by Lt. Col. Hellmuth von Wienskowski, 20-29 April, 1945. Translated by Helga Kramer, 1963; Papers, monographs, maps, battle sketches, provided by Col. Gen. Heinrici for the author' s use. Translated by Ursula Naccache.

Hengl, Gen. Georg Ritter von, The Alpine Redoubt. OCMH, MS B-461.

Hofer, Gauleiter Franz, The National Redoubt. OCMH, MS B-458, B-457.

Jodl, Col. Gen. Alfred, Diary Extracts; Operation Eclipse Notes and Affidavit; Nuremberg Notes; Private Papers. All translated by Frau Luise Jodl for the author' s use.

Koller, Gen. Karl, The Collapse Viewed from Within (The diary notes of General Koller, German Chief of Air Staff, 14 April—9 May, 1945). British Air Ministry Archives.

Kriegstagebuch: OKH/Gen. Stab. des Heeres: Operationsabteilung. 4 April—15 April, 1945; 16 April—24 April, 1945. Document. German Military Archives.

Krukenberg, SS Maj. Gen. Gustav, Battle Days in Berlin (by the Commander of the SS Nordland Division). Personal manuscript prepared especially for the author.

Lageberichte Ost: 1-21 April, 1945; 23-28 April, 1943; 29 April, 1945. Document. German Military Archives.

Last Russian Offensive, The, 1945 (27th Corps Sector). OCMH, MS D-281.

Letztes Kriegstagebuch O.d.M. (Doenitz) (Bormann's telegram, signals on devolution of power re: Hitler's death). Documents. German Military Archives.

Notizen nach Führervortrag (to 31 March, 1945; for the Eastern Front). Document. German Military Archives.

Operation Eclipse. Captured and annotated copy from files of Organisationsabteilung, Generalstab des Heeres. Translated by John Flint.

Organization of the Volkssturm from Organisationsabteilung, Generalstab des Heeres. Document. German Military Archives.

Politische Angelegenheiten (The German White Book). German Military Archives.

Raus, Col. Gen. Erhard, The Pomeranian Battle and the Command in the East. Discussions with Reichsführer SS Himmler and Report to the Führer. OCMH, MS D-189.

Refior, Col. Hans, Diary of the Chief of Staff of the Berlin Defense Area, 18 March—5 May, 1945. German sources.

Reichhelm, Col. Günther, Battles of the 12th Army, 13 April—7 May, 1945 (By the Chief of Staff). OCMH, MS B-606; Personal papers, maps, diary. Given to the author.

Reitsch, Fl/Capt. Hanna. Accounts extracted from U.S. and British interrogation and summarized in the Nuremberg Papers; Personal narrative in the U.S.A.F. psychological evaluation and study, Air Medical Intelligence Report of Flugkapitan Hanna

Reitsch, 1945.

Remagen Bridgehead, The, 11-21 March, 1945. OCMH, MS A-965.

Rendulic, Col. Gen, Lothar, Army Group A, South, 7 April—7 May, 1945: Report of the Commander. OCMH, MS B-328.

Reymann, Gen. Hellmuth, Personal Account of the Battle for Berlin by the Commander of the Berlin Defense Area, 6 March—24 April, 1945. German sources.

Schramm, Professor Percy E., Wehrmacht Losses, World War II. German War Potential at the Beginning of 1945. OCMH, MS B-716.

Schultz, Maj. Joachim, OKW War Diary Extracts, 20 April—19 May, 1945. Translated by Giselle Fort. German sources.

Weidling, Lt. Gen. Helmut, The Final Battle in Berlin, 23 April—2 May, 1945 (By the last commander of the Berlin Defense Area). Translated from the Soviet Defense Dept. Military Historical Journal by Wilhelm Arenz. Military Science Review, Jan., Feb. and March, 1962.

Wenck, Gen. Walther, 12th Army: Report of the Commander. OCMH, MS B-394; Personal Journal and Maps. Given to the author.

Willemer, Col. Wilhelm, The German Defense of Berlin. With contributions by: Col. Gen. Gotthard Heinrici, Col. Hans Georg Eismann—Army Group Vistula; Maj. Gen. Erich Dethleffsen, Maj. Gen. Thilo von Trotha, Col. Bogislaw von Bonin, Col. Karl W. Thilo—Army High Command; Col. Hans Oscar Wöhlermann,

Artillery Commander—56th Panzer Corps; Col. Gerhard Roos, Chief of Staff—Inspectorate of Fortifications; Col. Ulrich de Maizieres, Operations Branch—Army General Staff; Maj. Gen. Laegeler—Replacement Army; Lt. Gen. Helmut Friebe, Lt. Col. Mitzkus—Deputy Headquarters, Third Corps; Lt. Gen. Hellmuth Reymann, Commander —Berlin Defense Area; Lt. Col. Edgar Platho, Artillery Commander—Berlin Defense Area; Lt. Col. Karl Stamm, Maj. Pritsch—Wehrmacht Area Headquarters; Col. Gerhardt Trost—Luftwaffe; M/Sgt. Schmidt—Ordnance; Col. Erich Duensing, Police Commander—Berlin; Dr. Hans Fritsche, Chief, Radio Dept.—Propaganda Ministry; and Col. Guenther Hartung. Introduction by Col. Gen. Franz Halder, former Chief of the German General Staff. OCMH, MS P-136.

Wöhlermann, Col. Hans Oscar, An Account of the Final Defense Eastward and in Berlin, April—May, 1945 (By the Artillery Commander of the 56th Panzer Corps and later Artillery Commander of the Berlin Defense Area). German sources.

节选的文章

Aichinger, Gerhard, "Wenck and Busse at the End of April, 1945." Tagespiegel, January, 1957.

Andreas-Friedrich, Ruth, "Observation Post Berlin." Die Zeit, July, 1962.

Arzet, Robert, "The Last Ten Days." Tagespiegel, March, 1946.

Bailey, George, "The Russian at Reims." The Reporter,

May 20, 1965.

Baldwin, Hanson, "Victory in Europe." Foreign Affairs, July, 1945.

"Battle for Berlin, The." Revue de la défense nationale, January-June, 1953.

Bolte, Charles G., "Breakthrough in the East." The Nation, January, 1945.

Cartier, Raymond, "The Day Hitler Died." Paris-Match, July, 1962.

Chatterton-Hill, Dr. G., "The Last Days in Berlin." Contemporary Review, May, June, 1946.

Codman, Lt. Col. Charles R., "For the Record: Buchenwald." Atlantic Monthly, July, 1945.

Creel, George, "The President's Health." Collier's, March, 1945.

"Dead Heart of Berlin." From a Special Correspondent, The Times of London, June, 1945.

Ehrenburg, Ilya, "On to 'Tamed Berlin.' " New York Times Magazine, August, 1944.

Erickson, John, "The Soviet Union at War (1941-45): An Essay on Sources and Studies." Soviet Studies (Vol. XIV, No. 3). Oxford: Basil Blackwell, 1963.

Flynn, John T., "Why Eisenhower's Armies Did Not Take Berlin." Reader's Digest, August, 1948.

Franklin, William M., "Zonal Boundaries and Access to Berlin." World Politics, Vol. XVI, No. 1, October, 1963.

Freidin, Seymour, and Fleischer, Jack, "The Last Days of Berlin" (two articles). Collier's, August, 1945.

Geilinger, Dr. Eduard, "The Siege of Berlin" (A Swiss correspondent's account). Neue Zürcher Zeitung, June, 1945.

Jacobi, Oscar, "Berlin Inferno." New York Times Magazine, January, 1944; "Berlin Today." New York Times Magazine, September, 1944.

Kuhn, Irene Corbally, "Patton: 'The Russians Really Took Us for Suckers.'" Human Events, November, 1962.

Lauterbach, Richard, "Zhukov." Life, February, 1945.

"Letters from Berlin." Catholic World, November, 1945.

Mitchell, Donald W., "Allied Pincers Close on Germany." Current History, March, 1945.

Morris, Joe Alex, "Germany Waits to Be Saved." Collier's, September, 1945.

Mosely, Philip E., "Dismemberment of Germany." Foreign Affairs, April, 1950; "The Occupation of Germany." Foreign Affairs, July, 1950.

Olson, Sidney, "Defeated Land." Life, May, 1945.

Paret, Peter, "An Aftermath of the Plot Against Hitler: the Lehrterstrasse Prison in Berlin, 1944-45." Journal of the Institute of Historical Research (Vol. 32, No. 85). University of London. The Athlone Press, 1959.

Powell, Robert, "Berlin Today." Fortnightly, October, 1945.

Prinz, Gunther, "When the Guns Fell Silent." Berliner

Morgenpost, May, 1945.

Rosinski, Herbert, "The Red Flood." U.S. Army Combat Forces Journal, July, 1953.

Sayre, Joel, "Letter from Berlin." The New Yorker, August, 1945; "That Was Berlin" (five articles). The New Yorker, September, October, 1948.

Singh, Brig. Thakul Sheodatt, "The Battle of Berlin." Journal of the U.S. Institute of India, 1949-50.

Sondern, Frederic, "Adolf Hitler's Last Days." Reader's Digest, June, 1951.

Thompson, John H., "Meeting on the Elbe." Chicago Daily Tribune, April, 1945.

Warner, Albert, "Our Secret Deal over Germany." The Saturday Evening Post, August, 1952.

致 谢

　　本书的资料主要来自亲身经历者，既有盟军将士，也有对阵的德军官兵，还有在这场战役中幸存下来的柏林人。总共2000多人为本书做出贡献。从1962年起的三年多时间里，约700人提供了书面资料或接受了采访。他们把各种藏品交给我，从日记到地图，从个人记述到珍藏的剪贴簿，不一而足。他们的名字列在本书"军人和平民"名单里。

　　我把他们提供的信息，整合到源自美国、英国、苏联、德国的资料的军事框架内。我掌握了部队战后报告、战时日志、师史、情报汇总、审讯报告，还采访了那段时间军方和政府的重要人物，许多人把他们的文件、档案、笔记交给我使用。我收集的资料塞满了10个文件柜，包含的信息五花八门，例如战役前柏林大型储气罐的燃料数量，甚至还有罗科索夫斯基元帅佩戴的内置指南针的手表。

　　不少人为本书创作提供了帮助。要是没有《读者文摘》的莉拉和德威特·华莱士，这个项目根本无从谈起，他们把杂志社的大量研究资源交给我使用，还报销了我的许多费用。我要感谢好友霍巴特·刘易斯，他是《读者文摘》的总裁兼执行主编，正是他的不遗余力，才让本书得以面世。我还要感谢《读者文摘》驻美国和欧洲编辑部的工作人员，他们收集了各种资料，还采访了数十位亲历者。单单列举个别人肯定不太公平，所以我按照各编辑部，以姓名字母的先后顺序列出他们的名字。柏林编辑部：约翰·弗林特、黑尔佳德·克拉默、苏珊娜·林登、露特·韦尔曼；伦敦编辑部：希·查普曼、琼·艾萨克斯；纽约编辑部：格特鲁德·阿伦德尔、尼娜·乔治斯-

皮科特; 巴黎编辑部: 于尔叙拉·纳卡什、约翰·D. 帕尼察 (欧洲首席记者); 斯图加特编辑部: 阿尔诺·亚力克西; 华盛顿编辑部: 布鲁斯·李、茱莉亚·摩根。

我得感谢美国国防部, 他们批准我去历史档案馆从事研究工作。我要特别感谢军史处办公室主任哈尔·C. 帕蒂森准将和他那些同僚的大力帮助: 玛格达·鲍尔、德特马·芬克、查尔斯·冯·吕蒂肖、伊斯雷尔·威斯、汉娜·蔡德里克、厄尔·齐姆克博士, 他们都抽出时间帮助了我和我的同事。我还要感谢二战档案部主任谢罗德·伊斯特, 他批准我用几个月时间仔细研究了那段时间的逐日记录。档案部其他人员同样友善: 文献处负责人威尔伯·J. 奈伊和他的同事洛伊斯·奥尔德里奇、莫顿·阿珀森、约瑟夫·艾弗里、理查德·鲍尔、诺拉·欣肖、托马斯·霍曼、希尔德雷德·利文斯顿、V. 卡罗琳·穆尔、弗朗西斯·鲁布赖特、黑兹尔·沃德。同他们紧密合作的朱利叶斯·怀尔德斯托瑟博士, 为我和《读者文摘》的同事孜孜不倦地查阅了数英里长的微缩胶片, 还翻译了数千份德国文件。

我要特别感谢前总统德怀特·D. 艾森豪威尔、阿拉曼子爵伯纳德·劳·蒙哥马利元帅、奥马尔·N. 布拉德利上将、弗雷德里克·摩根爵士中将、沃尔特·比德尔·史密斯上将、威廉·H. 辛普森上将、詹姆斯·M. 加文中将、伊斯梅勋爵、布莱恩·霍罗克斯爵士中将、斯特朗勋爵、W. 埃夫里尔·哈里曼大使、福伊·D. 科勒大使、戴维·布鲁斯大使、查尔斯·波伦大使、艾德礼伯爵、安娜·罗森堡·霍夫曼夫人、弗朗西斯·德甘冈爵士少将、迈尔斯·登普西爵士、伊夫林·巴克中将、路易斯·莱恩少将、R.F. 贝尔彻姆少将、菲利普·E. 莫斯利教授。他们和许多英美官员及外交人员帮助我理解了那段时期的军事和政治背景, 还阐明了英美军队没有继续攻往柏林的原因。

我要感谢苏联政府, 承蒙他们慷慨地准许我查阅苏联国防部档案里迄今为止尚未披露的文件、命令、审讯报告和其他文件。诚然，我们对许多问题的看法并不一致，而且我的做事方式也不总是那么灵活变通，但我发现，对苏联军方持真诚坦率、直言不讳的态度，会得到他们同样的回报。例如柏林发生的强奸事件，美国国务院和英国外交部某些官员提醒我，贸然提出这个问题未免不太得体。约翰·F. 肯尼迪总统不同意这种看法。我动身前往苏联前，他对我说了番话，大意是苏联人对此可能一点也不介意，因为从本质上说他们是讨价还价的高手。他觉得我应该直言不讳，"把问题摊在桌面上"。我照办了，苏联当局也以同样的方式做出回应。但也有些尴尬的时刻。尽管赫鲁晓夫政府邀请我去苏联研究相关档案，可莫斯科机场的边防警察却想把苏联国防部送给我的文件扣下！科涅夫、罗科索夫斯基、索科洛夫斯基、崔可夫元帅亲切友好，慷慨地腾出时间，为我提供了许多信息，我采访的另一些苏联军人同样如此。双方之所以能建立这种联系，主要归功于陪我出行的同伴——曼彻斯特大学的约翰·埃里克森教授，他的语言能力和他关于苏联事务的专业知识帮了大忙。

在德国，波恩政府新闻和信息部的格拉夫·施魏因茨博士为我大开方便之门。北约驻华盛顿司令部的 A. 霍伊辛格将军给我写了几十封介绍信。特奥多尔·冯·杜夫芬上校是柏林最后一任卫戍司令卡尔·魏德林将军的参谋长，他用几天时间和我一同回顾了柏林战役。瓦尔特·文克上将、特奥多尔·布塞上将、马丁·加赖斯上将、埃里希·德特勒夫森少将、赫尔穆特·雷曼中将、哈索·冯·曼陀菲尔上将、马克斯·彭泽尔中将、弗里德里希·西克斯特中将、党卫队上将费利克斯·施泰纳、布克哈特·米勒-希勒布兰德中将、党卫队古斯塔夫·克鲁肯贝格少将、汉斯·雷菲奥尔上校、汉斯·奥斯卡·韦勒曼上校、路易丝·约德尔夫人都全力帮助我重现了这场战役和柏林最后的日子。

还有许多人以各种方式帮助我：慕尼黑的苏联研究所副顾问莱昂·J. 巴拉特、时任柏林广播电台总编的罗尔夫·门策尔、德国军事档案研究所的迈尔-韦尔克中校、柏林《晚报》编辑弗兰克·E.W. 德雷克斯勒、柏林美军占领区电台负责人罗伯特·洛克纳、《巴黎竞赛画报》的雷蒙·卡蒂埃、慕尼黑现代史图书馆的尤尔根·罗韦尔博士、柏林市档案馆的阿尔布雷希特·兰珀博士、德国老兵组织 WAST 的卡尔·勒德尔和卡尔·约翰·维贝格、战俘营前战俘全国联谊会的马塞尔·西蒙诺、西格贝特·莫恩出版社的迪特尔·施特劳斯博士。谨向他们和许多未列名人士致以我最诚挚的感谢。

关于本书的德方记述，最后我要感谢戈特哈德·海因里齐大将。一连三个月，我们进行了无数次采访和交谈。他把战役的每个阶段重演了一遍。他还允许我使用他的私人笔记、文件、战时日记。尽管疾病缠身，可他总是慷慨地腾出时间。我觉得没有他的话，本书不可能完成。我当作家二十来年，很少遇到这么看重尊严和荣誉的人，也很少有人像他那样，能准确地回忆起许多细节。

该如何感谢写作过程中支持我的人呢？我亲爱的妻子整理资料、编写索引、编辑并重写稿件，还在漫长的研究和写作岁月里悉心照料我们的家庭。我的好友杰里·科恩堪称最严厉的批评者，他敏锐的编辑铅笔才华横溢地在稿件上游走，不过在本页他没这个机会了。我的秘书霍蒂·范特雷斯卡和芭芭拉·索耶帮了大忙，她们不停地打字、归档、接电话，大力支持了我们所有人。苏珊、查理·格里夫斯总是在我需要的时候及时到来。西蒙·舒斯特出版社的彼得·施韦德和迈克尔·科达，以及出版经理海伦·巴罗、美术总监弗兰克·梅茨、版面设计员伊芙·梅茨，一再忍耐我难以达到的要求。拉斐尔·帕拉西奥斯细致的地图和幽默感超出任何一位作者的期望。泛美航空公司的戴夫·帕森斯在欧洲各地运送一箱箱研究资料，从没丢失过一份文件。我的朋友比尔·柯林斯和罗伯特·拉丰，也是我在英国和法国的出版商，他们苦苦等待本书，就差要"黏着瑞恩"了。我的律师保罗·吉特林提供了无与伦比的帮助和指导。我的法国代理人玛丽·舍贝克、英国代理人伊莱恩·格林以她们的工作、勇气、支持、信念提供了大力帮助。我要向他们所有人表达最深切的谢意。

——科尼利厄斯·瑞恩

送奶工里夏德·波加诺夫斯卡，
摄于1945年。

福音派牧师阿图尔·莱克沙伊特博士，他服务的梅兰希通
教堂毁于空袭。"一颗颗炸弹在克罗伊茨贝格区各处爆炸时，
附近乌尔班医院的病人和躲在毗邻地下室里的居民似乎听
见梅兰希通教堂的管风琴奏起古老的赞美诗：'我从深处向
你求告。'"

罗伯特·科尔布和英格博格·科尔布夫妇。

科尔布家在施潘道区，罗伯特对英格博格保证过："战火不会落到我们头上。"可情况并非如此，首个迹象是红军的野战厨房停在他们家门前。

瑞典人卡尔·约翰·维贝里比德国人更像德国人，其实他是盟国间谍。

达勒姆之家包括圣心修女会开办的孤儿院和妇产院，由修女院院长库内贡德斯负责。"该如何对60名修女和庶务修女开口，告诉她们面临遭强奸的危险呢？"

卷入"7·20事件"的共产党抵抗组织成员赫伯特·科斯奈。

赫伯特的哥哥库尔特·科斯奈是个1931年就入党的老共产党员。

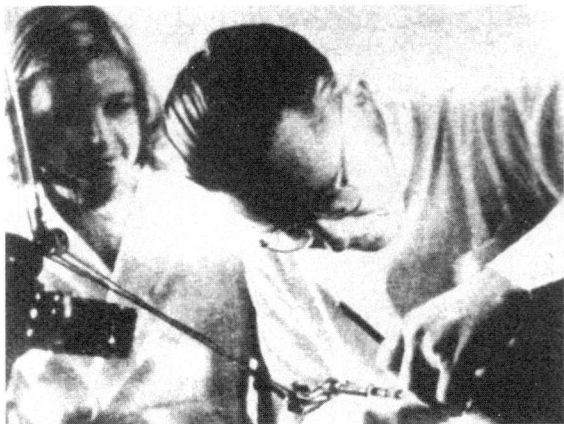

克特·赖斯·霍伊泽尔曼和胡戈·J. 布拉施克教授给纳粹宣传部长约瑟夫·戈培尔动手术。克特知道个保守得最严密的机密——希特勒的行踪。

科茨和未婚妻尤塔·佐尔格。尤塔也被捕入狱。科茨在战争最后几天获释，与尤塔完婚。

莱尔特街监狱。

柏林动物园园长卢茨·黑克博士，他是赫尔曼·戈林的朋友。

狮子饲养员古斯塔夫·里德尔被迫杀死自己饲养的动物，但又发现某些动物"很好吃"。

苏联军官与柏林居民交谈。

1945年8月，苏联士兵想抢夺德国妇女的自行车，两人扭打起来。

战争结束后不久，一个盲人（右）和同伴坐在柏林街头的废墟里。

1945年5月，柏林投降后，平民百姓带着财物走过满目疮痍的街道。

红军给柏林市民分发土豆。他们设立的施粥场发放了大量食物，但战后的物资匮乏，让许多柏林居民饥肠辘辘。

德国妇女捡拾废墟里的砖块，好再次使用。许多苏联人对大批德国百姓井然有序地恢复正常生活深感震惊。瓦西里·格罗斯曼写道："他们清理、打扫废墟……就像整理自己的房间。"

柏林居民排队进入动物园防空炮塔，婴儿车几乎是他们唯一的交通运输工具。

维斯瓦集团军群司令戈特哈德·海因里齐大将（右图和下图左二）。

柏林卫戍司令赫尔穆特·雷曼。

1945年3月，雷曼中将视察 B 防区的机枪阵地。

第9集团军司令特奥多尔·布塞将军（紧挨桌边站立者）。

马克斯·彭泽尔中将堪称修筑防御工事的专家，但他发现柏林的城防"形同虚设"。

海因里齐的参谋长冯·特罗塔少将。

中央集团军群司令费迪南德·舍尔纳大将。

国防军指挥参谋部参谋长阿尔弗雷德·约德尔大将（前排中签署文件者）。

约德尔夫人路易丝，纽伦堡审判期间为约德尔辩护。

古德里安的情报处长赖因哈德·格伦少将，战后出任联邦德国情报局局长。（左图）

装甲兵上将瓦尔特·文克，希特勒把最后的希望寄托于文克匆匆组建的第12集团军。这张照片摄于1945年。（右图）

1945年5月7日，威廉·凯特尔元帅在柏林的红军司令部签署降书。

第3装甲集团军司令哈索·冯·曼陀菲尔装甲兵上将。"我们只有一支幽灵军队。"

海因茨·古德里安大将，1944年出任德国陆军总参谋长。"我们陷入的境地混乱不堪。"这张照片摄于1940年5月，古德里安当时指挥第19摩托化军先遣部队攻往英吉利海峡。

第9集团军第541人民掷弹兵师师长沃尔夫·哈格曼中将。

赫尔穆特·郎上尉（站在隆美尔身后，摄于1944年），战争结束前不久，他给海因齐通风报信，让他留神自己的安危。

施泰纳集团军级集群司令、党卫队将领费利克斯·施泰纳，他接到的命令是"拯救柏林""解救元首"。这张照片摄于1965年。

第56装甲军炮兵指挥官汉斯-奥斯卡·韦勒曼上校，据他说，"像疯子那样奔逃的士兵随处可见"。

这张照片据说是魏德林投降时苏联人拍摄的，但很可能是摆拍，因为投降实际发生在滕佩尔霍夫区某栋房子里，而不是掩体内。

防护网像伞一样悬挂在城市的各个地方，用于防范空袭侦察机。图为勃兰登堡门前的这一罕见景象。

人民冲锋队队
员，其中有些人
已年过七旬。

年龄在12~15岁的柏林防卫"士兵"被俘后拍摄的照片。照片由苏联人向作者提供。

盟军高级指挥官会晤。从左到右：索科洛夫斯基大将、罗伯特·墨菲、蒙哥马利元帅、朱可夫元帅、艾森豪威尔五星上将、法国柯尼希中将。

1945年德国投降后不久，盟军将领在兰斯的盟国远征军最高统帅部。在场人员从左到右分别为：伊万·苏斯洛帕罗夫少将、弗雷德里克·摩根中将、沃尔特·比德尔·史密斯中将、凯·萨默斯比上尉（被遮挡）、哈里·C.布彻上尉、陆军上将德怀特·D.艾森豪威尔上将、空军元帅阿瑟·特德。

美国第9集团军司令威廉·辛普森中将与蒙哥马利元帅交谈。
蒙哥马利身后是大英帝国总参谋长艾伦·布鲁克元帅，他旁边是
美国第12集团军司令奥马尔·布拉德利将军。

加拿大第1集团军司令亨利·D.克里勒上将与蒙哥马利。

1945年6月，朱可夫、艾森豪威尔、蒙哥马利和其他盟军官员
举杯庆祝。

美国陆军参谋长乔治·C. 马歇尔将军。

美军第3集团军司令小乔治·S. 巴顿中将。

美军第6集团军司令雅各布·德弗斯上将。

三巨头在德黑兰。

英国陆军元帅蒙哥马利与苏联元帅朱可夫、罗科索夫斯基在柏林勃兰登堡门（摄于1945年7月12日）

四位盟军最高将领，从左到右分别为：英国陆军元帅蒙哥马利、美国五星上将艾森豪威尔、苏联元帅朱可夫、法国中将塔西尼。1945年6月5日摄于柏林。

美军第1集团军司令考特尼·霍奇斯上将。

美军第19军军长雷蒙德·S. 麦克莱恩少将，他估计"渡过易北河6天后"就能到达柏林。

38岁的美国第82空降师师长詹姆斯·M. 加文少将（右）奉命空降柏林，与英国第2集团军司令迈尔斯·登普西爵士中将（左）讨论他的计划。

美军第83步兵师师长罗伯特·C.梅肯，该师绰号"杂乱的马戏团"。

美军第2装甲师师长艾萨克·D.怀特。"该死的步兵师别想击败我攻往易北河的部队。"

美军第2装甲师B战斗指挥部指挥官西德尼·R.海因兹，他于1945年3月获得法国荣誉军团勋章。

艾萨克·怀特将军给第67装甲团的詹姆斯·霍林斯沃思少校颁发银星勋章。"他把34辆坦克一字排开，下达了现代战争中很少听到的号令：'冲啊！'"

"兰金行动"C方案制订者弗雷德里克·E.摩根中将。"这项职务当然没什么用处，可你得想办法让它发挥作用。"

美国驻英国大使约翰 G. 怀南特（中）与温斯顿·丘吉尔（右一）。

美军第84步兵师师长亚历山大·R. 博林少将。"亚历克斯，继续前进……别让任何人挡住你们。"（左图）

美国驻莫斯科大使 W. 埃夫里尔·哈里曼，他多次提醒总统，斯大林的领土野心欲壑难填。（右图）

"迪克西"·迪恩斯（左五，左手搭在腰间，佩戴英国皇家空军飞行员飞行资格章）与第357战俘营的德国军官。

无武装的"梅小姐"号"幼畜"J3型观察机飞行员杜安·弗朗西斯中尉（右）站在被他击落的德军飞机旁。

乌克兰第1方面军司令员伊万·S. 科涅夫元帅。摄于1945年。

科涅夫与本书作者在一起。两人就科涅夫在柏林战役期间发挥的作用长谈了四个钟头。这张照片很罕见，因为科涅夫很少允许别人给他拍照。

瓦西里·索科洛夫斯基元帅，1945年，红军进攻柏林前一天，他出任朱可夫的副司令员。

索科洛夫斯基元帅与作者合影。

白俄罗斯第1方面军司令员格奥尔吉·K. 朱可夫。
摄于1944年。

苏联红军坦克第11军军长伊万·I. 尤舒克。

白俄罗斯第2方面军司令员康斯坦丁·K. 罗科索夫斯基元帅（右）和蒙哥马利元帅。摄于1945年。

莫斯科红场胜利阅兵式上的瓦西里·I. 崔可夫上将。1945年，他率领近卫第8集团军进攻柏林。摄于20世纪50年代。

易北河会师。乌克兰第1方面军近卫第5集团军近卫步兵第34军近卫步兵第58师的红军战士，与美国第1集团军第69步兵师第273团的美军士兵握手。

红军军官与美军士兵在托尔高地区的易北河畔会师。

美军用缴获的八桨赛艇划船渡过易北河与苏联红军会师。苏联红军在岸上朝美军挥手。

苏联驻英国大使费奥多尔·T. 古谢夫。

英军第2集团军医务部长休·格林·休斯准将。关于他在贝尔森集中营所见，他说道："任何照片、任何描述都无法再现我当时见到的恐怖场面。"

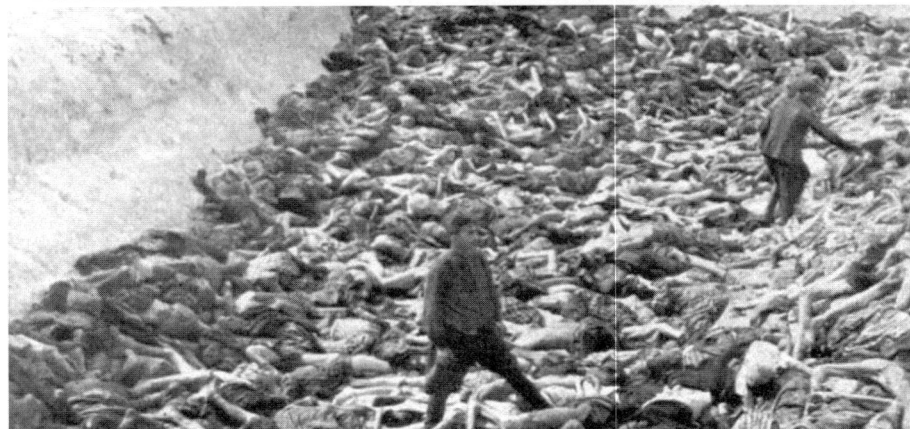

希特勒与埃娃·布劳恩，最后的快乐时光。

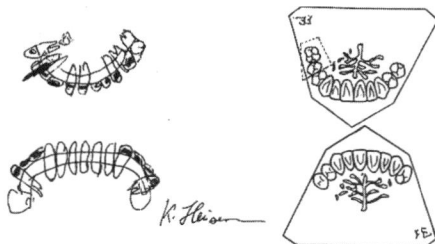

这两张草图是克特·霍伊泽尔曼（左）和弗里茨·埃希特曼（右）于1963年专门为本书作者绘制的，用于说明他们如何为苏联人鉴定希特勒的牙齿，上面有他们的签名。请注意上颚齿桥的位置，在埃希特曼的草图里用点状矩形标出。

希特勒和他的私人飞机驾驶员鲍尔。他们中间是挂在元首暗堡内的腓特烈大帝肖像，希特勒把它作为临别礼物送给了鲍尔。

希特勒和他的私人汽车司机埃里希·肯普卡。

1945年4月20日希特勒生日那天发售的两枚特种纪念邮票：一枚的票面是个身着制服的纳粹党领导人，右手高举火炬；另一枚是个党卫队士兵，肩上扛着施迈瑟冲锋枪。

帝国元帅赫尔曼·戈林。

党卫队全国领袖海因里希·希姆莱。

从左到右分别为：阿尔贝特·施佩尔、海军总司令卡尔·邓尼茨、约德尔大将。这是他们被俘后拍的照片。

纳粹宣传部长约瑟夫·戈培尔。

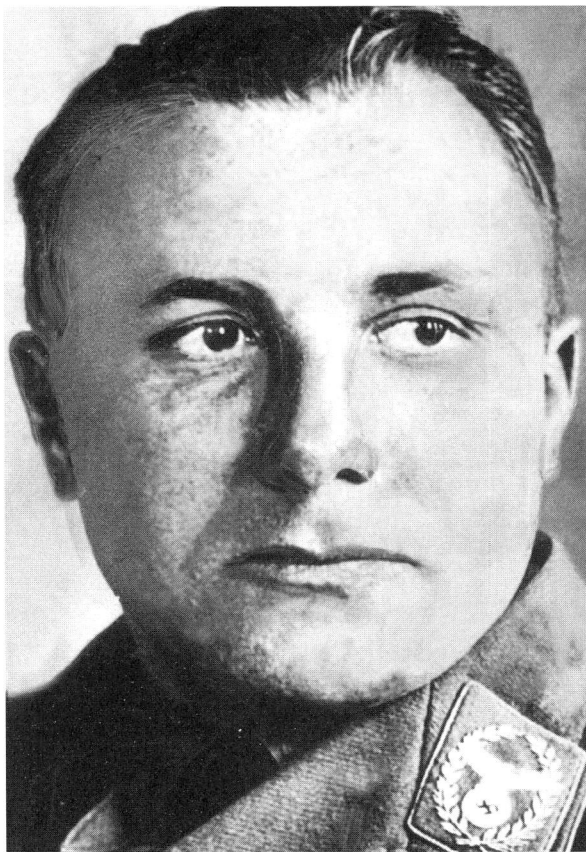

党卫队办公室主任马丁·鲍曼。

戈培尔及其家人。这张后期处理过的
照片上，戈培尔的继子哈拉尔德·匡特
（因服兵役而缺席）也添加到了合影中。

1947年7月，帝国总理府花园内，元首暗堡后门的照片。希特勒和埃娃·布劳恩的尸体在左侧紧急出口前方的弹坑里被焚毁；中间的锥形结构是通风设施，也充当警卫人员的防空洞。

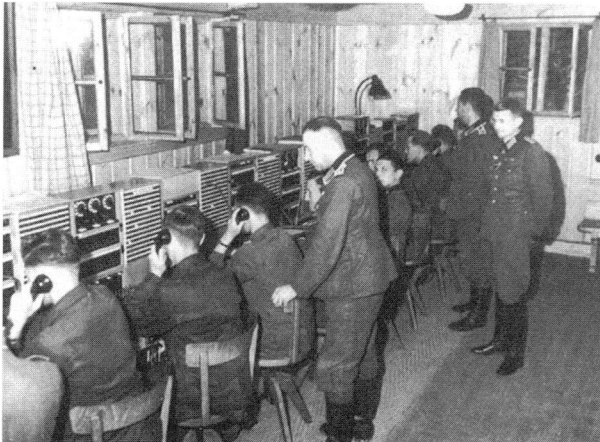

地堡内的通信中心。

1. 希特勒的卧室
2. 埃娃·布劳恩的卧室兼起居室
3. 浴室兼化妆室
4. 希特勒的起居室
5. 走廊兼会议室
6. 小会议室
7. 希特勒的办公室
8. 更衣室

9. 接待室
10. 走廊
11—12. 施通普费格尔医生的房间和手术室
13. 临时电话总机室
14. 原为莫雷尔医生的房间，后为戈培尔的卧室兼起居室
15. 化妆室

16. 电话和岗哨
17. 机器房
18. 厕所
19. 配电室
20—23. 戈培尔一家的套间
24—25. 一般人员房间
26. 公共餐厅
27—28. 储藏室和酒窖
29—32. 厨房

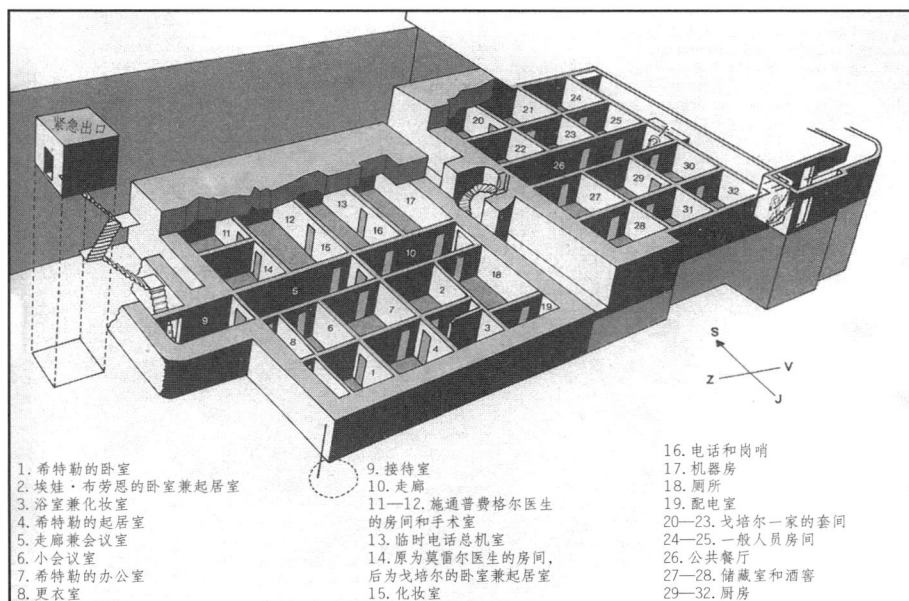

希特勒地堡示意图。

1939年的帝国总理府（左）和1945年沦为废墟的帝国总理府（右）。

帝都街头的战斗已经打响。

1945年4月，柏林街头的红军炮兵。

红军在柏林街头前进，
背景处能看见威廉皇帝
纪念教堂。

1945年4月30日，柏
林街头的战斗。

4月29日，红军进攻内政部，随后又冲击国会大厦。

遍地废墟的蒂尔加滕公园。背景是帝国国会大厦。

一名德国士兵坐在燃烧的国会大厦前的碎石瓦砾间。

1945年5月1日，红空军第16集团军的伊尔-2强击机飞越柏林上空。

1945年5月，柏林蒂尔加滕公园内，德军损毁的 Flak 36/37 式 88 毫米高射炮。

柏林郊区，近卫坦克第 12 军的 T-34/85 坦克。

柏林郊区，近卫第8集团军近卫步兵第94师的红军战士冲入法兰克福大道地铁站。

红军攻克柏林，他们的坦克停在城内某条街道上。

"喀秋莎"火箭炮在城里发射火箭弹。

红军士兵隐蔽在俄文标语牌后，标语牌上写道："前进，斯大林格勒的勇士，胜利就在眼前！"背景处是柏林胜利纪念柱。

纳粹建造的三座防空炮塔之一，用于击落盟军飞机。1940年柏林首次遭遇空袭后，希特勒下令建造三座防空炮塔，一座位于蒂尔加滕动物园，一座位于洪堡海因区西北部，另一座在腓特烈斯海因区东北部。

动物园里的防空双塔之一，这是柏林最后投降的堡垒。

1945年4月，德国士兵在柏林投降。

5月1日上午，克雷布斯将军站在崔可夫的司令部外。苏联国防档案馆这张照片独一无二，本书英文版首次公之于众。

IS-2和T-34上的苏联坦克乘员为胜利而欢欣鼓舞。这是一张经典照片，值得注意的是，它是由摄影记者马克·雷德金和阿纳托利·阿尔希波夫拍摄的两张底片组合而成的。作品的标题是《胜利！》。

这张很有代表性的照片，摄于国会大厦争夺战期间，红军指战员在国会大厦侧面升起苏联国旗。

1945年5月4日，苏联红军在德国国会大厦旁欢呼胜利。

宫殿、博物馆、宗教场所、历史文化古迹、住宅、政府建筑、军事设施均被摧毁。但战后柏林最凄惨的照片摄于市中心，那里80%的建筑损毁。

柏林。摄于1945年4月。

威廉广场上，总理府著名的希特勒阳台，希特勒正在发表他的高谈阔论。全世界多次听过的疯狂演讲就出自这里。

攻克柏林后，盟军士兵在希特勒那座著名的阳台上，模仿、嘲弄阿道夫·希特勒。

波罗的海

但泽

柯尼斯堡

斯德丁

施耐德米尔 47集
近坦2集
61集
彼得哥什

65集

70集

白俄罗斯第2方面军

纳雷瓦河

突5集
近8集
屈斯特林
69集
近坦1集
法兰克福
33集

奥得河

波兹南

莱什诺

罗兹

维斯瓦河

莫德林 65集
70集

47集
华沙

马格努谢夫

坦4集
13集

布雷斯劳

琴斯托霍瓦

波1集
61集 近坦2集
突5集
近8集 近坦1集

白俄罗斯第1方面军

普瓦维 69集
33集

奥珀伦

卡托维兹

近坦3集

6集
13集 坦4集
52集 近坦3集
近5集

桑多梅日

59集

俄斯特拉发

克拉科夫

60集

塔尔努夫

60集

乌克兰第1方面军

38集

近1集

38集

近1集

乌克兰第4方面军

- - - 1月11日的战线
—— 2月2日的战线
≡ 方面军分界线
○ 苏军包围圈
➤ 苏军坦克的推进

0   50   100
英里

1945年1—2月，从维斯瓦河到奥得河。

易北河会师。

美国第9集团军向柏林推进的计划。

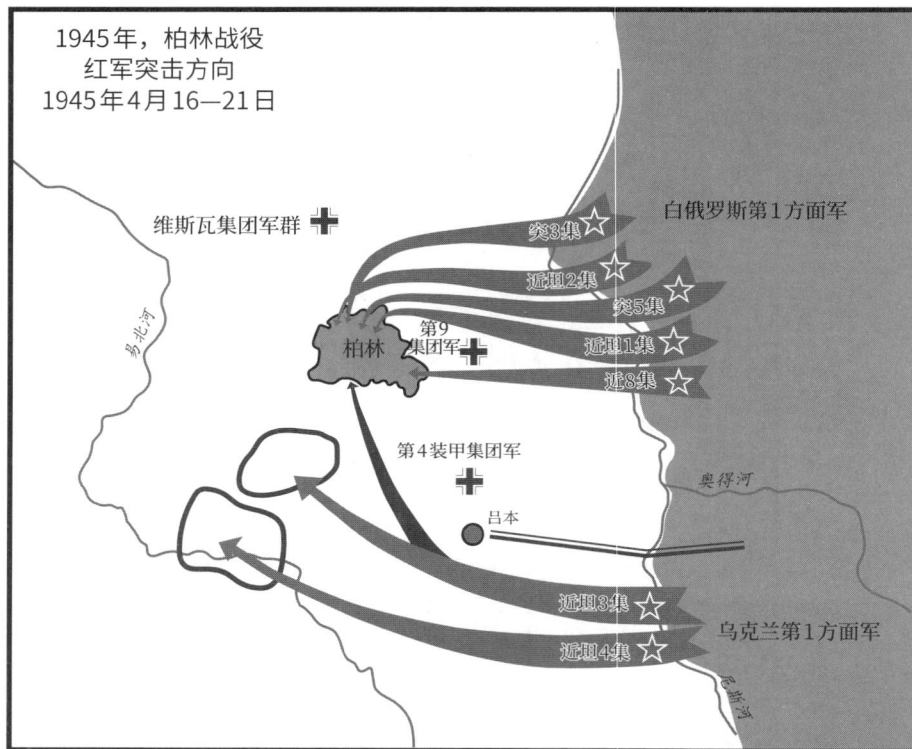

1945年，柏林战役
红军突击方向
1945年4月16—21日

维斯瓦集团军群

白俄罗斯第1方面军

突3集
近坦2集
突5集
近1集
近8集

柏林

第9集团军

第4装甲集团军

吕本

近坦3集
近坦4集

乌克兰第1方面军

1945年4月16—21日，红军的进攻。

■ 交战地区

■ 盟军占领区

5月1日的前线。

国会大厦争夺战：4月30日—5月2日

步兵第207师

突击第3集团军
步兵第79军

步兵第713团

步兵第171师
步380团

旧莫阿比特街
步兵第150师

步674团   步756团   托奇房

步469团

莱尔特快铁站

施普雷河

步525团

① 瑞士领事馆

步525团

内政部

步579团
步598团

步756团

②   国王广场

步674团

国会大厦
步756团

步380团

步674团

克罗尔
歌剧院

步兵第171师

步713团   步380团

勃兰登堡门

步兵第207师

步597团   步598团

近卫第8集团军

蒂尔加滕

苏联红军的位置

4月28日日终
4月29日晨
4月30日晨
4月30日日终
5月2日晨
胜利的红旗

灌满水的防坦克壕
德军支撑点
德军反冲击

① 瑞士领事馆
② 国王广场

4月30日—5月2日，国会大厦争夺战。

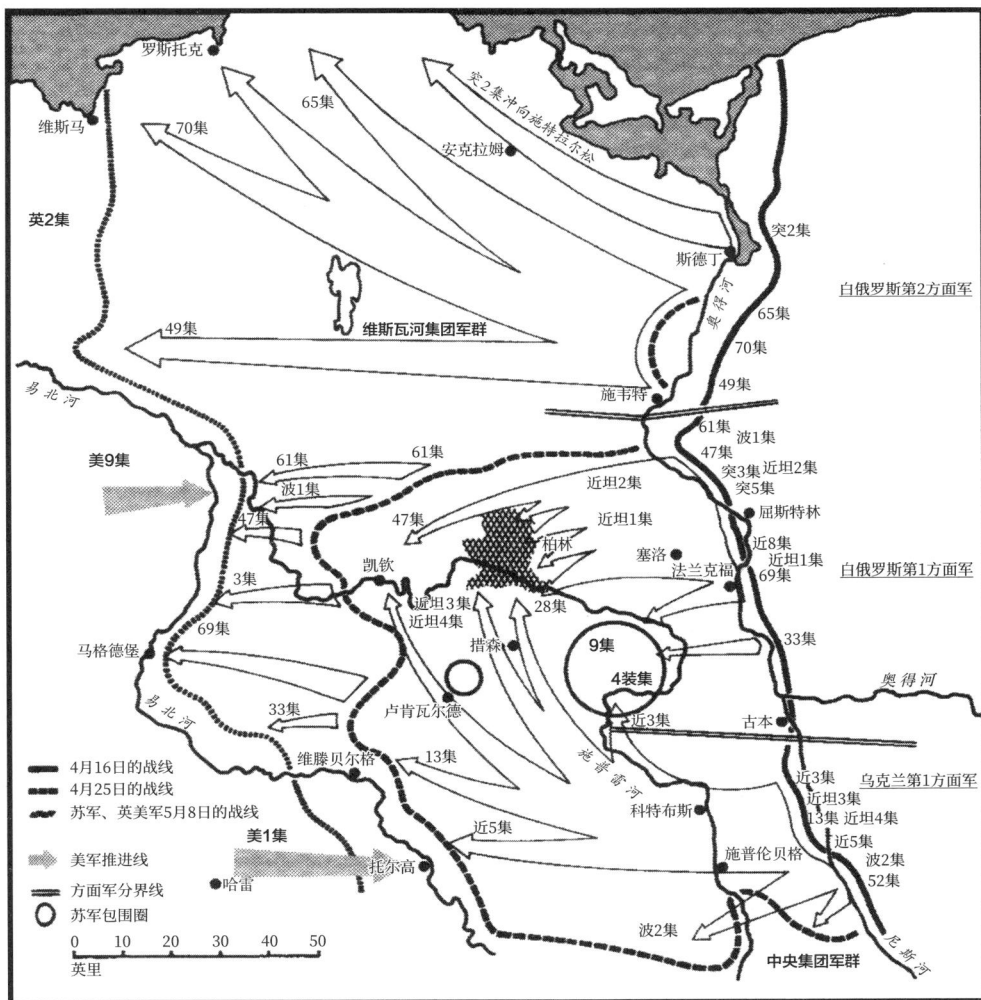

罗斯托克

维斯马

英2集

70集

65集

突2集冲向施特拉尔松

安克拉姆

斯德丁

突2集

白俄罗斯第2方面军

维斯瓦河集团军群

49集

施韦特

65集

70集

49集

多北河

美9集

61集

61集

波1集

47集

凯钦

47集

3集

69集

马格德堡

33集

近坦2集

近坦1集

柏林

塞洛

法兰克福

61集

波1集

47集

突3集 近坦2集

突5集

屈斯特林

近8集 近1集

69集

33集

白俄罗斯第1方面军

近坦3集

近坦4集

措森

28集

9集

4装集

奥得河

卢肯瓦尔德

近3集

古本

维滕贝格

13集

近5集

科特布斯

施普伦贝格

近3集

近坦3集

13集 近4集

近5集

波2集

52集

乌克兰第1方面军

尼斯河

4月16日的战线

4月25日的战线

苏军、英美军5月8日的战线

美军推进线

方面军分界线

苏军包围圈

美1集

哈雷

托尔高

波2集

中央集团军群

0 10 20 30 40 50

英里

1945年4月16日—5月8日，柏林战役。

北海

波罗的海

东普鲁士

波 兰

捷克斯洛伐克

南斯拉夫

德 国

比 利 时

法 国

奥 地 利

瑞 士

丹麦

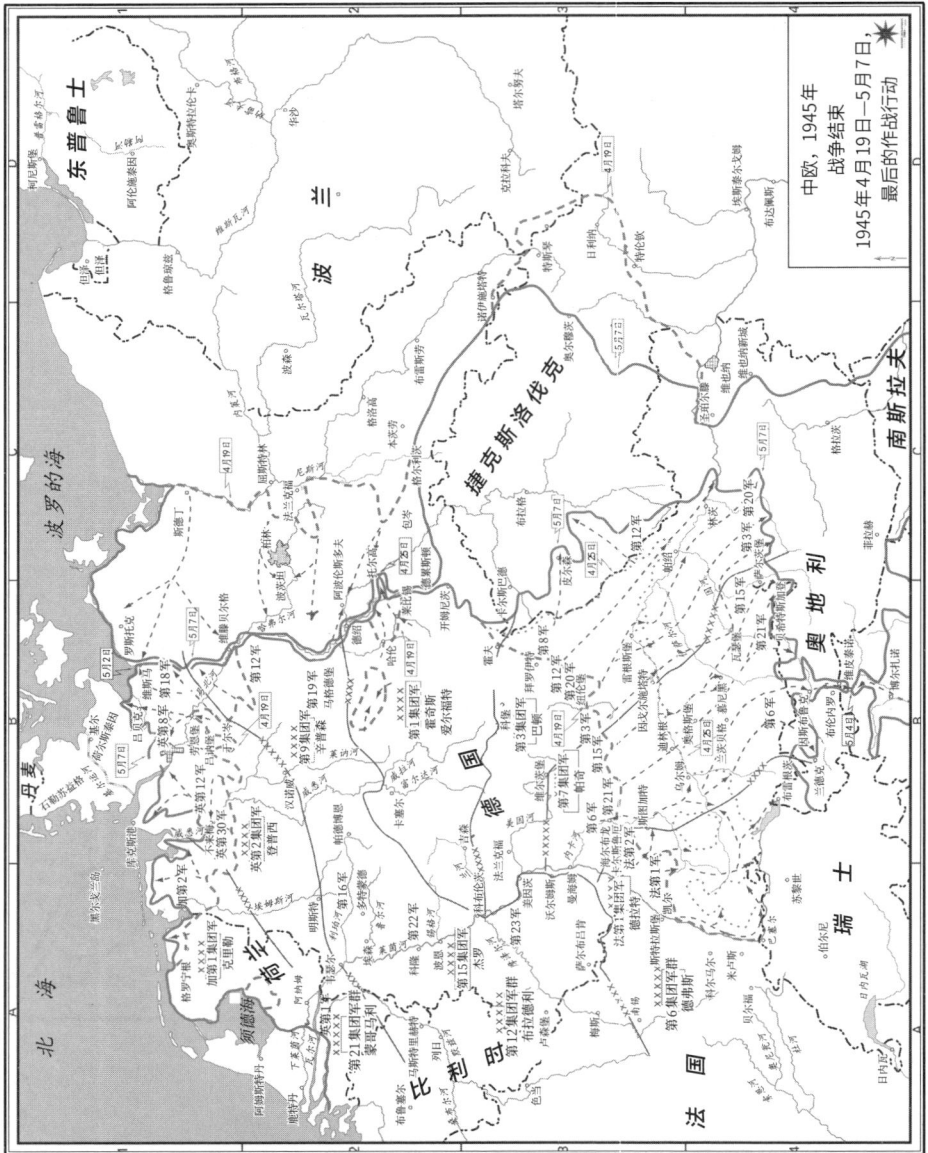

中欧，1945年
战争结束
1945年4月19日—5月7日
最后的作战行动

1945年4月19日—5月7日，最后的作战行动。